南山大學學術叢書

日本"無窮會本系"
《大般若經音義》研究

—— 以漢字爲中心

梁曉虹 / 著

上海教育出版社
SHANGHAI EDUCATIONAL
PUBLISHING HOUSE

圖書在版編目(CIP)數據

日本"無窮會本系"《大般若經音義》研究：以漢字爲中心 / 梁曉虹著. — 上海: 上海教育出版社, 2023.3
（南山大學學術叢書）
ISBN 978-7-5720-1855-8

Ⅰ.①日… Ⅱ.①梁… Ⅲ.①漢字—研究 Ⅳ.①H12

中國國家版本館CIP數據核字(2023)第041713號

責任編輯　廖宏艷
封面設計　鄭　藝

南山大學學術叢書
日本"無窮會本系"《大般若經音義》研究——以漢字爲中心
梁曉虹　著

出版發行　上海教育出版社有限公司
官　　網　www.seph.com.cn
地　　址　上海市閔行區號景路159弄C座
郵　　編　201101
印　　刷　上海葉大印務發展有限公司
開　　本　890×1240　1/32　印張15.5　插頁2
字　　數　417千字
版　　次　2023年3月第1版
印　　次　2023年3月第1次印刷
書　　號　ISBN 978-7-5720-1855-8/H·0057
定　　價　158.00元

如發現質量問題，讀者可向本社調換　　電話：021-64373213

序　一

　　玄奘法師於唐高宗顯慶五年（660）至龍朔三年（663）翻譯的《大般若波羅蜜多經》（簡稱《大般若經》），乃"鎮國之典，人天大寶"，在佛教史上具有崇高的地位。此經譯出不久，便東傳日本，成爲日本僧衆誦習的主要典籍之一，供養、布施、抄寫、刊刻不斷，不少古本甚至還保存至今。由於普通僧衆文化水平不高，要啃讀理解這樣一部大經自非易事，加上傳抄翻刻過程中出現了大量俗體別字，更增添了閱讀的困難。於是，以幫助辨別理解疑難字爲主的音義書也就應運而生。據不完全統計，日本歷史上所傳《大般若經音義》一類的書達二十多種。這些音義書，大多爲日本僧人所撰，以辨析正字、俗字、別字爲重點，其中既有大量呈古"漢風"的異體字，又有不少受到"和風"熏染的俗別字甚至日本國字，對近代漢字的研究，對探討漢字在東亞文化圈傳播、交匯和融合的過程，都具有十分重要的意義。

　　但由於這批音義書多密藏於寺廟或公私藏書機構，讀者訪查不易，長期以來不爲人知。近些年來，雖有個別學者注意到這批資料的存在，并做過部分資料的匯輯工作，但深度的研究還談不上。二十多年前，梁曉虹教授意識到佛經音義書在漢字研究方面的重要價值，於是不辭辛勞，利用每年的節假日，去日本各地的寺廟和藏書機構調查、抄寫音義資料，并以此爲基礎，先後撰寫了《日本古寫本單經音義與漢字研究》《日本漢字資料研究——日本佛經音義》等專著。在這一調查和資料搜集的過程中，她注意到了各種《大般若經音義》的古寫本，日積月累，於是便有了擺在我前面的她在這方面的第三部著作——《日

本"無窮會本系"〈大般若經音義〉研究——以漢字爲中心》(以下簡稱
《研究》或"本書")。所謂"無窮會本系",是指以東京無窮會圖書館所
藏《大般若經音義》爲代表的一組寫本,共有近二十種,抄寫時間從鎌
倉時代初期到室町時代末期,貫穿整個日本史"中世"。這一組音義寫
本的特色是收載異體字多,具有"異體字字書"的性質,是日本早期異
體字研究的重要資料。本書共分八章,從不同方面對這批珍貴資料進
行了窮盡性的研究。筆者初讀一過,便覺如行山陰道上,美不勝收。
舉其要者,以下三個方面尤其值得稱道:

一、提供新資料

所謂"新資料",即如上所説,是以東京無窮會圖書館藏本爲代表
的一批《大般若經音義》古寫本。本書從内容和體例方面逐一對這批
古寫本作了介紹,并以辭書學和漢字學爲中心,探討了它們的學術價
值。通過本書的介紹和所附的圖版及異體字字表,提供了大批嶄新的
資料,爲讀者打開了一座近代漢字研究特別是"和風"漢字研究的富
礦,可謂功德無量。

如本書第四章第一節舉出天理本有"桙:夢。ホコ。鉾:同上,
正作"一條(參見本書第 191 頁),指出慧琳將經文中的"鉾"定作
"矛"的俗字,但天理本則定作"正作",説明日本文獻中"鉾"這種用
法很常見,正俗地位已發生變化。尤其是"桙"用同"矛",《漢和大字
典》《国語大辞典》《広辞苑》等辭書都有收載,却爲中國的大型辭書
所失載。

又如本書第三章考釋無窮會本疑難異體字,其中第 24 組爲"蕉:
照。苤,同上,亦作"。本書指出"苤"用作芭蕉的"蕉"的異體,又見於
日本古字書《篆隸萬象名義》和《新撰字鏡》載録,可知在當時日語中
"苤"可與"蕉"通用,故可爲異體。但同樣的用法未見中國的大型辭書
收録。本書引慧琳《一切經音義》卷四:"芭蕉:上補加反,下子姚反。

《字指》云：蕉生交趾，葉如席，煮可紡績爲布，汁可以漚麻也。葉廣二三尺，長七八尺。《説文》云：蕉，菜也。並從草，巴、未皆聲。失（未），正𦬆字。今俗用相傳作蕉，本非字也。"根據注文"從草，巴、未皆聲"，作者認爲慧琳所見經文有作"芭茉"者，極是，此條辭目"芭蕉"應即"芭茉"傳刻之訛。

再如"釋"字作"釈"，以及"睪"旁寫作"尺"，是日本漢字的特色。這樣的寫法什麼時候產生的？是日本漢字創製還是源自中國？這是中日漢字學界討論非常熱烈的話題。本書第一章、第二章在介紹無窮會本《大般若經音義》價值時，指出該本"注釋"寫作"注尺"，如"意生儒童：注尺如第二帙"，又"帝釋"寫作"帝尺"，如"帝青：帝尺宮中青色寶也""大青：帝尺所用寶也"。據考訂，無窮會本是日本院政期末乃至鎌倉初期（約 12 世紀末）寫本。一般認爲，先是"釋"借用同音的"尺"，其後纔有"釈"字及"睪"旁皆簡寫"尺"。無窮會本"尺（釋）"字的大量出現，爲探討這個系列簡俗字的來源提供了新的資料。

二、明其所以然

作爲一部學術專著，疑難俗字的辨析除了要解決"是什麼"，还要回答"爲什麼"，即既要明其然，又要明其所以然。本書大多數條目後附的按語，十分注意揭示字形演變的脈絡，努力使讀者明其所以然。如本書第四章第一節討論天理本《大般若經音義》卷下疑難異體字時，引了下面這個例子：

磣：イタム。ウレフ。食□有沙也。

此條大須文庫本：

磣：心。イタム。ウレフ。食中沙也。

兩相比較，"礫"應即"磏"的訛俗字，没有疑問。但"磏"爲什麽會寫作"礫"呢？却不太容易明白。本書作者舉例勾勒了"參"字俗書訛變作"枭"的過程：參→糸→糸→枭→枭。明乎此，則可以推定"磏"俗書演變可作"礫"，而"礫"顯然就是"礫"或其俗寫的訛變形①。

又如第五章第一節舉天理本有下面這條：

　　　指約：ママ者，注尺如卅九帙。

截圖字六地藏寺本作"約"，應皆爲"約"字俗寫，没有問題。但"約"形的寫法中國書家筆下罕見，不免令人生疑。作者指出，這樣的寫法日本古代書法家筆下却常能見到，如北川博邦收録的日本名家筆跡，"約"字下就有"約""約""約"等草書字形，川澄勲編的《佛教古文書字典·佛教古文書用字集》"約"字下也有"約""約"等寫法。作者還進一步指出，這類寫法大抵流行於平安至鎌倉時代，正與寫於弘安九年(1286)的天理本屬於同一時期。這樣一分析，讀者的疑雲也就煙消雲散了。

三、歸納演變規律

以例讀書，是清儒治學的一大法寶。阮元在《周禮漢讀考序》中説："稽古之學，必確得古人之義例。執其正，窮其變，而後其説之也不誣。"就異體俗字的辨析而言，也要善於歸納偏旁部件演變的規律，根據規律去説文解字，纔能讓讀者信服。如本書第五章第二節舉高野山大學圖書館所藏《大般若經音義》有"019"和"020"兩組：

　　　秣：生。ユカ。床：同上。

___
① "參"字俗書下部又有訛變作"枭""糸—厶""枭—厶"等形者，"礫"右下部即其訛變。

牪：生。カキ。**牆**：同上。

這兩組辭目字的正字應爲"牀"和"牆"，沒有疑問。但每組前一字左旁"爿"皆作"朱"，却頗爲眼生。作者指出這應該是"爿"旁在訛作了"牛"的基礎上進一步的訛誤，可歸納爲爿→牛→朱訛變系列。作者指出類似的例子如同一寫本"寑（寢）→**寑**→**寢**""疛→**痦**"，可以互證。有了"牛"旁這個訛變的中介，"爿"旁訛變作"朱"就是十分自然的了。

同一節下文又舉出"031"這條（出自"高野大本第五帙"）：

施：世以。ホトコス。

該辭目字無窮會本、天理本和大須文庫本皆作"施"，"**施**"爲"施"之訛，沒有疑問。但"施"右部何以寫作"色"，乍看也讓人納悶。作者舉出同一寫本"迤""駞""陁""拖"所從的"它"皆有寫作"色"的，可歸納爲它→色訛變系列。作者指出："高野大本這一組字例，非常有規律，説明不是抄寫者誤寫，可認爲是訛俗字。"約定俗成，作者的判斷顯然是可信的。

特別有意思的本書第五章第三節關於"弘"訛寫成"和"的討論。"弘"字無窮會本《大般若經音義》載或體作"**和**"；天理本載或體作"**加**"，又作"和"。"弘"與"和"字形迥異，是怎麼訛變的呢？本書指出："弘"俗寫通常作"**弘**"，《干禄字書》已收，這是字形演變的基礎。由"**弘**"到"和"，經歷了"倭俗"與"倭訛"的演變過程。第一步是"**弘**"演變爲倭俗字"**加**"。"弓"旁手寫多作"**弓**"形，進一步訛變而成"方"，導致"弓"部與"方"部俗書相亂，故"**弘**"字俗書作"**加**"（大須文庫本），"**加**"即"**加**"字手寫之變。第二步是從倭俗字"**加**"演變爲倭訛字"和"。"方"旁行草書往往寫作"**方**"，"礻"旁行草書多寫作"**礻**"，二旁字形接近，故俗書有以"礻"代"方"的現象；"禾"旁手寫或作"**禾**"，與

"礻"旁的通行寫法"衤"形近,多有混淆,上舉無窮會本"和"的左旁就兼於"禾"旁"礻"旁之間,再前進一步,"弖"就訛變成了"和"。通過這樣的層層分析,"弘"訛變作"和"就不難理解了。

像上面這樣精彩的辨析,書中還有很多很多。可以說,書中絕大多數條目的討論都持之有據,言之成理,結論是可信的。

關於這批音義寫本的價值,本書第二章闢有專章作了全面介紹,讀者可以參看,此不詳述。這裏僅從有助於寫本文獻整理的角度,舉兩個例子試作說明。

敦煌寫本斯 2144 號《韓擒虎話本》:"乞(迄)後來日前朝,合朝大臣總在殿前,遂色(索)金鑄印,弟[一]拜楊素爲都招罸使,弟二拜賀若弼爲副知節,弟三韓金虎爲行營馬步使。"《敦煌變文集》校記:"王重民云'招罸使'當作'招討使'。"以後各家從之而無異辭。查本書第三章下"021 伐"引無窮會本《大般若經音義》云:

　　　伐:拔。ツミス。クツ。**罸**:同上,或作。罸:同上,先德非之。

截圖字應是"罸"字異寫。"罸""伐"異字,但自古通用。上條稱"罸""罸"同上"伐",說明二字已然混同不分。這條音義提示我們,上引《韓擒虎話本》寫本的"招罸使",很有可能當作"招伐使","罸"就是"伐"的同音混用字。晚唐五代有"招討使""都招討使",爲總管招降伐叛等行動的將領,也稱"招收討伐使"。如《資治通鑑·後唐明宗長興元年》冬十月辛亥:"孟知祥以故蜀鎮江節度使張武爲峽路行營招收討伐使,將水軍趣夔州,以左飛棹指揮使袁彥超副之。"所謂的"招伐使""招討使"應該都是"招收討伐使"之略稱,但從字形混同的情況判斷,上揭寫本的"招罸使"校讀作"招伐使"顯然是更爲合理的。

又敦煌寫本斯 328 號《伍子胥變文》寫伍子胥逃亡途中,來到吳江

北岸,渡江欲至南岸:"浦側不見 ![字] 船,泛客又無伴侶,唯見孤山淼
漫。"其中的截圖字依《敦煌變文彙録》照録,《敦煌變文集》録作"承",
《敦煌變文選注》疑當作"來",《敦煌變文校注》謂原卷即"承"俗字,但
又括校作"乘"。查本書第二章第二節下"020 ![字]"引天理本《大般若經
音義》有如下一條:

![字]:ワク。ワケタマハル。![字]:同上,俗作。

本書謂其中的俗作字即"承"之訛俗。有這條資料爲證,上引《伍子胥
變文》寫本的截圖字也是"承"的俗字,恐怕就用不着懷疑了。

　　諸如此類,窺一斑而知全豹,這批資料的價值是多方面的,本書的
介紹,系統而又全面,可使讀者有充分的了解。當然,由於這批古寫本
經一再傳抄,字形訛變或傳抄錯誤所在多有,本書辨析或討論難以周
全也是免不了的。如第三章"023 ![字]"這條:

![字]:劫。ミソ。![字]:同上,或作。

　　本條出自《大般若經》卷三百三十"見諸有情由惡業障,所居大地
高下不平,塠(堆)阜溝坑,穢草株杌,毒刺荊棘,不净充滿"句,本書指
出了前一字即"溝坑"之"溝"當時日本的通行寫法;後一字各抄本略
同,本書作"![字]",都没有問題。但本書説"被撰者作爲異體列出的
'![字]',其後的説明是'同上,或作'",因而推斷"![字]"是"溝"字"或作",
其演變軌迹是:左部水旁换作土旁,右部"刑"則是"冓"下部"冉"(俗作
"冊"形)的形訛。但二者字形實在過於懸殊,作者也不免説"因無更多
證據,姑且存疑,以待將來"。其實這個"![字]"并非"溝"字"或作",而是
"坑"的俗字。《廣韻·庚韻》客庚切:"阬,《爾雅》曰'虚也',郭璞云
'阬,塹也'。坑,上同。䃫,亦同。"原來"坑"異體字作"䃫",而"![字]"當

又爲"硎"的換旁俗字。正如"阬"可以換從土旁作"坑",異體"硎"也可以換從土旁作"圳"。如果這一分析可信,則可以斷定上面這條其實應分作二條,原件下一條之前應抄脱了主條"坑"。

再看第六章第二節下"006 寱"引無窮會本《大般若經音義》的這個例子:

寱:語。サム。寢:同上,正作。宿:同上,先德非之。

本書指出"先德非之"的"宿"字中土工具書多不載,《康熙字典·宀部》釋其爲"寱"之譌字:"宿,《字彙補》寱字之譌。"但查檢《字彙補·宀部》却未見有此字。今查《字彙補·宀部》:"寍,寱字之訛。"而别無"宿"字。則《字彙補》同"寱"的"宿"字確實不存在,當删。那麼"宿"字中國古書有没有記載呢?當然是有的,本書引慧琳《一切經音義》卷五稱"寱寐""或從小(忄)(音心)作寱寐……非正體字也",作者認爲這個"從忄"的"寱"應是"宿"字之訛,極是。敦煌寫本斯 388 號《正名要録》"本音雖同,字義各别例":"悟,感;晤,朗;宿,寐。"又可洪《一切經音義》第拾肆册《佛本行集經》第十五卷音義:"宿宿,上五故反,下古貌反。"也都是中土文獻用"宿"的例子,可見日本音義書中的這個"先德非之"的"宿"字淵源有自,早已有之。

類似可以進一步深化的例子大概還可以舉出若干例,但比起更大量精彩考釋的例子而言,不過是白璧微瑕。而且拙見也僅是一得之愚,未必完全可靠,僅供作者參考而已。

曉虹教授 1988 年秋考入先師郭在貽先生門下攻讀博士學位,頗受郭師器重;可惜不久郭師英年早逝,她轉入蔣禮鴻、黄金貴二位先生門下完成博士學業。我是杭州大學中文系 1977 級本科,蔣先生是我本科論文的指導老師,郭師是我大學古代漢語課任課教師,又是我的碩士論文指導老師。曉虹教授與我同出一門,但她讀的是博士,高我

一等,所以一開始我敬稱她爲師姐,但她不許,反而堅持稱我爲師兄,
仗着入門略早,我也就偷着享受這份"師兄"的尊榮。20 世紀 90 年代
中,她東渡日本。在異國他鄉,她靠着自己的努力,在南山大學獲得了
長期教職,并先後評獲副教授、教授。在繁忙的教學工作之餘,她堅持
學術研究,特別是在佛經音義研究方面取得了許多重要的成果,受到
了海内外同行的同聲讚譽。我欽佩她堅韌的品格,艷羨她學術上的成
就,也分享着她的榮耀。不久前,她寄來本書書稿全文,要我在前面説
幾句話。對佛經音義尤其是對漢語俗字的研究,我很感興趣,但這些
年我癡迷於敦煌殘卷的綴合,有些不務正業,未敢貿然答應她的請求。
但來往反復,我堅辭未果,後來覺得這個"師兄"也不能白當,於是也就
含含糊糊地答應了下來。臨近歲末,杭州疫情呼嘯而來,也到了交作
業的最後期限。迷茫之中,我躲在臨安山區,抽時間把全書看了一遍,
匆匆寫下如上一點感想,不知説得是否到位,聊當補白之需吧。

張涌泉

2023 年元旦

於杭州臨安灌園寓所

序 二

　　文字是記録語言的，文字的誕生與使用物化了轉瞬即逝的口語，標誌着人類的歷史由傳説時代進入了信史時代。有了文字，就有了可以傳世的書面文獻，有了傳世的書面文獻，則前人記録和總結的歷史經驗才得以留傳給後人，並一代代地積累發展，大大地縮短了後人摸索經驗的過程。從此，社會的發展和進步不再以萬年、千年作爲計算單位，而縮短爲以百年、十年作爲計算單位，人類文明出現了飛速發展的局面。文字和書面文獻的出現可以説是人類社會步入文明的里程碑和新紀元。

　　漢字是世界上歷史最悠久和最古老的文字之一，其他的古文字如埃及的聖書字、美索不達米亞的楔形文字以及中美洲的瑪雅文字等都早已消亡，而唯有漢字歷盡歲月的滄桑，至今仍保持着巨大的活力。漢字與單純表音的拼音文字不同，其在約定俗成表示某個詞義之後，一定程度上已是體現詞義的物質外殼。漢字保存至今自然也必然包孕着勃發生機的内在規律，其蘊涵的中華民族的内在精神正是且始終是我們民族興旺發達的靈魂所在，而發掘漢字這一自家寶藏勃發生機的源泉，也是我國語言文字學發展的靈魂所在。

　　漢字大多各自成詞，形音義整體通融，許多字都是可以獨用的成詞語素。漢字的孳乳、繁衍和詞義的形成、引申、發展之間有着一種相互影響和互爲促動的對應關係。漢字作爲表義的語素，字義複合成詞，詞義組合爲語（成語、慣用語、諺語、歇後語等），適應詞彙發展和表情達意的需要排列組合，一字組成單音詞或多字組成複音詞，由已知昭示未知,由單音而雙音多音,或由多音壓縮爲雙音,可短可長,長短相間,延展緊縮,詞語之間没有分界,形成詞與語以意相合的雙向連續統。漢字組詞成句,不拘於一時一地的語音而調洽異代殊方,融句法於詞語,有虚有實,虚實結合,如行雲流水,意藴豐富,靈活多變,循語意而成文,形成一套剛柔相濟的彈性運轉規則系統,體現了語言←→人←→客觀世界的錯綜複雜的關聯和人們具體的價值取向。

漢字曾是東亞地區的通用文字,形成漢字文化圈,《爾雅》《説文》《玉篇》《字林》《切韻》《一切經音義》《正字通》《康熙字典》等漢語辭書也在漢字文化圈流傳。如《爾雅》在日本有很多版本,有"神宫文庫本""古逸叢書本""影宗本"《爾雅》等。值得一提的是日本還存有模仿《一切經音義》所撰的佛經音義等,如《新譯華嚴經音義私記》《大般若經音義》(石山寺本和無窮會本)等,皆反映了日本中世漢字的使用實貌。這些域外文獻已成爲漢字研究和中日文化交流研究的珍貴資料,惜尚多未作深入的系統研究。

令人欣慰的是,梁曉虹教授多年從事漢語史和漢字史研究,近在其所撰《佛教與漢語史研究——以日本資料爲中心》《日本古寫本單經音義與漢字研究》《日本漢字資料研究——日本佛經音義》等論著基礎上,又撰成新著《日本"無窮會本系"〈大般若經音義研究〉——以漢字爲中心》。本書選擇"無窮會本系"《大般若經音義》爲語料,爬羅剔抉,張皇幽眇,着重從漢語史研究,尤其是漢字史研究的角度,考察了漢字在日本傳播和發展變化的特色。全書共八章,既有綜述考論,又有專題研究,點面結合,探討了"無窮會本系"以釋"字"爲中心的特色,認爲某種意義上可稱其爲日本《大般若經》"字書",進而指出日本漢字傳承自中國,日本的辭書音義是在中國古辭書音義直接的影響下産生並發展變化而來。

人生有緣,而同仁同道知己相遇就是善緣。我 1985 年開始研究佛經音義,1996 年 8 月赴京參加中國訓詁學研究會年會,會上有緣與曉虹教授相識，談起佛經音義在語言研究上的重要價值，彼此都意識到佛經音義真是一個富礦。此後曉虹教授定居名古屋，利用身在東瀛這一得天獨厚的條件，黃卷青燈，傾心考察日藏佛經音義，尤其在各本異文和俗字研究方面鍥而不捨，用力甚勤，收穫甚豐。曉虹教授善於運用漢語固有文獻與域外文獻相參證的二重和多重證據法從事漢字研究。

　　佛經音義研究近些年來已成爲國際漢學研究的一個新熱點，拙校《〈一切經音義〉三種校本合刊》2008 年出版後承蒙學界關注和重視，問世不久即告售罄。爲滿足學界研讀的需求和方便使用，承上海古籍出版社惠約於 2022 年出版修訂第二版。拙校以高麗藏本爲底本，逐一比勘了現存寫卷和刻本的異文。由於玄應、慧琳和希麟這三部《一切經音義》詮釋了 1 400 多部佛經，又徵引了經史子集數百種古籍，校注的篇幅太大，因而拙校除保留一些必要的考證和注釋外，凡高麗藏本不誤而他本誤者，一般不出校勘記，删去了大量各本誤而高麗藏本不誤的校勘記。這次修訂中翻閱當年比勘各本的異文，深感根據這些異文可探各本間的傳寫源流及慧琳引玄應所撰部分的删補脈絡，還可考日本奈良正倉院的聖語藏和法隆寺、石山寺、七寺、興聖寺、西方寺、新宮寺和金剛寺等寺廟所藏《玄應音義》寫卷與敦煌寫卷的關聯線索，且這些傳抄本所引佛經與《開寶藏》零本的異文或多或少反映了《大唐内典録》《開元録》等所載寫卷佛經與《開寶藏》《契丹藏》等當時在中日韓的傳播狀態和大致途徑，可據以略窺《開寶藏》所據傳寫本的概貌。我指導的研究生畢慧玉曾於 2007 年撰碩士論文《日本藏玄應〈一切經音義〉寫卷考》，在比勘日本寫卷、敦煌寫卷、高麗藏、磧砂藏各本玄應音義異同的基礎上，首次對日本金剛寺、七寺、西方寺、東京大學史料編纂所、京都大學文學部所藏五種《一切經音義》寫卷進行了較爲全面深入的探討，剖析了寫卷與刻本用字的異同及成因，考探了日本所藏寫卷在文獻學和語言學方面的價值；虞思徵於 2014 年撰有碩士論文《日藏玄應〈一切經音義〉寫本研究》，在國内外已有研究成果的基礎上，採用文獻學與語言學相結合的研究方法，對日藏寫本玄應《一切經音義》作了較爲全面的考辨，榮獲上海市研究生優秀成果（學位論文）。天道酬勤，研究佛經音義好比進入深山大海打獵捕魚，不是三五十人可漁獵盡的，我們期待着能有更多的學者結緣佛經音義的校勘和研究，結緣真知實學，充分運用本土文獻和域外文獻相參證的二重和多重證據，以"自由之思想，獨立之精神"一起來推動佛經音義趨向更進一步的深入研究。

　　承曉虹教授囑托，且自感二十多年來彼此所結善緣之難得，却之反爲不恭，謹略叙所思所感而忝爲序。

徐時儀

2022 年 12 月 12 日

目　　録

第一章 "無窮會本系"《大般若經音義》綜述

第一節 關於日本的《大般若經音義》

一、《大般若經》廣傳東瀛

  《大般若波羅蜜多經》(梵文：Mahāprajñāpāramitā-sūtra，以下簡稱《大般若經》)，在印度十分流行，先後成爲印度佛教大乘中觀派與瑜伽行派遵從的主要典籍。而漢文《大般若經》，凡六百卷，四百八十三萬餘字，皇皇巨著，由"唐三藏"玄奘法師自顯慶五年(660)正月一日至龍朔三年(663)十月二十三日，經過近四年時間方才譯出。根據《大慈恩寺三藏法師傳》卷十記載，玄奘曾於印度求得此經梵文三部，翻譯之時，參照此三種梵本，文有疑誤，即詳加校定，"殷勤省覆，方乃著文，審慎之心，古來無比"①。故而，此經不僅字句精當，質量上乘，堪稱漢譯佛經之最，而且篇幅龐大，内容豐富，是宣説諸法皆空義的漢譯大乘般若類經典之集大成者，被奉爲"鎮國之典，人天大寶"②。《大般若經》譯出後即在漢地迅速流傳，影響十分廣泛，如上所述，唐代時曾被當作是"鎮國之典"，人們認爲書寫、受持、讀誦、流布該經均有莫大功德，如此則死後可以升天得到最終解脱。因此，許多寺廟都誦讀、供養此經，作爲積聚功德的重要途徑之一。③

  《大般若經》不僅在華夏漢土廣傳，譯出後不久即東傳日本。《續

---

①② CBETA 電子佛典 2016/T50/2053/0276。
③ 方廣錩：《佛教典籍概論》，215 頁。

日本紀》"文武天皇大寶三年(703)①三月辛未條"中"詔四大寺讀《大般若經》,度一百人",爲日本史籍初見關於《大般若經》之記録。②此時距玄奘龍朔三年譯成此經,僅隔四十年。而筆者在研究江户後期臨濟宗禪僧祖芳所撰《大般若經校異(并附録)》一書③時發現,《大般若經》東傳的時間還有可能追溯得更早。祖芳在"大般若經傳來"一條中,記有:"天武帝白鳳元年癸酉(672)④三月,是月始寫《大藏經》於川原寺",白鳳三年(674)"遣使四方求《大藏經》",白鳳五年(676)"設齋於飛鳥寺讀《大藏經》"等,從而判斷此時大藏之内必有《大般若經》⑤。這一點是應該引起我們注意的。因爲,據此我們可以推斷《大般若經》譯成十餘年後即已傳入東瀛。當然,此説是否準確,還有待於史學家、佛學家的進一步考證,但《大般若經》在飛鳥時代(592—710)末期就已傳入東瀛,應無疑義。

《大般若經》傳入日本列島後,即迅速廣爲流傳,其中較爲突出的有兩點:

(一) 深受皇室崇信

祖芳《大般若経校異(并附録)》中有"大般若歷代禁中讀誦"⑥的内容,共記録了自元明天皇和銅元年(708)起至後宇多天皇弘安四年(1281),歷經飛鳥、奈良、平安、鎌倉四個朝代,二十六位天皇在宫中誦

---

①　括號内的公曆紀年是日本學者爲使讀者理解方便而添加的。筆者亦遵此。下同,不另注。

②　築島裕:《石山寺一切經藏本·大般若經音義解題》(石山寺一切經藏本),見《古辭書音義集成》第三卷。

③　祖芳:《大般若経校異(并附録)》,寬政四年(1792)刊本。資料來源爲愛知縣西尾市教育委員會(西尾市岩瀬文庫)所藏,由高橋情報システム株式會社攝影而在網上公佈。後承日本國際佛教學大學院大學研究生張美僑發來同本電子版,圖像更爲清晰,誠表謝意。

④　日本學界關於"白鳳年號"有二説:一"白鳳年號"并不存在;二確有"白鳳年號",且與西曆相對應。

⑤　祖芳:《大般若経校異(并附録)》,19—20頁。

⑥　祖芳:《大般若経校異(并附録)》,20—32頁。又:梁曉虹《日本漢字資料研究——日本佛經音義》,288—289頁。

讀《大般若經》的史況，有的天皇還有多次讀誦的記錄。由此不難看出，曾經被大唐奉爲"鎮國之典"的《大般若經》同樣也深受以天皇爲首的日本皇室貴族的崇奉。

日本自文武天皇（697—707年在位）起，讀誦《大般若經》之敕會代代不絕。元明天皇和銅元年（708）十月又下詔，每年轉讀一次《大般若經》，除由朝廷敕建之恒例外，每遇天災疫癘時亦皆轉讀此經。爲護國除災而講贊或轉讀《大般若經》的"大般若會"自奈良朝起，延綿傳承，既有讀誦全部經文的"真讀"，也有略讀經題或部分經文的"轉讀"。現今，儘管作爲朝儀的"大般若會"已被廢止，但各宗諸大寺仍廣修以"國家安穩、除災招福"和"現世安穩、追善菩提"爲目的的"大般若會"。

（二）朝野寫經盛行

《大般若經》傳到日本後，從皇室到官府以及個人發願書寫印行《大般若經》蔚然成風，故各種寫本、刻本紛紛呈現，有不少古寫本甚至還保存至今。① 而根據祖芳書中"大般若書寫"所記錄，日本古寫本就有"神龜寫本"與"天平寫本"兩種。所謂"神龜"年間，指724年至729年，時值聖武天皇在位。根據神龜寫本《大般若經》第五十三卷末記，神龜五年（728）五月十五日，佛弟子長王②"至誠發願奉寫《大般若經》一部六百卷。其經乃行行列華文，句句含深義。讀誦者蠲耶③去惡，批閱者納福臻榮……"。這是著名的"長屋王願經"中的一種。④ 長屋王

---

① 日本網頁上有各種手寫《大般若經》，時代不一，有的來自中國，有的出自日本書手。甚至現在中國網絡上也有拍賣"平安寫經"的廣告，據說是日本久安四年（1148）手寫《大般若經》二百八十卷。

② 即長屋王（約684—729），天武天皇之孫，高市親王之子，爲奈良時代皇族、公卿，是當時政界的重要人物。長屋王重儒教、擅詩文。2020年疫情期間，風靡中日兩國的詩句"山川異域，風月同天"，據傳即爲長屋王所作，收錄於日本現存最早的漢詩集《懷風藻》中。

③ 此當爲"邪"字。《玉篇·耳部》："耶，羊遮切。俗邪字。"《隸辨·平聲·麻韻》引《史晨後碑》"蕩耶反正"，注云："變牙爲耳，今俗因之。"

④ 關於"長屋王願經"，可參考コトバンク所引《世界大百科事典》第二版的解説。

曾兩次發願抄寫《大般若經》。第一次是和銅五年(712)爲駕崩的文武天皇祈求冥福,發願令人在北宮抄寫的《大般若經》,被稱爲"和銅經"①。第二次是神龜五年(728)爲去世的父母祈求冥福而發願書寫的《大般若經》,被稱爲"神龜經",即上述"神龜寫本"。

　　"天平"一般指神龜後天平感寶前,即天平元年(729)至天平感寶(749)年之間。奈良時代,日本以學習和吸收唐朝佛教文化爲特徵,這種特徵在天平年間達到最盛期,史稱"天平文化"。由於聖武天皇采取對佛教的保護政策,佛教盛極一時,東大寺成立,寫經也大爲流行。天平六年(734)左右,國家層面設置官制寫經司,後改稱寫經所。在東大寺,天平初期的"金光明寺寫一切經所"與"福壽寺寫一切經所"被合并,而後設立"東大寺寫一切經所"。寫經所内,有專門書寫經卷的經師、校正寫經正誤的校正師,以及裱裝經卷的裝潢師、書寫經題的題師、童子等。② 而祖芳的"天平寫本",指河内國③高安郡高安聖神足村玉祖明神社近旁的、真言宗感應山蘭光寺所存古寫本《大般若經》(軸本)六百卷。其第五百廿六卷尾、第五百十一卷尾、第五百七十二卷、第五百九十一卷尾皆記有"天平"寫經的年月日,第十一卷有書寫人住址與姓名等信息。而這些寫經本收藏於南都(奈良)興福寺,後輾轉至河内蘭光寺。除此,祖芳還摘出了《日本記》《日本記略》《中右記》等史籍中關於天平寫經以及其後《大般若經》的書寫史料。這對研究日本古寫經具有較高的參考價值。

　　祖芳在其書的"書校異首"部分頗爲精準地歸納過《大般若經》的翻譯和東傳日本以及在日本書寫刊刻的歷史,可爲參考。而在"引證般若"部分,也可知其共引用了五種版本的《大般若經》作爲例證,其中既有刻本,也有寫本,甚至還有天平以後的古寫本,極爲珍貴。這也從

---

　　① 　筆者 2020 年 12 月末曾於奈良國立博物館"名品展——珠玉の仏教美術(書迹)"中有幸親眼見到"和銅經"中的一帖(藏於滋賀縣甲賀市見性庵)。

　　② 　參考藍吉富主編的《中華佛教百科全書》"天平寫經"條。

　　③ 　日本古代令制國之一,屬畿内區域,爲五畿之一,又稱河州。其領域大約相當於現在大阪府的東部。

一個側面反映了《大般若經》在日本歷史上廣傳的歷史。

二、日僧多撰《大般若經音義》

筆者在《日本漢字資料研究——日本佛經音義》一書中對日本佛經音義的定義、歷史、類別與特色，進行過闡述與判定，[①]在此無需重複。但我們還是想再次強調的是：隨佛教東傳而來到東瀛的各種漢傳佛經音義，在當時漢字、漢文通行的日本，作爲中華佛教文化的重要媒介，得到了極大重視。這是由佛經音義的特性決定的。岡田希雄早於二十世紀三十年代初就指出：音義類書雖多少受其性質的限制，不如一般字書或韻書使用方便，但從某某音義是基於某部經的注疏書這一點來説，又要比一般字書韻書更爲方便，所以隨漢學東傳而進入日本的音義類數量很多。[②] 日本僧人在經過全面接受來自中國大陸的各類音義書（這些音義書有幫助釋讀"外典"[③]的，如詮釋儒家經典的《經典釋文》等，也有幫助解讀"内典"即佛門經書的佛經音義，如玄應的《衆經音義》等）之後，很快就開始模仿漢傳音義，編撰爲己所用的音義書。"日本佛經音義"作爲日本古辭書的重要部分也就正式"登場"，其時代可追溯至奈良時代。

隨着佛教在東瀛廣傳，同時，也隨着日本文字的産生和發展，日本佛經音義也多有發展和變化，其過程簡而言之就是：早期多呈古"漢風"，逐漸至"和風化"，最後出現"日本化"。筆者曾指出：就像佛教在朝鮮、日本等國經過發展，又形成各自另具特色的朝鮮佛教和日本佛教一樣，佛經音義作爲"治經"的工具，要適應佛教在當時、當地發展的趨勢，起到爲僧侶信衆解讀佛書之功用，就會與當地的語言文字發生密不可分的關係，佛經音義也必定會有新的發展。[④] 若將日本佛經音義與漢傳佛經音義加以比較的話，可以發現有共同點，但也有不同之

---

① 梁曉虹：《日本漢字資料研究——日本佛經音義》，1—29 頁。
② 岡田希雄：《至德三年版心空〈法華經音訓〉解説》。
③ 佛家稱佛門經書以外之典籍爲"外典"，稱佛門經書爲"内典"。
④ 梁曉虹：《日本漢字資料研究——日本佛經音義》，15 頁。

處,各有特色。

　　日本佛經音義有一大特色[1],即多爲"單經單字音義"。一册音義
在手,就可以幫助僧俗解決該經中的一些字詞問題。另外,日本僧人
編寫佛經音義的實用目的性很强。日本僧人撰述的音義書,儘管數量
很多,但多集中於所謂的"宗經",如華嚴宗宗經《華嚴經》、律宗的《四
分律經》、净土"三經"[2]等。或是對日本佛教産生較大影響的經典,如
《大般若經》和《法華經》。因此,在日本流傳廣,信者衆,對日本佛教影
響大的佛經,如《法華經》、《大般若經》、"净土三部經"、《華嚴經》等就
成爲日本學僧競相爲其編撰音義的對象。故而在日本佛經音義中數
量衆多、種類豐富的主要是《法華經》之音義、《大般若經》之音義以及
"净土三部經"之音義。岡田希雄就指出:日本佛經音義史可以説是以
《大般若經》音義史、"净土三部經"音義史、《法華經》音義史爲代表
的。[3] 特别是"大般若經音義"與"法華經音義"可謂日本佛經音義之
"雙璧"。

　　隨着《大般若經》的"東渡"并廣傳,從奈良時代開始,日本僧侣爲
《大般若經》中難字、難詞所撰的一系列"音義書"就開始出現。著名國
語學家、國文學家、歷史學家山田孝雄在其《國語學史》中指出,《大般
若經音義》也有好幾種:石山寺藏有平安初期所書寫的中卷,名古屋真
福寺所藏室町時代書寫的上下二卷,另外還有無窮會所藏的鎌倉時代
寫本卷上。[4] 根據築島裕先生的研究,[5]日本歷史上所傳《大般若經》
"音義書",共有二十二種,其中四種爲中國僧人所撰,其他十八種皆應
爲日本僧人的著作。而四種中國僧人所撰的《大般若經音義》:玄應所

---

　　① 關於日本佛經音義的特色,筆者在《日本漢字資料研究——日本佛經音
義》第一章《緒論》中歸納有四點(26—29 頁),敬請參考。

　　② 即《佛説無量壽經》《佛説觀無量壽經》和《佛説阿彌陀經》。

　　③ 岡田希雄:《净土三經音義攷》。

　　④ 山田孝雄:《國語學史》,76 頁。

　　⑤ 築島裕:《大般若經音義諸本小考》,1—57 頁。又梁曉虹:《日僧所撰
〈大般若經音義〉綜述》,231—243 頁。

撰日本佛書目録有記載,然似不見有存,内容不詳,行滿與法憲之音義
目前其實也衹見於橋本進吉博士的"解説"①,因而實際僅存"慧琳本"
與"可洪本"。唐僧慧琳爲《大般若經》作音義八卷,置於其所撰《一切
經音義》一百卷之前八卷。五代可洪撰《新集藏經音義隨函録》(簡稱
《可洪音義》)三十卷,《大般若經音義》被收於第一卷,且爲"大乘經音
義第一之一"②,被放在最前。這很能説明慧琳和可洪對《大般若經》的
重視。慧琳與可洪兩位都是音義大家,雖都是爲"一切經"和"藏"做
音義研究,但兩者的體例與内容多有不同。特別是慧琳,作爲中國有
唐一代佛經音義的集大成者,其所撰八卷《大般若經音義》,堪稱佛經
音義之標杆。故而,中國僧人中似不見後人有單獨再爲《大般若經》撰
著音義者。

　　然而,這種情況在日本却大不一樣。如上所述,《大般若經》屬於
日本學僧競相編撰音義的對象。日本佛經音義史上,《大般若經音義》
就有十八種,這是我們根據築島裕先生的研究成果歸納的數字,這些
也是已爲學界所知的資料,但實際上可能還有尚未被發現、未被人知
者。築島裕先生就曾經説過,僅就其所知《大般若經音義》諸本就達二
十種以上③。不少傳存至今,甚至多爲古寫本,因而十分珍貴。由此,
不難看出在日本佛教發展史上,日本僧人順應《大般若經》廣傳之趨勢
爲解讀此經所作出的種種努力。

三、日僧撰《大般若經音義》之代表作

　　本節我們將重點介紹三種: 石山寺本《大般若經音義》(中卷、信行

---

①　筆者按: 橋本進吉博士的《石山寺藏古抄本〈大般若經音義〉中卷解説》,
爲昭和 15 年(1940)古典保存會複製"石山寺本"《大般若經音義》(中卷)時的
解説。

②　《大日本校訂大藏經 音義部》爲一,第 1 頁。

③　築島裕:《故岡井慎吾博士藏〈大般若經音義〉管見》一文,附於福田襄之
《家藏本大般若經音義について》之後,岡山大學法文學部《學術紀要》第十一
號,79—84 頁。

撰）、石山寺本《大般若經字抄》（藤原公任撰）、"無窮會本系"《大般若
經音義》。因爲這三種可謂日本"大般若經音義"之代表，而其中"無窮
會本系"是本書的研究對象。因其與前二種之間有一定的關係，我們
在研究過程中會涉及相關内容，故有必要一起加以重點論述。

（一）石山寺本《大般若經音義》中卷，信行撰[①]

1. 音義撰者與石山寺本的書寫年代

關於此音義的撰者，日本學者多有研究[②]，筆者也曾多次述及[③]。
此音義之撰者，一般有二說：其一爲奈良朝末期、平安初期法相宗著名
學僧信行所撰；其二，乃唐代著名學僧釋玄應之作。儘管信行所撰之
說至今尚無直接明證，但日本學界基本認爲信行所撰之說的可能性較
大[④]。《日本辭書辭典》在"大般若經音義"條下就指出：唐玄應的《大
般若經音義》雖見書名，然存佚未詳。本邦撰述有元興寺信行所撰《大
般若經音義》三卷。[⑤]該辭典的該條條目實際是對日本歷史上僧人所
撰"大般若經音義"的一個簡單綜述，而信行所撰正被列於首位。但
是，該條目下也指出此本音義（信行撰）有可能是在觀摩了玄應的
《大般若經音義》後而作成的，其中有很多引自中國的音義撰述證
據。所以，信行此音義在很大程度上是參考了玄應說或其他來自中

---

　　① 本節部分内容，在筆者的兩本論著《日本古寫本單經音義與漢字研究》
第一章第一節（43—48 頁）和《日本漢字資料研究——日本佛經音義》第三章第
二節（203—218 頁）中有所述及，考慮到本書叙述的完整性，故予以保留，敬請讀
者理解。

　　② 可參考橋本進吉的《石山寺藏〈古鈔本大般若經音義〉中卷解說》，築島
裕的《大般若經音義解題》（石山寺一切經藏本）、《大般若經音義諸本小考》和白
藤禮幸的《上代文献に見える字音注について（三）—信行〈大般若經音義〉の場
合—》（見《茨城大學人文學部紀要 文學科論集》，第 4 號，1970 年 12 月）等。

　　③ 可參考筆者《日僧所撰〈大般若經〉音義綜述》、《日本古寫本單經音義與
漢字研究》（第一章，43—48 頁）、《日本漢字資料研究——日本佛經音義》（第三
章，203—218 頁）等内容。

　　④ 可參考築島裕《大般若經音義·解題》之說。又參見：三保忠夫《元興寺
信行撰述の音義》，58—73 頁。

　　⑤ 沖森卓也等：《日本辭書辭典》，184 頁。

國的撰述資料。① 筆者想强調的是：現存石山寺本中卷若確如日本學者所言爲信行所撰三卷抄本之殘卷，那麼，與漢土撰述音義相比較，其年代較《慧琳音義》爲古，故可被認爲應是未受其影響而編撰者。如此，此書應屬至今現存最早爲《大般若經》所作之音義著作。而一般又認爲玄應的《衆經音義》中没有《大般若經音義》，所以也應該屬於日本人專爲《大般若經》新撰之音義。②

關於石山寺古抄本的書寫年代，日本學者也多有研究。其書寫年代雖難明確，但學者根據紙質、字體、書寫風格等，有的認爲是平安前期寫本，有的則指出可能寫於奈良時代。③ 二説時間實際相距并不遥遠，故而實屬極爲珍貴的古寫本佛經音義材料。此本於昭和 28 年（1953）已被指定爲"重要文化財（重要文物）"。能與其媲美的還有昭和 6 年（1931）被指定爲日本國寶的小川家藏本《新譯華嚴經音義私記》（以下簡稱《私記》），小川家藏本被認爲寫於奈良末期。

奈良時代，"南都④六宗⑤"形成，其中尤以華嚴宗影響最大，故而

---

① 沼本克明先生在其《石山寺藏の字書・音義について》一文引諸家論點，也可以作爲參考。

② 橋本進吉持此觀點。另外，築島裕也在《大般若經音義解題》（石山寺一切經藏本）中將石山寺本和《玄應音義》的個別條目進行了比較，認爲釋文確有相同之處。但根據玄應撰寫《一切經音義》在唐貞觀（627—649）末年之説，而玄奘翻譯《大般若波羅密多經》（六百卷）一般認爲是從唐顯慶五年（660）至龍朔三年（663），玄應的《一切經音義》不收《大般若經》是當然的。如果《玄應音義》中有《大般若經音義》的話，那其撰成當在龍朔三年以後。但因爲玄應的殁年不明確，故其存在的可能性難以確定。然即使如此，也不能否定石山寺本與《玄應音義》之注文是没有關係的。

③ 前者見於橋本進吉《石山寺藏古抄本〈大般若經音義〉中卷解説》，後者見築島裕《大般若經音義解題》（石山寺一切經藏本），又平井秀文《大般若經音義古鈔本解説稿》（見《九大國文學會誌》第 12 號，昭和 12 年（1937）3 月，38—44 頁）也將其歸爲奈良朝寫本。

④ 奈良史稱"平城京"。延曆三年（784）開始遷都，後定至"平安京（今京都）"，因奈良位於平安京之南，故有是稱。

⑤ 也稱"奈良六宗"，指創立於奈良朝的六個佛教宗派：三論宗、法相宗、華嚴宗、律宗、成實宗和俱舍宗。

《私記》類音義書①的出現確實是順應當時佛教發展之勢。而石山寺本《大般若經音義》，這一古老的《大般若經》的寫本音義出現在日本，至少能説明兩點：其一，《大般若經》在日本傳播之久，影響之廣。其二，隨着《大般若經》的傳播，爲讀誦解釋此經而撰著的音義之書也很早就在日本出現。築島裕先生列出的二十二種《大般若經音義》中，石山寺所藏《大般若經音義》（中卷）爲最古。其撰者究竟是唐僧玄應還是日僧信行，均可進一步深入研究討論，然此古寫本的存在足以證明《大般若經音義》很早就在日本傳播，時代久遠，影響巨大。

　　2. 石山寺本（中卷）體例與内容

　　石山寺本《大般若經音義》中卷，卷首殘缺，第一紙的第一、第二行破缺，僅剩一條“拯濟”，後起自“第五十三卷”，終至第三百八十六卷“嘗無差別”。最後尾題有“大般若經音義中卷”字樣。故所存内容實際是爲玄奘所譯《大般若經》第五十三卷至第三百八十六卷所作之音義。其體式基本與漢土所傳傳統佛經音義（玄應、慧琳等人所撰）相同：按《大般若經》卷次順序②將所需解釋的字詞以及一些詞組甚至短句抄出，標注字音，解釋異名、字義、詞義等。音注用反切，釋義用漢文，不時還有漢字辨析。如：

　　001 ⬛飲：上又作𣢦，同，昌悦反。𣢦，飲也。（第五十三卷③）④

　　案：此條首字殘損，但看得出是“嚽”。右旁上方是“㸚”，來迎院本⑤作“醫”，可證。“嚽”爲“歠”之俗字。“欠”旁與“口”旁在作義符時

---

　　①　實際上，奈良時代日僧爲新譯八十卷《華嚴經》所撰音義，除了小川本的原著外，還有現存的大治本《新華嚴經音義》之原著。

　　②　無釋則跳過不音義者，亦多見。如第五十三卷後即第七十七卷。

　　③　此爲《大般若經》的卷數。

　　④　築島裕主編：《古辭書音義集成》第三卷《大般若經音義》，6頁。

　　⑤　關於“來迎院本”，請看本節所附“來迎院本”中的介紹。

每每相通,故"歔"又得以作"噧",復省作"噧"。

《玄應音義》無"噧飲"條,但卷十五"歔粥"和卷十六"歔糜"兩條均釋"歔"爲"古文㕭,同。昌悦反",由此可知此條對"噧"字的釋義或參考玄應説,且信行此條辭目雖爲雙音節,但實際祇爲"噧"字作音義。其方法與玄應、慧琳等人相似。

002 纏裹①:上除連反,約也。下正字作𧙄。古臥反。苞也。傳也。(同上)②

案:以上筆者根據《大般若經》經本文和來迎院本知辭目字應爲"纏裹"。但此條上下二字皆爲音義對象。上字"纏"乃"纏"俗字,《玉篇·糸部》:"纏,除連切,約也。"③而下字"裹",據《玉篇·衣部》:"古火切,苞也。又古臥。"④不難看出,二字音義内容應該參考了《玉篇》。

003 僧伽𦙫:下陟尸反,此云合也,或言重,謂割之合成也。又重作也。舊云僧伽梨,謂九條以上大衣也,極至廿五條。(同上)⑤

案:以上"𦙫",根據來迎院本,應爲"胝"字,乃"胝"之異體。其上條釋音譯詞"僧伽胝",但撰者祇標注第三字"胝"之音,其後釋義。《玄應音義》卷二十二:"僧伽胝:陟尸反。此云合,或言重,謂割之合

---

① 原文字缺損不清。根據沼本克明《石山寺藏の字書·音義について》中《石山寺本缺損項出字》補出。
② 築島裕主編:《古辭書音義集成》第三卷《大般若經音義》,6頁。
③ 本書正文所引用的"玉篇",其内容皆出自臺灣新興書局 1968 年出版的《大廣益會玉篇》一書,正文表述時皆簡作:《玉篇》,下同。本條見該書第 383頁。本書除引《原本玉篇殘卷》外,皆用此本。
④ 陳彭年:《大廣益會玉篇》,394 頁。
⑤ 築島裕主編:《古辭書音義集成》第三卷《大般若經音義》,6頁。

成,又重作也。舊經律中作僧伽梨,或作僧伽致,皆訛也。"①可見參考玄應説。《慧琳音義》卷十二:"僧伽胝:音知。舊曰僧伽梨,此云複衣,即今僧之大衣是也。下從九條,上至二十五條,但取奇數,九種差别具如律文所説。佛制入王宫時,入聚落時,摧伏外道時,見猛獸時應着此衣。"②雖然信行并未參考過《慧琳音義》,但《四分律》《五分律》《摩訶僧祇律》等書中皆有闡述,故以上關於"大衣"之説,亦有所據。

004 肝肺:上公丹反。肝,乾也。木之精,色青而有葉。《説文》:金藏也。下孚穢反。色白也,火藏也。③

案:《説文·肉部》:"腎,水藏也。"又:"肺,金藏也。"又:"脾,土藏也。"又:"肝,木藏也。"④上條引《説文》"金藏也"置"肝"下,與傳本《説文》不同,蓋别有所據。⑤

從以上例不難看出與玄應、慧琳等人例必標明出典、綿密辨析等特點不同的是,此本詮釋相對簡略,幾乎不注出典,僅有少數幾處留有書名。沼本克明通過與《玄應音義》加以比勘後指出,二者的引用書多有共通之處,故石山寺本原則上是削除出典名,所留存的幾處,可視爲未削除而殘存者。還有個别出典難以從《玄應音義》找到,但是否就是本書作者直接引用,也仍難以斷定。⑥

005 譬如有人或傍生類入菩提樹院或至彼院邊人非人等不能傷害:院,瑜劌反,阬高也,劀,之⑦變反,与劋字同,變,力絹反。

---

①　徐時儀:《一切經音義三種校本合刊》(修訂版),453頁。
②　徐時儀:《一切經音義三種校本合刊》(修訂版),713頁。
③　築島裕主編:《古辭書音義集成》第三卷《大般若經音義》,6頁。
④　許慎:《説文解字》,87頁。
⑤　梁曉虹:《日本古寫本單經音義與漢字研究》,53頁。
⑥　沼本克明:《石山寺藏の字書·音義について》,1017—1042頁。
⑦　後五字脱損無,根據來迎院本補出。

（第一百三卷）①

《大般若經》第一百三卷："譬如有人或傍生類入菩提樹院，或至彼院邊，人非人等不能傷害。②"石山寺本類此，有時以句爲辭目者，或長或短，此條堪爲長句。

石山寺本音釋内容還有另一重要特色，就是在其注文之後，間有萬葉假名之注。如：

006 纖長：思廉反。纖，小也。細謂之纖。倭言蘇毗加尔。（第三百八十一卷）③

"倭言"部分即萬葉假名之注，皆寫於豎行釋文下，并有一定間隔，且稍靠左。根據築島裕先生統計，共十二項十三語④。

築島裕先生考證後認爲，如果説原作者自寫本另有存在，石山寺本爲其轉寫本，而假名注乃爲原作者後之階段被附加的可能性不能説絕對没有，但因從體式到内容均古風共存，故將此本（石山寺本）視之爲原作之形傳承，亦並非不自然。⑤

石山寺本《大般若經音義》雖僅存中卷，且蠹蝕破損嚴重，但體例清晰明瞭。而在寫於長寬二年（1164）的《大般若經字抄》（一卷）以及古梓堂文庫所藏古抄本《大般若經音義》（一卷，吉野時代前後之寫本）等抄本中，其音采用日式漢字音，以同音漢字一字表示（即"讀若"），其音義悉以假名表示，石山寺本《大般若經音義》與此類體式相較，則明顯相異，可謂古風尚存。⑥

----

① 築島裕主編：《古辭書音義集成》第三卷《大般若經音義》，13 頁。
② CBETA 電子佛典 2016/T05/0220/0570。
③ 築島裕主編：《古辭書音義集成》第三卷《大般若經音義》，32 頁。
④ 築島裕：《大般若經音義解題》（石山寺一切經藏本）。
⑤ 同上。
⑥ 同上。

3. 石山寺本的歷史意義及學術價值

石山寺本《大般若經音義》具有重要意義。有學者認爲此書應屬至今中日所見最早爲《大般若經》所作之音義。而一般又認爲玄應的《衆經音義》中没有《大般若經音義》，所以也應該屬於日本人專爲《大般若經》新撰之音義。或誠如史籍所記載，玄應曾爲《大般若經》作過音義，然並未見存。而學界至今又尚未發現更早的《大般若經音義》，故石山寺本當爲中日現存最古之《大般若經音義》之結論，應無疑義。石山寺本作爲日僧撰著《大般若經音義》之濫觴，作爲日中《大般若經音義》最古寫本，其資料價值，自不言而喻。橋本進吉博士曾經指出：其中以萬葉假名標記的和訓，其數雖寡，然多爲上古文獻所未見。恰如《新撰字鏡》《和名類聚鈔》《類聚名義鈔》等，與本書相較，有許多和訓衹存於爾後書籍。故（本書）對日本之古語及古典研究之裨益當爲不少……對中國古代語言文字研究亦很有價值。[①] 可見無論對日語史還是漢語史研究來說，都是極爲重要的資料。川瀨一馬也認爲：與慧琳的《大般若經音義》相較，所用語彙，互有出入。亦不似慧琳一一標明出典，相對簡要。相反却因多例舉異體字等，故有助於古代字音、字義和字形的研究[②]。而筆者也從漢字研究的角度，對此本中的 137 條做過"個案"梳理分析，考辨論證，得出四點結論，其中兩點想在此加以強調：一是，從此本辭目及釋義中所用字形，可以窺見音義作者（信行）所見當時流傳於日本的《大般若經》經本文的某些用字習慣，並由此可以推知唐代《大般若經》的用字概貌，有助於對佛經文本語言的研究。當然，擴而廣之，我們也通過此本而瞭解古奈良時代佛經寫本的某些用字狀貌。二是，此本雖然釋文簡略，然作者對經本文中異體字的收録和辨析在有些方面甚至超過玄應或慧琳，不乏作者的獨到之處。[③]

---

① 參考橋本進吉《石山寺藏古抄本〈大般若經音義〉中卷解說》。

② 川瀨一馬：《增訂古辭書の研究》，15 頁。

③ 梁曉虹：《日本古寫本單經音義與漢字研究》，40—126 頁。

附：來迎院本

我們必須補充一點："信行音義"除了石山寺本外，在京都洛北大原來迎院如來藏本中，還存有《大般若經音義》（中卷）一卷。此本首尾殘缺，與石山寺本相比較，前部多出二十一條，而後部自"潤滑"後開始缺損。[①] 此本雖無書名標題，但從内容上看大部分與石山寺本一致。但此本體式與石山寺本不同，辭目與釋文之間雖有空格，但皆爲一行。石山寺本則辭目一行，其下空格，釋文用雙行，即行間小字，這是日本古寫本音義中較爲多見的一種形式。故石山寺本被認爲存古形，來迎院本則較爲新式。

來迎院本的書寫年代雖難以明確，但根據材料與字體等，目前被認爲是院政[②]初期、十一世紀末或十二世紀初，即平安後期寫本，比石山寺本略晚二百年左右。石山寺本缺損部分較多，可根據來迎院本補出。[③] 本書舉用例證時，若石山寺本有殘脫，同樣也根據來迎院本補出。

附：信行撰《大般若經要集抄》三卷

《日本大藏經·經藏部·般若部經疏》中收有《大般若經要集抄》[④]三卷。一般認爲此乃信行所撰《大般若經音義》之摘抄本，故亦可作爲信行確撰有《大般若經音義》之旁證。

此書卷初有"但元興寺沙門信行撰三卷音義之中上抄等"字樣，築

---

① 參考沼本克明《石山寺藏の字書·音義について》。

② 院政是指平安時代末期，由太上皇（皈依佛門後稱法皇）親掌國政的政治制度。自 1086 年院廳建立至 1192 年（一説 1185 年）鎌倉幕府建立前的百餘年間，史稱"院政時代"。

③ 沼本克明《石山寺藏の字書·音義について》一文根據來迎院本補出石山寺本卷首缺落部分共 22 條，以及石山寺本缺損辭目（或全部或部分）共 131 條。

④ 參見《改訂增補日本大藏經》第 19 册，3—31 頁。

島裕認爲此蓋爲抄本,抄自信行《大般若經音義》卷上之意。^① 其後爲"大般若經要集抄 但三卷中之中卷抄^②""下卷抄"。中卷起首有"元興寺沙門興行撰"之字樣。

　　《大般若經要集抄》(以下簡稱《要集抄》)卷上實際是對《大般若經》六百卷整體所作"科文",而其所收辭目也是如"初分""大品經""小品經""放光經""光讚經""總示四處"等,故實際應看作有關此經結構內容的解說。因爲石山寺本《大般若經音義》上卷不存,故難知其體式與內容,現祇能根據《要集抄》上卷加以類推。進一步的研究,還需今後新資料的發現。

　　而中下卷的辭目,主要是詞或短語結構,且以梵語音譯詞與漢語詞爲多,對漢字進行詮釋的條目却幾乎不見。但石山寺本《大般若經音義》(卷中)有很多詮釋漢字的條目。《要集抄》之作者祖本(或爲信行,或祇是踏襲祖本撰者之名)之意圖明顯是將《大般若經音義》中的梵語譯詞和漢語詞作爲中心而摘出,且特別以梵文譯詞爲主。我們僅摘出其卷中前十四個辭目,即一目瞭然:

　　　　薄伽梵/鷲峯山/苾蒭/阿羅漢/大勝生主/俱胝/尋香城/不捨軛/尼師壇/住對面念/旃荼羅/欲生佛家入童真地/補特伽羅/儒童^③

　　根據築島裕《大般若經音義諸本小考》,以上辭目是按照《大般若經》經本文卷次爲順的,筆者也做過調查,結論與此相同。但因信行的《大般若經音義》僅存中卷(石山寺本),且爲殘卷,至《大般若經》"第三百八十六卷",而《要集抄》中卷最後一個辭目是"如摩揭陀千斛之量",經查檢,此在經本文的卷四百。所以卷中所收辭目應該是《大般若經》

────────────

① 參見築島裕《大般若經音義諸本小考》一文。
② 原爲雙行小字。
③ 參見《改訂增補日本大藏經》第 19 册,6—8 頁。

的卷一至卷四百。而卷下所釋應該是從卷四百一至卷六百的内容,辭目也是以梵語爲中心。這與後世《大般若經音義》諸本中將梵語和漢語總括並作爲辭目的方法是一樣的。① 學者又將兩書之相關部分加以比勘考證發現,作爲《要集抄》之源的“信行音義”,或許是與石山寺本不同系統的寫本。② 三保忠夫也指出:石山寺本《大般若經音義》雖爲信行所撰,但却是轉寫本,注文存在有若干的省筆部分。《大般若經要集抄》並未將石山寺本作爲直接的祖本。③ 筆者在經過比較、勘核過四個梵文音譯詞後,也認爲要厘清《要集抄》所據信行音義之原本與石山寺本的關係,并不那麽簡單,有不少需要進一步研究的問題。④

《要集抄》與本書有直接關係的是《要集抄》的中下卷,其主要收釋《大般若經音義》中的梵語譯詞和漢語詞,這對本書研究對象“無窮會本系”《大般若經音義》中某些寫本將梵語和漢語總括而收錄的特色有直接的影響。本書此後的一些内容會涉及《要集抄》,故附録於此,先加以簡單介紹。

(二) 石山寺本《大般若經字抄》一卷,藤原公任撰

1. 撰者與成書時代

《大般若經字抄》(以下簡稱《字抄》),現存同樣有石山寺本,一卷。其封面標題爲“大般若經音義”,内題是“大般經字抄”。關於此音義的撰者,石山寺本並無記載,渡辺修根據圖書寮本《類聚名義抄》釋文引用有“公任卿云”,其内容悉與本書一致,故推定其作者應爲平安朝之碩學藤原公任。⑤ 後又有築島裕考證“來迎院如來藏相好文字抄”中有引用以“納言抄⑥”的形式出現,也與此本内容相同,故可作爲旁證。⑦

---

① 築島裕:《大般若經音義諸本小考》。
② 同上。
③ 三保忠夫:《元興寺信行撰述の音義》,58—73 頁。
④ 梁曉虹:《日本漢字資料研究——日本佛經音義》,184—187 頁。
⑤ 渡辺修:《図書寮本類聚名義抄と石山寺藏本大般若経とについて》,35—50 頁。
⑥ 按:藤原公任曾任“納言”。
⑦ 以上參考沼本克明《大般若經字抄解題》(石山寺一切經藏本)。

因而,《字抄》之撰者爲藤原公任并無直接證據,而是學者們考證的結果。

藤原公任(966—1041)是平安時代中期的著名政治家、文學家。在政治上,其官位達正二位、權大納言,曾與源俊賢(960—1027)、藤原齊信(967—1035)、藤原行成(972—1028)史尊爲"四大納言"。在文學藝術上,作爲平安中期代表性的歌人、文人,公任有着全面的文化藝術修養,在和歌、漢詩、雅樂以及書法等方面造詣非凡,貢獻卓越。其詩文作品,筆者在《日本漢字資料研究——日本佛經音義》中有述①,不再重複,但筆者還想强調一下公任在日本"書道(書法)"方面的成就,因爲書法與日本漢字的發展有着密切的關係。在書法上,藤原公任傳承小野道風、藤原佐理、藤原行成"三迹"爲代表的"和樣書道(和風書法)",其傳世代表書法作品之一《北山抄》,被收藏於京都國立博物館。

石山寺本《字抄》并非公任親筆。關於此本的書寫年代和書寫者,學界根據四十三丁終行所附"長寬二年甲申②三月十九日申時以智鏡房本於高橋之/家書了 淳箕生廿三"識語,判斷當爲長寬二年(1164)由名爲"淳箕"之僧書寫。而其原作的撰著時間,只能根據第四十二丁裏初行有"長元五年九月廿九日承御室仰了"字樣,推測爲長元五年(1032)。根據藤原公任的生卒時間判斷,當爲其晚年著作。

藤原公任雖出身於名門貴族,身爲重臣,但萬壽三年(1026),他辭去高官職位,在北山長谷(現京都左京區)之解脱寺③出家隱棲,故而其所撰詩文有着豐富的佛教内容。如《公任集》中就有與《法華經》有關的《壽量品》的和歌,即用一節和歌概括《法華經》中《壽量品》一章的内容④。從這點來看,公任爲《大般若經》撰述音義書,應該是完全有可

---

① 梁曉虹:《日本漢字資料研究——日本佛經音義》,223 頁。
② 二字本爲用豎雙行小字標出。
③ 現此寺已廢。
④ 上垣外憲一:《仏典のレトリックと和歌の自然観》,55—69 頁。

能的。

2. 體例與内容

根據沼本克明先生考察,此書内容由十一個部分構成,[1]内容很豐富。總體來説都是爲了幫助信衆閲讀《大般若經》,儘管其中有些内容與我們傳統意義上的音義有别,但總體來看,其主體部分是對《大般若經》經本文的單字及語詞進行音注和義注,故應歸入"音義"範疇。而其中以"梵語"爲題,從《大般若經》中選出其"漢譯語",以及以"漢語"爲題,從《大般若經》中選出合成詞,并對其加以義注,對其後"無窮會本系"《大般若經音義》某些寫本中出現類聚"梵語"與"漢語"的特色有一定的影響。

《字抄》將《大般若經》六百卷,以十卷爲一帙,共分六十帙,按帙爲順,選出單字(也有部分複合詞及音譯詞)等作爲辭目,對其進行音注和義注。音注基本采用日式漢字音,以同音漢字表示(即"讀若")。但也有部分用反切法,標於辭目字右旁。義注多用單行或雙行小字(行間小注)標於辭目下,或用漢字,或用假名,但以片假名和訓爲主體。有時也兼有一些字形辨析。如:

001 脏：音拜。フクブクシ。(第六帙/第三[2])[3]

案:以上義訓根據沼本克明"和訓索引",[4]本爲"フククシ","フクブクシ"有福態、福相之義。根據音訓以及"辭目字索引","脏"當爲"肺"字。

---

① 沼本克明:《大般若經字抄解題》(石山寺一切經藏本);拙著《日本古寫本單經音義與漢字研究》第十章《〈大般若經字抄〉漢字研究篇》據此做了簡單歸納,敬請參考。

② 表示第六帙中的第三卷。《字抄》以帙而編成,"帙"下爲"卷"。下同,不另注。

③ 築島裕主編:《古辭書音義集成》第三卷《大般若經字抄》,10 頁。

④ 沼本克明爲《字抄》作"辭目字索引""和訓索引""音注索引"及"反切索引"四種。

002 腉：音卑。心府也。（第六帙/第三）①

003 殨：胡對反②。音火以。或作潰。ツユ。（第六帙/第三）

004 睡覺：音挍。或用悟字。但覺悟之處，悟字非也。（第十三帙/第七）③

從以上例來看，可知釋義部分，內容較爲簡略，另外，未見引證。但是并非完全没有，如：

005 毘奈邪：……或音義奈字勢乃音，不得其意。又邪耶同字云。仍撿字書邪者鬼病。又曰魅天。耶者父。又詞也。音訓已異，但或通用。玄應曰或云鼻那夜。惠沼曰：正云毘那奢□④。俗用借音，有所以□⑤欤？（P24）

案：本條中就出現了"或音義""字書""玄應""惠沼"等與出典有關的書名和人名。儘管不如傳統音義書般旁徵博引，但也形式多樣，有用書名，也有用人名，甚至還有用略名的。其他還有如："切韻（蔣魴・王仁昫・薛峋）""玉篇""廣益玉篇""行滔""疏・經疏・大日經疏⑥""信行""音義・或音義⑦"等。沼本克明認爲這些是否皆爲藤原公任直接引用尚難以確定。⑧

3.《字抄》在日本佛經音義史上的地位

儘管石山寺本《字抄》從篇幅上看，不能與同寺藏本"信行音義"相

---

① 築島裕主編：《古辭書音義集成》第三卷《大般若經字抄》，10 頁。
② 此反切置於辭目字上，用雙行小字標出。
③ 築島裕主編：《古辭書音義集成》第三卷《大般若經字抄》，19 頁。
④ 字形難以辨認，故以方框代之。
⑤ 字形有殘，亦以方框代之。
⑥ 或各爲別書。
⑦ 或各爲別書。
⑧ 沼本克明：《大般若經字抄解題》（石山寺一切經藏本）。

比(因"信行音義"現存祇是中卷,且爲殘卷),而與稍前的《新譯華嚴經音義私記》以及差不多同時代仲算的《法華經釋文》等相較,也祇能算"短篇",特別是其中有一部分內容還不能歸爲"音義"體式,另外,其中誤寫現象也較多,但日本古辭書音義研究者却對其極爲關注,這是因爲此音義的體例對日本佛經音義的發展具有較大影響。筆者也曾總結過①,若再簡以括之的話,有以下四點:

(1) 從"卷音義"到"帙音義"

《大般若經》共六百卷,十卷爲一"帙",共六十帙。"卷音義",是指該音義按經卷順序逐卷收釋辭目,如:石山寺本《大般若經音義》,而"帙音義",則遵循古代《大般若經》經本文以帙而編的特點,且"帙"下再以"卷"爲順,如:石山寺本《字抄》。因此,從較大的範圍來說,"卷音義"與"帙音義"是同一類。而此亦爲《字抄》之後的音義書,也就是本書的研究對象"無窮會本系《大般若經音義》"所仿範。

(2) 辭目以單字爲中心

前已述及,"信行音義"主要承襲漢傳佛經音義,多收釋經中複合詞。而《字抄》收錄辭目以單字爲中心,這已是平安中期以降日僧所撰佛經音義的重要特色,成爲同時期或其後日本學僧撰述以解釋單字爲主之音義之濫觴。②

(3) 漢文注釋大幅度減少,片假名和訓成爲主體

與其他早期佛經音義如《新譯華嚴經音義私記》、仲算的《法華經釋文》等相較,此本漢文注釋的內容明顯大幅度減少,即使與同爲石山寺藏本的"信行音義"相比,也減了不少;但同時此本片假名和訓的內容增加了很多。而其前或同時期的一些音義,如《新譯華嚴經音義私記》、石山寺藏本的"信行音義",以及《四分律音義》、空海的《金剛頂經一字頂輪王儀軌音義》等,雖也有部分和訓,然皆用萬葉假名表示。故此書被認爲是其後以片假名標明和訓類音義之嚆矢。

---

① 梁曉虹:《日本古寫本單經音義與漢字研究》,465—466 頁。
② 參考築島裕《大般若經音義諸本小考》。

（4）音注用片假名和類音標記

早期佛經音義，大都如漢傳佛經音義，音注以反切爲主。《字抄》以片假名和類音字表示，而且采用與漢音吳音相同的同音字注音。沼本克明先生指出：這種方法在公任之前或之後均極爲罕見，是公任獨自所用的注音法①。而《字抄》一書中的"吳音注"也對後世具有較大影響，如《類聚名義抄》就多引其音注。作爲《類聚名義抄》原本的圖書寮本引用多用"公云"，而稍後的觀智院本則皆統一改爲"吳音"。故而，《字抄》的另一大重要價值是其被認爲是日本字音史上最古的吳音資料。②

築島裕先生指出：《大般若經字抄》的體例，很明顯地體現出此音義已經大幅度日本化了。③ 故此書在日本佛經音義史上具有承前啓後，向日本化過渡的作用。

以上同爲石山寺所藏的兩種《大般若經》音義書，是古代日本佛經音義的名著。儘管我們尚不能確認石山寺本《大般若經音義》（中卷）就一定爲信行所著，也不能確認這就是日本最古的佛經音義，但我們可以認爲石山寺本《大般若經音義》（中卷）是中日現存《大般若經音義》的最古寫本，至少是日本《大般若經音義》的濫觴。而藤原公任的《大般若經字抄》在日本佛經音義發展史上，即從"漢化"到"日本化"的變化過程中，其所起的作用和價值也值得學術界關注。筆者在此之所以要特別强調，是因爲本書的研究對象——"無窮會本系"《大般若經音義》正是承接其後的傑出代表。

（三）"無窮會本系"《大般若經音義》

日僧所撰的諸多"大般若經音義"中，堪稱名篇的不少，我們以上所介紹的兩種，可爲代表。繼此之後，能作爲日本中世"大般若經音義"代表的，就應該是"無窮會本系"《大般若經音義》了。因其不但多有寫本留存至今，而且特色頗爲明顯。

---

① 參考沼本克明《大般若經字抄解題》（石山寺一切經藏本）。
② 高松政雄：《公任卿云"吳音"》一文有專門研究，沼本克明《石山寺藏の字書·音義について》一文據此提出此結論。
③ 築島裕：《大般若經音義諸本小考》。

　　所謂"無窮會系本"《大般若經音義》,是指以無窮會圖書館所藏《大般若經音義》爲代表的一組寫本,約近二十種。這些寫本從内容與體例來看,應屬同類,可認爲本是同一種書。① 關於此音義著者,學界推測有可能是重譽,但至今尚未明確斷定。重譽生卒年不詳,僅知其爲平安後期三論宗學僧覺樹(1081—1139)的學生。② 我們根據覺樹的生卒年,可大致判斷重譽應爲平安末鎌倉初時人,也是三論宗的僧人。根據築島裕先生的考察③,心覺④的《鵝珠鈔》卷下二之末有"大般若經以光明山重譽音義出(㊊書イ)之⑤"的標題。光明山位於京都府木津川市,歷史上曾是南都净土宗重鎮,高僧輩出,但已於江户前期廢絶。另外《鵝珠鈔》卷下一又有"或人音義云大般若經百三十七卷⑥達絮助⑦蒇別(引㊀)戻來車文"的記載,故築島裕先生認爲:或許重譽不是無窮會本系原本的作者,而是無窮會本系摘録本之撰者。當然也可以認爲"或人音義"="重譽音義"="無窮會本系音義"。⑧ 故其基本結論是作者尚難以明確判斷。而山田健三在《木曽定勝寺藏大般若經音義について》一文中通過此本系中有書寫時間"識語",如"弘安九年七月"的藥師寺本(甲本)、"弘安九年十月"的天理本以及被認定爲書寫於鎌倉初期的無窮會本,若從時間上加以比較推定,認爲其撰者爲重譽則并無矛盾,因而在其論文中,就直接表述爲"重譽音義"⑨。

　　因此音義不同寫本雖多見,但學界一般以被認爲書寫年代最早、寫本最爲優良的無窮會圖書館藏本⑩爲代表,并稱其爲"無窮會本系"

---

①　參考築島裕:《大般若經音義の研究・本文篇・解説》,13—33 頁。
②　參考《日本仏教人名辞典》"覺樹"條,110 頁。
③　參考築島裕:《大般若經音義諸本小考》,47—48 頁。
④　心覚(永久五年至養和元年,即 1117—1181),爲平安時代後期真言宗之僧。
⑤　原爲單行小字。
⑥　原爲雙行小字。
⑦　原爲小字,在右。爲標音部分。下同,不再另注。
⑧　參考築島裕:《大般若經音義諸本小考》,47—48 頁。
⑨　信州大学人文学部《内陸文化研究》(4),2005 年 2 月,49—50 頁。
⑩　同上。

《大般若經音義》(以下簡稱"無窮會本系"),①而其共同祖本之成書年代,大概可推定爲平安時代末期或鎌倉時代初期。②

　　關於"無窮會本系"諸本,築島裕的論述中有十四種③,山田健三又在此基礎上,將自鎌倉初期至室町末期的十三種寫本④列表呈現。儘管屬於同一系統,但又各有不同之處,有内容上的,也有書寫形式上的,還有篇幅大小之異者。因"無窮會本系"是本書的研究對象,故以下以專節的形式專加梳理論述。

第二節　關於"無窮會本系"
《大般若經音義》

　　關於"無窮會本系"的定義及撰者等,前節已有簡單論述,不贅。而關於"無窮會本系"諸本,築島裕先生二十世紀六十年代初《大般若經音義諸本小考》一文有詳密考察,筆者《日本漢字資料研究——日本佛經音義》一書中也有梳理⑤。因本書對象是"無窮會本系"《大般若經音義》,爲全書體例統一,故筆者仍擬從書寫年代⑥和内容上進行相關介紹與論述。

一、無窮會圖書館藏本　卷上,一帖,粘葉本,鎌倉初期寫本,存

　　從時代上來看,將此本置於第一,或許并不一定妥帖,因此本的書

---

① 築島裕:《無窮會本系大般若經音義附載の篇立音義について》,383 頁。
② 同上。
③ 需注意,其中"藥師寺本"實際分爲"甲類""乙類""丙類""丁類"四種。
④ 山田健三:《木曾定勝寺藏大般若経音義について》,49—59 頁。
⑤ 梁曉虹:《日本漢字資料研究——日本佛經音義》,188—198 頁、236—248 頁。
⑥ 有些寫本書寫年代不詳,筆者參考日本學者研究成果而推定。

寫時間尚未確定。但經學界考證應是寫於鎌倉初期,是歷史悠久的古寫本,且寫本優良。[①] 因此,此雖非全本,所存僅卷上,且還是殘本,但仍被認作爲"無窮會本系"之代表,從而有"無窮會本系"之名。如此,本書將其列爲第一,理所當然。

無窮會本僅存卷上,一帖,卷尾稍有欠缺。但卷尾所缺以及卷下部分,可以寫於弘安九年的天理本補足。由此可見,無窮會本原本應爲上下二卷本。

如前述及,此本并無有關書寫時間的識語,關於其書寫時間,學界也一直未能統一認識,川瀨一馬曾指出寫於南北朝之際[②],築島裕開始認爲寫於鎌倉中期[③],後有訂正,幾位音義大家[④],根據用紙、書風、表記樣式以及假名字體等,認爲應該是院政期末乃至鎌倉初期寫本,爲此本系中"最古之寫本"[⑤]。

有關此本形態等内容,日本學者已多有研究,筆者以下主要介紹其體例與内容。

從類别上來看,此本屬"帙音義"。前已述及,這是受藤原公任《大般若經字抄》的影響。此本自"第一帙"起,卷尾終於第四十五帙第八卷之"瘡"條。其後殘缺。因天理本與岡井本卷上亦皆終於第四十五帙,可認爲儘管有缺,但確實已是卷上之尾,所缺數量并不多。[⑥]

《大般若經》共六百卷,各以十卷爲一帙,共六十帙。故作爲"帙音義",無窮會本會在每帙中又以"一""二"等數字,寫在字頭頂上方,標出卷數,以便於檢索。另外,所出辭目(單字或合成詞)和釋文中的漢

---

① 可參考築島裕《大般若經音義の研究・本文篇・解説》。
② 川瀨一馬:《增訂古辭書の研究》,453 頁。
③ 築島裕:《大般若經音義諸本小考》,18 頁。
④ 如築島裕《大般若經音義の研究・本文篇・解説》、平井秀文《大般若經音義古鈔本解説稿》等。
⑤ 築島裕:《大般若經音義諸本小考》,18 頁。
⑥ 與天理本相比勘,可發現無窮會本缺從"瘂"至"炷"共 11 行 55 個字頭(幾個異體一起作爲字頭出現的算一個)。無窮會本每頁 7 行,所以大概缺不到兩頁。

字或片假名上有用朱書標的聲點"·"，此被認爲古風之標志。此本被認爲不僅是"無窮會本系"《大般若經音義》系統中最古寫本，且訛誤較少，雖有若干錯簡①，然仍屬精良寫本。

此本内題"大般若經音義卷上"，其下有"音注中与 庻 字異聲者指聲示易字与 康 同聲難得故"②。另外，天理本卷下内題、六地藏寺本卷中内題、真福寺大須文庫本卷上内題和卷下内題也見同樣文句。所以筆者試着解讀爲："庻"（天理本作"庻"，六地藏寺本作"䧇"，真福寺大須文庫本作"䕆"），築島裕先生將其認作爲"庶"③，但筆者認爲，此應是"麁"字。"麁"爲"麤"俗字。日藏唐代《香字抄》"麤"有作"庻""庻""庻"④"庶"⑤。《日本名迹大字典》"麤"字下也收有"庶""廣""庭"⑥等字形。"庶"字"广"下的俗寫確與"麁"多相似，甚至相同，但"麁"字有一重要特徵，即"鹿"上爲"夕"。漢字書寫時，"夕"有可能譌作點，如"庻"，但"點"一般不會寫成"夕"。故以上無窮會本"庻"以及他本諸形，皆應是"麁"字。

關於這句話，築島裕曾指出"麁"語義未詳⑦。沼本克明在《日本漢字音の歷史的研究——體系と表記をめぐって一》一書中解釋爲："麁"有大義，在此指辭目字。在音注中，辭目字與"聲"相異時，則指"聲"，這是由於没有找到簡單而合適的字的緣由。并用例證説明無窮會本中的"聲"，應理解爲四聲及與清濁相結合的概念。⑧

另外，内題"大般若經音義卷上"與"第一帙"的空間之上，有"初百内"字樣。根據築島裕先生的解釋："無窮會本系"中出現的"初百内、

---

①　可參考築島裕《大般若經音義の研究·本文篇·解説》。

②　此本爲雙行小字寫於"大般若經音義卷上"下。

③　築島裕在摹寫部分將其寫爲"庻"，認讀爲"庶"。見其《大般若經音義諸本小考》，18 頁。

④　此處兩個字形保留了底色。

⑤　臧克和、海村惟一主編：《日藏唐代漢字抄本字形表》，1838 頁。

⑥　北川博邦：《日本名迹大字典》，1371 頁。

⑦　築島裕：《大般若經音義卷中 一帖 解題》，591—597 頁。

⑧　沼本克明：《日本漢字音の歷史的研究——體系と表記をめぐって一》，99—100 頁。

二百内、三百内、四百内、五百内、六百内"有可能是將《大般若經》彙集
整理成以按每一百卷爲單位放入一個大容器的意思。①

　此本體例基本爲：按照經本文卷帙選録辭目，以單字爲主，但也有
一定數量的複音詞。辭目右下部基本參照藤原公任《大般若經字抄》，
用漢字同音字作注，但有時若無相對簡單的漢字，則用假名進行音
注②。而左下部則多伴有假名（有時也用漢字）加以簡單釋義，也有少
數詮釋較爲詳細。

　（一）單字辭目

　　001 **擭**：湛。ニナフ。**擭橑橵**③：同上，亦作。**儹**：同
上，先德非之。（無/1－1/8④）

　　002 **肅**：四久。イツクシ。ウヤマフ。（無/1－1/8）

　　003 **揱**：巻。キル⑤。オヒ⑥。**攢**：同上，亦作。（無/6－1/
32）

　　004 **歠**：説。ノム。**嚽**：同上，或作。上大飲也，下小飲
也。**醫**：同上，先德非之。（無/6－3/34）

　　005 鴿：合。先德云：此鳥此國无矣。其色種種也。一者青

---

①　築島裕：《大般若經音義諸本小考》，25 頁。
②　沼本克明：《無窮會本大般若經音義の音注について》，527 頁。
③　這三個字形是複印本的摹寫。因原本此處蓋有"無窮會神習文庫"之
印，以致字形不甚清晰。筆者按：此書出版時雙數頁爲原本影印部分，單數頁爲
原本摹寫。本書所取字形基本來自影印部分，但若字形有受損脱落、不清楚的
情況，也會采用摹寫字形。根據築島裕《凡例》，摹寫筆畫盡可能忠實於原本。
原本自身筆畫若有不分明之處，依築島裕的判斷而定。而原本字畫有錯雜之
時，則不拘於原本，根據易解性而定，有時會有若干位移的情況。（築島裕：《大
般若經音義の研究 本文篇》，9 頁）。
④　"無"指無窮會本，其後第一組數字爲帙數，第二組數字爲卷數，第三組
數字爲《大般若經音義の研究 本文篇》的頁數。下同。
⑤　根據築島裕《大般若經音義の研究 本文篇》，此處的摹寫以及"和訓索
引"標注本有朱筆所標"上平"聲點。
⑥　同上，這裏本有朱筆所標"平上濁"聲點。

色如此經此文。二者白色如《正觀論》。三者灰色如《涅槃經》。
（無/6-3/42）

　　以上舉第一帙卷一、第六帙卷一、卷三中之五例。可以作爲此本
單字音義標注體例的代表。

　　另外,值得注意的是部分音譯字下還會標出梵文,然後用假名
標出讀音。如第六帙中有大辭目"四十三字",釋曰:"餘經不説呵
字,故經文稱四十二字耳。"而《大般若經》中多次出現"四十二字",
如卷三八一:"是菩薩摩訶薩應如是善學四十二字入於一字,一字亦
入四十二字,如是學已,於諸字中引發善巧,於引發字得善巧已,復
於無字引發善巧。"①《華嚴經》《大般若經》皆有"四十二字門"之説,即
將梵文四十二字母視爲文字陀羅尼,又作"悉曇四十二字門""四十二
字陀羅尼門"。據《大智度論》卷四十八,"諸陀羅尼法皆從分別字語
生,四十二字是一切字根本。因字有語,因語有名,因名有義;菩薩若
聞字,因字乃至能了其義"。② 此本"四十三字"即"四十二字"再加
"呵"。如:

　　006 裒刃:ア。裒婀:同上,或作。（無/6-3/44）

　　以上,用以標音的假名"ア",原本用小字置於梵文字母右旁。因
誦讀經文爲漢文,而漢字多有異體,即使此類音譯字母,如"裒婀"的
"裒"即爲"裒"之異體。又如:

　　007 洛ʒ:ラ。（無/6-3/44）
　　08 跛ㄐ:八。（無/6-3/44）

————————

① CBETA 電子佛典 2016/T06/0220/0969。
② CBETA 電子佛典 2016/T25/1509/0408。

（二）複音辭目

無窮會本雖然以收釋單字爲主，但複音辭目也不少，而且内容還頗爲豐富。本書第七章專門研究無窮會本和天理本中的複音節辭目，將會較爲詳細地分類考辨，探究特色。此處祇是從音注與義釋方面加以論述。

1. 不標字音，或詮釋整詞，或分字爲釋。如：

009 阿練若：此云寂静處，又云无諍處也。阿練若者，古云頭陀，胡音斗藪，唐云除弃，即除煩惱之義也。[①]（無/6 - 3/46）

010 大勝生主：亦云大愛道。梵云摩訶波闍伯提也。（無/1 - 1/8）

011 野干：慈恩云：鳴聲如狼，形如狐。狐形大，野干形小。兩形相類，大小有別。麻果云：狐之一名也。（無/6 - 3/40）

012 容止：動静也。俗説云フルマヒ。（無/1 - 3/16）

013 唯然：唯者，教諾之詞也。然者，順從之詞也。（無/1 - 9/20）

以上辭目，有音譯詞，如"阿練若"，有意譯詞，如"大勝生主"，也有一般的漢語詞，如"野干""容止""唯然"等。但總的來看，漢語詞數量較少，大多爲譯經所出新詞。而釋義部分大多爲漢語，應是參考了各種漢文典籍，但也存在少量假名内容。如"容止"條，在漢文釋義後有假名"フルマヒ"，并指出此爲日文俗説。相應的日語"ふる - まい【振舞】（ふるまひ）"正有"舉止""行爲""態度"等義。

2. 將複音詞分字收錄，或爲其中一字標音，或分別標音，最後總釋全詞。如：

014 璧：白。
　玉：璧玉[②]者，外圓内方之寶也。（無/1 - 10/20）

---

① 釋文中俗字多見，此處基本以正體標出，部分文字按原本改成簡體字。
② 原用短橫標出。

015 珊：散。

瑚：其紅赤色也。似樹形。罽賓國出也。（無/1-10/20）

016 鶺：相。

鵤：向。似鳩，長頸黃色也。水鳥也。（無/1-10/2040-8/142）

017 堵：斗。

覩兜：同上或本。

羅綿：面。緜：同上亦作。堵羅綿①者，細綿也。堵羅者，梵語。綿者，唐言也。（無/1-10/2032-1/82）

以上有一般漢語名物詞，也有音譯詞。撰者分録單字，或在上字後（如014、015），或於各單字後（如016）用同音字標出字音；也有的還在單字後列出異體字（如017），但都是在最後一個字後詮釋整詞之義。這正體現了"無窮會本系"字書的性質。我們還會在以下章節中詳述，故於此不另展開。

有一點需要指出的是：此本内容多有重複。如："腨""膝""胜""脅""胷""腋""髀""臂""腕"等一組表身體部位的辭目字及其釋義中所列出的各自的異體字，在第一帙、第二帙、第六帙、第四十一帙都有出現，且并不包括單個多次出現者。此類例甚夥，不贅舉。

有些重複性内容，撰者②會在辭目字下表示：注尺③如第×卷帙。如：

018 意生：《大日經疏》引：智論云人也。（無/1-4/16）

019 儒童：儒者，柔也。美好義也。童者，年小義也。又云年小淨行，或云人也。（無/1-4/16）

---

① 原用短橫標出。
② 也有可能是抄寫者。
③ "注尺"就是"注釋"。

"意生",也作"意生身",是梵文"mano-mayakāya"之意譯。《玄應音義》卷一:"摩冤:奴侯反。正言摩奴末耶①,此云意生身,言諸天等從意化生也。"②《翻譯名義集》卷五:"摩那末那:此云意生身。"③而"儒童"則爲釋尊前生爲菩薩時之名。《太子瑞應本起經》卷上:"定光佛興世,有聖王名曰制勝治,在鉢摩大國,民多壽樂,天下太平,時我爲菩薩,名曰儒童。"④

以上二詞,《大般若經》中多次成對出現⑤,如卷四"如是有情、命者、生者、養者、士夫、補特伽羅、意生、儒童、作者、使作者、起者、使起者、受者、使受者、知者、見者亦但有名"⑥。因古寫本無句讀,故此音義此後出現時多二詞相連,作"意生儒童"。

以上內容無窮會本中多次重複出現。完全同樣的內容,第二帙又再次出現。有時二詞一起,以四字辭目出現。如:

意生儒童:注尺如第二帙。(無/5-1/28)

"注尺"即"注釋"。"尺"與"釋"在日語漢字音中發音相同,吳音讀"シャク",漢音讀"セキ"。而日本簡體字有"同音代替"類型⑦,"尺"即用作"釋",無窮會本皆用"注尺"。"意生儒童"在第八帙第四卷又同樣再出,詮釋同上。這種現象應是因爲過去手寫,檢索不甚方便,故難以避免。慧琳等人的音義也有此現象。有時儘管撰者已經意識到,并努力避免,但實際上重複現象還是不少。

以上,筆者祗是通過舉例對無窮會本體例與內容做了一些說

---

① "耶",磧砂藏作"那"(根據徐時儀校注)。
② 徐時儀:《一切經音義三種校本合刊》(修訂版),10頁。
③ CBETA電子佛典 2016/T54/2131/0138。
④ CBETA電子佛典 2016/T03/0185/0472。
⑤ 據筆者粗略統計,約近八十處。
⑥ CBETA電子佛典 2016/T05/0220/0018。
⑦ 何華珍:《日本漢字和漢字詞研究》,114—115頁。

明,相關例證其實非常豐富。其中有的條目與漢傳音義相同或相似,但更多的是有其獨特的辨音釋義之處在的。這些是佛經音義在日本的發展中所呈現出來的特色,從古辭書音義的角度,值得進一步探討。

二、天理圖書館藏本 卷上本·上末·下,三帖,粘葉本,弘安九年(1286)寫本,存

此本原爲堀田次郎舊藏,後又經寶玲文庫收藏,最後由天理大學圖書館收藏,故學界現多稱"天理本"。

天理本共有三帖。第一帖(卷上本):自第一帙第一卷至第三十六帙。首尾皆有殘。其卷首與無窮會本相比較,知所缺差不多近二頁。卷尾第三十六帙則僅有標目。其後有空頁,有兩行標注:"第卅六帙——第卅七帙十""此間一丁(二頁)缺カ"。第二帖(卷上末):自第三十八帙第一卷至第四十五帙第十卷。此帖首全,無内題。最後有尾題"卷上"[①]。第三帖(卷下):自四十六帙第一卷至第六十帙第十卷以及"篇立音義"。此帖首有内題"卷下",末有尾題"卷下"。

此本體例與音義内容跟無窮會本基本相同。川瀨一馬早年也曾有闡述:本書於文字下部,用漢字注音(也有少數用片假名注音),原則上用片假名一字詮釋一義,但有時也有二至三義者,也時有用漢文釋義的。原則上是一字一語(單字),罕見收釋複合詞。另外,還能見到一些標出陀羅尼全文并用片假名標音的例子。本書屢有同字重複出現的情況,相同注釋反復出現時(當然也有訓釋相異的情況)會有"注釋如第二帙"等的附記。[②] 這與筆者歸納的無窮會本體例基本相同。但筆者認爲收釋複合詞祇能説是不多,但并不罕見。儘管川瀨先生主要是從日語假名文字的使用上,即從日本國語史研

---

① 無窮會本系統中的其他寫本,如岡井本等皆自第一帙至第四十五帙爲卷上部分,蓋與天理本的第一、第二帖相當,可見此本上卷是被分寫成兩帖的。

② 川瀨一馬:《增訂古辭書の研究》,450 頁。

究的角度考察其特殊性及意義,但這個體例歸納有助於我們對天理本的瞭解。

從寫本的角度來看,天理本"第一帙"等標數與無窮會本一樣,單獨一行,但其下卷數用墨書寫於辭目字頂,而無窮會本則用朱書。如前述及,無窮會本中有用朱筆爲辭目字和片假名標出聲點的内容,天理本則没有這些,此本中有的是用墨書所點,且不如無窮會本多,所以應該説無窮會本更顯古態。這也應是儘管無窮會本并非全本,但却能成爲此本系代表的理由之一。儘管如此,天理本却有以下特點值得學界注意:

(一)明確的書寫時間"識語"和書寫者名字

此本於第二帖、第三帖末皆有"識語"。如第二帖末:

> 大般若經音義卷上
> 弘安九年十月廿四日於丹州筒河庄福田書了 執筆堯尊 三十七歲①

第三帖末:

> 大般若經音義卷下
> 弘安九年十月廿九日依勸進書寫畢 執筆堯尊 同卅日交合了

因爲第一帖不全,卷尾缺"第卅六帙一——第卅七帙十",根據第一帖添加的貼紙識語,可知第一帖末本也應有與第二帖相同的時間表示"弘安九年十月廿四日"。因此,三帖皆有識語,且皆有"弘安九年"之時間記録,弘安九年爲公元 1286 年。這是"無窮會本系"《大般若經音義》諸本中注明書寫時間的最古寫本。

---

① "三十七歲"爲雙行小字。

另外,三帖六十帙可認爲基本出自同一書經生之筆,應該就是卷上與卷下"識語"中所記録的"執筆堯尊[①]"。而此"堯尊",川瀬一馬先生根據第一帖添加的貼紙識語指出,應是寶蓮寺僧人。[②] 天理本書寫體例相對統一,筆致與書風基本相同,故而也可證明這一點。

（二）相對較全的古寫本

儘管天理本也有若干葉殘缺,第一帖缺第一葉,卷末也缺兩葉左右,但仍可確認的是此本是無窮會本系《大般若經音義》中篇幅較全的一本。

"無窮會本系"中還有大東急記念文庫本以及真福寺本也是完本,但從二本書寫時間上來看,都已是室町時代。故而天理本與本系他本相較,儘管仍稍有殘缺,但仍是較爲完整的一部古寫本。

（三）附有"篇立音義"的最古寫本

此本不僅有相對完整的"帙音義"内容,而且卷末尚有八十部"篇立音義",被認爲是日本"篇立音義"之最古寫本。

本系中卷末附"篇立音義"的還有大東急記念文庫本。築島裕先生指出：無窮會本、福田襄之介氏藏本,因卷尾欠失,没有"篇立音義"内容,但可推定原本大概是有的。[③]"篇立音義"是日本佛經音義發展至中世而産生的類别之一,在漢字研究方面具有一定價值。現存的"無窮會本系"中還有"篇立音義"的寫本,一般認爲有天理本、大東急記念文庫本和岡井本,而天理本作爲附有"篇立音義"的最古寫本,且是八十部皆全的完本,更值得引起重視。

作爲幾乎可謂完本的天理本,除了書風、筆致等書寫風格有不同外,音義内容與體例等跟無窮會本大致相同,但還有一個值得注意之處,即天理本音譯詞部分,所釋辭目爲漢語詞,但用梵文音譯詞進行詮釋。這種形式,無窮會本（卷上）中是極少的。如：

---

① 卷上"執筆堯尊"下還有雙行小字"三十七歲"。
② 川瀬一馬：《增訂古辞書の研究》,449 頁。
③ 築島裕：《無窮会本系大般若経音義附載の篇立音義について》,383—404 頁。

持譽：梵云耶輪陁羅也。或本作特字,是謬也。(無/41-1/152)

但天理本中中相對多見,且主要集中於第五十七帙第六卷,如：

具力：梵云婆稚。(天/57-6/638)
堅薀：梵云迦羅騫。(天/57-6/638)
無熱：梵云阿那婆達多。(天/57-6/638)

據統計,約有二十條。我們在本書第七章專門研究"無窮會本系"的複音詞部分,將有對其進行的專門考察研究。

三、藥師寺藏本(甲本) 三十卷,卷子本,弘安九年(1286)寫本,存

藥師寺藏《大般若經音義》共有四類：甲本、乙本、丙本、丁本。但因書寫時間不同,所以我們分別考述。

藥師寺本這四類中,以甲本書寫時間爲最早,第六十帙末尾有"弘安九年七月廿一日書寫畢",此與天理本同爲"弘安九年"。而從月份上看,甲本比天理本還要早三個月。

甲本不是完本,共三十軸,筆者在《日本漢字資料研究——日本佛經音義》一書中曾標出其各"帙"的數目①,不贅。但需要說明的是：所存的三十軸,各軸長短不一,有的僅有"一紙",有的則是"四紙",還有殘缺。

藥師寺本儘管也屬"無窮會本系",體式上與無窮會本相同,以帙而成。每帙之下,用"第一卷""第二卷"來標出卷數。這與無窮會本每帙之下用"一""二"標出卷數實際一樣。但從內容上來看,藥師寺本與無窮會本、天理本等有較爲明顯的區別。首先,辭目幾乎没有複音詞,

---

① 見該書246—247頁。

全是單字，"單字音義"的色彩更濃。其次，釋義部分基本衹有字音注，義訓內容極少，但異體字內容却很豐富。再次，天理本最後附有"篇立音義"，但此內容却不見於藥師寺本。故築島裕認爲藥師寺本很有可能是依古代原本删除和訓並改編成僅有單字內容的簡易本。但此本又不見他處，且記有"弘安九年"的書寫時間，所以儘管是殘本，但作爲資料，仍然非常重要。①

以下爲此本第一帙第一卷起首的三例和第一帙第三卷的前三例，可窺見其體例與內容特色：

001 **㩥**：湛；ニナフ。**㩥㩥**：亦作。**㩥**：亦作。（藥甲②1－1/766）

㩥：湛。ニナフ。**㩥㩥㩥**：同上，亦作。**㩥**：同上，先德非之。（無1－1/P8）

案：以上藥甲本與無窮會本相比較，差別并不太大。藥甲本也有和訓，衹是中間少了一個俗形"㩥"。③藥甲本還略去了"先德非之"這一類采用"先賢"的觀點來表達對某些異體字的否定，衹用"亦作"表示。

002 **逺**：躰。オヨフ。アツく。**逮**：亦作。（藥甲1－1/766）

案："逺"即"逮"字，不難辨認。其後所出異體亦常見。但無窮會本和天理本、大須文庫本等"詳本"中皆不見此條。而《大般若經》卷第一起首部分確實出現此字："一時，薄伽梵住王舍城鷲峯山頂，與大苾芻衆千二百五十人俱，皆阿羅漢，……已作所作已辦所辦，棄諸重擔逮得己利，盡諸有結正知解脫，至心自在第一究竟。"④需要補充的是，此

① 築島裕：《無窮会本系大般若経音義附載の篇立音義について》，33頁。
② "藥甲"，表示是藥師寺甲本，下同。"藥乙"，表示"藥師寺乙本"，下同。
③ 具體原因本書第五章將會做相應的考辨，敬請查閱。
④ CBETA電子佛典2016/T05/0220/0001。

條在以下我們要述及的藥師寺乙本中也有。由此可見,藥師寺本在删除原本和訓和複音詞,改編爲單字内容的簡易本時,同時還增加了單字内容。

無窮會本等"詳本"在 001"櫓(擔儋)"條後,收釋的是"大勝生主",這是梵文"Mahāprajāpati①"的意譯,音譯作"摩訶波闍波提",爲佛姨母之名。但藥甲不見此條。這并不奇怪,因在其删除範圍内。

003 肅：四久。イツクシ。ウヤマフ。（藥甲 1 - 1/766）

案：此條與無窮會本完全相同。假名和訓有兩個。辭目字爲"肅",不難辨認。"四久"實際是假名標音,根據築島裕的"字音索引"②,應爲"シク"。"イツクシ"和"ウヤマフ"是兩條和訓,前者有"嚴""慈""美"等義,後者表示尊敬。《大般若經》卷一："復有無量無數菩薩摩訶薩衆,一切皆得陀羅尼門、三摩地門,……於五神通,自在游戲,所證智斷,永無退失;言行威肅,聞皆敬受,勇猛精進,離諸懈怠……"③"肅"條正出自以上經文。

以上三例都保留了和訓,但也有完全删除的。如：

004 脹：長。（藥甲 1 - 1/767）
005 腜：能。（藥甲 1 - 1/767）
006 爛：乱。（藥甲 1 - 1/767）

以上三條相連。前二字雖有殘脱,但看得出來是"脹"和"腜"字。無窮會本也是三條相連的單字辭目,標音字與藥甲相同,但却在"脹"下用"フクル"、"腜"下用"ウミシル"、"爛"下用"ミタル"假名釋義。

---

① 梵文根據丁福保《佛學大辭典》,212 頁。
② 築島裕:《大般若經音義の研究 索引篇》,第 57 頁。
③ CBETA 電子佛典 2016/T05/0220/0001。

而這些内容在藥甲中已删。

四、藥師寺藏本(乙本) 三十五軸,卷子本,弘安九年(1286) 寫本? 存

這是藥師寺所藏《大般若經音義》中數量最多的一類,共有三十五軸。乙本與甲本一樣,各軸長短不一,有全也有欠。體例也與甲本相同,辭目基本爲單字,用漢字或假名注音,幾乎没有義訓,但列異體字。

此本第六十帙末尾,另有附紙,記有:

　　　　永享壬子八月二十五日書繼之畢

"永享壬子"即"永享四年",爲 1432 年。但這并不是此本的書寫時間,而被認爲是後來添加進去的。乙本的書寫時間不明,或與甲本的"弘安九年"爲同一時間。其體式與内容也與甲本相同,衹是書體較細,與甲本的辨别并不困難。我們不再舉例。

五、大東急記念文庫藏本 一帖,粘葉本,室町初期寫本,存

在水谷真成《佛典音義書目》、西崎亨《古梓堂文庫藏本大般若經音義の声点》、平井秀文《大般若經音義古鈔本解説稿》等著述中,此本多稱爲"古梓堂文庫本"。因古梓堂文庫實際是久原文庫的一個階段性名稱,故也稱"久原文庫本"[1],如筆者在拙著《日本漢字資料研究——日本佛經音義》[2]中所稱。《大東急記念文庫貴重書解題》第二卷《佛書之部》[3]對此本有描述:寫於室町初期[4],粘葉本,用紙爲楮紙。每半葉七行六段兩面書寫。封面右下有"觀助之"之署

---

① 久原文庫所藏主要來自日本地質学者和田維四郎(号雲村,1856—1920)從明治末期至大正時期的大規模搜藏品。
② 參見該書 189—191 頁。
③ 見該書 102—103 頁。
④ 但平井先生認爲寫於鎌倉中期。

名。川瀬一馬先生認爲封面是後補的，"觀助之"有可能是醍醐寺僧人觀助之。①

　　此本卷首（第一葉至第七葉）附"大唐聖教序""大唐皇帝述聖記""大般若經員""四處十六會"等内容，但築島裕先生指出這些可能是後來添加的部分。其後爲音義本文内容。從第一帙至第四十帙爲卷上，第四十一帙至第六十帙爲卷下。第六十帙完後，緊接爲"已上帙別"，但却不見有"卷下"②字樣。其後續以"立八十部篇出殘"，爲"篇立音義"。築島裕在《大般若經音義諸本小考》一文對此本構成有描述，指出本來至少應該分爲二帖：第一帙至第四十帙，爲原本的第一帖，第四十二帙之一至第六十帙，加上"篇立音義"（至"馬部五十五"，後缺），爲原本的第二帖，但是後來合綴爲一帖。築島裕先生認爲：此本到第四十帙蓋是卷上，第四十一帙以降是卷下③。

　　從體例内容上看，此本與無窮會本幾乎相同。漢字辭目下，用雙行行間小字，左邊是片假名的和訓，右邊是字音，用漢字或片假名。平井秀文指出：假名字體等也與無窮會本近乎於没有差異，但一般的筆勢劣於無窮會本。④《大東急記念文庫貴重書解題》第二卷《佛書之部》前有圖版，其圖版二九爲此本末卷，即卷音義第六十帙之十的内容，雖祇有一頁，但可觀其概貌。另外，築島裕先生還指出：此本有朱色聲點，這一點也與無窮會本相符合，而這也正是此本被認爲留存古形古態的一點。

　　《大東急記念文庫貴重書解題》"大般若經音義"條的最末指出：這種音義的古寫本有弘安九年寫本⑤、無窮會文庫藏上卷（南北朝⑥之際

---

①　《大東急記念文庫貴重書解題》第二卷《佛書之部》，103 頁。
②　此本卷首記有"卷上"字樣。
③　根據築島裕先生描述，應缺第四十一帙。
④　平井秀文：《大般若經音義古鈔本解説稿》。
⑤　即天理大學圖書館本。
⑥　此處"南北朝"指日本的南北朝時代，此前爲鎌倉時代，此後爲室町時代。

所寫)、被稱爲《京字引》的京都大學所藏殘缺本、岡井博士藏本(人吉願成寺舊藏室町初期寫)等,故可知曾相當流行①。

　　筆者認爲大東急記念文庫藏本也應是"無窮會本系"中重要的一本。一是因爲"全",不僅有從第一帙到第六十帙卷音義的内容,而且還有類似天理本的"篇立音義",儘管有殘缺。二是此本也有保存朱色聲點之古形態,而這在日本國語史上具有重要價值,爲學界所矚目。小松英雄《大東急記念文庫藏 大般若經音義にみえる和訓の声点》②、西崎亨《古梓堂文庫藏本大般若経音義の声点》③等論文都有專門考察。

　　以上是筆者在尚未見到此資料時參考其他學者先賢的成果所撰寫的。2021年8月末至9月初④,筆者獲得去大東急記念文庫查找資料的許可,有幸得以親眼見到此資料。基本情況確如諸位前輩學者所考述。從漢字書寫上來看,如平井秀文先生所指出,其筆勢劣於無窮會本,但筆者發現因爲有此特點,從某種意義上來說,在漢字研究上此本也有不同的價值⑤。這也是我們在今後的漢字研究中需要更爲注意的一點。

六、福田襄之介藏本　一帖,粘葉本,南北朝時期寫本,存

　　此本也稱"願成寺勢辰本"和"岡井本",因其原由熊本縣人吉町願成寺所藏。據平井秀文先生描述⑥:此本封面左上有"大般若經音義卷上"標題,右下有同筆的"勢雅之"三字。封面左下有雙行小字"願成寺"和"勢辰"。另外,此本文末尾題之下有"勢年之"三字。三種字形

---

　　①　《大東急記念文庫貴重書解題》第二卷《佛書之部》,103頁。
　　②　大東急記念文庫編《かがみ》(5),23—27頁。
　　③　《日本語日本文學論叢》(2),203—211頁。
　　④　筆者按,此時正是新冠病毒傳播猖獗之際,不得已自駕往返去東京。於此特記下此難忘一筆。
　　⑤　筆者按,因爲此次資料調查,按照規定,不能照相複製,所以無法於此用實例説明。
　　⑥　平井秀文:《大般若經音義古鈔本解説稿》。

皆與音義本文筆迹不同。四種筆迹相比較,音義本文最古,"勢雅"次之,"勢年"被推定又在其後,"勢辰"最新。"勢雅""勢年"與"勢辰"應爲僧名,然前二者有關信息全然不詳,筆迹墨色最新的"勢辰"則的確應是願成寺第十三世住持勢辰親筆所書,故平井先生姑且以其名稱之。此本後轉由岡井慎吾博士所藏,岡井先生在其《日本漢字學史》中有述①,故學界也多稱"岡井本"。岡井博士故去後轉由其女婿福田襄之介收藏,故有上稱。岡井博士生前有文章介紹此音義,但未正式刊行,後福田襄之介整理岡井博士遺稿時,以《家藏本大般若経音義について》之題發表②。

　　此本自第一帙至第四十五帙爲卷上。其内容與無窮會本大體相同,但又并非完全一樣,與無窮會本相較,此本有不少誤脱。另外,無窮會本爲朱色聲點符號,而此本爲墨色,故岡井博士指出:或許無窮會本爲古形。但此本爲後人所寫很少,與大東急文庫本、京大本、藥師寺本、西大寺本等多見後人之筆所記正相反。

　　儘管岡井本不能算是珍本,但却有他本不見之特色:如從第三十九帙起,類聚"梵語"項目,其後爲"漢語"項目。根據岡井博士遺稿,"梵語"部分有從"般若"至"瑠璃"共120條,而"漢語"部分則有從"王舍城"至"頻申欠呿"共169條,皆爲簡單之注,不能算作音義的内容很多。③ 築島裕先生指出:類聚"梵語"與"漢語"的,自古有《大般若經要集抄》,後有石山寺本《大般若經字抄》、大東急記念文庫藏本④、康曆本、《鵝珠鈔》卷末的附載本等。故可知"大般若經音義"中這種現象特别多,然又與此本不完全相同。《大般若經字抄》的"梵語"與岡井本的"梵語"之間,被認爲具有某種程度的關係。石山寺本《大般若經字抄》中的41個梵語辭目,其中有38個被此本所收錄,而且詮釋部分也是大同小異,所以可以認爲此本是以石山寺本《大般若經字抄》爲基礎增

① 參見該書第188—189頁。
② 見岡山大學法文學部《學術紀要》第十一號,第73—79頁。
③ 見岡山大學法文學部《學術紀要》第十一號,第78頁。
④ 按,筆者并未在大東急記念文庫藏本中見到此内容。

補而成。但築島裕先生又提出一個可供思考的問題：岡井本的"梵語"辭目比《大般若經字抄》多，有些是僅爲岡井本所有的辭目，它們是：(1)爲岡井本所增補？(2)本就爲岡井本所有，石山寺本《大般若經字抄》是從其中摘録的，岡井本呈現其原型？二者之間，或許有可能是前者。因爲《大般若經字抄》的"梵語"部分有可能是對信行《大般若經音義》的簡略，但《大般若經字抄》和岡井本有的條目，却又與"信行音義"完全不同。築島裕先生有例爲證，不贅舉。至於二本的"漢語條目"之間也被認爲具有一定的關係，但這種關係似又不如"梵語"部分的密切。[①]

七、京都大學圖書館藏本　一帖，蝴蝶裝，南北朝時期寫本，存

此本雖不像他本稱"大般若經音義"，而是名爲《經字引》[②]，但實際仍屬"無窮會本系"。

此本封面左上有"經字引"書名，左下有"全"字。封底右下有"萬德密寺　融譽"[③]字樣，築島裕先生認爲"融譽"似乎是此書持有者之名，而非書寫者。此本爲蝴蝶裝，也被認爲寫於南北朝之際。[④]

此本內容從"五百内第卅二帙第一卷"起，終至"第六百内第五十六帙第十卷"。這種情況不見他例。築島裕先生分析很可能此本是轉寫自卷子本音義，應該屬於後半部分，自第四十二帙起，但第五十七帙散佚不見，故至第五十六帙止。或者也有可能是原來打算續寫，但中途停止了，其結果就是此書於第四十五帙和第四十六帙之間并未分

---

① 參考築島裕《大般若經音義諸本小考》，25—29頁，以及《故岡井慎吾博士藏大般若経音義管見》，79—84頁。

② 筆者在日本國立國會圖書館調查資料時，曾翻印岡田希雄先生於昭和4年(1929)影寫"京都帝國大學言語文學研究室本"之本。封面"融譽"左旁有"半宵寫成楼主人希雄"印。

③ 實爲雙行，"融譽"二字另起一行。

④ 築島裕：《大般若經音義諸本小考》，29—33頁。

卷。此本與無窮會本的二卷本有所不同,而是近於藥師寺卷子本的系統。

從此本內容來看,屬於"無窮會本系",但却有不同的特色。其一,記有"第一卷""第二卷"。類此,可在石山寺本的一部分中見到"第一卷""第一",也類於寶壽院本和永禄本中的"一卷""二卷",其他則皆僅記爲"一""二"。其二,此本背書有"第何卷"的記述。而"第一卷""第二卷",則與藥師寺本相似。另外,此本最末尾爲:

頻申欠呿更相嗤哭躁擾而反規模六十日轂飲(或本/兩月①)

如何理解本條,築島裕認爲:看起來像是羅列辭目,但不確定。岡井本上卷末"漢語"部分末尾偶有:

堅翅烏儒童齊首補特伽羅頻申欠呿

"頻申欠呿"均見於此本和岡井本中②。

川瀨一馬指出:此本的附注和假名使用法等,與弘安本③相比較有轉變。呈現出音注改用假名、假名用法愈加混亂的現象。這應該引起注意。總體來看,此本被認爲留存了鎌倉時期之古風。④

筆者曾有幸通過國立國會圖書館得以複印岡田希雄影寫的京大本《經字引》,通過閱覽,筆者認爲從體式上看,確實屬"無窮會本系",但從漢字書寫上來看,也自有其特色。⑤

---

① 豎行抄寫,"或本"小字在"飲"右旁。"兩月"小字在"飲"左旁。

② 築島裕:《大般若經音義諸本小考》,31頁。

③ 筆者按:即天理本。稱"弘安本"是因爲此本標有明確的書寫時間:弘安九年。

④ 川瀨一馬:《增訂古辞書の研究》,453頁。

⑤ 因是影寫,擔心有失真之處,故本書字形未用作資料。

八、藥師寺藏本(丙本) 一軸,卷子本,南北朝時期寫本,存

第四帙,僅一頁。其中有第六卷的 20 個辭目,第八卷的 3 個辭目。體例同藥師寺甲本。此本没有書寫識語,有可能是寫於南北朝時期。築島裕先生指出乙本有第四帙,但甲本没有,所以此本或許是甲本的補寫本。但以此本與乙本第四帙相比較,除了筆迹不同,其他不差一字,完全相同,所以也有可能是乙本的轉寫本。①

九、藥師寺藏本(丁本) 一軸,卷子本,南北朝時期寫本,存

此軸也僅有一帙,且殘,僅有第五十九帙卷尾一紙。同樣没有識語等。築島裕先生推測,可能爲鎌倉末期乃至南北朝時代之際所寫。②此本與上述丙本筆迹不同,大概是乙本第五十九帙之尾缺漏,後爲此所做的補寫。但是其所注内容從形式上看與乙本有異,所以也有可能是别系統之轉寫。

十、真福寺大須文庫藏本 二帖(上下),袋綴裝,室町時代寫本,存

山田孝雄《國語學史》第四章"漢和對譯字書的産生"中提及此音義:"藏於名古屋真福寺,寫於室町時代,上下兩帖。"③平井秀文在其《大般若經音義古鈔本解説稿》一文中也述及此本,然因其并未親眼見到,故也是根據《真福寺善本書目》而簡介概略,指出辭目字下有用漢字標注音訓,用片假名標以和訓。築島裕先生則據此認爲此本爲典型的"無窮會本系",是該系統的古寫本中具有完備的卷音義部分的唯一一本。卷上至第六十帙之十終了,卷末緊接有"已上帙别""大般若經音義卷下"字樣,而根據堀田本以及大東急記念文庫本類推,此後或許

---

① 築島裕:《大般若經音義諸本小考》,32—33 頁。

② 築島裕:《大般若經音義諸本小考》,33 頁。

③ 山田孝雄:《國語學史》,76 頁。

還有篇立音義,然真福寺本却到此已完結。[①]

　　有關真福寺大須文庫本(以下簡稱"大須文庫本")的參考資料并不多,學者論述也都相對簡單。筆者曾與大須文庫聯係,希望能有機會親眼見此寫本。承蒙告知,此本已上載於"國文學研究資料"網站,故有幸全文下載,得以獲得此重要資料。筆者將其與無窮會本的第一帙第一卷進行了核對,至少可以看出以下幾點:

　　① 二本音注與義釋部分基本一樣。

　　② 大須文庫本少了個別條目或條目中的某些内容。如"趺"及其異體"跗"之後,無窮會本還有"跟""踝"二字,但大須文庫本却不見。又如"脞"字條下,無窮會本列有兩個"同上亦作"的異體"膞"和"髀",但大須文庫本却少"髀"。而"股"字下的假名,無窮會本是"ウチモモ",而大須文庫本祇有"モモ"。"ウチモモ",漢字作"内股",指大腿的内側;"モモ",漢字作"股",就是指大腿。

　　③ 從漢字書寫上來看,大須文庫本字迹端整清晰,看得出來書寫者的漢字水平還是挺高的。而且能呈現出一些室町時代的特色,如早期的一些俗字,已改爲正字。如:

　　　胭:延。ノムト。(無)
　　　胭:延。ノムト。(大須)

　　漢傳俗字"因"的俗形可作"曰",因而"咽"字作"**胭**"并不難理解。日本古寫本中也多見。

　　類此,還有其他幾例。不贅。另外,我們還發現有將辭目字和異體字調換的例子,如:

　　　膝:悉。ヒサ。**䣛**:同上。(大須)
　　　䣛:悉。ヒサ。**膝**:同上,亦作。(無)

────────────────

　　① 築島裕:《大般若經音義諸本小考》,33—34 頁。

　　以上這一組，無窮會本多次重複出現，但辭目字都是“朕”，天理本同。此爲“滕”之俗，似二“来”重疊狀。這應該是日本當時所傳《大般若經》中作此形，故被當作辭目。至於大須文庫本調換的理由，有可能是抄寫者認爲“滕”爲正體，應置於前，“朕”爲俗字，故作爲異體列於後，説明當時“朕”更多見。另外，大須文庫本還少了“亦作”二字。

　　當然，筆者衹是比較了極少的一部分，難以示全。

十一、六地藏寺藏本 一帖（中卷），袋綴裝，室町時代中期寫本，存

　　昭和 60 年（1985）10 月，汲古書院出版了由松本隆信、築島裕、小林芳規編纂的《六地藏寺善本叢刊》，其中第六卷《中世國語資料》中收録了六地藏寺本《大般若經音義》“卷中”[①]，并有築島裕先生撰寫的《解題》[②]，六地藏寺本《大般若經音義》由此正式面世，成爲繼“無窮會本系”三種[③]後又一種得以出版的寫本音義。

　　六地藏寺本《大般若經音義》僅存卷中，自第四十一帙至五十帙，即爲《大般若經》第四百一卷至第五百卷（但缺第五十帙最後一行）所撰音義。此本有後補的封面，左端有“大般若經音義卷中”，其左旁有“五百内一帙”，右下端有“深加意”，不知是否爲此本所持有者之名？築島裕先生在《解題》中推測原本應分爲上、中、下三卷。此本爲折頁綫裝，并無印記，書寫年代難以明確，築島裕先生推定大體是室町時代中期。從内容考察，應屬無窮會本系統，但此書由三卷構成，這是比較有特色的一點。

　　與天理本相比較，此本内容大致相同，但也時有差異。總體來看，

────────────

　　① 松本隆信、築島裕、小林芳規：《六地藏寺善本叢刊》第六卷《中世國語資料》，309—392 頁。

　　② 松本隆信、築島裕、小林芳規：《六地藏寺善本叢刊》第六卷《中世國語資料》，591—597 頁。

　　③ 所謂“無窮會本系”三種，是指無窮會本、天理本和藥師寺本（甲本、乙本、丙本、丁本）。築島裕先生將此三種寫本整理後出版。

六地藏寺本有若干後人加入的部分,應與天理本對照使用,但有時也有此本準確之處。[①]

筆者認爲,從漢字書寫來看,寫本質量,天理本優於六地藏寺本。後者成書時間上,晚約一百五十餘年,短短十帙,經過了兩位以上寫經生之筆。書寫者的漢字水平似乎不很高,除了一般寫本書寫上的訛誤(如"二字合并爲一字"或"一字分成二字")外,還多見訛字。

儘管從寫本質量上來看,六地藏寺本算不上優質,特別是其中訛字多見,但是我們從中還是可以發現一些漢字發展的痕迹。書寫時間在後的六地藏寺本中也出現了將一般俗字訛寫,結果出現部分"訛俗字"的現象。這也就説明,在寫本時代,特別是像日本這樣漢字是作爲他源文字來使用的,在書寫時不會全盤照搬原文字,即不必説明字形的有理性,更多爲了書寫方便,講究實用。所以"俗"與"訛俗","訛"與"訛俗"之間的關係并不能簡單地根據時間來判斷。本書第五章第一節有專門論述,敬請參考。

十二、定勝寺藏本　五帖,折本裝,明應四年至明應五年 (1495—1496)寫本,存

位於長野縣木曾郡大桑村的定勝寺,藏有《大般若經音義》五帖,此本也屬於"無窮會本系"。據其書寫識語,知寫於明應四年(1495)七月至明應五年(1496)二月之間,全文同一筆迹。其原本撰者被認爲是平安後期的重譽,也就是"無窮會本系"《大般若經音義》的原本撰者。而此本的書寫者,根據第五帖末識語,爲"心傳叟祖正",且由其一人所寫,不見他人筆迹,也不見後人所增補之筆。而各帖内題則統一爲"定勝寺常住",當爲後期所加。

關於"心傳叟祖正",至今不詳。山田健三指出[②],定勝寺所藏《大

---

① 具體可參筆者《天理本、六地藏寺本〈大般若經音義〉之比較研究——以訛俗字爲中心》一文,見《歷史語言學研究》總第十四輯,27—44頁。此文可詳參本書第五章第一節。

② 山田健三:《木曾定勝寺藏大般若經音義について》,49—59頁。

般若經》的封面有親筆書籤,此與"心傳叟祖正"筆迹相同。另外,此與定勝寺所傳寫於延德三年(1491)的"逆修文書"的筆迹也相同。山田健三經過考證認爲,此"心傳叟祖正"或許可能是退役之住持,有隱居之意。另外,根據其第五帖之末跋語,當時定勝寺并無此音義,而是借"濃州①惠那郡遠山莊明智鄉内"的"窪原山藥師寺"之一本而書寫。

　　此本裝訂爲折本裝,與"無窮會本系"其他諸本裝訂不同。山田健三將"重譽音義"(實際就是"無窮會本系")諸寫本書籍資料列成一表,由此表可知"無窮會本系"的裝訂多爲粘葉裝、袋綴裝,也有一些卷子裝,但唯有此本爲折本裝訂。古代日本音義書裝訂史的演變,一般認爲是"卷子裝→粘葉裝→袋綴裝→折本裝",故此本在書志學研究上有一定的價值。② 定勝寺現存的《大般若經》雖有若干殘缺和補寫卷,但幾乎皆爲絶版經折本《大般若經》(六百卷)③。雖無印記,但至少可認爲是室町以前之物。所以從裝訂以及書寫者的角度來看,可以認爲該寺所藏的《大般若經》與《大般若經音義》之間有密切關係。

十三、佛乘院藏本 上卷,一帖,室町中末期,存

　　因此本音義爲大津市坂本佛乘院住持三浦義熏法師所藏,且本爲菊岡義衷法師④之遺物,故見載於《昭和現存天台書籍綜合目録》下卷第 869 頁。此本書寫時間大概在室町時代中期至末期。體例爲卷音義,屬於"無窮會本系"。

　　築島裕先生指出,佛乘院本《大般若經音義》有一特色爲他本所無,即自 39 丁至 46 丁附記有"大般若經品分次第",西大寺本是將此

---

　　①　"美濃國"之別稱,曾爲古代日本律令制下所設令制國之一,屬東山道,相當於現在的岐阜縣南部地區。

　　②　可參看山田健三《木曾定勝寺藏大般若経音義について》一文。

　　③　筆者於 2022 年 7 月初曾特意前往定勝寺做資料調查,雖未見到該寺所藏《大般若經音義》,但却有幸見到該寺所藏折本裝的《大般若經》。

　　④　菊岡義衷(1865—1936),明治時代末、昭和時代前期僧人、教育家。大正 5 年(1916)曾任天台宗西部大學校長并兼比叡山中學校長。

內容記入正文裏的，而像這樣附記"大般若經品分次第"者，不見他例。

十四、永禄本 一帖，永禄十年(1567)，存

據築島裕先生考察，[1]此本爲岡井慎吾博士舊藏。因此本於末頁背面的末尾處記有書寫年代"永禄十年"(1567)，故被稱爲"永禄本"。此外，還記有"大般若經音義"，其對書寫年代的完整記錄爲："永禄十年丁卯[2]六月廿八日肥芴八代庄於正法寺隱居快尊六十九歲書之。"[3]其體例有以下特點：

（1）類似"初百内一帙"這樣的"幾百内"成爲正文的一部分。

（2）"字音注"皆用片假名，置於辭目字右側。

（3）辭目幾乎没有合成詞。

（4）辭目漢字施以四聲圈點。

（5）不列舉異體字。

（6）辭目單字字數很少。

因爲這些特點，所以此本或不屬於"無窮會本系"。然究竟屬於什麼系統，尚不得知。

十五、高野山大學藏《大般若經音義》一帖，袋綴裝，室町末期，存

關於此本，有山本秀人《高野山大学藏〈大般若経音義〉(室町後期写本)について》一文，考察頗爲詳密，這對於我們瞭解此音義有極大的幫助。以下主要據此論述。

此本是袋綴裝。因結尾部分有殘脱，所以没有關於書寫時間的識語等，但根據體例與内容的考察，可認爲是寫於室町後期。且從内容方面加以考察，還可以明確此本屬於"無窮會本系"。與無窮會本相比

---

① 築島裕：《大般若經音義諸本小考》，32—33 頁。

② 二字爲雙行小字。

③ "六十九歲書之"爲雙行小字。

較,除卷首有無窮會本所無的"大般若經略訟文"外,其餘如整體構成、各條目的揭示和標出方法等,皆與無窮會本相近。但此本也有不少明顯的變質之處,據此可看出爲後世轉寫本。山本秀人從"辭目字""和訓""字音注""漢文注(義注)""異體字條目""合成詞條目"六個方面與無窮會本展開了對比考察,得出的結論是:儘管此本從外表形式上看,與無窮會本系統一致,但實質上,其辭目更多地趨向於以單字爲主,以和訓"一訓化"爲原則,異體字(字體注)則采用"一元化",諸如此類,可看出是以"簡樸"爲中心進行了大幅度的改變,故而是與"無窮會本系"諸本有較大差異的寫本。加之日語連體形終止、形容詞的"シシ"語尾化等,某種意義上,此本是爲了具有更濃厚的"室町時代辭書性質"而進行了一些改變。

山本秀人還指出:以上衹是根據第一帙所進行的探討,還有必要在整本中進行驗證。對此本字音注的性質研究,也有待於詳加討論。此本還有許多課題有待於進一步展開,這對研究"無窮會本系"《大般若經音義》的傳承和轉寫等都是很有意義的。

筆者 2021 年 3 月曾赴高野山大學圖書館進行資料調查,得以親眼閱覽此本。此後又聯係複製了全本。筆者閱後認爲,在山本秀人先生所指出的六個方面的特色之外,如果從體例的角度考察,還可見呈如下特色:

(1) 異體字標注,皆用"同上"表示;無窮會本、天理本等音義中的"亦作""或作""正作""古作",以及"先德非之"等表述異體字的術語,皆略而不見了。

(2) 被作爲異體列出的字在此本已删略不少。如:

𤾩:湛。ニナフ。𤾩𤾩𤾩:同上,亦作。𤾩:同上,先德非之。(無/1-1/8)

此爲無窮會本第一條。其後的異體字一共有四個。但是在高野山大學(以下簡稱"高大")本中卻衹有如下:

擔：但。ニナフ。**儋**：同上。

以上祇有"儋"的俗形"**儋**"。這在無窮會本中是被"先德非之"的"**儋**"，而中間作爲三個"亦作"的"**擔橝掭**"皆不見了。

另外，從漢字書寫角度看，也自有其特色。筆者於第五章第二節有考察，敬請參考。

十六、西大寺藏《大般若經音義》一帖，蝴蝶裝，建長元年 (1249)，存

根據築島裕先生考證，此音義也是蝴蝶裝的古寫本。根據其末識語，可知寫於建長元年(1249)五月。此書封面有"大般若"字樣。此本從時間上來看，尚屬鎌倉時期，本應置於前。筆者將其放在此，主要是從内容上考慮的。

西大寺本與"無窮會本系"相比較，"無窮會本系"音注與和訓并存爲一般形式，而西大寺本則多祇有音注，缺少和訓。但在音注和和訓方面，西大寺本與無窮會本一致之處又很多，故可認爲兩者有相當程度的關係。但具體的特色，築島先生并未探究。西崎亨有《西大寺藏本〈大般若経音義〉について—研究と訓纂—》[1]一文，該文對西大寺本《大般若經音》從體例到内容有較爲詳盡的考述，特別是在文章第四部分，將西大寺本與無窮會本加以比較，指出無窮會本祇有音注是用行間小注(用雙行小字寫於辭目下)，而西大寺本則會在辭目字右旁用片假名作爲注音假名，然後還會於辭目字下再用行間小注的形式標出與無窮會本相同的内容。注音假名與行間小注爲同一筆迹。西崎亨對這種關係進行了較爲詳盡的描述，還從日本國語資料這一側面，對西大寺本進行了考察。其文最後指出，西大寺本是根據"無窮會本系"中的某一本抄寫的，另外又參考該系中的其他寫本加入了注釋，所以此本與"無窮會本系"諸本有相當程度上的關係，但這種關係具有什麼樣的

---

① 見武庫川女子大學國文學會編《武庫川國文》37號，33—46頁。

特色,西崎亨認爲尚未探究獲得,有待此後再考。該文還按照假名音序列出"西大寺藏本大般若経音義和訓纂",這對研究日本國語史的學者來説應該是有價值的資料。

十七、《鵝珠鈔》卷末所附載《大般若經音義》

此音義收於《真言宗全書》[①]第三十六卷(復刊)心覺所撰《鵝珠鈔》[②]卷末,祇有一頁半的篇幅[③],共收釋辭目 103 條[④]。而辭目皆爲梵語音譯詞和漢語合成詞。標題爲"大般若經 以光明山重譽音義出㋰イ之"。有學者認爲"無窮會本系"諸本原本的作者是重譽,此爲證據之一。而其注釋也應與"無窮會本系"一致,故被認爲可能是從無窮會本中摘抄而成,但似乎主要摘抄了其中的釋義部分,而未取無窮會本中的音注内容,包括假名音注和漢語音注。無窮會本《大般若經音義》以收釋漢字,尤其以標出異體字爲特色,有"異體字字書"之稱,而此本所摘抄的内容皆爲音譯詞和漢語複音詞,所以有關漢字,特別是異體字的内容,或者説無窮會本之精髓并未被吸取。這可能與摘抄者的目的有關。

十八、高野山寶壽院藏《大般若經音義》一帖,存

此本曾於昭和 11 年(1936)10 月舉辦的"第二十二屆大藏會"上陳列展出。吉田金彦在其《圖書寮本類聚名義抄出點攷(中)》[⑤]一文中述及此音義,指出其用假名表示音注。築島裕言及其雖未見過此音義,然讀過吉田金彦先生的調查記録,據此可知似由卷子本改裝成的摺

---

①　該書由續真言宗全書刊行會校訂(1977)。

②　分上中下三卷,密教事相書,也稱《心目(抄)》《心覺抄》《雜秘抄》以及《(秘密)雜要抄》等。

③　《真言宗全書》第三十六卷,229—230 頁。

④　此爲筆者統計所得的數目。

⑤　原文刊載於《訓點語と訓點資料》第三輯,後收録於吉田金彦《古辭書と國語》,第 46 頁。

本。此本開頭有《大唐聖教序》[①],接着有《大般若經》第十會理趣分之序[②],然後有本文。而辭目主要是單字,且主要用片假名表示音注。而本書系統也與其他《大般若經音義》有別,但又難以判斷與何系統相近。[③]

十九、康曆本《大般若經音義》一帖,存

此本爲積翠軒文庫·寶玲文庫舊藏。因其紙背面有書寫時間"康曆貳年庚申南呂"(1380 年 8 月),故稱其爲"康曆本"。

此本從性質上來看,非常奇妙,未見有其他類本。開篇有"大般若經音義難字有無帙次第[④]",後記有"第一多　第二小　三無　四小　五多　六多　七無　八小……"等字樣,前三者分別是表示"第一帙中分量多""第二帙中分量少""第三帙無"之義。其體例有以下特點:

(1)列舉異體字(這一點與藥師寺本相近)。

(2)衹有音注,沒有和訓。

(3)衹用片假名注音。而辭目字、注文等與其他諸本皆不合。

第六十帙終後還有如下內容,有作爲"廻向大般若波羅蜜多經卷"的"……婆字門荼字門沙字門……"[⑤],此亦不見有相似之例。另外,於"五十八帙""理趣分"也記載了陀羅尼,這與《大般若經字抄》卷末所附載的內容大體一致[⑥]。還有點像"序文"的"大般若經漢和音義 藥師寺僧聖寵造 俱卷音義也"[⑦]。其後是"二字門",緊接的是"梵語""梵語文"和"漢語"部分,最後是"大般若經掠頌文"(仲算撰)。

---

① 唐太宗李世民撰。

② 唐西明寺沙門玄則撰。

③ 築島裕:《大般若經音義諸本小考》,35 頁。因筆者亦未曾親見此本,故引築島先生之説。

④ 其中"難字有無帙次第"用雙行小字至於"大般若經音義"下。

⑤ 因筆者手抄,前後部分不一定準確,故衹摘出中間部分。

⑥ 此據築島裕《大般若經音義諸本小考》,21—22 頁。

⑦ 其中"藥師寺僧聖寵造"用中字寫於"大般若經漢和音義"下。"卷音義也"又以小字寫於"藥師寺僧聖寵造"下。

　　筆者於 2021 年 8 月末 9 月初在大東急記念文庫調查資料時得以親眼閲覽此本。發現其後將"梵語"(約 28 條)、"梵語文"(約 90 條)、"漢語"(約 27 條)作爲附載收録,呈現出"無窮會本系"在"異體字字書"之外的另一類特色。筆者將在下文第七章複音詞部分加以探討。

第三節　結　　論

　　以上筆者對日僧所撰《大般若經音義》進行了綜述性介紹。因本書的研究對象是"無窮會本系",故對與其有關係的如石山寺"信行音義"、《大般若經字抄》及此本系諸寫本,參考學界先賢及同仁,盡可能做了闡述。雖不一定全,但可以作爲代表。據筆者所瞭解,此本系公刊的實際祇有無窮會本、天理本、藥師寺本(甲、乙、丙、丁)和六地藏寺本。還有不少因爲所藏關係,或已不知去向,難以親眼披讀閲覽。筆者利用資料調查的機會,得以閲覽或複製了其中的幾種。關於"無窮會本系"諸本,不少先賢都有高論,特別是築島裕先生的《大般若經音義諸本小考》一文已對諸本之間的關係以及所屬系統、傳承關係做過梳理和考察,頗爲詳密,其文最後還有"大般若經音義諸本系統想定圖",以圖表的形式,將諸本之關係呈現得非常清晰。[①] 筆者在此基礎上用中文作的一些介紹,希望能説明日本《大般若經音義》從平安中期藤原公任《大般若經字抄》開始,就已形成自己的特色:辭目以單字爲中心,音注以同音字爲主,釋義則是以片假名爲主的和訓。這種特色在"無窮會本系"中又有所發展,如果説藤原公任的《大般若經字抄》在日本辭書音義史上具有承前啓後的作用,那麼"無窮會本系"則是在其基礎上進一步"日本化"的實踐者。具體內容,筆者將在以下章節展開探討。

---

　　① 　築島裕:《大般若經音義諸本小考》,57 頁。

第二章 “無窮會本系”《大般若 經音義》的學術價值

——以辭書學、漢字學爲中心

通過第一章對“無窮會本系”《大般若經音義》的綜述,不難看出：從鎌倉時代開始,日本的《大般若經音義》可以説是以“無窮會本系”爲代表的。最重要的理由就是寫本多,這些寫本從鎌倉時代初期[①]到室町時代末期,貫穿整個日本史“中世”,且大多留存至今,可以説是日本單經音義中擁有最多寫本的一種。“無窮會本系”特色明顯,因此具有較高的研究價值。作爲具有相當程度“日本化”的音義,其學術價值主要體現在日本語言文字的發展上,但與漢語語言文字也有密切的關係,本書以漢字研究爲中心,也是爲了體現這一方面。具體而言,“無窮會本系”的學術價值主要體現在日本國語史研究、日本古辭書史研究以及漢字學研究等方面。

其在日本國語史研究中的價值,日本學者已多有關注,如日本字音研究方面,沼本克明先生有《無窮会本大般若経音義の音注について》[②]一文,對其音注方法、音注特色有詳密考證與論述。另外,櫻井茂治《大東急文庫蔵〈大般若經音義〉所載のアクセント》、[③]小松英雄《大東急記念文庫蔵 大般若経音義にみえる和訓の声点》[④]以及西崎亨《古梓堂文庫蔵本大般若経音義の声点》[⑤]等文章則從日語音調史料的

---

①　實際上或者更早,因爲其原本可能是平安末期的。

②　《築島裕博士傘壽記念・國語學論集》,523—542頁。

③　國學院大學國語研究會《國語研究》第十號,12—27頁。

④　大東急記念文庫編《かがみ》(5),23—27頁。

⑤　見武庫川女子大學大學院文學研究科日本語日本文學專攻編《日本語日本文學論叢》(2)。

角度對大東急記念文庫本展開了研究,而這些研究成果對漢語音韻史研究也具有一定的參考價值。

筆者近年對古代日本佛經音義與漢字研究較爲關注,本書也是以漢字爲中心,所以想在專題研究前,對"無窮會本系"在漢字研究方面的價值加以綜合評價。筆者所用資料,主要是無窮會本、天理本、藥師寺本(甲、乙)、真福寺大須文庫本、六地藏寺本、京都大學《經字引》本、高野山大學本等。

第一節　日本中世古辭書音義
研究的重要資料

一、單經字書的代表

佛經音義的性質和體例與現今一般概念上的辭書不同。然而在古代,無論是中國還是日本,"音義"與"辭書"關係極爲密切,難以絕然分開。在中國,傳統佛經音義雖然收詞局限在佛經範圍内,但因玄應、慧琳等音義大家廣泛徵引各種古籍,其中有很多古辭書,有很多現已不傳,因此,佛經音義不僅是訓詁之淵藪,而且是中古時期辭書的總彙,從中可以窺見已佚辭書的某些概貌,在辭書史的研究上具有一定的價值。[①]

佛經音義的這一特性在日本表現得也很突出。奈良時代的漢文化實施者,實際是以僧侶爲代表的,故而,以類似信行的《大般若經音義》以及撰者不詳的《新譯華嚴經音義私記》等爲代表的一批古代佛經音義,也可以認爲是日本古辭書的早期代表。"古辭書音義"[②],也成爲

---

① 徐時儀、梁曉虹、陳五雲:《佛經音義研究通論》,343—344 頁。
② 例如,汲古書院出版的《古辭書音義集成》(二十册),其主要内容就是佛經音義。

日本辭書學與音義研究的常用術語。吉田金彦先生有《国語学におけ
る古辞書研究の立場》①一文,專門考辨論述音義與辭書的性質、二者
之間的同異,該文還涉及對包含音義的古辭書在日本國語研究上所具
有的意義,以及古辭書研究上所應注意的各種問題。其中特別指出:
古代中國的《玉篇》《切韻》《一切經音義》三書孕育了日本古辭書和古
音義。《日本辞書辞典》中,有專門的"音義"長條②,先用"總説"詮釋
"音義",其下分"日本 至十世紀""日本 十一世紀以降"兩個時間段,簡
述日本音義的發展,内容以佛經音義爲主。除此,還有"大般若經音義"
"法華經音義""淨土三部經音義"等各專項條目,而且一些音義名篇如
《大般若經字抄》《大般若經音訓》等皆有專條。而著名的辭書學家、文獻
學家、日本文化史家川瀨一馬先生在其《增訂古辞書の研究》的第一章
〈平安朝以前に於ける辞書〉第一節"總説"③中就提到中國唐代玄應的
《衆經音義》和慧琳的《一切經音義》,日本的《四分律音義》、大治本《新華
嚴經音義》,元興寺信行的《涅槃經音義》(六卷)、《最勝王音義》(一卷)、
《大智度論音義》(一卷)、《大般若經音義》(三卷)。川瀨先生還特別指出
石山寺所藏殘本《大般若經音義》(中卷)有可能就是信行的遺著,它不僅
是日本現存最古的《大般若經音義》,與漢土同類書相比,甚至早於《慧琳
音義》。④ 而此書的其後各章節,都有專門論述佛經音義的内容。可見佛
經音義與日本辭書關係極爲密切。

　　作爲日本古辭書中的重要部分,佛經音義經歷了從"呈現古漢風"
到"和風化"再到"日本化"的過程⑤。如果説藤原公任的《大般若經字
抄》具有承前啓後的作用,那麽"無窮會本系"就是在其基礎上進一步
的"日本化"實踐。

　　筆者曾對"日式"佛經音義下過定義: 指平安時代中後期以降(假

①　國語學會:《國語學》第 23 輯。
②　《日本辞書辞典》,45—47 頁。
③　見該書 13—15 頁。
④　見該書 15 頁。
⑤　梁曉虹:《日本漢字資料研究——日本佛經音義》,15—22 頁。

名産生以後），日本僧人專爲僧俗誦讀佛經而編寫的一批音義，基本是單經音義。其最大特色就是多用日語假名標注音訓或義訓。[①] 這是從整體方面對"日式"佛經音義下的定義。實際上，因日本佛經音義數量多且種類豐富，所以也各有不同，難以總括。我們從《大般若經音義》的發展來看，其最大的特色就是從以收釋複合詞爲主的"詞書"過渡到以單字爲主的"字書"。

（一）辭目：從以複音節"詞"爲主到以單音節"字"爲主

這裏需作説明的是：本書將佛經音義所收釋對象統稱之爲"辭目"。一般的語言學辭典或辭典學理論著作多稱之爲"詞目"，如《中國語言學大辭典》解釋"詞條"曰："也叫'條目'。辭書的正文，由詞目和釋文兩部分組成。"[②]筆者所研究資料的爲日本佛經音義，一般被認爲是古辭書的一種，而辭書則又大致可分字書和詞書，所以我們稱其爲"辭目"，包括字與詞，也包括詞組與文句等。總之，涵蓋佛經音義所有詮釋對象，故而用"辭目"應對"辭書"，即辭書所立之目，這與日本學者所説的"揭出字"或"揭出語"相當。

以玄應《大唐衆經音義》、慧琳《一切經音義》爲代表的中國傳統佛經音義有一重要特色就是"雙字立目，收錄複音詞"。這反映了佛經經文中多用雙音詞的實際現象，客觀上體現了東漢以來漢語由單音詞向複合詞發展、漢語詞彙雙音化的趨勢[③]。而漢傳佛經音義傳到日本後，經過了熱情傳抄、廣泛流播的過程後，日本僧人也開始模仿，自己撰寫佛經音義。從時代上看，奈良末至平安中這一時段多見。但此時的佛經音義，儘管出自日本人（多爲日僧）之手，但從大的方面來看，還是多傳承漢傳佛經音義之特色。從"立目"來看，仍多以複音詞爲主。我們以被認爲是日本現存最早的石山寺本《大般若經音義》（卷中）爲例，據筆者統計，此本共有辭目 231 條[④]，有音譯詞，如"諸瞿陀""逾那羅延"

---

① 梁曉虹：《日本漢字資料研究——日本佛經音義》，21 頁。
② 見該書第 310 頁。
③ 徐時儀、梁曉虹、陳五雲：《佛經音義研究通論》，108 頁。
④ 此爲筆者統計所得的數目。

等;有意譯詞,如"近事""近住"等;還有一般的漢語詞,如"拯濟""祠祀"等;詞組如"發言婉約""盤結龍盤""指約分明"等,短語如"如頻伽音""如罌泥耶仙鹿王膞"等,甚至還有個別經句,如"譬如有人或傍生類入菩提樹院或至彼院邊人非人等不能傷害"。此本皆爲複音辭目。甚至第五十三卷的 15 條音譯梵文字母,都用"×字""××字"來表示。這也是日僧早期佛經音義的共同特點。

這種情況在藤原公任的《大般若經字抄》中有所改變。日本佛經音義的發展趨向是以單字爲中心,而這正是以《大般若經字抄》爲轉折點的。筆者調查了此本前六帙的辭目,共有 150 個,其中複音辭目 19 個,僅約占總辭目的 13％左右,其中還包括"鉢特羅花"等四個音譯花名以及"颯磨"等七個"四十二字"中的連讀者。這與"信行音義(石山寺本)"的立目原則有着本質的區別。

"無窮會本系"受公任《大般若經字抄》的影響,特別是在"單字音義"這一特色上,表現得更爲突出。我們同樣以無窮會本前六帙的辭目爲例,六帙共收辭目 506 個(不包括有些釋義中所列舉的異體字),其中複音節辭目約有 32 個[1],也包括"颯磨"等"四十三字"[2]中連讀的內容,約占總辭目的 6％。如果再算上釋義中的異體字,實際上這是占比例很大的部分,那麼,複音節辭目肯定低於 5％以下,單字辭目所占比例也就更多。這能充分説明其"字書"的特性。

實際上,即使是複音辭目,重點往往也還是落在"認字"上。比如,撰者往往會采取分拆複音辭目,或分録單字,或分録複音辭目的一部分,在其後標音,最後加以總釋的方法。

　　紛:分。
　　綸:利ン。紛綸者,雜乱也。(無/1-1/12)

---

① 這些祇是筆者自己做的統計,不一定準確,祇能是概數。
② 本應是四十二字。此音義作四十三字,其下有詮釋:"餘經不説呵字,故經文稱四十二字耳。"

　　案："紛綸"是疊韻單純詞,本無法分開,但撰者先分錄單字,目的是爲單字辭目標音,在第二個字後再詮釋整詞之義。又如:

　　　　篾:別。

　　　　戾:來。

　　　　車:全不識佛法人也。或云邊地少知三寶,未全信因果之輩也。先德云:達絮篾戾車,此俱云樂垢穢矣。引慈恩瑜伽抄。(無/13－7/64)

　　"篾戾車"是梵文音譯詞。《慧琳音義》卷四辨析曰:"上音眠鼈反。古譯或云蜜列車,皆訛也。正梵音云畢嘌吟蹉。此云垢濁種也樂作惡業下賤種類邊鄙不信正法垢穢人也。"[1]無窮會本將其分爲三個單音辭目,分別爲前二字標音,在第三個字後再總釋詞義。

　　由此看來,撰者更爲注重的是爲字標音。有些複音詞中的某些字,撰者可能會認爲讀者不知其讀音,需要標注,故特意將其拆開。當然撰者也知其本爲複音詞,故在最後再進行總釋。這是"無窮會本系"處理複音辭目的常用之法,爲其收辭立目特色之一[2]。而這也仍能體現其作爲字典的特徵。

　　還需特別指出的是:藥師寺本現存"甲""乙""丙""丁"四種寫本,如前述及,是無窮會本、天理本等的簡易本。四種寫本皆基本祇收錄單字,如甲本第一帙共收錄 258 個辭目(不包括寫於同一格的異體字),其中僅有第一卷"尼師壇"和第三卷的"容止"兩個複音詞,而且這兩個辭目下實際并無音義內容。

　　因此我們有理由相信,"無窮會本系"更多地具有作爲信衆頌讀《大般若經》時查閱讀音、瞭解字義的字書的性質,是《大般若經》的"專經字書",而這正是鎌倉時代以降日本佛經音義發展的趨勢。

---

①　徐時儀:《一切經音義三種校本合刊》(修訂版),573頁。

②　本書第七章將專門討論複音詞,敬請參考。

另外,多列出異體字,儼然已成爲"無窮會本系"的一個明顯標識。而重視異體字也并不僅僅體現於此本系,其他還有如:可能書寫於平安時代中期的《孔雀經音義》(醍醐寺藏本)[1]、承曆三年(1079)本《金光明最勝王經音義》[2]以及至德三年(1386)心空的《法華經音訓》[3]等音義中也都有含有不同程度的異體字内容。所以我們可以認爲:日本中世以降,佛經音義在某種程度上還兼有辨别異體字、可作爲異體字字書使用的功能,而這一點尤爲突出地體現於"無窮會本系"。這也是本書的主要内容。

(二)釋文:從以漢文注釋爲主到以和訓爲主

佛經音義除辭目外,釋文是重要内容,其下又分注音和釋義兩部分。傳統佛經音義注音多以反切爲主,有時也用直音法。日本早期佛經音義,如石山寺本也基本承此特色。我們在前文介紹時已舉例,一般音注用反切,釋義方面,則用正式的漢文解釋異名、字義和詞義,辨别字形等,有些還有一些較爲詳細的詮釋。如石山寺本《大般若經音義》:

敦肅:上古文**淳**。當村反。**悼**々,誠信兒也。又音都魂反,厚也,亦敬也。下思六反。敬也。嚴也。(三百八十一卷)[4]

制多:又云制底。舊云脂帝、浮屠,或言支提,皆訛也。此云聚相,謂累石等高以爲相也。皆可以供養處也。謂佛初生成道轉法輪般涅槃處也。(第一百三卷)[5]

以上二例,前者爲一般漢語詞,後者是外來音譯詞。從釋文來看,與玄應和慧琳等人相較,并無太大差别。但是,玄應、慧琳等人

① 梁曉虹:《日本漢字資料研究——日本佛經音義》,526—527 頁。
② 梁曉虹:《日本漢字資料研究——日本佛經音義》,614—621 頁。
③ 梁曉虹:《日本漢字資料研究——日本佛經音義》,374—381 頁。
④ 築島裕主編:《古辭書音義集成》第三卷《大般若經音義》,32 頁。
⑤ 築島裕主編:《古辭書音義集成》第三卷《大般若經音義》,12—13 頁。

一般多根據自己的規範標準采取引經據典的方式來解釋詞語,博徵詳析中藴含着刻意取捨甄别,兼有辨正闡析,而且必標明出典,所以較爲詳密。而信行等人的音義,相對來説,稍顯簡略,而且大多不注出典。

日本早期音義的這種傳統釋文方法,隨着日本文字假名的出現,逐漸有所改變,而轉折點則是藤原公任的《大般若經字抄》。《大般若經字抄》用片假名和類音標記法(即直音注)注音,而直音注使用與漢音吴音相同的字作注。釋義方面,漢文注釋大幅度减少,片假名和訓成爲主體。這種特色在"無窮會系本"中體現得較爲突出。

築島裕先生曾評價《大般若經字抄》的體例,指出此音義已很明顯地大幅度呈現"日本化"了。信行的《大般若經音義》與藤原公任的《大般若經字抄》之間有着本質上的區别,這是《大般若經音義》發展史上值得注意的現象。廣而擴之,更進一步來説,"音義·辭書史"上片假名像這樣被用於書中的,在國語表記史上也是值得大書一筆的現象。[1]如果説藤原公任的《大般若經字抄》在日本辭書音義史上具有承前啓後的作用,那麽"無窮會本系"則是在其基礎上進一步日本化的實踐者。

因此,如果説漢傳佛經音義從特性上來看,既好像一部没有分類的百科辭書,同時又具有外來詞詞典、雙語詞典,以及字典的某些特性,那麽日本佛經音義的發展則更趨於字典的功能。這歸結於信衆所念經典爲漢文,撰者的目的主要是要幫助其解決認字和閱讀的問題。

儘管"無窮會本系"字書特性較爲突出,但與一般意義上的字書還是有區别的,因其畢竟是專爲《大般若經》而撰著,收辭範圍的有定性,使其局限於《大般若經》。但《大般若經》皇皇六百卷,内容極爲豐富,故而其收辭原則還應具有在《大般若經》這個有定範圍内的無定性[2]。即使撰者以解字爲中心,但很多内容還是難以避免的,如梵文音譯詞、

---

① 參見築島裕《大般若經音義諸本小考》一文。
② 徐時儀、梁曉虹、陳五雲:《佛經音義研究通論》,93頁。

佛學專有名詞以及中印名物詞等。本書在第七、第八章中也討論了一些相關問題,如鳥名、複音詞等。

二、對古代日本梵漢辭典的編纂具有一定影響

(一)根據佛經音義的特色考察

漢譯佛經中,音譯詞的數量很多,這是佛經翻譯成果的直接體現。佛經音義作爲對佛典字詞進行辨音釋義的工具書,其收錄的外來詞在古代辭書中首屈一指,如此也就形成了其顯著特色:具有外來語詞典和雙語詞典的功能。①

言其具備外來語詞典的功能,體現於兩方面:其一,是指其收錄的外來詞數量多。漢傳音義大家如玄應、慧琳、慧苑等人的音義中都有大量音譯詞内容。如《玄應音義》(二十五卷)"收錄的詞目,以中國本土通用的古漢語詞彙爲主"②,但其中的外來詞也有一千多條(主要是梵語譯詞),約占全書詞條總數的 13%;《慧琳音義》(一百卷),收錄外來詞三千二百條,約占全書辭目總數的 12%。其方法一般都是摘取梵文音譯字,分字注音,并對照梵言正其訛略;再將全詞正確的音譯文字列出,與經文原譯文字對照;最後以唐時語言解釋詞義。③ 特別是慧苑的《新譯大方廣佛華嚴經音義》,所收釋的梵文音譯名詞幾乎占其書的一半左右。④ 因其有可能是在其師法藏所撰《華嚴梵語及音義》⑤基礎上撰成的。⑥ 其二,是指以玄應、慧苑、慧琳等人爲代表的傳統佛經音義大家在收錄外來詞的體例上有創新,爲後代辭書收列外來詞注明語源開了先例。如收釋外來詞一般需具備四個方面:(1)外來詞的漢字書寫形式,即辭目;(2)注音;(3)規範的書寫形式;(4)釋義和説明。

---

① 徐時儀、梁曉虹、陳五雲:《佛經音義研究通論》,120—128 頁。
② 陳士强:《佛典精解》,1004 頁。
③ 徐時儀、梁曉虹、陳五雲:《佛經音義研究通論》,95—96 頁。
④ 徐時儀、梁曉虹、陳五雲:《佛經音義研究通論》,38 頁。
⑤ 該書僅一卷,已佚。
⑥ 陳士强:《佛典精解》,1008 頁。

儘管實際上不一定每條都具備這四項,體例也或有變動,但已爲後來的外來詞詞典編寫提供了一個可行的體例模式。①

所謂雙語詞典的特性,就是彙集一種語言裏的詞語,用另一種語言進行對譯或加以解釋。陳炳迢在《辭書概要》中曾指出"我國雙語對照詞典的編纂發軔於佛經翻譯",佛經音義著作"如果不拘泥於字形,而從語言的本質和歷史的實際看,也可以説它們兼有梵漢對照詞典的作用"②。佛經音義解釋漢語外來詞時用漢字記録梵文之音,用漢語詮釋梵文之義,即用對應詞釋義,所以也可以説具備有雙語詞典的功能。

此類例子在信行的《大般若經音義》中也多見,如:

> 窣堵波:又作窣都,此云廟,即仏塔也。下文云諸仏靈廟。上音桑没反。中音都胘反。胘音胡古反。(一百三卷)③

"窣堵波"爲音譯詞,故詞形多,《玄應音義》中也多有詮釋。上條應是信行參考玄應説。又如:

> 設利羅:此云身骨也。舊言舍利者,訛略也。(一百三卷)④

《慧琳音義》卷二收釋此詞:"設利羅:梵語也,古譯訛略。或云舍利,即是如來碎身靈骨也。"⑤

"無窮會本系",此類例子也見。如:

> 制多:亦云制底。唐云靈廟。(無/11－3/58)

①　陳士强:《佛典精解》,125 頁。
②　陳炳迢:《辭書概要》,219—221 頁。
③　築島裕主編:《古辭書音義集成》第三卷《大般若經音義》,54 頁。
④　同上。
⑤　徐時儀:《一切經音義三種校本合刊》(修訂版),546 頁。

設利羅：古云舍利，唐云身骨。（無/11-3/58）

但總體來看，此類内容所占比例并不算多。這當然是因其作爲字書，所收録的複音辭目相對較少之故，還有就是撰者多采取分拆複音辭目之法①，一個音譯詞已被分成了幾個辭目。

值得注意的是："無窮會本系"收録意譯詞，還常以梵文音譯爲其釋語。如：

大勝生主：亦云大愛道。梵云摩訶闍波提也。（無/1-1/8）
飲光：梵云迦葉波。（無/1-10/20）
軌範：梵云阿闍梨耶。（無/5-4/28）

漢傳佛經音義，基本用漢語來詮解梵文音譯詞之義，但"無窮會本系"用梵文音譯來詮釋意譯詞的特色值得注意，特別是在天理本第五十七帙，就有十餘例之多，其他還有類似的散見之例。筆者認爲某種意義上，這也可歸屬於"雙語詞典"範疇。而這不僅衹見於"無窮會本系"，甚至可以説是日本中世佛經音義特色之一。如被認爲寫於天永二年（1111）"天永本"、藏於醍醐三寶院的《孔雀經音義》中就多見其例，筆者也將在第七章進行考察。

（二）從日本《大般若經音義》類聚"梵語""漢文"之特色考察

收釋音譯詞的特色，在日本早期佛經音義當然也有呈現，以《大般若經音義》爲例，石山寺本"信行音義"中，就有"僧伽胝"（五十三卷）、"憍尸迦"（八十卷）、"致多"、"窣堵波"、"設利羅"（一百三卷）、"滅戾車"（一百廿七卷）、"末羅羯多"（三百卅九卷）、"具霍迦遮魯挐"（三百六十九卷）、"蘇扇多"（三百七十八卷）等。還有半音半譯的，如"菴没羅菓"（三百五十六卷）、"半娜娑菓"（三百五十六卷），以及"裒字"（五十三卷）、"嗟字"（五十三卷）等梵音字。但總體來説，這是承襲漢傳佛

---

① 請參看本書第七章。

經音義體例,逐卷按經中出現順序列出音譯詞,并未將"梵語"特意抽出做集中收釋。

　　但在信行的另一本著作《大般若經要集抄》①卷中和卷下,其辭目主要是詞或短語結構,且以梵語音譯詞與漢語詞爲多。可看出其編寫意圖是將《大般若經音義》中的梵語譯詞和漢語詞作爲中心而摘出。這對後世《大般若經音義》諸本中出現將梵語和漢語總括而作爲辭目的現象是有影響的。如:藤原公任的《大般若經字抄》中,根據沼本克明先生考察②,就有以"梵語"爲辭目的:從《大般若經》中抽出梵語,其下有漢譯語部分。這些漢譯語與《玄應音義》、石山寺本"信行音義"、《慧苑音義》、《新譯華嚴經音義私記》以及《慧琳音義》等相比較,有的一致,也有的有其他出典,也就是説,并非依據特定一書而撰成。"梵語"部分有如:

　　　　尼師壇:座具③。
　　　　刹帝利:分田主。守田種。

共 41 條。④ 從某種意義上,我們可以認爲這就是濃縮型的《大般若經》的"梵漢詞典"。《大般若經字抄》不僅有"梵語",其後還有"漢語",即以"漢語"爲辭目,對從《大般若經》中抽出的複合詞加以義注的部分。這些複合詞多爲佛教語(佛教的術語及物名等),有的與其前的中日音義一致,也有的是這些音義中完全不見的,我們現在難以判定其出於某一特定書籍。如:

　　　　對面念:違背生死所念涅槃名。

---

　　① 一般認爲此乃信行所撰《大般若經音義》之摘抄本,故亦可作爲信行確撰有《大般若經音義》之旁證。
　　② 沼本克明:《大般若經字抄解題》(石山寺一切經藏本)。
　　③ 原用雙行行間小字的形式。下同。不另注。
　　④ 築島裕主編:《古辭書音義集成》第三卷《大般若經字抄》,77—79 頁。

傍生：傍行故名。

等,共 44 條。① 從某種意義上,我們也可以認爲這就是濃縮型的《大般若經》的"佛學詞典"。

如此類聚"梵語"與"漢文",是日僧所撰《大般若經音義》的特色之一。根據築島裕先生考證：類聚"梵語"和"漢語"的做法,"無窮會本系"大東急記念文庫本、岡井本、康曆本以及《鵝珠鈔》卷末所附本中,都能見到這種特色。築島裕曾對"岡井本"這一內容進行過考察②,並指出：岡井本從第 39 頁開始,附載有"梵語"之項,收釋如"般若""阿羅漢""阿難陀"等音譯詞,共有 120 條。"梵語"之後爲"漢語",收釋如"王舍城""頻申欠呿"等共 169 條。③ 注釋頗爲簡單,有不少不能算作音義內容。岡井本的梵語與石山寺本《大般若經字抄》的梵語,被認爲具有某種程度的關係。石山寺本《大般若經字抄》中的 41 個梵語辭目,其中有 38 個被岡井本收錄,且詮釋部分大同小異,故可認爲岡井本是以石山寺本《大般若經字抄》爲基礎增補而成的。二者的"漢語條目"也呈現此特色,兩本之間的關係或具有某種規律性。④ 我們從發展的眼光來看,可認爲岡井本是在石山寺本《大般若經字抄》的基礎上增補了近三分之二的內容。而這些內容,较之大東急記念文庫本,則可認爲是後來附加的。⑤ 但從這裏,我們正可以看到日本人在爲《大般若經》做音義時,已經很重視將"梵語"集中起来統一進行詮釋的做法。

實際上,《大般若經音義》無論是作爲外來語詞典還是雙語詞典,從內容上來看,仍屬於佛經音義的一部分。漢譯佛經中有大量源自梵

---

① 築島裕主編：《古辭書音義集成》第三卷《大般若經字抄》,79—81 頁。

② 築島裕主編：《古辭書音義集成》第三卷《大般若經字抄》,27—28 頁。又參築島裕：《故岡井慎吾博士藏大般若経音義管見》。

③ 此處的統計數目據岡井慎吾遺稿得出。

④ 築島裕：《大般若經音義諸本小考》。

⑤ 築島裕：《故岡井慎吾博士藏大般若経音義管見》。

語的外來詞,隨着佛教的傳播,應廣大信衆閲讀佛典的需求,所以中國僧人很早就開始編纂所謂"習梵"工具書,如梁寶唱有《翻梵語》一卷,唐僧義净撰《梵語千字文》一卷,列舉約千餘單詞,可謂梵漢對照讀本。此外,還有唐全真的《唐梵文字》(原名《唐梵兩國言音文字》)一卷和唐禮言集的《梵語雜名》一卷。這兩部書已略似字典。《唐梵文字》與《梵語千字文》體例相似,《梵語雜名》按照分類先列漢文,後列梵文。① 此外,還有日本宗叡所録的《唐梵兩語雙對集》(又名《梵漢兩語對註集》)一卷,由唐"中天竺摩竭提國菩提樹下金剛座寺苾芻"②僧怛多蘖多、波羅瞿那彌捨沙二人合撰。

以上這些由唐僧或在唐的印度僧人所撰著的"習梵"工具書就是中國早期的雙語詞典,也就是説中國雙語詞典的雛形至遲在唐代已經產生。而這些又大多隨佛教東傳至日本,并在東瀛廣爲傳播。

如《梵語千字文》自唐代就傳入日本,見存有三種本子:一是東京東洋文庫本,二是享保十二年瑜伽沙門寂明刊本,三是安永二年沙彌敬光刊本。③ 其中東洋文庫本是九世紀的唐寫本,爲最古之寫本。

另如《翻梵語》,共十卷,是一部摘録漢譯經律論及撰述中的梵語翻譯名詞的佛教辭典,此書分類排纂,下注其正確音譯(或不同的音譯)、義譯、出典及卷次。④ 因原書未署作者,故學界有作者爲中國梁代莊嚴寺沙門寶唱以及日本飛鳥寺信行之説。此書見載於圓仁《入唐新求聖教目録》,佐賀東周也根據信瑞所引,指出此應是與《梵語雜名》一起由圓仁請至日本並在日本流傳的⑤,故而其作者應是梁寶唱。⑥

而《唐梵文字》以及《唐梵兩語雙對集》也都見載於日本文獻目録。

---

① 徐時儀、梁曉虹、陳五雲:《佛經音義研究通論》,126 頁。

② CBETA 電子佛典 2016/T54/2136/1241。

③ 陳士强:《佛典精解》,1040 頁。

④ 陳士强:《佛典精解》,103—1036 頁。

⑤ 佐賀東周:《松室釋文與信瑞音義》,464 頁。

⑥ 此本已作爲大型"東洋文庫善本叢書"之一(《梵語千字文/胎藏界真言》)由勉誠出版社出版(編著:石塚晴通、小助川貞次,2015)。

前者見載於日本入唐求法沙門圓行於日本承和六年(839)十二月編的
《靈巖寺和尚請來法門道具等目録》①,後者則見載於日本入唐求法沙
門宗叡於日本貞觀七年(865)十一月編的《新書寫請來法門目録》。②
受此影響,日本也興起研習梵文的熱潮。如《梵漢相對集》(二十卷)的
問世,這可能是真寂法親王③的著作,但此書與真寂法親王的另一部著
作《梵漢語説集》(一百卷)皆早已亡逸,僅能從古書逸文中見其片影,
堪爲滄海遺珠。④ 另如"集梵唐千字文、梵語雜名、梵漢相對集、翻梵語
等大成者",⑤在日本梵語學史上佔有重要位置⑥的《梵語勘文》,儘管也
已爲逸書,但還是能反映出當時日本人熱心編纂"習梵"工具書的
熱情。

　　筆者認爲:"無窮會本系"中這種類聚"梵語"與"漢文"的特色,有
可能是受日本"習梵"類"雙語詞典"的影響,亦或對其發展蓋有一定的
影響,應該是雙向的。無論如何,這些内容,可以認爲是《大般若經》的
微縮雙語詞典。當然,其中關係,還有待於進一步深入考察。

三、爲日本早期"篇立音義"之代表

　　傳統佛經音義從體式上來看,一般是"卷音義",即根據經典卷帙
順序收釋辭目。玄應、慧琳等人的"衆經音義"或"一切經音義"即如
此。即使像慧苑《新譯華嚴經音義》這樣的單經音義也尊其定規。早
期日僧所撰佛經音義也呈此特色,如石山寺本《大般若經音義》(中
卷)、小川家藏本《新譯華嚴經音義私記》、《新華嚴經音義》(大治年間
寫本)以及平安初期《四分律音義》、平安中期《法華經釋文》等。受藤

---

① 陳士强:《佛典精解》,1043 頁。

② 陳士强:《佛典精解》,1047 頁。

③ 真寂法親王(886—927),日本平安時代中期皇族及法親王。其生父母
是堀河天皇及橘義子,出家前名齊世親王。出家後,法號真寂。

④ 佐賀東周:《松室釋文と信瑞音義》,464 頁。

⑤ 同上。

⑥ 安居香山:《净土三部經義集における緯書》,824 頁。

原公任《大般若字抄》的影響，"無窮會本系"的體式以帙而編成，即將《大般若經》六百卷各以十卷爲一帙而編纂。這符合古代《大般若經》經本文編纂體例。這一特色被其後的"無窮會本系"所仿範。這一編排體式成爲日本中世佛經音義特色之一。

　　但如果說從逐卷收錄辭目到按帙而編，這實際還祇是在"大般若經音義"內的變化。說到底，"帙音義"并未脫離"卷音義"的框架，因爲"帙"以下的單位仍是"卷"。而日本中世佛經音義還有一種體例值得我們注意，那就是"篇立音義"。因爲這完全打破了"卷"與"帙"的束縛，而是利用漢字表意特性之"部首"來加以編排，這是日本中世佛經音義的重要體例之一。而"篇立音義"是日本佛經音義三大類別"卷音義（帙音義）""篇立音義""音別音義"中的重要一類。

　　如上所述，"篇立音義"是指所收釋辭目（基本爲單字）以漢字部首分類編排。日本中世，"篇立音義"開始陸續出現，且多有流佈。以《法華經音義》爲多見，現存古寫本就有西大寺本、平等心王院本、大通寺舊藏本、九原文庫本等多種，築島裕先生統計共有十三種[1]；《凈土三部經音義》也有龍谷大學藏寫字臺本（一卷本）、珠光天正十八年（1590）所編《凈土三部經音義》（上下二卷本）[2]；還有正平本《最勝王經音義》[3]等。

　　儘管篇立音義在日本，現存古寫本以《法華經》類音義爲多，也最有特色，但是值得引起注意的是《大般若經音義》中也有"篇立音義"的内容，而且皆屬"無窮會本系"。根據築島裕先生調查，有天理本、東大急記念文庫本和願成寺舊藏的殘本。從體例上看，就是在卷末（第六十帙），即"帙音義"結束後另外添加的内容。雖然從比例上看，這在"無窮會本系"中還是占少數，但因無窮會本、岡井本等皆卷尾欠失，所

---

　　① 築島裕：《法華經音義について》，載山田忠雄編《山田孝雄追憶·本邦辭書史論叢》，三省堂，昭和 42 年(1967)，918—933 頁。

　　② 珠光編：《凈土三部經音義》(中田祝夫解説·土屋博映索引)，勉誠社，昭和 53 年(1978)。

　　③ 川瀬一馬：《增訂古辭書の研究》，371 頁。

以可推定原本這個附載有可能是存在的。①

從"卷音義"到"篇立音義",體現了日本佛經音義發展的進程。日僧極爲重視佛經音義幫助信衆閱讀佛典的工具書作用,而此前傳統的"卷音義"②,即使是從藤原公任開始的"帙音義",其性質和體例上已難以達到要求,故而,中世以降一批"篇立音義"的相繼出現,正體現了傳自中國的傳統佛經音義在日本的新發展。"無窮會本系"作爲日本中世佛經音義的代表之一,其"篇立音義"③體現了日本佛經音義的發展進程。

第二節 "無窮會本系"在漢字方面的研究價值

本書以漢字爲中心對"無窮會本系"進行研究,而根據此本系的體例特色,我們主要從異體字的角度展開研究。以下章節雖有具體表述,但多爲專題性質,故在此之前,我們有必要對此本系在漢字學方面的研究價值,加以綜合評價。

在展開研究之前,首先要對"異體字"和"俗字"這兩個術語,進行綜述並提出一些我們的看法。

一、關於俗字與異體字

日語中也有"俗字"一語,但與漢語中"俗字"的概念并不對等。沖森卓也等編著的《日本辞書辞典》在"漢字之字體"④下對漢字各種字體有簡明扼要的解釋,我們引以下三項:

---

① 築島裕:《無窮會本系大般若經音義附載の篇立音義について》。
② 包括傳自中國的音義書以及日本古代(奈良時代、平安時代)日僧所撰的佛經音義。
③ 筆者於第四章有考察天理本"篇立音義"的内容,敬請參考。
④ 見該書第 256 頁。

正字：作爲標準的正字字體。古以《説文解字》爲標準，《康熙字典》出現後，以其辭目字（字頭）爲標準。

異體字：正字以外的字體。

俗字：針對本字，一般通行的俗體文字。如：證→証 飜→翻 恥→耻

葉科勝之對“俗字”的定義更爲具體，他提出了三點：異體字的一種（但不是正字）；很多人使用的日常慣用字；用在私人場合。[①]

不難看出，這與中國漢字學界對“俗字”的理解有一定差異。關於“俗字”的定義，蔣禮鴻師早在《中國俗文字學研究導言》中就曾指出：

俗字者，就是不合六書條例的（這是以前大多數學者的觀點，實際上俗字中也有很多是依據六書原則的），大多是在平民中日常使用的，被認爲不合法、不合規範的文字。應該注意的是“正字”的規範既立，俗字的界限纔能確定。

郭在貽師在《俗字研究與古籍整理》一文中也指出：

所謂俗字，是相對於正字而言的，正字是得到官方認可的字體，俗字則是在民間流行的通俗字體。[②]

張涌泉在前輩先賢的基礎上，更加全面地爲俗字下了定義：

凡是區別於正字的異體字，都可以認爲是俗字。俗字可以是簡化字，也可以是繁化字；可以是後起字，也可以是古體字。正俗的

---

① 參見佐藤喜代治編：《漢字講座 3　漢字と日本語》，216 頁。
② 郭在貽：《郭在貽語言文學論稿》，265 頁。

界限隨着時代的變化而不斷變化。[①]

張涌泉的觀點基本可代表目前中國漢字學界大部分學者對俗字的認識：將異體字歸入於俗字研究範疇。但蔡忠霖認爲此説是將俗字泛論化，並不妥帖，他認爲俗字爲異體字的一種，即"凡一字因爲各種因素而衍生出不同於正字的其他寫法。都可稱之爲異體字。而俗字只是異體字構成因素之一，是異體字中一部分，雖然它也屬於一種異體字，但並不等同於異體字。更明確地説，俗字是以'便利'爲取向，且通行於社會的一種異體字。和包羅甚廣，構成因素複雜的異體字，是不能劃上等號的"。[②] 這與日韓學者的意見基本一致。

儘管學界觀點并不統一，但不可否認，近年來，俗字研究在中國漢字學界衆賢的努力下，呈興旺之勢，資料從敦煌文獻到碑刻碣文，從房山石經到刊本藏經，成果頗豐。

如果説中國學者更多地從漢字字體的"正""俗"角度展開研究，那麽日韓漢字學界則多從漢字字體的"正"與"異"的關係加以考察。杉本つとむ所編《異體字研究資料集成》第一、第二兩期，皇皇二十册，集日中漢字研究資料之大成，其中有很多就是中國古代俗字的代表著作，如第一期別卷所收的《干禄字書》《五經文字》《九經字樣》就是著名的"唐代字樣三書"，是唐代"正字學"的成果。而第二期第八卷所收錄的《古俗字略》《宋元以來俗字字譜》則爲中國近代俗字研究的代表性著作。韓國方面有漢字學家李奎甲先生集《高麗大藏經》各種字體的集大成著作：《高麗大藏經異體字典》。李奎甲先生在論文《根據日本金剛寺本〈玄應音義〉的字形分析考察誤字與異體字的界限》中指出：異體字是指那些已經約定俗成的、與正字一起使用的字形不同的字。

何華珍在《俗字在日本的傳播研究》一文中所指出：對"正字"和"俗字"的理解，中日學界有所不同。日本《類聚名義抄》等古辭書，多

---

① 張涌泉：《漢語俗字研究》，5頁。
② 蔡忠霖：《敦煌漢文寫卷俗字及其現象》，57頁。

承用《干祿字書》"俗""通""正"之説。而當今日本漢字學界稱"俗字"
者較少,多名"異體字"。這是因江户時期中根元圭①著《異體字辨》,首
創"異體字"術語後,廣而用之的結果。何華珍還指出日本"異體字"的
範圍,既包括顏元孫所指"俗體字""通體字",也包括了"假名""省文"
"訛字""借字""國字"等,與中國漢字學界所稱"俗字"範圍大致相當。
《漢字百科大事典》中"俗字"條下也釋曰:與規範的正字相對應之用
語,包括簡體、增筆等所有屬於異體字範圍的字體。并將異體字又稱
作"別體字"或"變體字",指相對於標準、規範的正體而産生變化字形
的總稱。②

　　筆者近年來以漢字爲中心研究日本寫本佛經音義,主要是從俗字
研究的角度進行的,通過對其中俗字的考察從而研究漢字在日本的流
傳、變化與發展。而在以上這些音義中,"無窮會本系"在釋文中多列
出辭目字的不同異體這一點,是比較特殊的情況,我們的研究也據其
特色,以異體字研究爲中心。因此下文不免常涉及"異體字"和"俗字"
這兩個中日漢字學界廣爲討論,但又尚未有統一定論的重要術語,所
以我們將先予以界定③,以免讀者産生歧義。

　　我們認爲"俗字"和"異體字"是有一定區别的。所謂"正字"是由
"俗字"遴選出來的,所以"正字"應該是個動態的概念,而"俗字"可以
包含這種動態的全部。俗字是在使用中呈現的,實際就是使用者的
"急就章",所以俗字可以包括狹義的"異體字"和所有的假借字、通假
字、方言字、特造字、訛字,甚至包括是錯字而被確認了的。而異體字
的概念則是在編撰字彙的時候顯示的。在字彙中,字形與意義是分開
的,只是因為漢字每個字形都表示了一定的音和義,於是同音義而形
不同就成了"異體字",所以這是從文字呈現的静態現象提出的術語。

---

①　中根元圭(1662—1733),日本江户中期著名天文曆學家、算學家、漢
學家。
②　見該書第27—28頁。
③　以下有關"異體字"與"俗字"關係的判斷,是筆者與陳五雲教授討論後
得出的結論。

把漢字彙攏一處,其中一部分最常見的、爲人們所認定的、符合漢字結構規律的字,即是正體,其中大多數是自早期文字傳承下來的,有歷史文獻作背景。那些在字形上有別,而在字音字義上無別的字就是"異體字"。這種"静"與"動"的區別,是"異體字"與"俗字"的分野。所以,我們討論"俗字",重點在考察"俗字"產生的過程,而研討"異體字",重心則在討論漢字發展變化後的結果。

如上述及,本書或用"異體字",或用"俗字"進行論述分析,主要根據資料的性質和具體内容而定。"無窮會本系"作爲《大般若經》的專經字書,其最大特色,就是在很多辭目字的釋文中,臚列出多個不同字體。從這個意義上看,我們將其歸在"異體字"範疇下進行討論是可行的。但因其中的漢字異體字形與漢字使用有關,它們或承自唐寫本而來,或出自日本寫經生之筆,我們要探討其產生的理據,追溯其特定的歷史文化背景,從漢字使用的角度進行研究就會涉及"俗字"的問題。故而"異體字"和"俗字"於本書并不衝突。

筆者認爲:"異體字"與"俗字"的界定值得學術界進一步深入探討,但在現有材料和背景下,以上"動"與"静"的觀點,可以相互兼容。

二、是日本中世異體字研究的寶庫

如前述及,"無窮會本系"作爲"單字音義",其重要的特色之一,就是在釋文中多列出異體字。岡井慎吾博士也曾指出:無窮會本中有一引人注目之事實,就是列出異體字,其家藏本也承此特色。無窮會本被認爲大概寫於鎌倉時代,而彼時《大般若經》的刊行時間爲:

貞應二年①三月至嘉禄三年②三月

---

① 公元 1223 年。
② 公元 1227 年。

嘉禄元年①九月

建長七年②二月

弘安二年③三月

元亨三年④六月至元德二年⑤七月

算起來有五回,應是逐漸從寫本遷移到版本。但由於當時的編寫條件等制約,流通也不快,所以音義(的流通)是以寫本爲主的。而與此相應,《大般若經音義》揭示出接觸到種種異體之時所作出的選擇,應是極其重要的。⑥

　　這樣就從時代背景的角度解釋了"無窮會本系"中多出各種異體字的原因。以下筆者即以"無窮會本系三種"(無窮會本、天理本、藥師寺本⑦)爲基本資料,對其中的異體字加以綜述,而在本書的其他章節將會針對具體問題加以專論研究。

　　(一)"無窮會本系三種"之異體字呈現

　　選此三種寫本作爲研究對象的原因,其特徵與優劣方面,筆者在第一章已經有闡述。在此要強調的是:無窮會本雖然僅存卷上,且無明確的書寫時間,但經過學界考證,被推定爲鎌倉初期寫本,加上寫本本身的優良,成爲"無窮會本系"的代表。天理本則不僅是完本,而且記有明確的書寫時間。藥師寺本中分量最重的甲、乙二本,也有明確的書寫時間,與天理本一樣,寫於"弘安九年"。另外,藥師寺本體例與無窮會本、天理本有別:辭目基本爲單字,用漢字或假名注音,幾乎没

---

① 公元 1225 年。

② 公元 1255 年。

③ 公元 1279 年。

④ 公元 1323 年。

⑤ 公元 1330 年。

⑥ 福田襄之介:《家藏本大般若経音義について》,73—79 頁。此文爲岡井慎吾博士遺文,由其女婿福田襄之介整理後刊出。

⑦ 主要用藥師寺甲本和乙本。

有義訓,但保留了異體字内容。如此,選這三種寫本對研究"無窮會本系"的異體字是有代表性的。當然,還有一個最重要的原因是: 這三種寫本已經築島裕先生整理後出版,成書有《大般若經音義の研究 本文篇》①和《大般若經音義の研究 索引篇》②,不僅有原文影印,還有索引可查,使用非常方便。

作爲《大般若經》的"專經字書","無窮會本系"與玄應、慧琳等中國僧人的音義著作有較大不同,與早期石山寺本《大般若經音義》,甚至與藤原公任的《大般若經字抄》等也有一些差别。玄應、慧琳等人的音義解釋漢字一般都有形體考辨,多數采用《説文》的説解,但也引用其他字書、韻書,有的還有詳細辨析。如慧琳釋字,就采用辨析字形,注出異體、古體,注出俗字,辨析形近字、訛字等方法。即使像釋文比較簡單的《可洪音義》,有時也會有一些字形辨析的内容。信行《大般若經音義》因受《玄應音義》的影響③,所以詮釋漢字也仍多有字形考辨,儘管已删去很多引文出處,但總體來説,仍多呈漢風。藤原公任的《大般若經字抄》詮釋漢字雖相對簡單,但也還有些字體辨析的内容。但是"無窮會本系"這樣的内容却很少,有關漢字的詮釋,最大的特色就是標出異體。以下,我們將《慧琳音義》、《可洪音義》、石山寺本《大般若經音義》、藤原公任《大般若經字抄》與無窮會本加以簡單比較。

---

① 勉誠社 1977 年出版。

② 《大般若經音義の研究 索引篇》共分三部: 第一部"字音索引"(3—140頁),爲第一册《大般若經音義の研究 本文篇》中無窮會本、天理本、藥師寺本(甲、乙、丙、丁)中所出現的漢字字音注的索引,以日語五十音順排列。第二部分"和訓索引"(141—236 頁)的内容爲《大般若經音義の研究 本文篇》無窮會本、天理本、藥師寺本(甲、乙、丙、丁)中所出現的用片假名書寫的和訓的索引,以日語五十音順排列(但因體例關係,藥師寺本中和訓内容甚少)。第三部分"漢字索引"(237—339 頁)是《大般若經音義の研究 本文篇》中無窮會本、天理本、藥師寺本(甲、乙、丙、丁)中所收載的辭首字的索引,按漢字部首爲順排列。

③ 儘管日本學界認爲此音義的著者爲信行的可能性較大,但不能否認此音義在很大程度上參考了《玄應音義》以及其他來自中國的撰述資料。

　　菩薩摩訶薩修行般若波羅蜜多時,以無所得而爲方便,往<u>澹泊路</u>①觀所棄屍,死經一日或經二日乃至七日,其身膨脹,色變青瘀,臭爛皮穿,膿血流出。(《大般若經》卷五十三)②

　　以上經句出自《大般若經》卷五十三,此卷共九處出現"澹泊路"一詞。所謂"澹泊路"者,根據《慧琳音義》卷五解釋,就是"閑静處也","澹泊"表"寂静""安静"之義。

　　實際上,"澹泊"的本字應是"憺怕"。《説文·心部》:"憺,安也。從心詹聲。"③同部又:"怕,無爲也。從心白聲。"④段玉裁注"怕"字曰:"……憺怕,俗用澹泊爲之,假借也。憺作淡。尤俗。"⑤漢語中本有此詞,多指恬淡寡欲,順其自然之義。

　　憺怕:上談濫反,下普百反。《淮南子》云:憺,滿也;怕,静也。經文從水作淡泊,竝非也,訓義別。《古今正字》云:憺怕二字竝從心,形聲字也。(《慧琳音義》卷二)⑥

　　慧琳在爲《大般若經》撰著音義時,共三次收録"憺怕",分別在卷二、卷五和卷七,皆如上分別詮釋字義,并强調二字皆爲形聲字,二字從"水"之異體并爲"非"也。

　　澹泊:上徒敢反,下普百反。静也。正作憺怕,亦作憺怕也。下又音薄,非。(《可洪音義》卷一)⑦

──────────

① 本書引用藏經經文時,若有下畫綫,皆爲筆者所標。
② CBETA 電子佛典 2016/T05/0220/0298。
③ 許慎:《説文解字》,219 頁。
④ 同上。
⑤ 段玉裁:《説文解字注》,507 頁。
⑥ 徐時儀:《一切經音義三種校本合刊》(修訂版),539 頁。
⑦ 《大日本校訂大藏經·音義部》,爲一,2 頁。

可洪收録此詞,辭目已是"澹泊",説明其所見經本文,"澹泊"多見,但可洪仍指出"正作憺怕",强調其正字,又指出還有"恢"爲"憺"異體。

　　澹泊路:或作恢怕。徒濫、普白反。寂漠也。又恬静也,寂寥無人也。(石山寺本《大般若經音義》第五十三卷)[1]

從信行所收録的辭目字,可見日本當時寫本《大般若經》,已經通行"澹泊",但還有"恢怕"。另外,從以上也可看出信行的釋文也基本與漢傳音義相同。

《大般若經字抄》未收釋此詞。而在無窮會本中,以上詞收釋如下:

憺:湛。シツカナリ、ヤスラカナリ。淡**恢**:同上,先德非之。(無/6-3/38)

怕:薄。シツカナリ、ムナシ。泊:同上,先德非之。(無/6-3/38)

慧琳與可洪收録的是雙音詞,信行收録的是三音詞組,但實際上所音義的對象仍是雙音詞"澹泊"。三位中日僧人也都分別舉出其異體,但是以詞爲單位,可認爲是異形詞,而無窮會本却將"憺怕"一詞分爲上下兩個辭目,以字爲單位,其後舉出的是異體字。

無窮會本中"憺"與"怕"各自作爲辭目字共出現四次,這説明日本當時通行的《大般若經》"憺怕"一詞用本字本義,故而作爲"憺"字假借俗用的"淡"和"**恢**"二字,被"先德非之"。"**恢**"是"恢"字的俗形。《慧琳音義》卷十一:"憺怕,徒濫反,下普白反。韻英:安静也。皆形聲字也。經作恢,非也。"[2]無窮會本中的"先德非之",倒與慧琳一致。

---

① 築島裕主編:《古辭書音義集成》第三卷《大般若經音義》,8 頁。原爲寫本,此處按一般正字輸入。

② 徐時儀:《一切經音義三種校本合刊》(修訂版),697 頁。

又《大般若經》同卷五十三,上例之前,有以下經文:

　　若菩薩摩訶薩修行般若波羅蜜多時,以無所得而爲方便,審觀自身,如實念知從足至頂種種不净充滿其中,外爲薄皮之所纏裹,所謂唯有髮毛爪齒、皮革血肉、筋脈骨髓、心肝肺腎、脾膽胞胃、大腸小腸、屎尿洟唾、涎淚垢汗、痰膿肪𦜗、腦膜腫𦝫,如是不净充滿身中。①

　　此段引文所表達的是佛教的"不净觀",即通過觀想自己身體的種種污穢不净現象,從而消除自身對欲望的貪戀。從"髮毛"至"腫𦝫",共 40 個字,實際表示人體部位結構或物質的共 38 種。以下我們舉中日《大般若經音義》中與此處相關的内容,加以比較。

　　《慧琳音義》卷二收録了"髮毛""爪齒""筋脉""骨髓""心肝""肺腎""脾膽""胯胃""屎尿""洟唾""涎淚""垢汗""痰膿""肪𦜗""腦膜""胯𦝫"共 32 字,占總字數的 80%,但皆以雙音詞爲辭目。

　　《可洪音義》卷一收録了"筋脉""心肝""肺腎""脾膽""胞胃""屎尿""洟唾""涎淚""淡膿""肪𦜗""腦膜""腫𦝫"共 24 字,占總字數的60%,也都是雙音詞辭目。

　　石山寺本《大般若經音義》第五十三卷收録了"骨髓""肝肺""腎脾""膽胞""胃腸""屎尿""洟唾""涎淚""汗淡""肪𦜗""腦膜""腫𦝫"這12 個雙音詞,共 24 字,但這些詞的構成與以上所列《慧琳音義》和《可洪音義》中的雙音詞稍有不同,其多爲身體部位名稱,有些是兩個單字/詞臨時組成一個詞組,如"肝肺""腎脾""汗淡"等,信行也還是多以雙音爲辭目的。

　　藤原公任的《大般若經字抄》則在"三十六物"中解釋了"涎淚"和"皮革",還收釋了雙音詞"肪𦜗",另外,還有"肺""腎""脾""膽""胯""胃""洟""涎""痰""膜""腫""𦝫"共 12 個,皆以單字爲辭目。這就明

　　①　CBETA 電子佛典 2016/T05/0220/0298。

顯可以看出,《大般若經字抄》已經更重視收釋單字,"字書"的性質開始呈現,且其中也已經有異體字内容。如:

> 痰:音談。胸上水也。病也。經多作淡,通也。又**㾛**字,古文也。(《大般若經字抄》,10 頁①)

"淡"乃"痰"之借字,《廣韻·談韻》:"痰,胸上水病。"②。又:"淡:水貌。"③《説文·水部》:"淡,薄味也。"④《慧苑音義》卷下"独黄淡熱"曰:"《文字集略》曰:淡,謂胸中液也。騫師注《方言》曰:淡字又作痰也。"⑤騫師即隋僧智騫,一説即隋僧道騫,著有《楚辭音》,其殘卷於敦煌藏經洞出土。《中文大字典》引王羲之《初月帖》:"淡悶干嘔。""淡"釋爲"痰"。《説文》無"痰"字,"痰"爲後出字。徐時儀指出:"痰"始見於漢。張仲景《金匱要略》卷十二:"膈上病痰,滿喘欬吐。"又:"病痰飲者,當以温藥和之。"魏晉時使用漸多。如葛洪《抱朴子》内篇卷第一有"甘遂葶藶之逐痰癖"。⑥可見"淡"與"痰"應爲古今字,古代均借用"淡"字,漢以後造從"疒"之"痰"。《金石文字辨異·下平聲十三·覃》:"漢《衡方碑》:淡界繆動。《隸釋》云:以淡爲痰。按:古無痰字,祇借淡爲之。《方言》:淡,胸中液也。《東觀餘論》云:王羲之帖淡悶干嘔。淡古痰字。《通雅》云:醫方有淡陰之疾,俗作痰飲是也。"⑦《慧琳音義》卷三"痰病"條釋曰:"上唐男反。《集訓》云:胸鬲中水病也。經文作淡,非也。此乃去聲,無味也,書人之誤者也。"⑧慧琳以"痰"爲正字,以"淡"爲非,則以後起

---

① 此爲《古辭書音義集成》第三卷《大般若經字抄》的頁數。
② 陳彭年:《宋本廣韻》,203 頁。
③ 同上。
④ 許慎:《説文解字》,236 頁。
⑤ CBETA 電子佛典 2016/K32/1064/0363。
⑥ 徐時儀:《説"痰"》,127—128 頁。
⑦ 續修四庫全書編委會:《續修四庫全書》,240 册,48 頁。
⑧ 徐時儀:《一切經音義三種校本合刊》(修訂版),559 頁。

本字爲規範故。

腽：音烏。或作**冐**。(《大般若經字抄》,10 頁)

"**腽**"即"腽"字。"**冐**"乃"胃"字。日本古寫本中"月(肉)"旁通常寫作"日"。[1] 以上"**腽**"與"**冐**"之"胃"下皆誤作"日"。而"腽"則是在本字"胃"之上又贅加表意部首而成之後出字。《字彙·肉部》曰："腽,俗胃字。胃下從肉,後人妄加肉在旁。"[2]而《正字通·肉部》也收"腽"字,下注云："俗胃字。宜删。"[3]雖然字書多對此有"非",但不能否認此字形曾頗爲流行,即使在日本也多見。

"三十六物"這一部分的内容在無窮會本中,則祇收釋了"皮革"這一個雙音詞,其他 26 個都是單字,且其中 17 個字在釋文中列出了異體。如下：

001 **筋**：根。スチ。**𦝰**：同上亦作。**筋**：同上,或作。(無/6‑3/36)

002 **肺**：背。フクフクシ。**胏胇**：同上,亦作。(無/6‑3/36)

003 **腎**：信。ムラト。**䏏**：同上,亦作。肺云火蔵,腎云水蔵,是腹中五蔵中其二也。(無/6‑3/36)

004 **脾**：彼。土蔵也。或木蔵也。**䏈**：同上,先德非之。(無/6‑3/36)

005 **膽**：湛。キモフクロ。**膽**：同上,亦作。(無/6‑3/36)

006 脬：放。ミツフクロ。ユバリフクロ。**胞**：同上,先德非之。(無/6‑3/36)

---

① 梁曉虹、陳五雲、苗昱：《〈新譯華嚴經音義私記〉俗字研究》,134 頁。
② 梅膺祚、吳任臣：《字彙 字彙補》,383 頁(《字彙》的頁數)。
③ 張自烈編、廖文英補：《正字通》,963 頁。

007 胃：謂。クソフクロ。腜：同上，亦作。（無/6－3/36）

008 膓：張。ハラワタ。腸：同上，正作。（無/6－3/36）

009 屎：之。クソ。屄屄：同上，亦作。（無/6－3/36）

010 尿：遠。ユバリ。屍屎溺：同上，亦作。（無/6－3/36）

011 渼：泥。コハナ。涕：同上，先德非之。（無/6－3/36）

012 㖒：墮。ツハキ。潘：同上，亦作。（無/6－3/36）

013 涎：延。ヨタリ。㳂㳂次：同上，亦作。（無/6－3/36）

014 涙：類。ナムタ。淚：同上，亦作。（無/6－3/36）

015 淡：湛。アハ。胷中水病也。痰：同上，正作。（無/6－3/38）

016 眵：之。メクソ。膜：同上，先德非之。（無/6－3/38）

017 聹：ミミクソ。聤：同上，先德非之。（無/6－3/38）

以上，是在"釋文"中舉出異體，也可以說是另出異體辭目字，算單獨一條，實際是一樣的。不難看出，與石山寺本"信行音義"皆爲雙音辭目不同的是，無窮會本大部分是單字辭目。與已開始注意收錄單字爲辭目的藤原公任的《大般若經字抄》相比較來看，儘管《大般若經字抄》的釋文中也已出現異體字內容，但無窮會本中的異體字內容明顯更多，以上一組爲例，占比65％，其收釋異體字的特徵更爲突出。

我們再看藥師寺甲本：27個單字辭目中，有異體的17個條目如下：

001 菮：根。葝筋：亦作。（藥甲/6－3/769）

002 肺：拜。肺肺：亦作。（藥甲/6－3/769）

003 腎：信。腎：亦作。（藥甲/6－3/769）

004 脾：彼。髀：亦作。（藥甲/6－3/769）

005 臙：湛。膌：亦作。（藥甲/6－3/769）

006 脌：放。肔：亦作。（藥甲/6－3/769）

007 胃：謂。脂：亦作。（藥甲/6－3/770）

008 腸：長。膓：亦作。（藥甲/6－3/770）

009 屎：之。奚飛：亦作。（藥甲/6－3/770）

010 尿：遠。屁尿溺：亦作。（藥甲/6－3/770）

011 溳：泥。湴：亦作。（藥甲/6－3/770）

012 䑏：墮。潘：亦作。（藥甲/6－3/770）

013 延：延。瀁沈：亦作。（藥甲/6－3/770）

014 渡：類。沶：亦作。（藥甲/6－3/770）

015 淡：湛。痰：亦作。（藥甲/6－3/770）

016 瞤：之。䐃：亦作。（藥甲/6－3/770）

017 膵：二夜字①。膵：亦作。（藥甲/6－3/770）

　　以上與無窮會本相比較,無窮會本中的異體字在藥甲本中基本上
得以保留,無窮會本僅013"延"不見於藥甲本。另外,字形基本上也
僅有微小差異。不同之處有兩點:其一,和訓皆已不見。這是藥師寺
本的特色,前已述及。其二,無窮會本的異體字標示術語在藥師寺本
中皆統一爲"亦作",而像"先德非之"這樣引用前賢之語來對所出異體
加以評價的術語,也被刪減。可以看出:儘管藥師寺本在無窮會本、天
理本等"詳本"的基礎上大幅度刪略了,但異體字內容却基本保留下
來,有些帙甚至還有增加。

　　以上我們衹是對《大般若經》卷五十三中僅四十字的一句經文,
從慧琳到信行,再從信行到無窮會本、藥師寺甲本之音義進行了比
較與分析。不難看出無窮會本、藥甲本大量收錄異體字,特色極爲
明顯。窺一斑而見全豹,築島裕先生在《大般若經音義の研究 索引

---

　　① 築島裕《大般若經音義の研究 索引篇》"字音索引"下,"二夜字"假名作
"ニヤゥ"。

篇》的開始部分,有一個"総合せる異體字の主要なるもの"簡表,列有共 75 組異體字①,另外,本書附録"無窮會本、天理本異體字字表",也可作參考。因此,我們可以認爲,"無窮會本系"中保存的大量異體字,不僅是日本中世也是中國中古至近代異體字研究的重要資料。

（二）關於異體字標示術語

異體字是一種特殊的文字現象。自漢字産生,異體字現象也就同時出現。中國古人對這種文字現象早有注意,並進行過多次整理研究,無論是秦代的"書同文"還是漢代的《説文解字》、熹平石經,以及唐代的正字之學都涉及對異體字的研究與整理。儘管古代並無"異體字"這一明確的術語,然古注或古代字書、韻書中一般多使用"古作某""今作某""亦作某""通用某""或作某""同某""與某同""本作某""又作某""某書作某""俗作某""本又作某""本或作某"等多種表述方式。字書除了使用上述表述方式外,有時出於分析、説解字形的需要,也使用"或從某""篆作某""古文某""古文作某""古文從某""某或從某省"等表述方式。② 而佛經音義作爲傳承魏晉南北朝音義書的特殊類別,在辨析漢字,表述異體現象時,自然也會像《經典釋文》等早期音義書一樣,采用如上所舉術語。如《玄應音義》中常見的異體字標示術語,"亦作某""又作某""或作某""今作某"等就頻頻出現。陳定民在《慧琳一切經音義中之異體字》一文也指出慧琳在《一切經音義》中臚列許多不同的文字,並一一指出其源流,就屢言"俗作某""或作某""又作某""亦作某""古作某""古文作某""略作某""隸作某""小篆作某""誤作某""某書作某"(如"《文字集略》作某""《考聲》作某")。日本學僧從開始模仿中國所傳佛經音義進而到完全自己撰寫時,這些異體字的標示術語自也爲其所采用。鳩野

---

① 築島裕:《大般若經音義の研究　索引篇》,7 頁。
② 參見章瓊《漢字異體字論》,收於張書岩主編《異體字研究》,第 17—32 頁。

惠介就指出①：奈良朝時期的石山本《大般若經音義》也有“又作某②（字）”“或作某（字）”“正字作某（字）”“古文作某（字）”“今作某（字）”“應作某（字）”等六種辨析字體的標示術語。而各種術語下還有一些變種，如“古文作某（字）”類，還有如“古文某”“舊作某”“舊用某字”“舊經作某”等。石山寺本與無窮會本從體例與内容上看屬於不同系統，但前者爲源，後者是其發展變化的結果。前者爲日本早期佛經音義之代表性著作，“唐風”尚存，突出表現如多收釋複合詞等。但因爲傳統佛經音義釋詞多采取上下分字注音釋義的方法，石山寺本亦承此，自當也會用以上術語對字體與字形加以分解剖析。由此來看，“無窮會本系”中的這些異體字的標示術語也是傳承有自，但又自有其特色。

1. 無窮會本異體字標示術語

“無窮會本系”三種中，無窮會本衹有卷上，天理本則基本可認爲是全本，皆是優良寫本，而從異體字標示術語來看，則基本相同，所以我們以無窮會本爲例先作説明。

如上所舉，無窮會本在爲字頭舉出諸異體之後，還多伴有撰者對異體字的有關標示術語，基本以“同上，××”，用行間小注的形式標出。共有以下七種類型：

（1）“同上，亦作”，這是出現最多的術語，根據鳩野惠介統計③，共有 499 組。

（2）“同上，先德非之”，共有 120 組。

（3）“同上，或作”，或“同上，或本”，共有 63 組。

（4）“同上，古作”，或“同上，古文”，共有 25 組。

----

① 鳩野惠介：《無窮会図書館蔵本〈大般若経音義〉における異体字表示の術語について》。

② 鳩野惠介論文中用“×”表示，我們改成“某”。

③ 鳩野惠介《無窮会図書館蔵本〈大般若経音義〉における異体字表示の術語について》一文有專門統計。本節相關統計數目皆參考其説，以下不再另注。

（5）"同上，正作"，共有 21 組。

（6）"同上，俗作"，共有 10 組。

（7）"同上，今作"，1 組。

以上歸納，是從大體或者一般意義上着眼的。因爲此本撰者在舉出異體字後，並不會只用以上所示的某一種術語，有時也會幾種並用。如：

（1）"同上，亦作，先德非之"，共有 31 組。

（2）"同上，或作（或本），先德非之"，共有 10 組。

（3）"同上，古作（古文），先德非之"，共有 3 組。

（4）"同上，正作，先德非之"，2 組。

（5）"同上，亦作；同上，或作"，5 組。

（6）"同上，亦作；同上，正作"，6 組。

（7）"同上，亦作；同上，或作（或本），先德非之"，3 組。

鳩野惠介《無窮会図書館蔵本〈大般若経音義〉における異体字表示の術語について》一文專門研究此本異體字的表述術語，頗爲詳細，也可以參考。

2. 天理本（下卷）異體字標示術語

我們以天理本下卷爲對象進行調查。天理本分上、下兩卷，上卷從第一帙至第四十五帙，下卷自四十六，終至六十帙。儘管從帙數上來看，上卷分量較大，但筆者經過比較，認爲實際體量相差不多。[①] 總體來看，下卷所標示的異體字術語明顯少於上卷，且有不同於上卷的內容。

（1）"同上，亦作"，和無窮會本一樣，這也是出現最多的術語，據筆者統計，共有 139 組。

（2）"同上，先德非之"，共有 57 組。

（3）"同上，或作"，或"同上，或本"，共有 31 組。

---

① 筆者對上、下卷（不涉及"篇立音義"部分）的體量進行了大致的比較：上卷有 250 頁，下卷有 233 頁。

　　(4)"同上,古作",共有 5 組。

　　(5)"同上,正作",共有 7 組。

　　(6)"同上,俗作",共有 4 組。

　　(7)"同上",共有 2 組。

　　(8)"同上,經文作乀,先德非之",共有 10 組。

　　除此,天理本的"篇立音義"中還有一些異體字内容,據筆者統計,有:

　　(1)"同上,亦作",共有 25 組。

　　(2)"同上,先德非之",共有 5 組。

　　(3)"同上,或作",共有 4 組。

　　(4)"同上,俗作",僅有一組。

　3. 藥師寺異體字標示術語

　　藥師寺有甲本、乙本、丙本、丁本四種,它們均被認爲是簡縮本,因此在異體字標示方面,也顯得相當簡略,基本就只有"亦作"類,僅有少數幾處用"古作"表示。從這個方面看,如本在無窮會本中有"正作""俗作""或作"的,都被此本統一以"亦作"處理了。而有關"先德非之"的内容,當然也被簡略了。我們以甲本第一帙、乙本第六帙爲例加以説明。丙本和丁本皆各僅有一卷,故不作討論。

　　先看甲本第一帙。此帙第一卷、第三卷、第四卷、第八卷、第九卷和第十卷,與無窮會本所釋相同。甲本第一帙情況如下:

　　第一卷:共出現"亦作"29 條。"古作"2 條。無窮會本中的 4 條"先德非之"被改爲"亦作",又無窮會本中 1 條"正作"被改爲"亦作"。

　　第三卷:共有"亦作"17 條。實際應爲 18 條,其中"澗"字下列有三個異體,但其下未見"亦作"二字。又無窮會本中 1 條"先德非之"被改爲"亦作"。

　　第四卷:共 3 條"亦作",其中有 1 條在無窮會本中是"先德非之"。

　　第八卷:共 2 條"亦作",其中有一條在無窮會本中是"先德非之"。

　　第九卷:8 條"亦作",其中有一條在無窮會本中是"或本",另有"或作"被合并爲"亦作"。

第十卷：有 3 條"亦作"，但有 2 條并不見無窮會本。

再看乙本第六帙。此帙因經本文的關係，音義内容較爲豐富。其中有音義内容的卷爲第一卷、第二卷、第三卷、第四卷、第七卷。與無窮會本相比較，乙本僅少第五卷，而無窮會本此帙第五卷也僅有兩個辭目："意生儒童"和"頻"，且没有異體字内容。乙本第六帙情況如下：

第一卷："亦作"1 條，與無窮會本同。

第二卷：共有"亦作"20 條，"古作"1 條。無窮會本 2 條"先德非之"被改作"亦作"。又無窮會本中的"古作""或作""古作"各 1 條，皆被改成"亦作"。值得注意的是，此卷中有 5 條不見於無窮會本，其所占比例較大。

第三卷：共有"亦作"61 條，其中"四十三字"①有 4 條。無窮會本"正作"4 條、"或作"與"或本"6 條、"俗作"1 條、"古作"2 條、"同上，先德非之"15 條，皆被改爲"亦作"。

第四卷，共有"亦作"9 條。無窮會本 1 條"同上，經文作一，先德非之"被改爲"亦作"。但據筆者統計，此卷至少有 2 條，不見於無窮會本。

可以看出，與無窮會本、天理本等"詳本"相比，藥師寺本的異體字標示確實簡略得多，基本皆歸爲"亦作"。儘管如此，但是我們也發現，其異體字的内容實際上却比無窮會本要多。總體來説，藥師寺本的書寫者所用異體字的基本術語就是"亦作"。即使偶爾出現的"古作"，也仍是尊無窮會本。

鴆野惠介曾對無窮會本《大般若經音義》中的異體字標示術語有較爲詳密的考察，值得參考。其文的基本觀點爲："亦作""或作"在無窮會本中有兩個功能，一是與"正作""俗作"并行，是字體注記的術語。二是其本來的用法，即單是對某種字體現象的記録。這樣的功能表現爲，它們在無窮會本中，時而用於同一字形之後，而有時又用於辭目字形的顛倒字例之中。另外，陀羅尼的音譯字中則祇注

_____

① 即 43 個陀羅尼音譯字。

有"或作"。鳩野惠介認爲,這樣的混亂均是由於在無窮會本中同時
存在兩種基準之故。第一個基準,即是標示該字在異本中如何被記
述,是爲經典、音義系統的基準。其記述,即以"亦作""或作"來展
開。第二個基準,即以"亦作""或作"與"俗作"爲并行術語的,也是
後世的字體基準。這第二個基準,"亦作"與"或作",在"正俗""正
否"基準之外成立。但目前,對於第二個基準中的"亦作""或作"的
具體定義并不明確。①

　　筆者認爲,這個觀點説明無窮會本既有承自漢傳辭書音義的字體
注記術語,也還有一部分被認爲屬"定義不明確"的"某種字體現象的
記録"。這應是無窮會本原本撰者的做法。但我們可以看到,從"無窮
會本系"整體來看,多種異體標示術語,往往最後基本歸爲"亦作",這
一點在藥師寺本表現得尤爲突出,前面筆者所舉藥師寺甲本應能説明
這一點。另外,高野山大學圖書館本也呈此特色,無窮會本中的"或
作""俗作""正作""古作"等"異體"標示術語,甚至包括前賢對所標異
體的否定"先德非之"都被改成了"亦作"。其中也包括無窮會本的陀
羅尼部分的字體注,衹用"或作",但是在藥師寺本中,皆歸并爲"亦
作"。所以如果説原本有這兩種情況,或者説有一定混亂的話,但是最
後也趨於簡單化了。"亦作"成爲日本中世表示異體使用頻率最高的
術語,其中包含的内容非常豐富,範疇頗寬,筆者認爲這或許與以中根
元圭爲首的江户儒學大家乃至當今日本漢字學界對異體字的認識一
脈相承有關。

　　儘管如前述及,日本中世僧人爲僧衆解讀某部佛經而撰述了一些
有異體字内容的單經音義字書,如《金光明最勝王經音義》《法華經音
訓》等,但是無論從篇幅,還是内容上來看,"無窮會本系"《大般若經音
義》堪爲代表。從經本文篇幅看,《大般若經》煌煌六百卷之巨,其音
義篇幅,自然也龐大。另外,不難看出,原著撰者參考了古代中、日兩

────────────

　　①　鳩野惠介:《無窮會圖書館藏本〈大般若經音義〉における異体字表示
の術語について》,153—169頁。

國很多字書、韻書、佛經音義以及佛典注疏等,撰者本身也具有一定的漢字水平,所以其內容也很豐富。這些本子皆堪稱是"專經異體字書",它們的出現,對江户時期異體字研究有一定的推動作用。

異體字是一種特殊的文字現象。關於異體字的現象與表述,自古就多有諸説;至於異體字的定義,也是各家紛呈。儘管許多問題尚在爭論,難有結論,但無論如何,學界對異體字研究的重視,却是有目共睹。而從不同的角度對古代字書中所收集的異體字進行分析研究,是近年來研究的重點。這些古代字書,自然也應該包括來自古代漢字文化圈如朝鮮半島、東瀛日本的材料。本書所研究的"無窮會本系",以其資料的特殊性,成爲研究日本中世異體字的寶庫。

三、記録保存了大批不同字形,是考察日本中世漢字使用的重要材料

以下將會涉及俗字內容,需要説明的是,筆者尊先師蔣禮鴻先生、郭在貽先生關於俗字的定義,在此基礎上,以上已提到筆者從"動""靜"兩方面指出了俗字和異體字的區别。所以,我們討論"俗字",重點在考察"俗字"産生的過程,而研究"異體字",重心則在探討漢字發展變化後的結果。另外,我們還要説明的是,中國學者與日本學者關於"俗字"的定義稍有不同,筆者是從漢語史中漢字史的角度,考察漢字在海外的發展,即用日本資料考察漢字史,故而"俗字"的定義采取中國學者的説法。

從日本漢字書寫的歷史來看,日本上古時代飛鳥、奈良等時期,正值中國隋代至盛唐之間,這時的日本正處於全面學習中國,全盤接受大唐文化的時期。此時日本文字尚未産生,即使已有"真假名"出現,但仍用漢字書寫。所以,從漢字的使用角度來看,這個時期應屬"繼承與擴散"的階段,既大批量地承自渡海而來的唐寫本,又經過大批日本寫經生之筆,逐漸在日本列島擴散開來。而當時的日本書手尊崇漢籍,偏愛原本的心態占上風,抄寫者"爲保持祖本的風貌,就要按照原本的字樣、樣式進行謄寫,這就會對原本中已有的歷代俗字原封不動

地抄録”①,其結果就是使得大量的中古俗字傳到了日本。

　　經過了一段學習借用時期,在漢字的影響下,平安時期以降,日本文字正式產生,日語發展歷史的大幕也正式拉開。反映在漢字書寫上,儘管仍多以楷書爲主,但“和風化”傾向開始出現。特別是平安中期以降,假名急速普及,日語表記亦應之趨向自由且簡單,而漢字在東瀛的流播過程中也出現了一些變異或創新,有了不同程度的發展。這些反應在佛經抄寫上,書經者不再有早期那種極爲尊從底本(唐寫本)的心態以及爲保持祖本風貌,完全按照原本的樣式、字體進行謄寫的風氣,而是根據當時漢字的實際使用狀況來書寫經典。如:爲書寫方便,爲能加快抄寫速度,大量爲“便利”而用的“略字”開始出現。而隨着中國書法的傳入,尤其是草書和行書的流行,“和樣書道”出現并盛行,有些漢傳俗字又一次因“草書楷定”而變得讓人陌生。再如:因對漢字的認知不同,各種訛寫誤用也層出不窮,這也成爲日後江戶大儒提出的“倭俗訛字”術語的重要理由。這些都不同程度地反映出漢字在日本的發展變化。

　　第一章中筆者已經對“無窮會本系”諸本進行梳理,可知其中明確表明書寫時間的寫本雖不多,但學界通過考察,已經基本推斷出不少寫本的書寫時間。總體來看,這些藏本寫於鎌倉時代初期至室町時代末期。儘管總稱“無窮會本系”,但彼此也有一些不同之處,有内容上的,也有書寫形式上的,還有篇幅大小之異者。但有一共同點,即現存者多爲古寫本②,而正如蔡忠霖所指出的:“在諸種載體當中,寫本被認爲是最爲直接的第一手資料。”③況且,這些寫本還是音義書,某種意義上就是閱讀《大般若經》的“字書”。有此兩點,就更能確定其在漢字研究上的價值。以下,筆者就以無窮會本、天理本爲主要材料,并參考藥師寺本(甲、乙)、六地藏寺本、真福寺大須文庫本等資料,考察這些古

---

　　①　方國平:《漢語俗字在日本的傳播》,《漢字文化》,2007 年第 5 期。
　　②　現在已經刊行的無窮會本、天理本、藥師寺本以及六地藏寺本等也是影印出版。
　　③　蔡忠霖:《寫本與版刻之俗字比較研究》,139—155 頁。

寫本中所記錄保存的大批字形,及其作爲日本中世漢字研究資料的重
要性。

(一) 辭目字反映了當時《大般若經》的用字實況

佛經音義作爲古辭書中的重要種類,其選辭立目極爲重要。一部
辭書的辭目不僅能決定其書的性質,而且還能體現其時代的用字、用
詞特色。"無窮會本系"選辭立目的特色極爲明顯,以字爲主。而其收
釋範圍就是當時通行的《大般若經》,其詮釋對象主要是經中單字。因
此,其辭目字就應反映當時《大般若經》乃至當時寫經用字的實況。這
一部分,我們以無窮會本和天理本爲主要資料。

無窮會本書寫時間雖尚不明確,學者們推測有可能是鎌倉初
期。天理本則明確標有書寫時間"弘安九年"(1286),此時正值鎌倉
中期。日本史上一般將鎌倉、室町時代稱爲"中世"。無窮會本和天
理本正寫於日本中世初期。潘均指出:佛教的世俗化促進了漢字漢
語詞的普及……漢語詞成爲生活詞彙的一部分,開始有脱離中國漢
語詞彙規範的傾向。中世屬於繼平安時代之後的又一個漢字漢語
流行的時代。[①]

無窮會本和天理本的書寫時期,正是漢字在日本得到快速發展的
時期。我們把此二本作爲主要研究資料,因其有兩點值得重視:其一,
作爲寫本資料,其字形能呈現出當時的用字特色;其二,作爲佛經音
義,其原本雖不存,但此二本作爲最早的寫本,其辭目字應該能反映當
時所傳《大般若經》用字的實況。

打開此二本,我們可以發現,其中俗字比比皆是,這些俗字有的與
漢傳俗字完全相同,有的則稍有變異。我們以第一帙第三卷爲例,[②]此
卷共有辭目三十個(不包括其下列出的異體字),可分爲兩個複音詞,
二十八個單字。

《大般若經》卷三:"諸菩薩摩訶薩安住般若波羅蜜多,以無所得而

---

① 潘均:《日本漢字的確立及其歷史演變》,62 頁。
② 選擇此帙此卷,并不是特意,祇是因篇幅中等,比較合適。

爲方便，應圓滿九想，謂<u>脹</u>脹想、<u>膿</u>爛想、異赤想、青<u>瘀</u>想、<u>啄</u><u>噉</u>想、離散想、<u>骸</u>骨想、焚燒想、一切世間不可保想，如是諸想不可得故。"①其中字下畫橫綫者，爲以下所要討論的辭目字。

001 **胮**：奉。ハル。**胖**：同上亦作。**膣**：同上，先德非之。（無/1‑3/14）

案：以上辭目字作"胮"，天理本同。"胮"與"膣"皆未見於《説文》，乃中古後出。《玉篇·肉部》："胮，薄江切，胮肛，脹大貌。"②故和訓釋義"ハル"與其相吻合。至於此本"亦作"和"先德非之"的"**胖**"與"**膣**"，可視其爲俗字。《集韻·江韻》"胮"下還有"**膣**瘴胖"③，指出爲"胮"之"或作"。但是，根據CBETA電子佛典，《大正藏》作"膣"，以上被"先德非之"的"**膣**"即爲其俗寫。而且，查考《大正藏》《大般若經》中，皆作"膣脹"，并無"胮脹"者。但根據無窮會本辭目字，可見當時日本流傳的《大般若經》作"胮"。

002 **膿**：能。ウミシル。（無/1‑3/14）

案：天理本同此。以上"**膿**"作爲"膿"之手寫字，不難認。右半下部"辰"作"厎"，敦煌俗字中多見④。故而，"農"以及從"農"之字，如"膿"作"**膿**"類俗字，敦煌文獻亦多見。⑤

003 **泺**：於。青泥也。爛泥也。**泺**：同上，亦作。（無/1‑3/14）

---

① CBETA電子佛典2016/T05/0220/0011。
② 陳彭年：《大廣益會玉篇》，126頁。
③ 丁度：《集韻》（述古堂本），22頁。
④ 黃征：《敦煌俗字典》，47—48頁。
⑤ 黃征：《敦煌俗字典》，47—48頁，294頁。

案：天理本同此。“瘀”寫作“”，以及作爲“亦作”的“”，皆頗爲常見，應是草書楷化而成的俗字。

004 ：宅。イツハム。：同上，亦作。（無/1－3/14）

案：天理本同此。《慧琳音義》卷一“啄噉”：“上音卓。《廣雅》：啄，齧也。《説文》：鳥食也。從口豖聲也。豖音寵緑反。經文從象作喙，非也。喙音吁穢反……”[①]慧琳所指出的“經文從象作喙”正是以上作爲“亦作”的“”。而辭目字“”也是常見俗字，《龍龕手鑑》收録，敦煌文書亦見，不贅。

005 ：改。ホネ。（無/1－3/14）

案：天理本同此。辭目字爲“骸”之俗。《篆隸萬象名義・骨部》收有“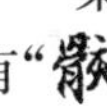”[②]字。無窮會本中有很多字形與《篆隸萬象名義》相同，這不奇怪。後者爲日本當時的字書，是爲標準。無窮會本中從“亥”之字，多如此作。又如《新譯華嚴經音義私記》中有“晐”作“”、“咳”作“”、“欬”作“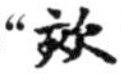”[③]等。可見爲當時流行寫法。

006 ：小。トシ。：同上，亦作。（無/1－3/14）

案：天理本辭目字作“”，稍有不同。本書第三章《無窮會本疑難異體字考》有對此條中所列兩個異體的考釋，敬請參考。

007 ：生。ユカ。：同上，亦作。（無/1－3/14）

① 徐時儀：《一切經音義三種校本合刊》（修訂版），529 頁。

② 釋空海：《篆隸萬象名義》，392 頁。

③ 請參考梁曉虹、陳五雲、苗昱《〈新譯華嚴經音義私記〉俗字研究》之“俗字表”中相關内容。

案：天理本同此。漢字書寫中多有偏旁"爿"與"牛"混用的現象，以上"**牂**"即屬此類。本書第五章有專門論述。敬請參考。

008 **穀**：國。モミ。**穀**：同上，亦作。（無/1 - 3/14）

案：此條和訓作"モミ"，故字頭應爲"穀"字。《説文·禾部》："續也。百穀之總名。从禾㱿聲。古禄切。"[1]段玉裁注："……从禾㱿聲。㱿者，今之殼字，穀必有稃甲，此以形聲包會意也。"[2]以上辭目字爲"穀"的俗寫。"穀"爲楮，是一種落葉喬木。"穀"與"穀"極爲相似，"穀"也見於《説文》，也從"㱿"聲，但在木部。《隸辨·入聲·屋第一》："**穀**：《史晨後碑》出王家**穀**。按：《説文》穀，從禾從㱿。《廣韻》云：今經典省作穀，俗作**穀**，非。[3]又："**穀**：《曹全碑》敦煌效**穀**人也。按：《六經正誤》云：禾穀之穀與穀楮之穀不同。穀楮之穀，從木從㱿。碑則通用無別。"[4]可見，碑刻中頗爲常見。而從辭目字"**穀**"也可知當時寫經中也多作此形。而《廣韻》指出的俗作"**穀**"，也與以上釋文中所列異體"**穀**"相似。

009 **沼**：小。コイケ。**沼**：同上，亦作。（無/1 - 3/14）

案：以上"**沼**"也爲常見俗字。《篆隸萬象名義》與《龍龕手鑑》皆作此形。

010 **糠**：香。アラ。**糠**：同上，亦作。（無/1 - 3/16）

---

① 許慎：《説文解字》，146 頁。
② 段玉裁：《説文解字注》，326 頁。
③ 紀昀：《文淵閣四庫全書》，第 235 册，628 頁。
④ 紀昀：《文淵閣四庫全書》，第 235 册，628—629 頁。

案:《説文·禾部》:"█,穀皮也。从禾从米,庚聲。苦岡切。"[1]
"禾"和"米"義近可通,釋文中列出異體"█"。"█"在《玉篇》中作爲
"穅"的俗字被收入。從字形上來看,值得注意的是聲旁"康"作"█"。

根據《説文》,"穅"字"庚"聲。古代人書寫中常會將從"庚"之字上
部譌寫成"█"。如"庸"字,《難字·異體字典》有"█"[2],此即書寫中
將"庸"之"用"與上部之"庚"字頭訛斷而引起形訛。隋《臧質墓誌》
"庸"作"█"[3],亦同此。而"康"字,《難字·異體字典》就有"█"[4],此
即與以上二字"康"同。而唐《沈士公墓誌》中"康"作"█"[5],上部亦相
似。以上"█"與"█"即直接與此有關。

011 █:界。又力。█:同上,亦作。(無/1-3/16)

案:《説文·禾部》:"穭,穅也。从禾會聲。苦會切。"[6]《集韻·過
韻》:"穭穅,苦會切。《説文》穅也。或從米。"[7]"穭"和"穅"一樣,是後
起字。以上辭目字"█"即"穭",所舉異體"█"即"穭",二字互爲異
體。二字聲旁"會"作"█",其中"从亼,从曾省"部分寫成"曺","曺"之
異體。"會"篆作"█",隸書作"█"。《隸變·去聲·泰韻》中,東漢
《孔宙碑》作"█"、北魏《元熙墓誌》作"█"、隋《劉多墓誌》作"█"[8]
等,碑別字多見,不繁舉。"人"下部分,筆迹小異,即同"曺"。《碑別字
新編·十三畫》"會"字下收有"█"(隋《郭龍墓誌》、隋《孫先造像》即
有"█")。故以上"█"與"█"爲常見俗形。不僅如此,無窮會本

---

① 許慎:《説文解字》,145 頁。
② 有賀要延:《難字·異體字典》,91 頁。
③ 臧克和主編:《漢魏六朝隋唐五代字形表》,403 頁。
④ 有賀要延:《難字·異體字典》,91 頁。
⑤ 臧克和主編:《漢魏六朝隋唐五代字形表》,403 頁。
⑥ 許慎:《説文解字》,145 頁。
⑦ 丁度:《集韻》(述古堂本),522 頁。
⑧ 臧克和主編:《漢魏六朝隋唐五代字形表》,682 頁。

中從"會"的字皆如此,如"膾"作" "(第十一帙第五卷;第十九帙第一卷)。

012 :玄。カク。:同上,亦作。(無/1-3/16)

案:以上辭目字""與釋文中所列異體"",分別是"罻"與"冑"的俗字。此二字不見於《説文》,爲後出字。《説文·网部》有"罻",釋曰:"网也。从网、緩,緩亦聲。一曰縮也。古眩切。"[1]段玉裁注:"……俗作冑……糸部縮下曰:絹也。絹即罻字。俗書假借也。"[2]

凡《説文》"网"部之字,於隸變後多變爲上下結構,其"网"則變爲"罒",如"罩、罿、衆、罿、罻、罙、羅、罤、罠、罩、罻、置、署、冑、罵"等。但在手書中,有時仍會保留"网"的寫法,一般被視爲俗字,如以上""與""。又"口"作漢字構件時,可寫作"ム",以上""與""即如此。

013 :離。フム。(無/1-3/16)

案:以上""爲"履"之俗寫。類似字形有如""(《龍龕手鑑·尸部》),特徵就是"尸"下部"復"之"彳"訛似"扌",這應是草書楷化的結果。

以上第一帙第三卷辭目字實際并不複雜,大部分都是漢文典籍中常見的俗字。這也能體現出漢傳俗字在日本寫本中的傳承性。

有時,我們也能看出一些多少帶有"和風化"的用字現象。如:

014 :勝。すクル。タスク。:同上亦作。(無/5-8/30)

---

① 許慎:《説文解字》,157 頁。
② 段玉裁:《説文解字注》,355 頁。

案：以上辭目字"𢪸"爲"拯"的俗字。這種寫法似乎更多見於日本書手。筆者在日本早期佛經音義《新譯華嚴經音義私記》也見到這個字形"𢪸"①。另外，北川博邦編寫的《日本名跡大字典》"拯"字下收有"𢪸"（最澄天台法華宗年分緣起）和"𢪸"（大江朝綱紀家集）②。最澄（767—822）和大江朝綱（886—958）都是平安時代的著名人物，前者是日本天台宗開山，後者則是平安中期公卿、漢詩人。可説明這一字形通行於平安和鎌倉時代。筆者於第三章有對此字形的考察，敬請參考。

015 軍𣆑：慮。アツマル。千人云軍,五百人云𣆑。（無/11-2/58）

案：以上爲雙音辭目，但撰者僅爲下字標音。其後假名有聚集、集合義。"軍""旅"各自的釋義均參考了漢文典籍，不贅。辭目字"𣆑"與釋文最後一字"旅"的寫法相同，作爲"旅"之俗字并不難認。"旅"字小篆"𣃓"從㫃從从，隸變後作"旅"。俗書者或將左半部首"方"改作"扌"，或將右半下部"氏"訛成上"口"下"衣"，如"𣆑"。除此，第四十三帙第八卷又出現"軍旅"一詞，辭目字形、注音與釋義，皆與此同。而且此字形在天理本、藥師寺甲本、乙本③、《經字引》、高野山大學藏本中皆同。筆者注意到，石山寺本《大般若經音義》也收有此條：

軍④𣆑：下文或作𣆑。力舉反。⑤旅,衆也。四千人爲軍,五百人爲旅。（第一百二卷）⑥

———

① 築島裕主編：《古辭書音義集成》第一卷《新譯華嚴經音義私記》,151頁。
② 見該書第518頁。
③ 藥師寺甲本和乙本,此條爲"旅"單字辭目。
④ 次字脱損。根據來迎院本補。
⑤ 同上。
⑥ 築島裕主編：《古辭書音義集成》第三卷《大般若經音義》,12頁。

其釋文中"或作"的"振"，右半與無窮會本同，左半訛作"扌"。這説明"旅""振"和"㫃"均爲當時《大般若經》中的通行寫法。而《日本名跡大字典》"旅"字下收有"㫃（《篆隸萬象名義》)"①、"㫃《墨流本郎咏集》"②，奈良時代古寫本音義的《新譯華嚴經音義私記》中"旅"也有作"㫃"③者，可見這種寫法在奈良、平安、鎌倉時代更爲常見和通用。

016 饕：當。ムサフル。

餮：鐵。ムサフル。貪財云饕。貪食云餮。（無/37－6/116)

案："饕餮"是連綿詞，撰者將其分拆成爲兩個單字辭目。因二字均爲難字，故分別標音并用和訓釋義。二字同義，故二字皆標"ムサフル"，築島裕《和訓索引》作"ムサブル"④，表"貪"義，且於第二字下用漢文表示詞義。

信行的《大般若經音義》也收有此條，但因石山寺本字有殘脱，所以我們以來迎院本爲例：

饕餮：又作叨字。他高反。下他結反。貪財曰饕。（第三百六十六卷)⑤

雙音辭目字形與無窮會本相同。這應是當時通用俗書。"號"字俗作"号"，《原本玉篇殘卷·食部》"饕"作"饕"⑥，而"珍"俗寫作"弥"，《龍龕

　　① 北川博邦：《日本名跡大字典》，562 頁。但筆者所見高山寺本作"㫃"。

　　② 北川博邦：《日本名跡大字典》，562 頁。

　　③ 參見梁曉虹、陳五雲、苗昱《〈新譯華嚴經音義私記〉俗字研究》一書中的"俗字表"。

　　④ 築島裕：《大般若經音義の研究 索引篇》，224 頁。

　　⑤ 築島裕主編：《古辭書音義集成》第三卷《大般若經音義》，76 頁。

　　⑥ 顧野王：《原本玉篇殘卷》，91 頁。

手鑑・食部》"饕"字下有"**饕**"①,依此類推,皆應爲俗字。

017 無**埶**：梵云阿那婆達多。（天/57－6/638）

案：以上爲複音辭目。没有音注,用梵語音譯詮釋譯經新詞"無熱"。其中"**埶**"字屬於"倭俗字",平安、鎌倉時代極爲常見。筆者曾考察平安時代兼意"四抄"(《香要抄》《藥種抄》《穀類抄》《寶要抄》),其中"熱"作"**埶**",占絶對多數②。從以上辭目,可見當時《大般若經》中"熱"字也作此"倭俗"。

018 **㮿**：彼。**㮿**：畢。或本。（天/57－10/650）

案：此條後的辭目是"鉢羅樹",故可知本爲"畢鉢羅樹",但是撰者采取分拆辭目之法,即將一個複音辭目分爲兩個或三個,目的就是爲難字注音。這是"無窮會本系"的詳本,如無窮會本、天理本等爲複音辭進行音義時的常用之法。本書第七章有考察。

"畢鉢羅樹"爲梵語"pippala"的音譯,因釋迦牟尼於此樹下成等正覺,故一般稱爲菩提樹。因是音譯,故詞形多不定,也有作"必鉢羅樹""卑鉢羅樹""痺鉢羅樹"等,但以"畢鉢羅樹"居多。《大般若經》卷五百七十："見菩提樹其相亦别,謂或見是**欅**鉢羅樹……"③此字《大正藏》有注：【宋】【元】【明】作"欅"。這與以上釋文中列出的"**㮿**"同。《慧琳音義》卷八收釋此條："庳鉢羅樹：上卑寐反。梵語樹名也。或名畢鉢羅,菩提樹之類也。一説即菩提樹。"④可見,慧琳所見《大般若經》,此處爲"庳鉢羅樹"。

---

① 杉本つとむ：《異體字研究資料集成》,第一期,别卷二,304 頁。
② 梁曉虹：《日本俗字"埶""埶"再考——以兼意"四抄"爲主要資料》,103—118 頁。
③ CBETA 電子佛典 2016/T07/0220/0945。
④ 徐時儀：《一切經音義三種校本合刊》(修訂版),635 頁。

以上辭目字"捙"，從"手"，但筆者認爲或應從"木"，聲符爲"庫"，即"櫳"。《廣韻》之"齊韻"和"支韻"收録此字。但"櫳鉢羅樹"似罕見，且"捙"爲從"手"訛字，應該是日本當時所傳《大般若經》的實際用字。

019 傃：堅。儢蹇：同上，先德非之。（天/60-10/710）

　　案：《大般若經》卷六百中有"忘失正念、住不正知，口强喙長、偃蹇憍憿，憙行惡業"之句。天理本本條前，爲"口强喙""長""偃"三條，故本例的辭目字應爲"蹇"。《慧琳音義》卷八所收，即爲"偃蹇"。

　　"偃蹇"爲漢語詞，表傲慢無禮貌。"蹇"本爲跛脚義。《玄應音義》卷三："居免、紀偃、巨偃三反。《左傳》：偃蹇，驕傲也。《廣雅》：偃蹇，夭矯也。謂自高大皃也。《釋名》：偃，偃息而臥不執事也。蹇，跛蹇也。病不能作事，今托似此也。矯音几小反。經文從人作傿，誤也。"[1]"傿"爲後起字，見《玉篇》《廣韻》《集韻》等，專表傲慢義。玄應認爲"經文從人作傿"爲"誤"，但可洪却認其爲"正"。《可洪音義》卷二："偃蹇：上於憶反。下居輦反。傲也。正作偃傿也。"[2]以上辭目字"傃"應爲"傿"或體。《集韻·獮韻》："傿傃：偃傿，傲慢也。或作傃。"[3]而《可洪音義》卷一爲以上經文中的"偃蹇"做音義時也説："居輦反，正作傃。"[4]這説明，"偃傿"與"偃傃"曾一度被認作爲"正體"，但似乎并未通行開去。然根據以上辭目字，可見日本當時的《大般若經》正作"偃傃"。

020 彔（彔）：ワク。ワケタマハル。羮：同上，俗作。（天/篇/740）

---

① 徐時儀：《一切經音義三種校本合刊》（修訂版），59頁。
② 《大日本校訂大藏經·音義部》，爲一，26頁。
③ 丁度：《集韻》（述古堂本），389頁。
④ 《大日本校訂大藏經·音義部》，爲一，11頁。

案：原本辭目字"**耒**"爲"承"之訛俗，因上部稍有墨汁，故將摹寫本字形括於其後。"承"寫成此形，包括其後的異體，似也多見日本書手。筆者第三章討論"拯"字時也有分析。在此不贅。

以上我們祇舉了無窮會本和天理本中的二十例，此類例在無窮會本和天理本中比比皆是，舉不勝舉。我們以此二十例，希望窺一斑而知全貌。築島裕先生在《大般若經音義の研究 索引篇》的開始部分，有一個"總合せる異體字の主要なるもの"簡表，列有共 75 組異體字①，皆爲手寫字體。儘管是從異體字的角度列出的，但是從"正字"與"俗字"這個角度看的話，大部分是俗字。這些俗字大部分皆可與中國出土的敦煌遺書以及石碑碣文等中古俗字資料相呼應，並可利用《說文》《玉篇》《廣韻》《集韻》等傳統字書、韻書，以及《干禄字書》《五經文字》等唐代字樣之書，用漢字俗字理論加以分析歸納，也可從玄應、慧琳、可洪等大家的佛經音義中發現綫索，找到共同點。這能夠説明這些俗字隨《大般若經》，闊而廣之，隨漢譯佛經，漢傳寫本典籍東傳日本而得以傳承，能從一個側面折射出唐代寫經用字，有助於對佛經文本語言的研究。另外，我們也發現，其中有一些辭目的書寫已或多或少具有"和風化"傾向，這是日本寫經生筆下的俗字，與漢傳俗字有區別。這些也反映出當時日寫本《大般若經》用字的實際狀貌，體現出漢字在日本的發展。

高田時雄指出：在奈良平安時代，包括俗字在内的漢字與中國的相通度很高，近世則斷了。日本常用漢字很多采用的是日本民間的俗字體，但由於與中國近世交流的匱乏，造成相通度甚低，如"発、帰、悪、斉、軽"皆是中國的古俗字，而漢語相應的簡化字"发、归、恶、齐、轻"恐怕是出自於近世②。潘均認爲：事實并非完全如此。近世中國大量的白話小説流入日本，俗字也會對日本產生影響。③ 筆者

① 築島裕：《大般若經音義の研究 索引篇》，7 頁。
② 高田時雄：《中国の漢字の伝統と現在》，168 頁。
③ 潘均：《日本漢字的確立及其歷史演變》，180 頁。

認爲,從奈良平安到近世,其實中間的"中世"是應該引起重視的,因爲這是日本漢字大發展的一個時期。日本漢字并不衹是接受中國俗字的影響,也有其自身的發展。這一點,我們可以從"無窮會本系"中得到不少有價值的信息,其中無窮會本和天理本可以作爲代表。另外,本書第五章從"訛俗字"和"倭俗字"的角度所展開的考察,也屬於這方面内容。

(二)釋文用字呈現出當時社會用字的實况

如果説"辭目字"的字形來自經本文,爲特定對象,有些甚至需要撰者詮釋,成爲音義内容的一部分,那麽其釋文文字應該最能代表撰者所處時代的用字狀况。但因"無窮會本系"原本不存,所以考察對象就衹能以無窮會本和天理本等爲資料。二者作爲鎌倉時代的寫本,除了大部分傳承原本特色外,也一定會體現出當時用字的一些特色。其例頗多,我們就舉兩例來看一下當時日本人的用字情况。

注釋→注尺

新井白石《同文通考》卷四〈省文〉:

釈,釋也。按娑婆論釋迦作尺加,佛氏因造釈字,亦因造訳字爲譯。後人承訛,凡如擇懌澤驛等皆从尺,並非。[1]

根據新井白石所舉,古代日本寫經者有將"釋迦"寫作"尺加"者。這有可能。因爲"釋"和"尺"在日語中發音相同,吴音讀"シャク",漢音讀"セキ"。而日本簡體字有"同音代替"類型[2]。根據新井所説,應該是先有寫經生將"釋"同音代替簡略成"尺",後才有"釈"字。甚至産生一系列的從"睪"之字的整鏈之"譌變",而有了日本漢字的從"尺"字

① 杉本つとむ:《異體字研究資料集成》,第一期,第一册,第305—306頁。
② 何華珍:《日本漢字和漢字詞研究》,第114—115頁。

族,也就是近藤西涯《正楷録》中卷"釋"字條下所舉:"釋: ……尺,同上。**釋**釈,倭俗如澤譯擇驛等之从睪,皆誤作尺。"①

雖然在"無窮會本系"中并未見到"沢(澤)、釈(釋)、駅(驛)、择(擇)"類"倭俗字",但書中"注釋"皆作"注尺"值得我們重視。如:

> 意生**儒**童: 注尺如第二帙(無/8‐4/48)

"意生儒童"一詞,無窮會本多次收録。如前述及,"無窮會本系"收録辭目多有重複,大多數情況下會以"注尺如第○帙"表示。這種習慣在較後的大須文庫本中也得以保留,筆者認爲很有可能原本即如此。因"注釋"二字是音義作者在釋文中使用最爲頻繁的術語,除了作者或者説書寫者已經習用外,讀者也應該已經完全明白其義,故此"倭俗"至晩平安末、鎌倉初已成。

除"注釋"外,還有如:

> 帝青: 帝尺宫中青色寶也。(無/31‐4/80)
> 大青: 帝尺所用寶也。(無/31‐4/80)

"帝尺"即帝釋。"帝釋"爲梵文"Śakra-devānāṃ-indra"的梵漢并舉,也稱"天帝釋""帝釋天"等,音譯作"釋提桓因""釋迦因陀羅"等,爲忉利天(即三十三天)的領袖,佛教的重要护法神之一。與上相同,大須文庫本中也作"帝尺"。

儘管我們從一般工具書中查不到"釋"之異體有作"尺"者,實不難發現,此乃平安、鎌倉時期的通用字。如筆者發現,平安末期學僧兼意"四抄"中的《寶要抄》中有兩處"同經釋文云"作"同經尺文云"②。前一處接"法華音訓",後一處接"法華音義",由此可知兩處

---

① 杉本つとむ:《異體字研究資料集成》,第一期,第七卷,339頁。
② 亮阿闍梨兼意:《寶要抄》,56頁、68頁。

皆指"法華釋文"。此乃指平安時代中期法相宗僧人仲算（也作"中算"）所撰"妙法蓮華經釋文"。另外，《香要抄》末卷"茅香"條以及"白膠香"條皆引用了《大日經義尺》的内容①。根據其所引用，經查檢，可知皆爲唐代僧人一行所撰《大日經義釋》中的内容。《香要抄》本卷"牛頭香"條，兼意引藤原兼輔②編纂的《聖德太子傳曆》（上卷）中也有：

> 而今陛下興隆尺教肇造佛像，故釋梵感德，漂遺此木，即有勅命百濟工刻造檀像，作觀音并高數尺，安置吉野比蘇寺。③

以上"尺教"即爲"釋教"。另外，《佛教古文書字典》中《日蓮大聖人用字集》《佛教古文書用字集》與《異體文字集》"釋"字下都收有"尺"字④。日蓮爲鎌倉時代日蓮宗開祖。以上三種"用字集"多與日本天台關係寫本有關，同時也收録了東大寺華嚴宗的資料，對瞭解日本鎌倉、南北朝時期佛教文獻用字很有幫助。三種"用字集"中"釋"皆可作"尺"，説明這種寫法曾頗爲流行。

"勢"字系

筆者曾考察過"勢"字系倭俗字，以及其上左半部"坴"是如何訛變爲"生"的。⑤於此不贅。這一"倭俗"現象在無窮會本和天理本中也隨處可見。

---

①　亮阿闍梨兼意：《香要抄·藥種抄》（天理圖書館善本叢書），221頁、258頁。
②　藤原兼輔（877—933）爲日本平安時代中期的公家歌人。
③　亮阿闍梨兼意：《香要抄·藥種抄》（天理圖書館善本叢書），40頁。
④　川澄勳：《佛教古文書字典》，172頁、402頁、575頁。
⑤　梁曉虹：《日本俗字"勢""埶"再考——以兼意"四抄"爲主要資料》，103—118頁。

《大般若經》中多次出現"勢峯"一詞,如卷三百八十一:"世尊陰相勢峯藏密,其猶龍馬亦如象王,是爲第十。"[1]石山寺本《大般若經音義》(中卷)就收此長句爲辭目,句中多有俗字,"勢"作"勢",此俗字形漢傳寫本多見。而辭目下釋文:"勢峯,恐謂陰莖也。""勢"與辭目中"勢",應屬同類。石山寺本《大般若經音義》(中卷)的原本作者被認爲是奈良末平安初法相宗學僧信行,而石山寺本也被認爲有可能是原作之形之傳承,[2]故可歸之於奈良寫經。然而,此詞在無窮會本《大般若經音義》中却作:

> 勢峯:--[3]者,男根之陰莖也。舊云馬陰藏相是也。(無/39-1/126)

天理本中"勢"作"勢",與無窮會本同。還有如:

> 藝:偈伊。才能也。(天/45-9/464)
> 無勢:梵云阿那婆達多。(天/57-6/638)

以上三個皆爲辭目字,説明當時所傳經本文中"勢""藝"和"熱"均用以上字形,皆屬"勢"系倭俗字。筆者曾對此有專門考察。除了辭目字以外,詮釋文字也多見。如:

> 掣:勢,ヒク。(天/49-9/526)
> 賣:勢,モツ、ツク。(天/58-10/686)

以上二"勢"分別爲辭目字"掣"和"賣"的標音字。又如:

---

① CBETA 電子佛典 2016/06/0220/0967。
② 請參考梁曉虹《日本古寫本單經音義與漢字研究》第一章《石山寺本〈大般若經音義〉(中卷)漢字研究篇》。
③ 原本用兩小橫,表示省略。

阿喻訶涅：🈁。（無/37－10/118）

以上"🈁"即"熱"之倭俗。"阿喻訶涅"爲複音辭目，祇爲末字"涅"注音。"熱"與"涅"之吴音均讀"ネチ"。

筆者還在寫於鎌倉初期的《孔雀經單字》中見有如下例：

🈁 勢：舒制切，去祭。形勢。《孔雀經單字》上卷①

《孔雀經單字》的體例是以《孔雀經》經文中所需釋字爲第一字頭，其下以《廣韻》正字爲被釋字，然後羅列《廣韻》該字下的所有音切、釋文。故以上兩個字頭中"🈁"應爲當時在日本流傳的《孔雀經》中的字形，雖不甚清晰，但放大即知爲"勢"字。由此也可知"勢"的這種所謂"和習"最晚應該在此時期已經形成。

《佛教難字大字典·力部》"勢"字下收有"🈁"字，其字下有記號⑥。根據有賀要延所注"凡例"，注有⑥之字皆收自《春日版法華經》。此書無刊記，應爲鎌倉時期寫本。由此可見，鎌倉時期"勢"字在寫經中已不少見。

以上我們祇是用兩個特有的日本俗字爲例："釋"作"尺"是日式借用，而"勢"系則爲"倭俗字"。筆者稱之爲"日本俗字"，主要想説明：作爲古寫本佛經音義的無窮會本、天理本，其中除了辭目字，其釋文用字在漢字研究中也具有一定價值。

以上我們從兩大方面論述了"無窮會本系"在漢字研究方面的價值，以下章節將以"專論"的形式進行。筆者希望通過各章的"專論"，能使讀者進一步加深對以上論述的理解。

---

① 築島裕主編：《古辭書音義集成》，第十七卷《孔雀經單字》，14 頁。

第三章　無窮會本疑難異體字考

關於無窮會本，前已有述。需要再次强調的是：此本雖祇有卷上（四十五帙），且卷尾稍欠，并非完本，但作爲"無窮會本系"中優良寫本的代表，在漢字研究，特別是日本中世漢字研究方面具有較高的學術價值。因"無窮會本系"具有"異體字字書"之特徵，故本章即從異體字研究的角度展開，對無窮會本中的部分疑難異體字進行考釋。

無窮會本中異體字内容非常豐富，但"疑難"的界定却不太容易。如下例：

> 瞬：順。マシロク。眴、瞚：同上亦作。瞤：同上或作。**瞤**：同上，先德非之。（無/5-1/26①）

上例辭目字"瞬"後的"順"爲標音字，無窮會本采用直音法注音。其後假名爲和訓，現代日語"まじろぐ（瞬ぐ）"，古代爲"まじろく"，意爲眼睛轉動，眨眼。此後撰者在釋文中共羅列了四個"瞬"的異體字："眴""瞚""瞤""**瞤**"。前二用"同上亦作"表示，第三個"瞤"則爲"同上或作"，最後"**瞤**"字，撰者以"先德非之"來表示對其作爲"瞬"字異體的否定。

以上無論是"亦作"的"眴""瞚"，還是"或作"的"瞤"，皆不難理解，因《集韻·稕韻》即有："眴"爲"瞚""瞬""瞤"之異體②。而即使是被"先

---

① "無"表示無窮會本。第一個數字表示帙數，其後的數字表示卷數。因無窮會本的體例是按"帙"（《大般若經》共六十帙），"帙"下按"卷"（每"帙"有十卷）爲順序收釋辭目。最後的數字表示築島裕《大般若經音義の研究 本文篇》之頁數。下同，不另注。

② 丁度：《集韻》（述古堂本），539頁。

德非之"的""，即"瞓"字，稍作考察，也還是能找到證據：

"瞓"字不見於上古。較早見於字書《龍龕手鑑·目部》："䀼，正。如勻反。目自動也。又去聲，音舜。瞓，俗。"[①]後來《字彙補》中也收此字，釋義與"䀼"同："目自動"[②]。所謂"目自動"，即眼皮跳動之義。《龍龕手鑑》爲遼僧行均撰於"統和十五年"（997），"無窮會本系"原撰者是否能見到此書難以考證，但至少當時日本文獻典籍中已有此俗字。但因"瞓"字後出，又是俗字，而日本古代學僧的漢字觀有"尊《説文》，重本義，重初文"的特色[③]，因而被"先德非之"，完全可以理解。

如前述及，"瞓"字在漢語字書中僅見於《龍龕手鑑》與《字彙補》，而"無窮會本系"之原著與《龍龕手鑑》基本可認爲屬於同一時代。我們發現無窮會本中不僅收録"瞓"字，且其作爲"瞬""眴""瞋""眴"的異體，還標出了"先德非之"的否定意見，説明此字在當時的日本應并不少見。但是"瞓"字在此後很少出現，或者説基本不用了，從這個意義上來説，我們稱其爲疑難異體字也并非不可。

應該説，無窮會本中被撰者羅列出來的異體字，大部分都能找到相應的理據，但我們也發現，其中也有一部分字難以被"認定"，這就是我們所説的"疑難異體字"。而所謂"疑難"的標準，主要指有些異體或不見於通行工具字書（如"瞓"字），或有異於專門的"異體字字典"，或呈"和風化"，即具有較爲明顯的日本特色。還有一些則是筆者認爲應該考釋的，對其進行詮釋考辨，筆者認爲既可補充異體字、俗字研究中的一些不足，也有助於考察漢字在海外的傳播和發展。

本章以下內容，可能會出現"異體字"和"俗字"術語交叉出現的情況。關於"異體字"和"俗字"的區別，筆者在第二章已有專門論述，故於此不再重複。本章所考對象，皆爲無窮會本釋文中針對辭目字所列

---

① 杉本つとむ：《異體字研究資料集成》，第一期，別卷二，270 頁。
② 梅膺祚、吳任臣：《字彙·字彙補》，142 頁（《字彙補》的頁數）。
③ 詳見本書第六章。

出的異體字,但是在考釋中,因筆者有時會探討該字形的産生或演變,
從筆者所認定的"静態"和"動態"的觀點出發,所以并不矛盾。

本章不分節,根據無窮會本的内容順序,考察以下三十例。

001 擔

湛。ニナフ。擔橝橝：同上亦作。儋：同上,先德非
之。(無/1-1/8)

此例是無窮會本第一帙第一卷首條。"湛"爲標音字。和訓"ニナ
ウ(ニナフ)",用現代日語漢字表示是"担う・荷う",而在《漢和大字
典》中"擔""橝""儋"也皆可訓讀作"ニナウ(ニナフ)"。

用作"擔荷"之義的漢語本字,應作"儋"。《説文・人部》:"儋:
何也。从人詹聲。都甘切。"①段玉裁注:"儋俗作擔。古書或假橝爲
之。疑又擔之誤耳。韋昭《齊語注》曰:背曰負。肩曰儋。任,抱也。
何,揭也。按,統言之則以肩以手以背以首皆得云儋也。"②但後因
"擔"字通行,以致表肩挑背負之義時,徑用"擔荷"一詞。實際上,
"荷"的本字也是"何"字。段玉裁注:"何俗作荷,猶佗之俗作駝,儋
之俗作擔也。"③徐鉉等注:"儋何,即負何也,借爲誰何之何。今俗别
作擔荷,非是。"④

以上段注言及"古書或假橝爲之",可知"擔荷"之義之"儋(擔)"也
可借作"橝"。實際上,寫本中"手(扌)"旁字與"木"旁字多相混淆,故
"橝"字多見,并不奇怪,上例辭目字正是"橝"字。

用作"擔荷"一義的字或詞來到日本時,一開始儼然被接受的就是
通行的"擔(担)"與"荷",而原是"本字"的"儋"字,上例中反倒成了被
"先德非之"的對象。由此我們可以認爲在當時日本通行的《大般若

① 許慎:《説文解字》,163 頁。
② 段玉裁:《説文解字注》,371 頁。
③ 同上。
④ 許慎:《説文解字》,163 頁。

經》中,表"擔荷"之義已不用,至少可以説是少用本字"儋"了①。故以上五個異體字中,除了"橝"以外,其他四個都是由於各種原因而產生的"擔""檐""儋"字的俗形訛體。而我們要討論的正是這個"橝",因其右半聲符"參"已與"擔""檐""儋"等字的聲符"詹"相距甚遠。筆者尚未在漢語資料中,甚至也未在其他日本資料中見到相關例證,但是"無窮會本系"中却不止一次出現。除了無窮會本中這一例,筆者還在藥師寺本中見到 13 例,所以我們不能否認其存在,而是要討論其在書手筆下出現這個字形的理據。

筆者認爲或許可以從以下兩個方面進行考察:

一方面,有可能是因草書楷化而出現的傳寫訛變,"詹"上部訛寫成"火"。《草書韻會》中"詹"字有寫作"㦨"者,《篆隸萬象名義》中"詹"字作"㣽"②。"广"不僅上部角字頭成"丷",甚至連最清晰和最長的部件筆劃"厂"都訛變而成"大",因而或有書手又將其誤寫成"火",這并不是没有可能:一是便於書寫,二也是可以説解。

另一方面,我們注意到,"橝"字祇是在表示"担う・荷う"義的"擔"時出現,其他同樣以"詹"爲聲符的"膽""憺"與"瞻"等字中并無此寫法。而且即使是表"擔荷"義時,實際上僅作"木"旁,所以是"檐"的訛字。"檐"有二音:一爲"余廉切",見《廣韻》,表"屋檐",與"簷"同。一爲"都濫切",見《集韻》,表"負",即以上我們提到的作爲"擔"的異體。我們或許可以認爲,這是抄寫者誤將"檐"字讀成了"余廉切"。漢語中"炎"與"檐",聲韻相同,日語也一樣。"炎"與"檐"的吳音和漢音都讀"エン(エム)"。上部受"炎"的影響而寫出"火",而下半則因有"檐"字的存在而保持"言",二字相訛并組成了"參",從而有了"橝"字。

---

① 在築島裕先生《大般若經音義の研究 索引篇》的"和訓索引"中,"ニナフ"下收録無窮會本、天理本和藥師寺本三本中"擔"字共四十例,還有九例用"荷"字。

② 釋空海:《篆隸萬象名義》,1453 頁。

　　以上二説,都衹能算是假設。藥師寺本中雖有例證,但內容與無窮會本基本相同,有幾例就是不同寫本的轉寫而已。另外,筆者注意到在真福寺大須文庫本中,此字寫作"檐"。右部上方之"火"已訛作"大"。實際上,無窮會本中"擔""檐""儋"的俗形訛體,在大須文庫本中有不少已得以"糾正",即改爲正字,但唯獨此字形,却訛之又訛。而在高野山大學圖書館本中,此字形則已不見。這個字形,就筆者所見,似僅限於"無窮會本系"①,故作爲首例在此列出,有待今後進一步探討。

002 　醒

生。サトル。エヒサム。惺:正作。(無/1‐3/12)

　　《大般若經》卷一有"時,此三千大千世界及餘十方殑伽沙等世界有情,……形殘者得具足,根缺者得圓滿,迷悶者得醒悟,疲頓者得安適"②之經句,《慧琳音義》卷一收"醒悟"一詞。以上"醒"爲"醒"之手寫俗體,可見原撰者所見經文也是作"醒悟"。以上經句,在《大般若經》中共出現 5 次,皆作"醒悟"。但是值得探究的是無窮會本原撰者在列出異體"惺(惺)"後,指出其爲"正作"。其理據爲何?

　　"醒"字見於《説文·酉部》:"醒,醉解也。从酉星聲。"③這是一個典型的形聲字,最初表示酒醉後恢復常態,後引申爲睡眠狀態的結束。再進一步引申才有"醒悟"(指"在認識上由模糊而清楚,由錯誤而正確")的用法。

　　佛經中"醒悟"實際是一個同義複合詞,以上無窮會本和訓"サトル"頗爲清晰明瞭,因"サトル"用漢字表示就是"悟る"。唐·道宣《净心誡觀法》卷下:"初發道意走覓道,心邪曲見未正直,江南江北求菩

---

　　①　不過"無窮會本系"中有些簡本如上述高野山大學圖書館本等也不見此字形。

　　②　CBETA 電子佛典 2106/T05/0220/0002。

　　③　許慎:《説文解字》,313 頁。

提,菩提共行不相識。身外覓訪既疲勞,一處静思頓止息,忽然醒悟覺少分,乃知菩提身中匿。"①

　　實際上,《大正藏》中"醒悟"和"惺悟"皆見,但前者占大多數,後者有時即使有,也多標出異文。如元魏·瞿曇般若流支譯《正法念處經》卷二有"見者心惺悟,彼如月牟尼","惺"字下有校注指出:【宋】【元】【明】【宫】作"醒"。

　　"惺"是一個後起形聲字。《玉篇·心部》:"惺:桑經切。惺憁,了慧也。"②《廣韻·青韻》詮釋與《玉篇》同,但指出"出《聲類》"③,而在《静韻》又一次收釋"惺"字:"惺悟,出《字林》。……悎:悎悟皃,俗。"④可見,雖然後起,因其字體的形義關係,從某種意義上來説,比"醒"更爲明瞭,這應是無窮會本原撰者認其爲"正作"的理由。儘管"惺"在經中實際并不少用,特別是在禪宗典籍中,但相對來説還是較少,《大般若經》中甚至不見一例。《正字通·心部》"惺"字下有辨析:"惺:思今切,音星。《字林》悟也。又静也。又上聲,息井切,義同。亦借星醒。又魏了翁《答張洽》云:惺惺,如《語録》活潑潑、滿腔子之類,皆世俗語録辭用此,稍乖經雅,兼篆文無此字,欲易作存存。"⑤可見這應是中古俗語詞用字。禪宗語録中就有"惺惺"表示聰慧、領悟的樣子⑥。

003　捷(捷⑦)

　　　小。トシ。捷(捷)逮(逮):同上亦作。(無/1-3/14)

　　以上辭目字爲"捷",根據摹寫本,此字形下有朱點,并有"平上"聲

① CBETA 電子佛典 2106/T45/1893/0832。
② 陳彭年:《大廣益會玉篇》,136 頁。
③ 陳彭年:《宋本廣韻》,175 頁。
④ 陳彭年:《宋本廣韻》,299 頁。
⑤ 張自烈編、廖文英補:《正字通》,444 頁。
⑥ 袁賓、康健:《禪宗大詞典》,454 頁。
⑦ 因影印本的原字形不很清晰,故在括號内附摹寫字形,以方便認讀。以下若有相同情況,不另注。

調的表示。“小”爲標音字。日語漢字音“捷”與“小”,漢音皆讀“ショウ”。“トシ”爲和訓,爲“迅”之義。根據築島裕先生《大般若經音義の研究 索引篇》,可知在“無窮會本系”三種中“迅”與“卒”之和訓皆爲“トシ”,有一處“迅”字下也標有“平上”聲調[①],故“捷”與“卒”“迅”同義。我們的關注點是其後列出的兩個異體字:“()”與“()”。“捷”的異體字不少見,《異體字字典》共列有33個,但無窮會本中的此二形却未見,故有待考證。

先看“(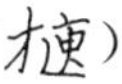)”:筆者認爲這實際是“捷”的俗字“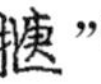”[②]的訛寫。《説文·手部》:“捷,獵也,軍獲得也。從手、疌聲。”[③]而聲符“疌”,根據《説文·止部》,小篆作“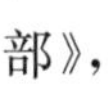”,“疾也。从止从又。又,手也。屮聲”[④]。俗書中書手多將“疌”誤寫成似“庚”,如“”(唐《迴紇瓊墓誌》[⑤])。有的還再加“辶”或“廴”,如“”(唐《朱照墓誌》[⑥])、“”(唐《王修福墓誌》[⑦])等。《敦煌俗字典》中“捷”下收有“”“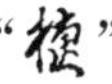”[⑧]。“辶”或“廴”有的在“庚”之内,有的在“庚”之外,并無定規。這種寫法自然影響日本寫經生,奈良時代的《新譯華嚴經音義私記》中“倢”作“”,[⑨]其聲旁“疌”即同此訛俗。又平安中期藤原公任所撰《大般若經字抄》也收釋此字:

:音接。速疾也。[⑩]

① 築島裕:《大般若經音義の研究 索引篇》,201頁。
② 此字形取自《異體字字典》。
③ 許慎:《説文解字》,257頁。
④ 許慎:《説文解字》,38頁。
⑤ 臧克和主編:《漢魏六朝隋唐五代字形表》,805頁。
⑥ 同上。
⑦ 秦公、劉大新:《廣碑别字》,254頁。
⑧ 黄征:《敦煌俗字典》,197頁。
⑨ 請參考梁曉虹、陳五雲、苗昱《〈新譯華嚴經音義私記〉俗字研究》之“《私記》俗字總表”中相關内容。
⑩ 築島裕主編:《古辭書音義集成》第三卷《大般若經字抄》,4頁。

《大般若經字抄》對"無窮會本系"《大般若經音義》有較大影響。從字形上來看，"㨅"實際與我們前所舉"㨔"相同。我們發現從"㨅（㨔）"到"㨂（㨂）"，有兩處明顯訛變：其一，將"广"＋"辶（辵）"簡成"丶"＋"匚"。寫本文獻中"匚"旁作"辶"，基本是俗字的一個特徵。"㨂（㨂）"則反之，將"辶（辵）"寫成"匚"，并順手刪除了"广"下的"厂"，祇保留了上面的"丶"，置於"匚"上，從而組成了新的構件。這應屬俗字中的省筆略寫。其二，在此基礎上，再將"庚"字"广"下的"尹"左邊加一豎筆，訛似"臾"。

再看"䢤（䢤）"：此字形略去了部首"手（扌）"，但却又不是"辻"的俗字，儘管"辻"與"捷"是異體關係，且"辻"才是表示"迅速、快捷"義的本字，見於《説文》，前已述，不贅。筆者認爲：書手在省去了部首"手（扌）"的基礎上，仍將"辻"俗寫成"庚"俗體"庚"[1]，但是却有了進一步訛誤。其一，將"庚"的"广"訛寫成"宀"，"辶（辵）"如上作"匚"，但其下的"尹"則寫成"丯"。《廣碑別字》"捷"下收有"㨂"（周《賀屯植墓誌》）[2]以及"㨂"（唐《承奉郎雲騎尉行并州録事朱照墓誌》）[3]等多例可證。

有意思的是，以上字形，到了天理本，又發生了訛變。

　　　　㨔：小。トシ。㨂（㨂）：同上亦作。䢤（䢤）：同上亦作。（天/1-3/220）

以上内容相同，寫本有異。築島裕先生曾指出：天理本是"無窮會本系"諸本中僅次於無窮會本的古寫本。[4] 從寫本質量上看，天理本不如無窮會本，從漢字書寫上來看，其訛誤現象更多。從以上條，我們也不難看出，天理本的後二字"㨂（㨂）"與"䢤（䢤）"已距辭目字

---

① 因"辶"或"辵"或在外，或於内，我們就以此爲代表。
② 秦公、劉大新：《廣碑別字》，254 頁。
③ 秦公、劉大新：《廣碑別字》，255 頁。
④ 築島裕：《大般若經音義の研究・本文篇・解説》，13—33 頁。

"捷"遠之甚遠,但從漢字字形的規整上來看,却似更合理了些。

此條還見於藥師寺本的"甲本(共三十卷)"和"乙本(共三十五卷)",一并録於下,以便參考:

捷:攝。**梗寇**:亦作。(藥甲 1 - 3/767)
捷:攝。**梗定**:亦作。(藥乙 1 - 3/833)

以上標音字改成了"攝"。日語中"攝"的吳音和漢音皆爲"ショウ",與"捷"爲同音字。因藥師寺本没有摹寫本可參照,字形看起來不很清晰,但還是能辨别得出與"捷",與無窮會本更爲接近。

004　澗

間。夕二。磵礀峒:同上亦作。(無/1 - 3/14)

《大般若經》卷三:"若菩薩摩訶薩欲知三千大千世界虚空、大地、諸山、大海、江河、池沼、澗谷、陂湖、地、水、火、風諸極微量,應學般若波羅蜜多。"以上辭目字"澗"正取自經文中的"澗谷"。而假名"夕二"用漢字表示有"谷・渓・谿"等。以上經中此句後"大海、江河、池沼、澗谷"還重複出現,但慧琳與可洪皆并未收釋"澗谷"一詞,蓋不爲疑難詞故。

我們要考釋的是作爲異體被列出的"磵礀峒",因少見一般字書。《説文・水部》:"𤃬:山夾水也。从水閒聲。一曰澗水,出弘農新安,東南入洛。古莧切"[1]《説文》小篆,後楷書作"澗",《篆隸萬象名義》中即作"澗"[2]。《廣韻・諫韻》:"澗:溝澗。《爾雅》曰:山夾水澗。亦作磵、峒。"李善注《文選》晉郭璞《江賦》"幽礀積阻"曰:"《爾雅》曰'山夾

---

① 許慎:《説文解字》,232 頁。
② 釋空海:《篆隸萬象名義》,984 頁。

水曰澗',彌與澗同。"①儘管慧琳在以上經文中未收釋"澗",但在音義其他經文内容時,不但釋"澗"字,而且也指出其異體。《慧琳音義》卷第四十一:"谿澗:……下間晏反。《毛詩傳》曰:山來(夾)水曰澗。《説文》從水間聲。亦作磵,又作㵎。"②又卷第九十八:"如澗響:……集從山作嶱,非也。字書並無此字。"③。慧琳此處是爲《廣弘明集》第十四卷所作音義,故"集從山作嶱",是指慧琳當時所見《廣弘明集》用此字。儘管慧琳認爲其爲"非",但不能否認當時"嶱"字被當作"澗"的異體而用。另外,希麟的《續一切經音義》卷八收有"曲磵",釋曰:"……下古安反。或作澗。《爾雅》云:山夾水曰澗。顧野王云:百磵也。"④由此可見,這些異體,儘管字書少見,但仍活躍在人們的使用中,直到《正字通》,才分別在"水部"收"澗"、"山部"收"嶱"、"石部"收"磵"。而我們在日本鐮倉初期的無窮會本(其原本或許更早),這樣一部日本僧人撰寫的中等型的單經音義書中就已經見到它們早就作爲異體被整理收集。而這正是能體現出其作爲"異體字字書"的價值之處。

005 牆

　　生。カキ。墻廧:同上,亦作。(無/1-9/18)

　　假名"カキ",漢字可作"垣‧牆",根據標音字"生",可知應爲"牆"字,"牆"與"生"漢音相同。"牆"作爲"牆"的俗字雖并不難辨認,但筆者認爲"牆"與釋文中所出的兩個異體都具有當時日本書手的某些特徵。

　　其一:"牆"之聲旁由"爿"譌似"牛",此多見於魏晉南北朝碑刻文

---

①　王力:《古漢語字典》,1309 頁。

②　徐時儀:《一切經音義三種校本合刊》(修訂版),1220 頁。

③　徐時儀:《一切經音義三種校本合刊》(修訂版),2161 頁。

④　徐時儀:《一切經音義三種校本合刊》(修訂版),2309 頁。

字。毛遠明先生就指出："爿"作"丬牜扌"，變曲筆爲直筆，便於運筆，合兩畫爲一畫，筆畫簡省。[①] 這種因訛寫而成的俗體，也多見於日本古代文獻。如大治本《新華嚴經音義》中有一組疑難異體字，其中"牆"字下有"牆牆廧"三個異體[②]。其中辭目字"牆"與其下的"牆"，"爿"即皆作"牜"。

其二：形旁"嗇"上部訛似"求"。以上辭目字"牆"與釋文中列出的第二異體"廧"就呈現此特徵。

"牆"之形旁"嗇"，訛寫作"嗇""嗇"或"嗇"等，漢字俗字并不少見，但"嗇"上部訛似"求"，似乎主要見於日本古代書手。如以上所舉大治本中的"牆"。另外在天理本中，此條字形寫法基本同無窮會本，作：

牆：[③]墻廧（天/1-9/226）

筆者也調查了藥師寺本（甲）（乙）兩本有以上相同内容的部分，寫法也相同。以上三本書寫時間大致相同，爲鎌倉初期，但是到大須文庫本，以上三字字形却作：

墻：牆廧

可見後期書者已覺其訛誤而進行了改寫。

另外筆者還調查了《佛教古文書字典》，其中"墻"字有作"墻"和"墻"[④]者。從這一點來看，這種訛俗主要出現於日本古代寫經生。

---

① 毛遠明：《漢魏六朝碑刻異體字研究》，265頁。

② 築島裕主編：《古辭書音義集成》第七卷《一切經音義》（上），88頁。

③ 音注與和訓與無窮會本同，故省。

④ 川澄勲：《佛教古文書字典》（其中包括以下三種字典：《日蓮大聖人用字集》《佛教古文書用字集》《異體文字集》），246頁、520頁。

006　陵

利用。アカル。シノク。**赺**：同上亦作。**淩**：同上或作。
（無/1-9/18）

此内容無窮會本中多次出現，也有以"**淩**（淩）"爲辭目者。如：

淩：利用。アカル。シノク。ノル。ヲカス。**陵赺**：同
上亦作。（無/11-1/56）
陵：利用。アカル。ノル。シノク。**淩赺**：同上亦作。
（無/8-5/50）

筆者根據築島裕先生《大般若經音義の研究 索引篇》中的"字音索引""和訓索引"和"漢字索引"檢索，發現無窮會本中共有13條。其中以"**淩**（淩）"爲辭目字的有5條，"陵"有8條，"**赺**（勎）"皆作爲異體字被羅列於釋文中。

《大般若經》卷一百一："若有種種外道梵志，……於此菩薩摩訶薩所，欲爲讎隙淩辱違害，彼適興心速遭殃禍，自當殄滅不果所願。"[1]可知以上無窮會本第十一帙之例取"淩辱"一詞上字，但作"**淩**"。

查檢 CBETA 電子佛典《大般若經》，"淩"共出現39處，基本作爲"淩辱""淩蔑""輕淩""欺淩"等合成詞詞素而出現。"陵"共有7處，4處爲"山陵"，2處爲"陵虛"，還有1處爲"侵陵"。"淩"與"勎"不見於《大正藏》中的《大般若經》。

我們再看和訓，以上第十一帙所出最多，共四項"アカル""シノク""ノル"和"ヲカス"。根據築島裕先生《大般若經音義の研究 索引篇》，"アカル"爲"アガル"，可標記爲"上がる・揚がる・挙がる・騰がる"，有"上""登"之義。而"ノル"標記爲"乘る・載る"，也有"上"

義。"シノク"即"シノグ"，標記即爲"凌ぐ"，表"凌駕"之義。最後"ヲ
カス"可標記作"犯す・侵す・冒す"，表"侵犯""冒犯"之義。這些和
訓義基本上能與《大般若經》中由"凌"與"陵"所構之詞相對應。而且
現代日語漢字也正是用"凌"來表達以上諸義。

　　從以上，很容易就可以看出兩個問題：第一，平安、鎌倉時代，除
"陵"以外，日本《大般若經》寫本中以上由"凌"組成的詞基本用"凌"，
用字與《大正藏》似有不同？第二，但在現代日語中，以上諸義是用
"凌"來表示，是否存在古今日語用字不同的問題？

　　筆者認爲要回答以上問題，瞭解寫本用字特色很重要。第一，
"凌"與"淩"古就通用。第二，古寫本中，特別是日本古寫本，部首"冫"
與"氵"多混淆不清，兩點水多作三點水，"淩"極有可能就是"凌"。具
體如下：

　　一則，"凌"與"淩"古就通用。實際上，以上諸義，無論是"凌"與
"陵"，還是"淩"與"勶"，原本都是"夌"的通假字。《説文・夊部》："夌：越
也。从夊从夌。夌，高也。一曰夌徲也。力膺切。"[1]段玉裁注："夌，越
也。凡夌越字當作此。今字或作凌，或作淩，而夌廢矣。《檀弓》：喪事
雖遽，不陵節。鄭曰：陵，躐也。躐與越義同。《廣韵》陵下云：犯也。
侮也。侵也。皆夌義之引伸。今字概作陵矣。……"[2]慧琳在《一切經
音義》卷一釋"陵虛"時也指出："力秭反。正體從力作勶。《玉篇》云：
勶，侵侮也。《説文》作夌。夌，越也。經文從阜作陵也。借用，非本字
也。"[3]可見"夌"的兩個字義，已由同音的"凌""陵""淩"和"勶"來表示，
特別是"凌"與"陵"。《漢語大詞典》收錄的系列雙音詞，足可證明。

　　以上義，雖然段玉裁説"今字或作淩"，但相對還是較少，《大正藏》
就不多，《大般若經》中甚至不見。《慧琳音義》卷十四："淩懱：上凌字，
借用。從水，水名也。宜從力作勶，正也。……"[4]慧琳似乎更強調

---

①　許慎：《説文解字》，112 頁。
②　段玉裁：《説文解字注》，232 頁。
③　徐時儀：《一切經音義三種校本合刊》（修訂版），531 頁。
④　徐時儀：《一切經音義三種校本合刊》（修訂版），739 頁。

"淩"作爲水名的本義。

　　"勜"是"陵"的俗字,見《玉篇·力部》:"勜:力懲切。侵也。俗陵字。"[1]此字在《大般若經》中不少見,因慧琳的《大般若經音義》八卷中就有 5 次"勜"是作爲雙音詞詞素出現的,但主要表"侵淩"之義。慧琳多次在詮釋此義時,將其認作是"正體"。"侵"義是由"高"義引申的。"山陵崩",高的土堆崩垮,會造成向周邊的低平處擴展。這便是"侵"。"勜"字從"力",是説自高處向低處有"勢"的力,因有"侵"義。很有可能造字者造"勜"字時本是想專爲"侵"義而造的,這也是慧琳多次將其認作爲"正體"的理據。但後來似乎并未用開去,至少在日本古寫本《大般若經》中,"勜"用得不多,因無窮會本并無將其用作辭目字的情況,而是多作爲異體字在釋文中列出。

　　二則,"淩"極有可能就是"凌"。從造字理據來看,偏旁"冫"與"氵"在篆書中字形相去甚遠,無意義上的糾纏。但到隸書階段(包括楷書,尤其是草書)中兩個偏旁成爲形似偏旁,如果構成字形的右旁相同,就容易混淆。所以漢語古寫本中,"冫"與"氵"多混淆不清,從"冫"之字多寫作三點水。而在日寫本中,這種情況更是多見,如"冰"作"冰"、"冷"作"泠"、"凜"作"澟"、"凝"也可從水等[2]。《隸辨》:"諸碑從夋之字,皆變作麦。"[3]如此,書法家筆下的"凌"和"淩"往往就很難分辨。伏見沖敬編的《書道大字典》"凌"字下收 28 個字形,其中明顯從"氵",或連筆從水者共 18 個,占一半以上。特別是其中有取自隋·智永《千字文》"凌摩絳霄"中"凌"的三個字例:"淩""劵""麦"。[4] 後二字爲真草。前"淩"則是楷書,與以上無窮會本辭目字的"淩"完全一樣。智永和尚被認爲是中國書法史上書法造詣最高的僧人。史上有智永在永欣寺書《千字文》八百本,分送江南諸寺之説。儘管是否真是八百,難有確論,但智永所書《千字文》曾流傳於江南諸寺,應是合乎

①　陳彭年:《大廣益會玉篇》,129 頁。
②　北川博邦:《日本名跡大字典》,127—130 頁。
③　欒傳益、欒建勛:《中國書法異體字大字典·附考辨》,125 頁、741 頁。
④　角川書店,昭和 49 年(1974),193—194 頁。

情理的。而且智永的《真草千字文》唐時還曾假日本遣唐使之手東渡日本，對日本書道産生過不小的影響。故而我們完全可以認爲日本平安、鎌倉時代的《大般若經》中，"淩"就是"凌"，因此也就不存在古今日語用字不同的問題。

007　釁

建。トカ。ヒマ。釁釁：同上，亦作。（無/1 - 9/20）

釁：建。トカ。ヒマ。釁釁：同上，亦作。（無/41 - 4/160）

《大般若經》卷九有"若有釁心如實知有釁心，若無釁心如實知無釁心"之經句，《慧琳音義》卷一收釋"釁心"："欣覲反。《考聲》云：釁，罪也。杜注《左傳》云：瑕隙也。賈注《國語》云：動也。《説文》從爨從分從甶省。經文作釁，俗字，謬也。"[1]據此，可理解"有釁心"爲"有罪心"。根據慧琳詮釋，知其本字應爲"釁"。"釁"字見於《説文》，本義爲血祭，即殺牲并將其血塗在新製器物的縫隙處，故引申有縫隙、破綻、裂痕等義，再進一步引申，就有罪過義。《玉篇・爨部》："釁，許靳切。以血祭也。瑕隙也。動也。罪也。"[2]築島裕先生《大般若經音義の研究 索引篇》，"トカ"標"殃""禍""慦"與"釁"等，而"ヒマ"則有"罅隙"義，故與"釁"在漢語中的義項相合。

"釁"爲"釁"俗字，慧琳多次指出此點，甚至批評此乃"謬也"，儘管如此，倒也不難看出此俗當時經本文中多見，而無窮會本以上例，也能説明此點。

辭目字"釁"與其後作爲異體之一出現的"釁"都是"釁"之俗形。"釁"則是"釁"的俗體。三字上部因與"興"相似，故受其影響。《干禄

---

① 徐時儀：《一切經音義三種校本合刊》（修訂版），531 頁。
② 陳彭年：《大廣益會玉篇》，306 頁。

字書》："**興**興，上通下正。"①這種寫法中古很流行，如《龍龕手鑑·興部》："興，正。……**與**，舊作。**與**，俗。"②《新譯華嚴經音義私記》經卷第六也有"**與**興，正"③。各有微別，當是手寫之變體。"**瞽**"與"**瞽**"之類俗體，漢傳俗字也多見，《碑別字新編·二十五畫》"瞽"字下有"**瞽**"（《魏于景墓誌》）④。《敦煌俗字典》"瞽"字下有"**瞽瞽**"⑤，《龍龕手鑑》也皆收。《新譯華嚴經音義私記》有如下條目：

求其罪**瞽**：**瞽**又作**瞽**，又爲**瞽**……（經第五十八卷）⑥

可見日本當時寫經生筆下"瞽"之俗形，不少見。而"瞽"之俗體"**瞽**"，《龍龕手鑑》也見，這也説明當時寫經生習慣俗體。

至於第四十一帙第四卷的"**瞽**"與"**瞽**"也屬於此類。祇是上半部因筆畫複雜，書寫不易，從而已訛成似雙"目"。

008 **巢**

相。トリノス。**巢**：同上古作。**窠樔**：同上。但巢者，鳥在木也。窠者，鳥在穴也。（無/5-1/28）

此條還在他處多次出現，内容相同，不贅。辭目字"**巢**（巢）"後的"相"是標音字，"巢"與"相"皆可讀"ソウ"，而和訓翻譯即爲"鳥之巢"。"巢"見於《説文》，小篆作"**巢**"，隸變作"**巢**""巢"。但作爲異體列出，被撰者認爲是"古作"的"**巢**"，却不見我們一般意義上理解的"古文"。"**巢**"字從"爪"。"巢"有異體字"窠"，《改併四聲篇海·爪部》引《併了

---

① 杉本つとむ：《異體字研究資料集成》，第一期，別卷一，33頁。
② 杉本つとむ：《異體字研究資料集成》，第一期，別卷二，136頁。
③ 築島裕主編：《古辭書音義集成》第一卷《新譯華嚴經音義私記》，23頁。
④ 秦公：《碑別字新編》，478頁。
⑤ 黃征：《敦煌俗字典》，458頁。
⑥ 築島裕主編：《古辭書音義集成》第一卷《新譯華嚴經音義私記》，138頁。

部頭》云：“巢，仕交切，元在《巢部》，今改于《爪部》。”①《字彙補·爪部》曰：“巢，與巢同。”②但《四聲篇海》爲金人韓孝彥撰，《字彙補》則是清人補明梅膺祚《字彙》之作，皆已屬近代漢字字書，故“古作”無從着落。筆者認爲，其實還是與“巢”有關，屬於增筆俗字，是書手抄寫時在“巢”上多加了一撇，從而上面成“爪”，蓋或更强調鳥之爪義？因本是“巢”俗字，故可謂“古作”。

我們還要討論後兩個“窠（窠）”與“摷（摷）”。先看“摷”，此字本是動詞，古同“剿”。筆者認爲這裏作爲“巢”的異體，實際應是“樔”。古寫本中“木”與“扌”相混者多見，《難字·異體字典》“巢”字異體收有“樔”③，屬於增旁俗字。而且在天理本中此條即作“樔”，故可證。

最後我們看“窠（窠）”。撰者舉出“窠（窠）”與“摷（摷）”，在“同上”後又特意指出“但巢者，鳥在木也。窠者，鳥在穴也”。可見對“窠（窠）”用作“巢”的異體字是有疑問的。

“窠”可以是“窠”異體，或謂俗字，也可以用作“巢”的異體或俗字。《篆隸萬象名義·穴部》收有此字：“窠：壯交反。空空。”④《龍龕手鑑·穴部》：“窠：正。苦禾切。窟也。巢窠也。窠：同上。又側交切。穴中也。窩：俗。”⑤《康熙字典·穴部》：“窠，《類篇》莊交切。音巢。鳥穴中也。”⑥“巢”與“窠”，一個强調在樹上，一個强調在穴中，而“窠”的構成是“穴＋巢”，從字形上來看，可以是兩種意思的綜合：樹上的鳥巢。另外，筆者認爲，無窮會本中例與《篆隸萬象名義》一樣，因其所注發音與“巢”同，故日本人將其認作是“巢”的異體字，完全有可能。

---

①　此條參考《漢語大字典·爪部》。

②　梅膺祚、吳任臣：《字彙　字彙補》，122 頁（《字彙補》的頁數）。

③　有賀要延：《難字·異體字典》，86 頁。

④　釋空海：《篆隸萬象名義》，626 頁。

⑤　本書所用《龍龕手鑑》，收於杉本つとむ《異體字研究資料集成》，第一期，別卷二（朝鮮本），雄山閣，昭和 50 年（1975）影印。以下標示時，僅出《異體字研究資料集成》，第一期別卷二之頁數，此條在 306 頁。

⑥　張玉書：《康熙字典》（標點整理本），830 頁。

009 跡

尺。アト。迹**逮遠蹟**：同上亦作。（無/5-5/28）

　　"アト"表足迹，印迹等，日本漢字可作"跡""迹""蹟"，三字與"尺"之吳音、漢音皆同。辭目字"**跡**"應爲"跡"俗字，據築島裕先生《大般若經音義の研究 索引篇》，三字在其下所出漢字正字皆作"跡"。

　　以上釋文中所列出的四個異體，其實不難辨認。《説文·辵部》："**迹**：步處也。从辵亦聲。資昔切。**蹟**，或从足責。**逮**，籀文迹从束。"①根據《説文》，可知"迹"應爲本字。"**逮**（速）"即《説文》之籀文。《隸辨·昔韻》指出："碑從籀文。"②"**遠**（遺）"是後出的異體。《集韻·昔韻》："迹，……或作遺。"③而最後的"**蹟**"就是《説文》中就出現的或體"蹟"。辭目字"跡"，則是"迹"最常見的異體。《廣韻·昔韻》："迹，足迹。跡，上同。"④但是無窮會本"跡"這個俗字"**跡**"却似乎不多見。天理本與藥師寺本（乙）與無窮會本同，聲旁"亦"作"赤"，但在大須文庫本，已改成"跡"。筆者還在《日藏唐代漢字鈔本字形表》見有"**迹**""**逮**"⑤兩例，字迹雖模糊，但還是能看得出右部爲"赤"。其資料來源是《大唐西域記·序》。而根據資料介紹，《大唐西域記》爲平安末期的自抄本⑥，應爲日本人書寫，可見平安和鎌倉時代，日本寫經生確有此寫法。這是形近而有的訛寫。

010 様

　　勝。スクル。タスク。**摎揉拼橙**：同上亦作。（無/

---

①　許慎：《説文解字》，39頁。
②　紀昀：《文淵閣四庫全書》，第235册，655頁。
③　丁度：《集韻》（述古堂本），739頁。
④　陳彭年：《宋本廣韻》，496頁。
⑤　因字形模糊，保持了底色。參見：臧克和、海村惟一主編《日藏唐代漢字鈔本字形表》，第九册，1554頁。
⑥　臧克和、海村惟一主編：《日藏唐代漢字鈔本字形表》，第四册，8頁。

5－8/30)

以上例中辭目字是"拯"的俗體。日語"拯"與"勝"的吳音與漢音皆讀"ショウ"。和訓表示的義項有兩個："すクル"，根據築島裕先生《大般若經音義の研究 索引篇》"和訓索引"，應是"スグル"，用日語漢字表示，可以是"優る・勝る"，也可以是"選る"。另一個"タスク"，用日語漢字表示"助く・輔く・扶く"。後者頗爲合意。

"様"的這種俗寫，似乎更多見於日本書手。《日本名跡大字典》"拯"字下收有"様"（最澄天台法華宗年分緣起）和"拯"（大江朝綱紀家集）①。另外筆者在日本早期佛經音義《新譯華嚴經音義私記》（以下簡稱《私記》）也見到這個字形：

様濟：上音乘，訓求也。（經第六十三卷）②

《私記》現僅存小川睦之輔氏家藏本。作爲孤本，儘管撰者和書寫者皆不詳，但學界通過對此書書志的考證，以及對此書字體以及和訓形式、上代特殊假名之使用方法的研究，③認爲應是從天平勝寶（749—757）年間之後半個世紀之間，於華嚴教學盛行的東大寺或屬於其系統的寺院中撰述而成者④，小川家藏本則亦寫於八世紀的奈

———————

① 北川博邦編，角川書店，昭和 56 年(1981)，518 頁。
② 築島裕主編：《古辭書音義集成》第一卷《新譯華嚴經音義私記》，151 頁。
③ 川瀬一馬：《增訂古辭書の研究》，41—42 頁。
④ 參考小林芳規《新譯華嚴經音義私記解題》（小川廣巳氏藏）。又岡田希雄《新譯華嚴經音義私記解說》（日本貴重圖書影本刊行會復製本付載，1939）：曾親睹小川家藏本實物，發現卷下尾題與元祿六年(1693)僧人英秀修裱此本所記"識語"之行間（不足一寸之距）隱有"延曆十三年甲戌之　春寫之了"之識語字樣，因被人擦消，故模糊不清。"延曆十三年"爲公元 794 年。小林芳規《新譯華嚴經音義私記解題》：此亦可作爲將《私記》定爲奈良末期寫本之佐證。然小林芳規認爲識語中"甲戌"二字斜排書寫乃近世(江戶)書式。

良時代。[1] 由此可見,此字形在奈良末期和平安時代寫經中屬"通體"。至少在當時的八十卷《華嚴經》和《大般若經》中作此俗體。而這兩部經,又可謂是奈良、平安兩朝最重要的經典,所以可以認作是當時的寫經代表。

之所以作此形,是因其聲符字"丞"與"承"相通。《説文・収部》"丞"字下段注:"哀十八年《左傳》曰:'使帥師而行。請承。'杜曰:承,佐也。承者丞之假借。"[2]《漢書・王子侯表》"承陽侯景",顔師古注:"字或作丞。"[3]《史記・秦本紀》:"二年,初置丞相。"裴駰《史記集解》引應劭曰:"丞者,承也。"[4]"承"俗字可作""""""[5],《私記》中多見。《篆隷萬象名義》中"承"作""[6]。有賀要延編的《難字・異體字典》"承"字下收有""""等字形,與此相似。因此,"拯"俗字多作"",也有理據。但此俗體,似多見於日本資料,前已述及。

其後四個作爲"同上亦作"的異體字。""的右半"聲符",《廣碑別字》"拯"字引唐《陸大亨墓誌》作"",與此相似。""則與《干禄字書》所收字形相似。而""與《篆隷萬象名義・手部》中"拯"的字形完全相同:""[7]。實際這是"抍"的俗體。"抍"見於《説文・手部》:"抍,上舉也。从手升聲。《易》曰:'抍馬,壯,吉。'撜,抍或从登。蒸上切(注)臣鉉等曰:今俗别作拯,非是。(注)氶,同抍。或作拯,又作承,别作丞。"[8]因此""與""自古就是"拯"之異體。

---

① 小林芳規:《図説日本の漢字》。

② 段玉裁:《説文解字注》,104頁。

③ 班固:《漢書》,中華書局,1962年,523頁。

④ 司馬遷:《史記》(點校本二十四史修訂本),263—264頁。

⑤ 參見梁曉虹、陳五雲、苗昱《〈新譯華嚴經音義私記〉俗字研究》之附録"俗字表"。

⑥ 釋空海:《篆隷萬象名義》,334頁。

⑦ 釋空海:《篆隷萬象名義》,339頁。

⑧ 許慎:《説文解字》,254頁。

011 𪙊

　　貴；カク；カフル。𪙊、𪙊、𪙊、𪙊，同上，亦作。（無/6-2/34）

　　根據音義，辭目字是"𪙊"。但"𪙊"以及作爲異體列出的"𪙊"字左半作"号"，筆者認爲應與《説文》"或作"有關。《説文・亏部》："𪙊，气損也。从亏虖聲。去爲切。𪙊，𪙊或从兮。"[1]又："或从兮"段玉裁注："亏兮皆謂气。"[2]"兮"本外八，但在實際書寫中，多寫成内八，草書中就多似"号"，《草書大字典》中就有不少，如"兮"[3]"兮"[4]等，若單獨列出，極易被認作爲"号"字。《日本名跡大字典》"兮"字下所收："兮"（王勃詩序）、"兮"（粘葉《和漢朗咏集》）、"兮"（元曆萬葉十七）、"兮"（《篆隷萬象名義》）、"兮"（久松切）[5]；與"號"字下所收："号"（元曆萬葉二）、"号"（尼崎萬葉十六）、"号"（桂宫本《萬葉集》）等[6]，真的難以分辨。故而"𪙊"字作"𪙊"也就不難理解。《日本名跡大字典》"𪙊"下收有"𪙊"（法度三聚净戒示）、"𪙊"（藤原敏行《神護寺鐘銘》）可證。

　　我們還要解釋一下"𪙊"和"𪙊"左半從"虚"字俗形的原因。"虚"字，北魏《元文墓誌》作"虛"；唐《曹氏墓誌》中作"虛"等[7]，碑刻中甚爲多見。而《敦煌俗字典》也有"虛""虛"[8]形。張涌泉分析敦煌俗字的類型時指出有"受形近字影響的類化"，即由於在字形構造上有某種相似的成分，甲字受了乙字的影響，本來相似却不相同的成分

---

① 許慎：《説文解字》，101 頁。
② 段玉裁：《説文解字注》，204 頁。
③ 據《草書大字典》，爲宋高宗書法。
④ 據《草書大字典》，出於《草書法華經》。
⑤ 北川博邦：《日本名跡大字典》，118—119 頁。
⑥ 北川博邦：《日本名跡大字典》，3 頁。
⑦ 臧克和主編：《漢魏六朝隋唐五代字形表》，1154 頁。
⑧ 黄征：《敦煌俗字典》，463 頁。

往往會趨於一致。① 因受"虍"旁字類化影響，"戲""虧"之俗字皆有从"虚"作者。《可洪音義》中"戲"作"戯"，敦煌寫卷中"戲"俗字可作"戱、戱、戱、戱、戱、戱"②等。《可洪音義》中"虧"作"虧"，敦煌俗字中"虧"作"虧、虧"等，皆其證。

012　歙

> 説。ノム。歠：同上，或作。上大飲也，下小飲也。
> 嚽：同上，先德非之。(無/6-3/34)

　　從字形上看，以上也并不算"疑難"。"歙"作爲"歙"的俗字，《原本玉篇》與《篆隸萬象名義》中皆見此相同字形。"歙"與"歠"雖皆見於《説文》，但在和訓"ノム"，即"飲"之義上，"歙"爲本字。而"歠"的本義是"嘗""吃"，引申可表"飲"義。"嚽(嚽)"爲後起俗字。《慧琳音義》卷二："歙飲：上釗拙反。《説文》：歙，飲也。從歙省叕聲也。經文作嚽，或作歠，皆俗字。"③值得注意的是：此音義撰者在釋文中還特別解釋爲"上大飲也，下小飲也"。"上"應指辭目字"歙"，"大飲也"，源有所據，《玉篇·欠部》"大飲也"④。"歙"有飲，吸吮義。《廣韻·薛韻》"大飲"⑤。"下"應指"或作"的"歠"，但其"小飲"之義，筆者尚未發現有文獻記載⑥。而"歠"之"小飲"，則與其本義"嘗"有一定關係。玄應《一切經音義》卷十九"舐歠：時悅反。《説文》：歠，嘗也。《爾雅》：歠，茹也。郭璞曰：歠者，拾食也。《通俗文》作嚵。今通謂細食物曰歠。"⑦因爲

---

① 張涌泉：《敦煌俗字研究導論》，223頁。
② 黃征：《敦煌俗字典》，442—443頁。
③ 徐時儀：《一切經音義三種校本合刊》(修訂版)，537頁。
④ 陳彭年：《大廣益會玉篇》，152頁。
⑤ 陳彭年：《宋本廣韻》，479頁。
⑥ 無窮會本中有不少釋義難以溯源，這有可能是其原撰者在參考了漢文典籍後，自己總結歸納出來的。詳見本書第七章。
⑦ 徐時儀：《一切經音義三種校本合刊》(修訂版)，394頁。

"嘗"一般衹是采取少量而辨別滋味,故而用作"飲"時也是少量,所謂
"小飲"。另外,玄應指出"啜"讀"時悅反",則爲"吮"之音切。"吮"的
意思是用口含吸,正合"小飲"之意。玄應又曰"今通謂細食物曰啜",
所謂"細食物",筆者的理解是"羹"與"粥"等流汁類。《十誦律》(後秦
·弗若多羅共羅什譯)卷五十六:"粥法者,佛聽食八種粥:酥粥、油粥、
胡麻粥、乳粥、小豆粥、摩沙豆粥、麻子粥、清粥,啜時不作聲,是名粥
法。"①元·德德煇奉勅重編的《勅修百丈清規》卷第六《日用軌範》中就
規定:"不得嚼飯啜羹作聲"②。這裏"嚼飯啜羹"相呼應,既然"不得作
聲",那定是"小飲"也。

013　莇

根。スチ。莇：同上亦作。筋：同上或作。(無/6-3/36)

　　案：此例第三十八帙也同樣出現。根據以上圖像文字,一般會將
"莇"認讀作"茆",把"筋"認爲是"節",然根據所注音義,知辭目字應
爲"茆"。"或作"的"筋"則應是"筋"。艸字頭與竹字頭下之"肋"與
"助"形似而誤。
　　以上辭目字"茆"出現較晚。《龍龕手鑑·草部》:"茆,音斤,骨也。
茆,肉之力也。又姓。"③而此本音義內容,實爲"筋"字。《說文·筋
部》:"筋,肉之力也。从力从肉从竹。竹,物之多筋者。凡筋之屬皆从
筋。"④《倭名類聚抄》卷三:"筋力:陸詞《切韻》云:(斤反。和名須知⑤)
骨筋。字從竹肉力也。《周禮》注云:力(呂職反)筋骸之強者也。"⑥
"和名須知"正對應以上例中的和訓"スチ"。而"亦作"的"茆"字,實

---

①　CBETA 電子佛典 2016/T23/1435/0415。
②　CBETA 電子佛典 2016/T48/2025/1144。
③　杉本つとむ:《異體字研究資料集成》,第一期,別卷二,168 頁。
④　許慎:《說文解字》,91 頁。
⑤　此本爲雙行小字,現用括號表示。下同,不另注。
⑥　源順:《倭名類聚抄》,卷三,九(裏)。

是"筋"俗字。《敦煌俗字典》"筋"字下收有九個俗體,①其中八個"竹"頭下或"艸"頭下,本"从肉"的"月"皆作"角"或與"角"似。可見此俗形已常見。

以上三字形,實際上"或作"的"**筋**(筋)"才應該是本字,當然"**筋**"也是"筋"的俗體。然當時寫本中用後起的"**莇**(莇)",故被音義撰者收作辭目字。至於"亦作"的"**莇**"實際也是常見字形。由此可見,在"スヂ"(《国語大辞典》與《広辞苑》等工具書"筋"訓爲"すじ(すぢ)")一義上,日本中世三字形常見,互爲異體。

014　屎

> 之。クソ。**屎屎**:同上亦作。(無/6 - 3/36)

014 釋文中列出了辭目字"屎"的兩個異體:"**屎**"與"**屎**"。《説文》無"屎"字,其本字應爲"菡",《説文·艸部》:"糞也。从艸,胃省。"②《左傳》《史記》等典籍中多借用"矢",現在通行的從尸從米的"屎"已是楷書字形,且曾被認爲是"俗字"。《玉篇·尸部》:"屎:施視切。糞。與矢同。俗作屎。"③《慧琳音義》卷二:"屎屎:上音始。《字指》云:糞,屎也。經從米,俗字也。《説文》:從尾矢聲也。……"④而"屎"正是無窮會本中的"**屎**"。漢語字書"屎"之出典爲《龍龕手鑑》,這應是漢譯佛經中多用此字之故。《慧琳音義》卷二之辭目爲"屎屎",説明慧琳所見經本文第五十三卷字正作"屎"。然無窮會本原撰者所見經文已用"屎",而將"屎"作爲異體列出,説明也不少見。

第二個異體"**屎**"似不見他處。筆者認爲,此仍與"屎"有關。《龍龕手鑑·尸部》"屎"收有"**屎**""**屎**"⑤等俗形,"**屎**"應爲訛寫所致,下

① 黃征:《敦煌俗字典》,200 頁。
② 許慎:《説文解字》,25 頁。
③ 陳彭年:《大廣益會玉篇》,174 頁。
④ 徐時儀:《一切經音義三種校本合刊》(修訂版),538 頁。
⑤ 杉本つとむ:《異體字研究資料集成》,第一期,別卷二,112 頁。

部"夫"或"矢"訛似"火"。天理本此處爲"奐""奐"，而大須文庫本作
"奐""奐"，進一步訛寫爲"火"。

015　尿

遠。ユハリ。屍屎溺：同上，亦作。（無/6－3/36）

《慧琳音義》卷二："屎屎……下泥弔反。《考聲》云：腹中水也。
《説文》：從尾從水。經從尸，訛略也。竝形聲字。"①此字在甲骨文中
像人立小便形"𡰪"。《説文》的"從尾從水"，已被認爲是訛，而楷書改從
尸從水，部件位置調整，均失却小便的原形。慧琳也指出經中通行的
"尿"是"訛略"，而從慧琳與無窮會本所録辭目字看，日本《大般若經》
中已用"訛略"的"尿"。

以上釋文中所列出的異體"屍"，正是《説文》"從尾從水"之"屎"
從上下結構到左右結構的改變，并不難理解。"屎"也是小篆楷化後
的俗寫。至於"溺"字，《説文・水部》所收録的"溺"本衹是水名，段玉
裁注曰"又用爲人小便之屎字。而水名則皆作弱"②，又注"尿"字："古
書多假溺爲之。"③《古文字詁林》"尿"字下有徐中舒考證：從𠆢（人）前
加水，像人遺尿形，爲尿字初文。所從之𠆢後世逐漸譌爲弓，加水點遂
作易。《説文》篆文承其譌，復並二易而爲弱，更縆益水而爲溺。故尿
溺初本一字。……《説文》之屎與甲骨文以人身前遺尿形會意，方式有
別，而本義則一。④ 可作參考。

016　延

延。ヨタリ。𨒫湲次：同上，亦作。（無/6－3/36）

---

①　徐時儀：《一切經音義三種校本合刊》（修訂版），538 頁。
②　段玉裁：《説文解字注》，521 頁。
③　段玉裁：《説文解字注》，402 頁。
④　李圃主編：《古文字詁林》第七卷，893 頁。

此辭目字正是以上經文中的"涎淚垢汗"中的"涎"。其聲旁"延",草書書法中多見如:"𠫔"(王羲之草書)、"𠃊"(武則天《昇仙太子碑碑刻》)、"𠃊"(趙孟頫《急就章》)①,敦煌文書有"延、涎、迷、迷、延"②諸形,其譌變當由草書楷化而成,從字形仍可見草書運筆之勢。"涎"字後所列出的三個異體,最後的"次"是本字。《説文·次部》:"次:慕欲口液也。从欠从水。凡次之屬皆从次。"③故此部的"羨"字,本義即爲"貪欲也"④。以上異體"羨"即爲"羨"手寫異形。其後表示口液、口水的通用字多用"涎",實際本是"次"俗字。段玉裁注"次"字:"……俗作涎。郭注《爾雅》作㳄。"⑤以上"㳄"正是"㳄"之俗寫字。《玉篇·水部》收"涎"字:"似連切,口液也。"⑥在《龍龕手鑑·水部》"涎"已明確注爲"今",可見已爲正字,日本漢字亦如此。

"涎"字異體很多,《異體字字典》"涎"下收異體共有二十有餘,但却不見有"唌"字。這是因爲其與"涎",或"次"是假借字關係。

佛典中"唌"字常見。《玄應音義》卷十:"舌唌:又作涎、次、㵞三形,同。似延反。《説文》:慕欲口液也。"⑦《慧琳音義》卷十六:"唌唾:上祥延反。俗字通用。正體從水從欠作次。《説文》:口液也。或從水作涎,亦俗字也。"⑧《可洪音義》中共 12 次收釋由"唌"構成的雙音詞。"唌"見於《説文·口部》:"唌:語唌嘆也。从口延聲。夕連切。"⑨所謂"語唌嘆",表示言語中夾雜嘆息聲。因與"次"音同,故可"假爲次字",

---

① 此三字,分別見於:《草書字典》第 292 頁,《行草大字典》第 238 頁,《中國書法大字典·草書卷》第 269 頁。
② 黃征:《敦煌俗字典》,474—475 頁。
③ 許慎:《説文解字》,180 頁。
④ 同上。
⑤ 段玉裁:《説文解字注》,414 頁。
⑥ 陳彭年:《大廣益會玉篇》,281 頁。
⑦ 徐時儀:《一切經音義三種校本合刊》(修訂版),217 頁。
⑧ 徐時儀:《一切經音義三種校本合刊》(修訂版),775 頁。
⑨ 許慎:《説文解字》,34 頁。

段玉裁、朱駿聲等皆已指出。

017　憺

　　シツカナリ；ヤスラカナリ。淡㤹：同上，先德非之。（無/
6－3/38）

　　怕：シツカナリ；ムナシ。泊：同上，先德非之。（無/6－3/
38）

　　案：此頁中以上二字組前後出現，明顯是雙音詞"憺怕"分字爲釋。
現《大正藏》中的《大般若經》中有三處"憺怕"，其中卷四百一十四："若
菩薩摩訶薩修行般若波羅蜜多時，以無所得而爲方便，往憺怕路觀所
棄屍，死經一日或經二日乃至七日，其身膖脹，色變青瘀，臭爛皮穿，膿
血流出。"[1]無窮會本此頁此二字組後收有"膖""脹""瘀""爛"等辭目
字，故以上二字組正出自此段佛經。
　　《説文•心部》："憺，安也。"[2]同部又："怕，無爲也。"[3]而根據以
上假名所釋，上字爲"静""安"；下字爲"静""無"，正同《説文》。然
"憺怕"後多寫作"澹泊""淡泊"，表澹泊，恬静義。《文選•司馬相
如•子虚賦》："怕乎無爲，憺乎自持。"李善注："《廣雅》曰：'憺、怕，
静也。'……憺與澹同，徒濫切。怕與泊同，蒲各切。"[4]段玉裁注"怕"
字曰："憺怕，俗用澹泊爲之。段借也。澹作淡。尤俗。"[5]慧琳在其
《大般若經音義》[6]中三次詮釋"憺怕"，其中卷五正是以上卷四百一
十四中"憺怕"之音義内容："上徒濫反。下音魄。《韻英》云：憺怕，

---

①　CBETA 電子佛典 2016/T07/0220/078。
②　許慎：《説文解字》，219 頁。
③　同上。
④　參考《漢語大詞典》"憺怕"條。
⑤　段玉裁：《説文解字注》，507 頁。
⑥　參見慧琳《一切經音義》前八卷。

安静也。經文云憺怕路者,閑静處也。竝從心。"①卷二也指出:"上談濫反,下普百反。《淮南子》云:憺,滿也。怕,静也。經文從水作淡泊,竝非也,訓義别。《古今正字》云:憺怕二字,竝從心,形聲字也。"②卷七與此同。可見慧琳也是以"憺怕"爲正,這與此本所引"先德"的意見一致。

　　"憺怕"與"淡泊""澹泊",正如段玉裁所指出是用假借字所記詞。《説文》中也有"淡""澹"與"泊",各有其本義,即慧琳指出的"訓義别",屬於本有其字的假借。儘管在實際使用中,"淡泊"或"澹泊"較之於"憺怕"使用更多,如我們注意到石山寺本《大般若經音義》(卷中)收有"**澹**③**阶**路"一詞,"**澹**"爲"澹"之俗寫,可見奈良時期所傳寫的《大般若經》中,詞形已見用"澹泊",然若強調本字,以《説文》爲準,則應作"憺怕"。此蓋"先德非之"理由。儘管無窮會本"先德非之"是"淡"字,但原理一樣。以上"憺"字組後又重復出現,共有 4 次。"怕"字組也共出現 4 次。"憺怕"一詞的上下兩字組,如此反復出現,説明作者非常強調它們是"憺怕"一詞的本字。

　　我們還注意到:以上"憺"字中,4 次出現中 3 次有"**恢**"字。"**恢**"是"惔"字之俗體。"惔"可通"淡""憺"。故"憺怕"一詞也常寫作"惔怕"。《金石文字辨異·去聲·二十八勘》:"惔:北齊劉碑造像銘:惔怕無相非有心。案:淡作惔。"④《龍龕手鑑·心部》:"惔,正徒敢切,安緩也。又惔怕,安静也。又徒濫切。又徒甘切,憂也。憺,同上。……**憺**,通。"⑤《字彙·心部》:"惔,徒藍切,音談,燔也。《詩經·小雅》'憂心如惔',言如火熱。又上聲,徒覽切,安静也,與憺同。又去聲,徒濫切,《莊子》'恬惔無爲'。……"⑥石山寺本《大般若經音義》(卷

---

① 徐時儀:《一切經音義三種校本合刊》(修訂版),585 頁。
② 徐時儀:《一切經音義三種校本合刊》(修訂版),539 頁。
③ 此字雖稍有漫漶,然另一寫本(來迎院本)作"澪",從水,頗爲清晰。
④ 續修四庫全書編委會:《續修四庫全書》,240 册,163 頁。
⑤ 杉本つとむ:《異體字研究資料集成》,第一期,别卷二,51 頁。
⑥ 梅膺祚、吴任臣:《字彙·字彙補》,160 頁(《字彙》的頁數)。

中)所收"**儋泗**路"條釋義爲："或作**恬**怕。徒濫、普白反。寂漠也。
又恬静也。寂寥無人也。"①"**恬**"正是"惔"字。《慧琳音義》卷十一：
"儋怕，徒濫反。下普白反。《韻英》安静也。皆形聲字也。經作惔，非
也。"②然此乃慧琳爲《大寶積經》所作音義，《慧琳音義》卷一至卷八，即
爲《大般若經》(六百卷)所作音義中並未提及此點。所以我們或許可
以認爲慧琳所見《大般若經》經本文，該詞並未用此假借字，而奈良時
代日本寫本中，"惔怕"却已不少見。

　　最後我們還要解決一個問題：從字形上看，"**恢**"爲"惔"俗字無
疑，但若將其放大細看，右半上爲"止"，下爲"火"。因此字形字庫中尚
無，築島裕先生《大般若經音義の研究 索引篇》中，此字用手寫，也是上
"止"下"火"③。此字形，在其他寫本，如天理本、藥師寺甲本和乙都一
樣。如下：

　　　　儋：湛；シッかナリ、ヤスラかナリ。淡**恢**：同上，先德非
之。(天 6‑3/248)

　　　儋：湛。淡**恢**：亦作。(藥甲 6‑3/770)
　　　儋：湛。淡**恢**：亦作。(藥乙 6‑3/839)

　　可見，此字形當時應不少見。但我們却似未從其他文獻中見到
此字例。筆者認爲，此字形是草書楷化訛變形成的。"惔"字因爲字
義關係，見於名家書法的比較少，故筆者尚未找到訛變的證據，但是
我們可以從用作聲符的"炎"，或同用"炎"爲聲符的"淡"進行考察。
首先我們看中國古代書法家："淡"草書作"**淡**"(智永《千字文》)、
"**淡**"(智永)、"炎"草書"**炎**"(《月儀帖》)、"**炎**"(孫過庭)④。而《日本

---

　①　築島裕主編：《古辭書音義集成》第三卷《大般若經音義》，8 頁。
　②　徐時儀：《一切經音義三種校本合刊》(修訂版)，697 頁。
　③　築島裕：《大般若經音義の研究 索引篇》，89 頁。
　④　此四字，分別見於：《中國書法大字典·草書卷》第 418 頁，《草書字
典》第 471 頁，《中國書法大字典·草書卷》第 391 頁和《書法大字典》。

名跡大字典》"淡"字下收有"**淇**""**淡**"①,"炎"字下收有"**灾**"②(光明皇后杜家立成)等草書字形。寫經生在書寫時,因辨識有誤,草書楷化,將"炎"上半的"火"訛成"止",不是沒有可能。有意思的是,《六體書法大字典》中收有現代人上海書畫家協會主席周慧珺寫的"淡",作爲行書作品"**淡**"③,其右半上部寫成了"止",已非常明顯。當今時代,人們寫書法祇是作爲一種藝術行爲而加以實施并欣賞,但在古代用毛筆寫字却是全民性的漢字書寫行爲,因而從行草書到楷書,會因諸種原因出現不同變化,這是俗字產生,也是漢字發展和變化的重要方面。

018　**齼**

遮。ニキル。ツカム。ウツ。**齼攎齼**:同上亦作。
(無/6-3/40)

以上辭目字"**齼**(齼)",幾種工具書皆釋其爲"齼"俗字。如《龍龕手鑑·齒部》:"齼:正則加鉏加二切。齼,齨齒不正也。齼,或作。"④《正字通·齒部》亦指出:"齼,俗齼字。"⑤"齼"字見於《説文·齒部》:"齼,齬齒也。从齒虘聲。側加切。"⑥所謂"齬齒"就是牙齒參差不整齊之狀。

以上"齼"與"遮",日語吴音漢音皆可讀作"シャ"。和訓共有三個義項。根據築島裕先生《大般若經音義の研究 索引篇》"和訓索引","ニキル"應是"ニギル",即"握る"⑦;"ツカム",《國語大辭典》用"掴

---

① 北川博邦:《日本名跡大字典》,719 頁。
② 北川博邦:《日本名跡大字典》,749 頁。
③ 此字形取自《六體書法大字典》,1161 頁。
④ 杉本つとむ:《異體字研究資料集成》,第一期,别卷二,212 頁。
⑤ 張自烈編、廖文英補:《正字通》,1500 頁。
⑥ 許慎:《説文解字》,44 頁。
⑦ 築島裕:《大般若經音義の研究 索引篇》,207 頁。

む・攫む・抓む"表示；而最後的"ウツ"，《國語大辭典》所示有"打
つ・討つ・擊つ・撲つ・拍つ・搏つ・伐つ"諸形。應該説，三條中
任何一條，都與"齨"的本字"齟"義不相合。

　　《大般若經》卷五十三："若菩薩摩訶薩修行般若波羅蜜多時，以無
所得而爲方便，往澹泊路觀所棄屍，死經一日或經二日乃至七日，爲諸
鵰、鷲、烏、鵲、鵄、梟、虎、豹、狐、狼、野干、狗等種種禽獸或啄或攫，骨
肉狼藉，齟掣食噉。"①《可洪音義》卷一爲其中"齟掣"一詞音義："上側
加反。下昌世、昌列二反。獸争食貌也。"②以上經文正是描寫各類禽
獸相互争食被棄之尸的情景，頗爲精準。

　　不僅《大般若經》，其他佛經中亦見用此詞，最著名的莫如《妙法
蓮華經·譬喻品》："狐狼野干，咀嚼踐蹋，齟齧死屍、骨肉狼藉。由
是群狗，競來搏撮，飢羸惺惶，處處求食。鬭諍齟掣，嚘哤嘷吠，其舍
恐怖，變狀如是。"③《大正藏》"齟"下注："齟＝撴【宋】【元】【明】【宮】
【博】"。《玄應音義》卷六正是專爲此經所撰音義，其中就收釋此詞，
不過詞形作"撴掣"，與以上宋本、元本等相同。玄應釋曰："撴掣，又
作抯。字林：側加反。《釋名》云：樝，叉也。謂五指俱徃叉取也。
經文有作齟，《説文》：齒不正也。齟非此義。掣或作摩，同。充世
反。《字林》：掣，拔（扡）也。《字書》：掣，牽也。《釋名》云：掣，制
也。制頡之使順已也。"④《慧琳音義》卷二十七⑤也是專爲《妙法蓮華
經》所撰音義，其中也收釋此詞，詞形爲"樝掣"。釋曰："樝掣，上字
林：反⑥側加反。《釋名》云：樝，叉也。謂五指俱徃叉取。《玉篇》：
五指撮也，擊也，抱也。《切韻》：樝似梨而醋。應作齨，以指按也。

①　CBETA 電子佛典 2016/05/0220/0298。
②　《大日本校訂大藏經·音義部》，爲一，2 頁。
③　CBETA 電子佛典 2016/09/0262/0013。
④　徐時儀：《一切經音義三種校本合刊》（修訂版），133 頁。
⑤　筆者注：此音義本爲窺基所撰，"翻經沙門慧琳再詳定"而收入《慧琳
音義》卷二十七。
⑥　根據徐時儀先生校注，"反"爲衍文。

有作柤、𣂪二形,同。有作齟齬。《説文》:齒不正。非此中義。或作
撦,音車者反。裂壞也。下充世反。《字林》:拽也。《字書》:牽也。
《釋名》:挈,制也,頓使順已。《玉篇》:引而縱之。或作摩,同。又
尺折反。曳,延結反,謂五指叉而曳之,或以指按而拽之,或復撦攞
引而縱之也。"①日本平安中期著名法相宗學僧仲算曾撰《法華經釋
文》,是日本辭書音義史上的代表作。其中也分釋此詞,即作爲上下
兩個辭目。我們主要看"攄"字:

　　攄:側加反。慈恩云:《釋名》攄,叉也。謂五指俱往叉取也。《玉
篇》:五指撮也,擊也,挹也。《聲類》亦作𣂪,二形同也。或作櫨、柤
(柤),似梨醋也。或作齟,齒不正也。或作撦,裂壞也。此上三形並非
此義也。今案:又作作②柤(柤),与攄同。王仁煦云:又子野反。
(卷中)③

　　根據以上三位古代中日音義大家的考釋,我們可知經中除了"齟
挈",還可作"齟挈""攄挈""櫨挈"等。除此,"齟"字還可作"抯""柤"
"𣂪"等。其異體不少。而且三位也都指出"齟挈"中"齟"確與其本字
"齟"之義不合,衹是音同而被借用。

　　筆者認爲其本字應是"叡",《説文·又部》:"又早也。从又虘聲。
側加切。"④段玉裁改作:"又早",並指出:"又早者,用手自高取下也。
今俗語讀如渣。若手部云籀者,以鋭物刺而取之也。《方言》'抯、攄,
取也。南楚之間凡取物溝泥中謂之抯,或謂之攄',亦此字之引申。止
又虘聲。側加切。"⑤故"叡"本指從高處用手向下取物,或以鋭器取物。
但引申可同《方言》中提到的"抯"和"攄"。慧琳在卷二釋"攄挈"時指
出:"……或作叡。《説文》亦作抯。從手,虘聲。虘音昨何反。"⑥《説

---

①　徐時儀:《一切經音義三種校本合刊》(修訂版),979 頁。
②　原文有二"作",當衍一"作"字。
③　築島裕主編:《古辭書音義集成》第四卷《妙法蓮華經釋文》,106 頁。
④　許慎:《説文解字》,64 頁。
⑤　段玉裁:《説文解字注》,115 頁。
⑥　徐時儀:《一切經音義三種校本合刊》(修訂版),539 頁。

文・手部》："挏，挹也。从手且聲，讀若樝棃之樝。側加切。"①段玉裁
注："挹也。《方言》曰：挏，摣，取也。南楚之間凡取物溝泥中謂之挏，
亦謂之摣。从手，且聲，讀若樝棃之樝。樝棃，見木部。側加切，古音
在五部。按《方言》挏，摣實一字也。故許有挏無摣。"②可知"敊"與"挏
（摣）"本指不同取物方法，但引申後皆可表示"抓取""刺取"義。《廣
雅・釋詁一》："摣，取也。"王念孫疏證："摣與下字挏同。《方言》：挏、
敊，取也。"③《集韻・麻韻》："敊，《説文》又取也。或從手。"④至於《法華
經釋文》中提到的"樝"與"柤"，實際應是"挏"與"摣"，"木"旁與"扌"旁
相混已成慣例，不待辨析。

　　如此，以上例中被撰者作爲異體列出的"鹺"與"摣"已可辨認，
但還有"敊"，也就是《法華經釋文》中也提到"敊"。二體應是"敊"
字俗體。此字晚起，《玉篇・支部》："敊：側加切，取也。"⑤《廣韻・麻
韻》："敊：側加切，以指按也。"⑥

　　筆者認爲，儘管以上諸異體，因同音而被借用，但按理來説，抄經
者一般都會選取相對簡單的字體，如"挏""摣"等。而"鹺"字及其本字
"齟"筆畫繁多，書寫實在不易，可爲何佛經中却并不少見用"鹺掣"與
"齟掣"這兩個詞形？筆者認爲這與經文内容有關。前者《大般若經》
中是"種種禽獸或啄或攫，骨肉狼藉，鹺掣食噉"，後者《妙法蓮華經》中
是"群狗，競來搏撮，飢羸慞惶，處處求食。鬪諍鹺掣，嘊喍嘷吠"，都是
形容野狗禽獸等撕咬爭搶尸體而食之的場面，因文中爲猛獸而非人，
故而用從"齒"的"鹺"和"齟"，從表意文字的層面上來看，當然比用
"摣"等字更合經義。

　　① 許慎：《説文解字》，255 頁。
　　② 段玉裁：《説文解字注》，605 頁。
　　③ 王念孫：《廣雅疏證》（高郵王氏四種之一），18 頁。
　　④ 丁度：《集韻》（述古堂本），205 頁。
　　⑤ 陳彭年：《大廣益會玉篇》，263 頁。
　　⑥ 陳彭年：《宋本廣韻》，148 頁。

019　螫

尺。サス。螫螫：同上亦作。（無/11-1/56）

案：辭目字"螫"之標音爲"尺"。日語"螫"和"尺"吳音相同，皆讀"シャク"。訓讀"サス"，日語標記作"刺す"，有"刺""扎""叮""咬""蟄"等意。"螫"本表示有毒的動物螫刺人或其他動物，見於《説文》，并不難理解。我們要注意的是其後作爲"同上亦作"的異體字。後者"螫"，摹寫作"螫"。但看得出來，摹寫有不確之處，因爲能看出上部的"歹"與"攵"之間有小"卩"。在"無窮會本系"另一重要寫本——天理本中此字比較清晰，作"螫"，上部中間"卩"還有提筆。此字形一般認爲出自《龍龕手鑑》，工具書多有録釋，不贅。

我們的重點是"螫（蠚）"，因其作爲"螫"的異體似乎少見。《異體字字典》就并未將其作爲異體字來處理。但若進一步考察，"螫"與"蠚"的確是異體字關係。《集韻·昔韻》指出："螫蠚：《説文》蟲行毒也。或作蠚。"[1]《説文·虫部》確實有"螫（螫）"字："蟲行毒也。从虫赦聲。施隻切。"[2]但《説文·虫部》却無"蠚"字，而有一個"蚃（蚃）"，釋曰："螫也。从虫，若省聲。呼各切。"[3]《漢語大字典》引邵瑛《群經正字》："今經典作蠚。"《集韻·藥韻》收有："蠚/蚃/蜚"三形，釋曰："蟲毒。一曰痛也。或省作蚃。"[4]又《鐸韻》收有："蚃/蠚/蜚/螫"四形，釋曰："《説文》螫也，或从蠚，亦作蚃螫。"[5]"蚃"字見《玉篇》。其異體還可作"蛞"，見《龍龕手鑑》，屬於上下結構移爲左右結構。字形上的變化，通過以上字書和韻書已明瞭，問題是這兩個字，在《説文》中一作"施隻切"，一爲"呼各切"，這不符合異體字音同義同形異的特徵。但若進

---

① 丁度：《集韻》（述古堂本），744頁。
② 許慎：《説文解字》，281頁。
③ 同上。
④ 丁度：《集韻》（述古堂本），721頁。
⑤ 丁度：《集韻》（述古堂本），729頁。

一步考察,可發現實際上段玉裁在注《説文》時已説得非常清楚:"蠚螫蓋本一字。若聲赦聲同部也。或讀呼各切,山東行此音。或讀式亦切,關西行此音。見釋玄應書。今人乃以此篆切呼各,下篆切式亦,分而二之。"[1]段玉裁還特意強調"見釋玄應書"。查檢《玄應音義》卷五:"螫蟲:書亦、呼各二反。《説文》:虫行毒也。"[2]又卷十六:"所螫:書亦反。《説文》:虫行毒也。關西行此音。又呼各反,山東行此音。蛆,知列反,東西通語也。"《慧琳音義》卷九亦云:"毒螫:式亦反。《字林》:蟲行毒也。關西行此音。又呼各反,山東行此音。蛆,知列反。南北通語也。音蛆,誤也。"[3]《希麟音義》卷三也釋:"蜇螫:……下商隻反。《切韻》:蟲行毒也。云地有螫毒,不可觸其尾。《考聲》云:螫,噬也,嚙也。古文作蠚。"[4]又卷六:"螫彼:上商隻反。《説文》云:蟲行毒也。又作蠚。經文作螫,音呼各反。亦通。"可見"螫"與"蠚"在古代的確是異體關係,或者説本是同一字,但却因方音有異,而被分成了二字。所以,通過此例,我們提出在討論異體字,特別是古寫本中的異體字時還應該注意的一點,即不能僅依據現代漢語的標準語,還需考慮"古音"和"方音"等因素。

020　魅

味。有尾鬼也。魅魅魅：同上,亦作。（無/11‒2/58）

以上辭目字"魅"與標音字"味",吳音漢音皆同。無假名和訓,但有漢文釋義。其後列出的三個異體,也不能算疑難,但值得考證。

《説文·鬼部》:"魅:老精物也。从鬼彡。彡,鬼毛。密祕切。魅,或从未聲。象,古文。象,籒文从象首,从尾省聲。"[5]故而本字是"彰"。從

---

①　段玉裁:《説文解字注》,669 頁。
②　徐時儀:《一切經音義三種校本合刊》(修訂版),112 頁。
③　徐時儀:《一切經音義三種校本合刊》(修訂版),657 頁。
④　徐時儀:《一切經音義三種校本合刊》(修訂版),2244 頁。
⑤　許慎:《説文解字》,188 頁。

"鬼",以表非生人;從"彡",即所謂"鬼毛",表示鬼的毛髮很長,故可理解爲"長毛鬼",是會意字。但後來通行"魅",已成形聲字。而"彲"字却成了異體。以上"彲",實際就是"彲"俗字。日本書手受書法影響,常將"彡"寫成似"久",筆者在第五章討論天理本"篇立音義"有專門論述。"魖"字則見於《龍龕手鑑·鬼部》,指出爲"彲""魅"之俗。當然,這應是"魖"之訛,《字彙》與《正字通》皆作"魖"。最後的"彲",《玉篇》和《龍龕手鑑》皆收。不贅。"魅"之異體甚夥,以上三形并不算罕見形。

儘管字形并不算疑難,但其漢文釋義"有尾鬼也",却很難找到出處。《大般若經》中"魅"主要有兩用:①"鬼魅",用作名詞,如以上例。②"魅惑""魅著"等,用作動詞。一般釋"魅",多根據《説文》的"老精物"。古人以爲物老成精即所謂"魅"。但"魅"到底什麼樣子,因并無實物,其形狀皆爲世人所想象,故説法不一。段玉裁注:"《論衡》曰:鬼者,老物之精也。漢《藝文志》有神鬼精物之語,則作精物亦通。《周禮》以夏日至致地示物彲。注曰:百物之神曰彲。引《春秋傳》:螭彲魍魎。按今《左傳》作魅。釋文,本作彲。服虔注云:魅,怪物。或云魅人面獸身而四足,好惑人,山林異氣所生。"《山海經·海内北經》:"袜,其爲物,人身,黑首,從目。"郭璞注:"袜即魅也。"[1]《慧琳音義》卷二十九"蠱魅:上音古,下音媚。蠱即蠱毒,魅即精魅,皆惡鬼害人也。或化作人,與人交會,禽人精體也。"[2]又卷七十五:"彲魖:上眉被反。或從未作魅。案鬼,其類甚多,或狐、或狸、或種種異類、或鬼、或神,皆能魅人。……"[3]漢典諸籍中,似未見"魅"作"有尾鬼"之解。撰者有此解,理據尚不明。待考。

021 伐

　　　拔。ツミス。クツ。罸:同上,或作。斵:同上,先德非之。(無/11-5/60)

---

①　袁珂:《山海經校注》,314 頁。
②　徐時儀:《一切經音義三種校本合刊》(修訂版),1018 頁。
③　徐時儀:《一切經音義三種校本合刊》(修訂版),1828 頁。

　　以上"拔"是標音字。"ツミス"與"クツ"爲和訓。根據築島裕《大般若經音義の研究　索引篇》，和訓"ツミス"下標出的漢字是"罪"；"クツ"下標出的漢字是"腐"和"敗"。《説文・刀部》："罰，罪之小者。"對犯罪之人加以"譴罰"，而無窮會本"伐"條的前一辭目字正是"譴"。查檢《大般若經》卷一百五有"憍尸迦！是善男子、善女人等若遭官事怨賊逼迫，至心念誦如是般若波羅蜜多，若到其所終不爲彼譴罰加害"①之句，可知此處本應是"罰"字。既然無窮會本將"伐"作爲辭目字，説明當時撰者所見《大般若經》中"譴罰"有作"譴伐"者。然《大正藏》中并不見"譴伐"一詞，而一般異體字字典也未將二字作爲異體關係羅列。我們所能給出的解釋就是：這是借用了同音的"伐"。

　　"罰"與"伐"，自古即可通用。黄錫全在《介紹一枚"罰"字三孔布》②一文中指出："罰、伐音同字通。如《史記・天官書》：'可以罰人。'《漢書・天文志》罰作伐。《史記・天官書》：'下有三星兑曰罰。'《正義》：'罰亦作伐。'《公羊傳・昭公十七年》：'伐爲大辰。'《後漢書・郎顗傳》引伐作罰。《逸周書・謚法》：'有伐而還曰鳌。'《史記正義》伐作罰。"又《慧琳音義》卷二十七："討伐：……下房越反。《切韻》：征也。《左傳》：有鐘鼓曰伐。《白虎通》：伐者何？伐敗也，欲敗去之。有作罰。《説文》：罪之小者曰罰。《廣雅》：罰，折伏也。《切韻》罰非之此義。"③所以嚴格來説，二字不是異體關係，而是通假關係。前已述及，日本漢字學界對"異體字"界定的範圍相對寬泛，既包括顔元孫所指"俗體字""通體字"，也包括了"假名""省文""訛字""借字""國字"等，與中國漢字學界所稱"俗字"範圍大致相當。④日本古寫本中有《大般若經》"譴罰"作"譴伐"，而編纂者將其作爲異體字處理，可以理解。

---

①　CBETA 電子佛典 2016/T05/0220/0583。

②　該文刊於《中國錢幣》2012 年第 4 期。

③　徐時儀：《一切經音義三種校本合刊》(修訂版)，988 頁。

④　何華珍：《俗字在日本的傳播研究》。

　　“罰”字始見於西周金文。《大盂鼎》中有“罰訟”一詞，字從刀，從网，從言，作“🈁”，屬會意字，《説文》中小篆字形亦上溯金文，作“🈁”，但隸變作“罰”。實際上，“同上或作”的“🈁”頗合本義。《中文大辭典·网部》收有“🈁”字，釋曰：“罰之本字。”根據鳩野惠介的解釋，無窮會本的“或作（或本）”，應是“或本作之”之意①，可知撰者所見當時《大般若經》另有文本用此本字“🈁”者。

　　我們再看最後的“🈁”字，釋曰：“同上，先德非之”。無窮會本在釋文列出異體字時，多次出現這樣的釋語，筆者認爲這些“先德非之”代表了古代一部分學僧對漢字，或者説對漢字使用和發展的認識與理解，由此側面我們可以考察其漢字觀②。其中重要的一點就是：尊《説文》，重本義，重初文。我們從“🈁”字來也能看出此點。

　　如上述及，“🈁”字，從漢字流變來看，實際衹在篆書隸定時將“刀”移到“网”之下，使小篆的左右結構變成了隸書的上下結構。而隸書字形又訛“网”爲“罒”，故有“罰”。“🈁”并不少見。《五經文字·网部》：“罰🈁：上説文。下石經。五經多用上字。”③《隸辨·月韻》“🈁”字下注：“……（按）《説文》作罰。《五經文字》云石經作🈁。《佩觿》云古罰從刀，謂刀罟人。元命苞改刀作寸。寸，法也。🈁：《張壽碑》：明德慎🈁”④。⑤《字彙·网部》：“罰”字下引《初學記》：“刀守罟爲罰。或作🈁用寸。寸，丈尺也。言納繩墨之事。毛氏曰：後人改刀作寸。寸，法也。”⑥儘管詮釋得也似乎很有道理，但實際上是隸變時字形的訛寫，李

<hr>

① 鳩野惠介：《無窮会図書館蔵本〈大般若経音義〉における異体字表示の術語について》。
② 參見拙著《日本漢字資料研究——日本佛經音義》，256—274 頁。另外，筆者在本書第六章會專門考察“無窮會本系”中的“先德”，也會涉及其漢字觀問題。
③ 杉本つとむ：《異體字研究資料集成》，第一期，別卷二，73 頁。
④ 按：原本用横綫表示。
⑤ 顧藹吉：《隸辨》（隸書字典），683—684 頁。
⑥ 梅膺祚、吳任臣：《字彙·字彙補》，366 頁（《字彙》的頁數）。

學勤主編的《字源》"罰"字下就指出"漢代刀旁或訛爲寸旁"①，楷書字形則仍從篆文從刀。而這對尊《説文》，重本義，重初文的"先德"來説，采取"非之"態度，并不奇怪。

022 憲

堅。シク。ハル。忓：同上，古作。（無/11 - 7/62）

　　此條在其後的第四十三帙十卷、天理本第五十一帙三卷、第五十五帙一卷，都出現過，字形和釋義皆同。一般都會將"憲"認作"憲"，築島裕先生《大般若經音義の研究　索引篇》也將其收入"心部"。但"憲"字不對，因與經本文與和訓均不合。《大般若經》卷一百二十七："以是故，憍尸迦！若此般若波羅蜜多隨所在處，周匝除去諸不净物，掃拭塗治香水散灑，敷設寶座而安置之，燒香散華張施幰蓋，寶幢、幡鐸間飾其中，衣服、纓絡、金銀、寶器、衆妙、珍奇、伎樂、燈明，無量雜綵莊嚴其處。"②以上音義中的"憲"，根據經本文，再根據以上所收的前後字，可知應正是"幰蓋"的"幰"。《慧琳音義》卷二收釋雙音詞"幰蓋"，但辭目字爲"憪（幰）③蓋"，其下釋曰："軒偃反。《古今正字》云：車憪（幰）所以禦熱也。張幔網於車上爲憪（幰）。或作忓（軒）。《蒼頡篇》作軒。從巾憲聲。下哥艾反。俗字也。《廣雅》：蓋，覆也，《説文》：苫也。從草從益，益音合。蓋字從草從大從血作蓋，今經文從羊從皿作盖，俗字之也。"④徐時儀先生注"憪"："頻本作'幰'。"⑤故而在"憪"字後用括號添加"幰"字。甚確。"憪"爲"幰"字俗。有賀要延編的《難字・異體字典》"幰"字下就收"憪"⑥。根據其"凡例"所示，可

---

① 參見該書第 380 頁。
② CBETA 電子佛典 2016/T05/0220/0694。
③ 括號中字根據徐本所添。
④ 徐時儀：《一切經音義三種校本合刊》（修訂版），546 頁。
⑤ 徐時儀：《一切經音義三種校本合刊》（修訂版），551 頁。
⑥ 有賀要延：《難字・異體字典》，89 頁。

知此字形出自"法隆寺傳來"《細字法華經》。《細字法華經》現爲日本國寶①，實際是唐寫本，爲 694 年唐人李元惠所寫②。由此可知"幰"作"憶"，唐代俗字多見，我們從《慧琳音義》所收辭目字，也可知慧琳所見《大般若經》，此處即作俗字。

《説文·巾部》(新附)："幰：車幔也。从巾憲聲。虚偃切。"③古代一般指馬車上的帷幔，多用以防熱。以上和訓"シク""ハル"表"鋪""布""蓋""伸展"等義，實際也源有所據。《慧琳音義》卷三十一："幰葢：軒偃反。《釋名》云：車幰所以禦熱也。《考聲》云：車盖也。顧野王云：今謂布幔，張車上爲幰也。《説文》：從巾憲聲也。"④《廣韻·阮韻》："幰：《蒼頡篇》云：帛張車上爲幰。"⑤

漢字中雖有"憶"，但或作"愝"的異體，見《集韻·元韻》，讀"許元切"，⑥或與"幰"同音，表恨意，見《集韻·阮韻》⑦。"憶"用作"幰"，實是訛用，但不難看出寫本文獻中，多有此誤，因爲古籍中"忄""巾"二旁毛筆書寫相似，故相混由來已久。正如唐代釋雲公在《大般涅槃經音義·序》所指出的那樣，俗書有"挑、桃渾於手木，恨、帳亂於心巾"⑧的現象。

至於以上釋文中作爲"古作"被列出的"忓"，實際也屬同樣訛誤，應爲"軒"字。《集韻·阮韻》："幰軒：許偃切。張繒車上爲幰。或從軒省。"⑨《篆隸萬象名義》中"幰"作"憶"，其下還有異體"軒"⑩。至於爲

---

① 現藏於東京國立博物館。

② 其卷末"識語"記曰："長壽三年六月一日訖__寫經人雍州__長安縣人李元惠於楊州敬告此經。"

③ 許慎：《説文解字》，160 頁。

④ 徐時儀：《一切經音義三種校本合刊》(修訂版)，1047 頁。

⑤ 陳彭年：《宋本廣韻》，260 頁。

⑥ 丁度：《集韻》(述古堂本)，134 頁。

⑦ 丁度：《集韻》(述古堂本)，361 頁。

⑧ 徐時儀：《一切經音義三種校本合刊》(修訂版)，928 頁。

⑨ 丁度：《集韻》(述古堂本)，361 頁。

⑩ 釋空海：《篆隸萬象名義》，1398 頁。

何被當作"古作"，尚有待考證。但是，我們注意到的是，在大須文庫本中，此條"憶"已改爲"懥"，但"或作"的異體仍訛從竪心旁。

023　潚

劫。ミゾ。坍：同上或作。（無/33‐10/94）

《大般若經》卷三百三十中"見諸有情由惡業障，所居大地高下不平，塪（堆）阜溝坑，穢草株杌，毒刺荊棘，不净充滿"①之句，此段文字經中還有多次出現。以上辭目字"潚"即"溝坑"之"溝"，并不難辨識。《篆隸萬象名義》中"溝"就作"潚"②，與此本基本相同，可以看出這是當時日本的通行寫法。

上例最大的問題是被撰者作爲異體列出的"坍"，其後的説明是"同上或作"。前已述及，根據鳩野惠介的解釋，無窮會本的"或作（或本）"，應是"或本作之"之意。可以理解爲撰者所見當時《大般若經》文本有作"坍（坍）"者。根據此字形判斷，左半意符爲"土"，右半似爲"刑"字。另外，天理本此條字形爲"抃（抃）"，更爲清晰。而且，藥師寺甲本和乙本也有此字形，作"坍"（甲本）和"坍"③（乙本）。特別是真福寺大須文庫本作"坍"，高野山大學本作"坍"，非常清晰。可以看出其右半確實可認作"刑"。然"土"＋"刑"這一字形，若上下結構就成了"型"。但很明顯，從音義來看，"抃（抃）"④并非"型"的左右結構變化。此爲難字。筆者暫且作如下詮釋：

意符從"水"到"土"并不難理解，作爲用於排水的水道，用土建成，字從"土"，從理據上看没有問題。《慧琳音義》卷二十也指出："溝坑：上苟侯反。《考工記》云：井間廣四尺深四尺謂之溝。鄭注《周禮》云：十夫二隣之田溝，所以通於川也。《説文》云：溝，水瀆也。從水冓聲。

---

① CBETA 電子佛典 2016/T06/0220/0693。
② 釋空海：《篆隸萬象名義》，984 頁。
③ 爲了不失真，筆者保存了底色。
④ 我們用的是較爲清晰的天理本。

經本從土作壙,非也。葺音同。……"①但是,意符從"刑"却是難題。筆者與陳五雲先生進行過討論,陳先生的意見是,有可能"刑"爲"葺"下部之"冉"的形訛。可能是書者省去了"葺"上部,而誤認下部"冉"爲"册"形,再訛爲"刑"。筆者尚未找到更有力的證據。查檢聲符"葺",《龍龕手鑑》中有作"𦊚"者,其下部確如"册"形。而且,以上字頭"𣲟"字右半下部也確實似"册"形。另外,筆者還查檢了川澄勳所編寫的《佛教古文書字典》,其中《異體字文字集》中"溝"有作"𣲟"者②,而《日蓮大聖人用字集》中"溝"下衹有一個字形"𣲟"③。由此產生訛寫,出現"𠛬(𠛬)",并非沒有可能。然因無更多證據,姑且存疑,以待將來。

024　蕉

照。𦶎,同上亦作。(無/35-10/110)

以上例第三十八卷帙也同樣出現。兩處前條爲"芭:婆",可知應爲"芭蕉"一詞分字爲釋。查檢《大正藏》,《大般若經》卷三百五十和三百八十皆出現此詞,正對應此音義。"蕉"字見於《説文·艸部》:"蕉:生枲也。从艸焦聲。即消切。"④段玉裁注:"生枲謂未漚治者。今俗以此爲芭蕉字。楚金引吴都賦,蕉葛竹越。按《本艸圖經》云:閩人灰理芭蕉皮令錫滑,緝以爲布,如古之錫衰焉。左賦之蕉、正謂芭蕉。非生枲也。"⑤可知"蕉"字本指生麻,即未漚治的麻,但俗用指多年生的草本植物—芭蕉。"𦶎"即"茉"字,亦見於《説文·艸部》:"茉萊。从艸未聲。子寮切。"⑥段玉裁注:"……茉萊葢古語,猶詩之椒聊也。單呼曰

---

①　徐時儀:《一切經音義三種校本合刊》(修訂版),844頁。

②　見《佛教古文書字典》第515頁。

③　同上,見該書第102頁。

④　許慎:《説文解字》,25頁。

⑤　段玉裁:《説文解字注》,44頁。

⑥　許慎:《説文解字》,21頁。

茮。絭呼曰茮莍。"①"茮"或"茮莍",即現今花椒也。《玉篇·艸部》:
"茮:子消切。莍也,與椒同。"②一般工具書多將"茮"用作"椒"之異
體,而不見被用爲"蕉"字異體。但通過此本,我們可知日本當時寫本
中"茮"與"蕉"可通用。我們在日本人早期編纂的兩本字書中都得以
證明。《篆隸萬象名義·艸部》:"茮:子姚反。莍。蕉字。"③另外,《新
撰字鏡·草部》也收有"茮"字:"子非反。莍也。椥④也。芭茮。"⑤同
《草部》"芭:甫加反。芭茮。"⑥可知在當時日語中"茮"可與"蕉"通用,
故可爲異體。實際上,慧琳在《一切經音義》卷四也已指出:"芭蕉:上
補加反,下子姚反。《字指》云:蕉生交趾,葉如席,煮可紡績爲布,汁可
以漚麻也。葉廣二三尺,長七八尺。《説文》云:焦,菜也。並從草,巴、
朿皆聲。失(朿),正�字。今俗用相傳作蕉,本非字也。"⑦。慧琳此條
正是爲《大般若經》卷三百五十所撰音義,慧琳指出"並從草,巴、朿皆
聲",説明就有作"芭茮"者。慧琳在卷七十六又一次收釋"芭蕉",基本
與前相同,但最後爲"古今正字二字並從草,巴、焦皆聲也。"⑧

025　循

順。アマネシ。メクル。**佝**:同上古作。(無/38 - 10/124)

　　案:相同的内容無窮會本中共出現三次,前之第六帙第二卷以及
後之第四十二帙第二卷,但"同上古作"爲"同上古文"。鳩野惠介曾對

　　①　段玉裁:《説文解字注》,37 頁。
　　②　陳彭年:《大廣益會玉篇》,203 頁。
　　③　釋空海:《篆隸萬象名義》,726 頁。
　　④　此從字形上看,應爲"椒"字俗體"椥"。
　　⑤　參見京都大學文學部國語學國文學研究室編纂的《天治本新撰字鏡》
(增訂版)第 447 頁。
　　⑥　同上。
　　⑦　徐時儀:《一切經音義三種校本合刊》(修訂版),566 頁。徐本校勘記:
"失,《頻》作'朿'。"(581 頁)
　　⑧　徐時儀:《一切經音義三種校本合刊》(修訂版),1861 頁。

無窮會本表示異體字的術語進行過考察,指出"古作"與"古文"應視爲同一種字體注①。我們要考察的是"**徇**"爲何被撰者認爲是"古作"或"古文"?

此條和訓爲"アマネシ"和"メクル",前者有"普""遍"之義,後者表"巡""廻"。《大般若經》卷三百八十中講到"四念住",即"循身觀""循受觀""循心觀"和"循法觀"②。《玄應音義》卷一:"循身:古文作徇,同。似遵反。《三蒼》:徇,遍也。循亦巡也。巡,歷也。循,自也。"③又卷三:"循身:《三蒼》古文作徇,同。似遵反。《爾雅》:循,自也。郭璞曰:又爲循,行也,亦遍也,巡歷也。"④《慧琳音義》卷二十二收有"循身觀"條:"循,祥倫反。珠叢曰:循,巡也。今謂四念處中第一觀身不净,從頭至足,次第巡歷,三十六物皆不净也。"⑤"四念住"又名"四念處"。慧琳解釋"循"之義很清晰。由此也可知上例作爲"同上古作"被列出的"**徇**"應該就是"徇"。

鳩野惠介在講到無窮會本表示異體字術語"古作"與"古文"時,所舉例恰好是此條,"**徇**"字未用圖像文字,而用"徇"。但築島裕先生在《大般若經音義の研究 索引篇》中却根據寫本作"**徇**"。筆者認爲築島裕先生的做法比較妥當。根據《大般若經音義の研究 索引篇》查檢,"**徇**"字在無窮會本、天理本、藥師寺甲本和藥師寺乙本共出現 9 次。這些"**徇**"字都應是"徇",亦即"徇"字。《玄應音義》卷十二:"遍徇:又作徇,同。辭遵反。徇,循也。亦巡行也。行走宣令曰徇。《説文》:行示曰徇。字從彳也。"⑥"徇"字見於《説文·彳部》:"徇:行示也。从

① 鳩野惠介:《無窮会図書館蔵本〈大般若経音義〉における異体字表示の術語について》。

② CBETA 電子佛典 2016/T06/0220/0965。

③ 徐時儀:《一切經音義三種校本合刊》(修訂版),11 頁。

④ 徐時儀:《一切經音義三種校本合刊》(修訂版),57 頁。

⑤ 徐時儀:《一切經音義三種校本合刊》(修訂版),882 頁。但《慧琳音義》的卷二十一、卷二十二、卷二十三實際收錄的是唐僧慧苑的《新譯大方廣佛華嚴經音義》。

⑥ 徐時儀:《一切經音義三種校本合刊》(修訂版),260 頁。

彳勻聲。司馬法斬以徇。詞閏切。”①段玉裁注：“徇，……古勻旬同用。故亦作徇。”②《廣韻·稕韻》：“徇：巡師宣令。又從也。或作狥。”③“狥”爲“徇”篆文本字，隸變作“徇”。

“佝”當然很有可能是“狥”和“徇”的俗寫，但在“巡行示衆”這個意義上，其本字應是“狥”，亦即“徇”。至於“狥（徇）”爲何會寫作“**佝**”，有兩個可能性：其一，“**佝**”是“狥”訛俗字。漢字書寫中，雙人旁“彳”與單人旁“亻”多相混淆。而日本書手多會將漢字“勻”寫成似“勾”形。“狥”因少用而難見用例，但是可以看同以“勻”爲聲符的“均”字，筆者就發現《日本名跡大字典》中“均”有作“**坸**”者④。另外，有賀要延編的《難字·異體字典》“均”字下也有作“**均**”者⑤。其二，“**佝**”作爲“狥”和“徇”之俗。“徇”出現較後，且是作爲“狥”之異體。《集韻·諄韻》：“狥徇佝，使也。一曰徧示，或作徇、佝。”⑥而“佝”儘管見於《説文》，但另有其本義。作爲“徇”字異體，陳新雄先生認爲“佝爲徇之省體”⑦，仍屬字形相似的譌寫。

　　　　循：順。アマネシ。メクル。**佝**：同上古文。（無/42 –
4/166）

　　案：以上例與前舉例完全相同，只是一爲“古作”，一用“古文”。鳩野惠介已指出無窮會本中，“古作”與“古文”相同⑧。之所以將“**佝**”稱作“古文”或“古作”，如前述及，“**佝**”乃“狥”之訛俗。而“狥”古同

　　①　許慎：《説文解字》，43 頁。
　　②　段玉裁：《説文解字注》，77 頁。
　　③　陳彭年：《宋本廣韻》，375 頁。
　　④　北川博邦：《日本名跡大字典》，256 頁。
　　⑤　參見該書第 54 頁。
　　⑥　丁度：《集韻》（述古堂本），123 頁。
　　⑦　臺灣網絡版《異體字字典》“佝”字下“研訂説明”。
　　⑧　鳩野惠介：《無窮会図書館蔵本〈大般若経音義〉における異体字表示の術語について》。

"徇",《玉篇·彳部》:"徇：似閏切，順也。亦同狥也。"[1]《五經文字·彳部》:"徇：辭峻反，循也。"[2]"循"與"徇"通，"狥"爲"徇"之異體，實際是其本字，乃"循"之"古作"或"古文"，可以理解。

不難看出，所謂"古作"，頗難定義，範圍頗爲寬泛。一般來說，受唐代正字觀念的影響，崇古尊《説文》，當爲漢字研究一貫風氣。所以一般日本漢字學界多尊《説文》爲"古"。相對其後出之字，或同一古文字形因爲傳承演變，由於隸定和楷化等不同方式，從而出現的兩個以上的不同形體，稱之爲"今"。以上"**徇**"，可謂一例。

026　徇

> 旬。モトム。徇：同上古作。狥：同上，先德非之。（無/33-6/90）

案：除此例，第四十帙之八卷、第四十二帙之五卷也收釋相同内容。祇是四十二帙之五卷少"狥：同上，先德非之"一句。和訓"モトム"，可標記爲"尋む・求む・覓む"。而查詢經文，《大正藏》的《大般若經》中有"不徇名譽"（卷三百二十六、卷四百四十八、卷五百六十六）和"徇利求名"（卷四百四十九），故和訓與經義相合。但《大般若經》中，以上義更多地用"徇"來表示，如"不徇名譽""不徇利譽"和"徇利求名"，《大正藏》共有 9 處。另外，"狥"用於"尋求"之義，儘管不見於《大正藏》中《大般若經》，但慧琳的《一切經音義》收有"不狥""狥利""狥名""狥有""狥物"和"狥世"等雙音辭目，慧琳詮釋基本爲"營""求"。可見慧琳和玄應所見之寫經中"營""求"之義用"狥"來表示的還不少。"求"與"營"近義，後者側重通過謀劃而尋求。總之，皆表示"貪求""追求"和"營求"等義。而古寫經中則用"徇""徇"和"狥"來表示，三字是異體關係。無窮會本原音義撰者所見《大般

---

① 陳彭年：《大廣益會玉篇》，157 頁。
② 杉本つとむ：《異體字研究資料集成》，第一期，別卷一，68 頁。

若經》,這幾處應是"徇",故被收録爲辭目字。其後"徇"被認爲是
"古作","殉"則被"先德非之"。

筆者認爲:在表示"貪求""追求"和"營求"等義時,被"先德非之"
的"殉"才應是正體。"殉"字,雖不見《説文》,但先秦傳世文獻并不少
見,表示以人陪葬。《慧琳音義》卷六:"殉命:巡俊反。《左傳》:晉文
公卒,厚葬,始用殉。杜預云:以人送死生埋曰殉。《古今正字》云:亡
身從物曰殉。"①所謂"亡身從物"之"殉",是爲了某種目的而獻身,捨棄
生命,是有所求的,故引申就有"求"義。"殉"字見於《玉篇·歹部》:
"殉:詞峻切。用人送死也。亦求也,營也。"②《篆隸萬象名義·歹部》
"殉"字下祇有一個解釋"求"③。《玄應音義》三次收釋"殉名",其中卷
二十二:"殉名:辭俊反。《蒼頡篇》:殉,求也。亦營也。"④《慧琳音義》
卷八十一:"殉法:旬俊反。賈誼《服鳥賦》云:貪夫殉財,列士殉名。
《集訓》云:亡身從物曰殉。《文字典説》云:以人送死也。從歹
旬聲。"⑤

"佝"見於《説文·人部》:"佝:疾也。从人旬聲。辝閏切。"⑥
"徇",如上述及,其本字實際是"彴","徇"爲後出"今字",表"行示"義。
"佝"與"徇"古籍中常互通混用。段玉裁注"佝"字:"《五帝本紀》:黄帝
幼而佝齊。裴駰曰:佝疾、齊速也。《素問·上古天真論》:黄帝幼而
佝齊,長而敦敏。王注:佝、疾也。按佝今本譌作徇。司馬貞乃云未見
所出矣。釋言:宣、佝、徧也。佝本又作侚。《墨子》:年踰五十,則聰
明思慮不佝通矣。佝亦當作侚。《史記》佝齊、《大戴禮》作叡齊。亦作
慧齊。"⑦"佝"與"徇"還與"殉"通用,表殉葬之義。《正字通·人部》:

---

①　徐時儀:《一切經音義三種校本合刊》(修訂版),601頁。
②　陳彭年:《大廣益會玉篇》,179頁。
③　釋空海:《篆隸萬象名義》,619頁。
④　黄仁瑄:《大唐衆經音義校注》,870頁。
⑤　徐時儀:《一切經音義三種校本合刊》(修訂版),1943頁。
⑥　許慎:《説文解字》,162頁。
⑦　段玉裁:《説文解字注》,367頁。

"與殉通。《書·伊訓》：徇于貨色。《檀弓》：死者用生者之器,不殆于用徇乎哉。石經竝用殉。借以人從死也。"①《漢語大字典》"徇"字下釋義第三項,通殉。引宋鳳翔《訓纂》："徇,《説文》作狥,經傳通爲徇,或从歺作殉,竝俗。"《集韻·線韻》："徇,以人從死。"②

"徇""狥""殉"三字音同,互可通用,在表示"求"之義時亦同。然爲何"先德"卻否認本應爲正體的"殉",筆者認爲還是與"殉"不見於《説文》有關。"徇"與"狥(徇)"均見於《説文》,但《説文》中卻無"殉",故雖可通用,但并不被"先德"承認。

有意思的是,被認爲撰者是信行的石山寺本有"不徇名譽"條,注釋卻是："應作殉字。辭俊反。殉,求也。營也。徇與儁同。詞駿反。疾也。"③這與筆者觀點相同。從此例也可以看出無窮會本中的"先德"應不是信行。石山寺本的注釋中又出現"儁"字。這是後出的"徇"的異體字。《玉篇·人部》"徇：辭俊反。疾也。儁：《字書》同上。"④

027　裭

知。ウハフ。オツ。裯：同上,亦作。陁陊：同上,或本。 壔㙷：同上。先德非之。（無/39-1/130）

查檢《大般若經》卷三百八十一有描述如來世尊有八十隨好,其中第五十爲"世尊首髮堅固不斷,永無裭落"⑤句,《大正藏》下有校注："裭＝墭【宋】"。

"裭落"是同意複合詞。慧琳在其《一切經音義》卷四也收釋此詞："裭落：上池里反。《考聲》云：裭亦落也。敇音土捋反。《説文》：裭,

---

①　張自烈編·廖文英補：《正字通》,106 頁。筆者按：原文無句讀,筆者簡標之。

②　丁度：《集韻》(述古堂本),572 頁。

③　築島裕主編：《古辭書音義集成》第三卷《大般若經音義》,23 頁。

④　陳彭年：《大廣益會玉篇》,64 頁。

⑤　CBETA 電子佛典 2016/T06/0220/0968。

奪衣也。經文作垀，不成字也。"①以上"垀"字，CBETA 電子佛典描述成"［堄-厄＋（冗-几＋巾）］"②。據此，此字形正是以上釋文中列出的異體"㡓"字。

根據築島裕先生《大般若經音義の研究 索引篇》"和訓索引""ウハフ"應爲"ウバフ"，標記爲"奪う"。"オツ"可標記爲"落つ"，和訓與經義相合。我們要注意的是：包括辭目字"裙"，此條共列出了六個字形，其中三個"裙"與"㡓""裙"都是因聲旁"虒"俗書爲"帝"而成的俗字，石山寺本《大般若經音義》中也能見到相同的字形：

　　　　㡓落：又作裙裙，直尔粉紙二反，裙，奪也。裙，敓也，脱衣也。③

此例石山寺本詮釋的也是《大般若經》卷三百八十一中的"褫落"。從所收錄字形來看，這種俗字在日本平安、鎌倉時代確實常見，至少在當時流通的《大般若經》中，以上石山寺本字頭作"㡓"，無窮會本作"裙"，就能證明。這應該是聲符"虒"，説到底，還是"虒"字意符"虎"④草書楷化形成的。"虒"字因爲字義關係，資料相對較少，但唐《蕭君妻柳墓誌》中有"帚"，已很明顯。更多的我們還可以從"虎"字考察。"虎"字草書，著名的有張芝的"帝"、王羲之的"帝"、顏真卿的"帝"、王鐸的"帝"等⑤。日本書法家也有如空海的"帝"、藤原

----

① 徐時儀：《一切經音義三種校本合刊》（修訂版），571 頁。
② CBETA 電子佛典 2016/T54/2128/0330。
③ 築島裕主編：《古辭書音義集成》第三卷《大般若經音義》，35 頁。
④ 《説文解字·虒部》有："虒：委虒，虎之有角者也。从虎厂聲。息移切。"指一種似虎而有角的獸。
⑤ 樂傳益、樂建勳：《中國書法異體字大字典·附考辨》，1133 頁。

行成的"𠂆"等①。《難字·異體字典》"虎"字下收有"𠂆"②，已可看出"楷化"的端倪，但完全寫成"𠂆"，應該是以"虎"爲構件的左右結構，且"虎"在右半的字形中完成的，蓋爲便於書寫。如"號"的楷書，北魏《鮮于仲兒墓誌》作"𪓑"、唐《李修已墓誌》作"𪓑"等③。又如"號"的楷書，唐《常協墓誌》作"𪓑"、《盧仲容墓誌》作"𪓑"等④，皆能觀其蹤迹。至於"褫"字，北魏《李超墓誌》中有"𧚲"、唐《霍氏墓誌》有"𧚲"⑤。《五經文字·衣部》也收有"褫"字，其下釋："丈爾反。作𧚲俗。"⑥説明"褫"的這種俗寫中古漢已經很流行。而在日本，以上石山寺本和無窮會本兩種《大般若經音義》已經很能説明問題。《日本名跡大字典》"褫"字下，因爲字義的關係，祇收了一個"𧚲"，但却出自平安末期"和樣書道"流派之一的"法性寺流"的創始人藤原忠通(1097—1164)。其寫法與無窮會本基本相同。可見"褫"的此俗體在日本同樣也很流行。

　　"褫"字見《説文·衣部》，不贅。根據《大正藏》校注，宋本"褫"作"堆"，故知其俗寫可作"堆"。根據《漢語大字典》，字書"堆"見於《篇海類編》，音義同"褫"。同樣"搋"即"搋"之俗寫。《玄應音義》卷四收釋"搋落"："直尔勑紙二反。搋棄也。"⑦所以，我們可將"堆"和"搋"看作是"褫"之異體，而"𧚲""堆"和"搋"從漢字使用和發展變化看，它們是"褫""堆"和"搋"的俗字，而從無窮會本是音義書的角度，當然也可認爲是異體字。

　　至於"同上亦作"的"𧚲"作爲"褫"的俗字更不難辨。"褫"字聲符"虍"在寫經生筆下多作"虎"之俗"𠂆"，再進一步訛略就有了"𧚲"字

---

① 北川博邦：《日本名跡大字典》，1050 頁。
② 有賀要延：《難字·異體字典》，286 頁。
③ 臧克和主編：《漢魏六朝隋唐五代字形表》，1156 頁。
④ 臧克和主編：《漢魏六朝隋唐五代字形表》，1157 頁。
⑤ 臧克和主編：《漢魏六朝隋唐五代字形表》，1242 頁。
⑥ 杉本つとむ：《異體字研究資料集成》，第一期，別卷一，91 頁。
⑦ 黄仁瑄：《大唐衆經音義校注》，163 頁。

的右半。

　　以上，如果可以説是從字形上可以考辨的話，那麽我們還要注意作爲"同上或本"的"阤"和"陊"。這一點，我們可以從平安中期著名的佛經音義《法華經釋文》①卷中得到解釋：

　　　　阤：池尒反。《唐韻》：又施是也。慈恩云：《説文》山崩也。
　　　《方言》：阤，壞也。《玉篇》：毁落也。或作𧚨（襬），奪衣也。或
　　　作陊②，山崩也。或作柂，拆薪隨其木理也。或作𧝓（貌），不知所
　　　從。今應作阤，從𨸏也。聲或作陊矣。今案：字形有五：慈恩以
　　　阤爲正，或用陊字。玄應以𧚨（襬）爲正，或取阤字。湛然同之。
　　　柂、𧝓（貌）二形，諸師不用之。③

　　案：此條仲算主要引慈恩對"阤"字的辨識，然後總結其五種字形。《法華經》卷二："譬如長者，有一大宅，其宅久故，而復頓弊，堂舍高危，柱根摧朽，梁棟傾斜，基陛隤毁，牆壁圮坼，泥塗褫落，覆苫亂墜，椽桷差脱，周障屈曲，雜穢充遍。"④《大正藏》注"褫"字：【元】【明】【宮】本作"陁"。《法華經釋文》的辭目字爲"阤"，説明仲算所見當時《法華經》此處正是"阤"。"阤"與"陁"同。《集韻·紙韻》："阤，或作陁。"⑤"阤（陁）"與"褫"本無關係，因同爲"池爾反"，故可通用。"陊"在《玉篇·𨸏部》："陊，徒可切。壞也。小崩也。"⑥"陊"在《廣韻》有"徒可切"和"池爾切"二音，也可音同通用。

　　仲算總結出的五種字形，其中"阤""陊"與"褫"，與無窮會本同。然"柂"與"貌"，不見石山寺本和無窮會本。仲算從各本寫經中得出

　　① 其撰者爲平安時代中期興福寺僧人仲算（或作"中算"，生卒年不詳）。
　　② 此字旁有小圈，此行上方有補入之字"池尒反"。
　　③ 築島裕主編：《古辭書音義集成》第四卷《妙法蓮華經釋文》，94 頁。
　　④ CBETA 電子佛典 2016/T09/0262/0013。
　　⑤ 丁度：《集韻》（述古堂本），311 頁。
　　⑥ 顧野王：《大廣益會玉篇》，324 頁。

“諸師不用之”的結論。實際上這應是傳抄之訛。“柂”乃“扡”字。“扡”即“拖”字異體，“陀”字又寫作“陁”或“阤”，因而“柂”“扡”“拖”“陀”“陁”“阤”在佛經中記寫的是同一個詞或音節，因與“襶”音同，故可借用。段玉裁注“扡”字：“《易》：終朝三襶之。鄭本作扡。段扡爲襶也。高誘注《淮南》‘遇盜扡其衣’云：扡，奪也。”①而“貌”則因與“襶”形似而誤。《可洪音義》卷五收“貌落”條，釋：“上直尒反。峀②也。正作侈、陀、袳三形。”③

“襶”的這些俗寫在日本古寫經中應該是很流行的。如《大般若經》卷五十三言及“菩薩摩訶薩大乘相者，謂諸文字陀羅尼門”，其後有大段經文闡述四十三字，無窮會本全部收釋，不但標音還標梵文字母，甚至還標出異體字。其中有如：

捭：夕。**囗**。**㧊**：同上，或作。（無/6-3/46）

以上辭目字“**捭**”和“或作”的異體“**㧊**”，正與以上分析相吻合。另外，在《大般若經字抄》，此條作“**㧊**”，亦同。

028　莞

恩。ソノ。**莞**：同上，先德非之。（無/40-8/140）

根據音義，辭目字應是“苑”。“苑”“莞”二字古通用。顏真卿《干禄字書》：“**莞苑**：上藥名，下園苑。”④撰寫《新譯華嚴經音義》的唐代高僧“慧苑”，就常被寫作“慧莞”。故作爲異體，實際并無不妥。祇是此條的辭目字和異體字，皆爲俗字。這是因爲漢語中古俗字中，從

① 段玉裁：《説文解字注》，610頁。
② 應爲“崩”俗字。
③ CBETA電子佛典2016/K34/1257/0783。
④ 杉本つとむ：《異體字研究資料集成》，第一期，別卷一，35頁。

"夗"之字有時會譌从"死"，如"苑"字，《敦煌俗字典》有"𫟼、𦹀"①。
而"怨"字，《敦煌俗字典》也有"𢞖、𢚯"②。這種譌俗日本不少見。
如《新譯華嚴經音義私記》中"苑"就作"𦹀"、"怨"也有"𢞖""𢚯"
等。③　無窮會本第四十帙之八收有"鴛鴦"之鳥名，前字作"𩿗"，以至
於近藤西涯所編的《正楷録》中認爲這是"倭俗譌字。宛鴛苑等字，
倭俗从死，非。"④應該説，此非"倭俗"，但或許日本書手多用，故有此
説法。

029　愆

> 堅。トカ。アヤマチ。諐𠍴：同上亦作。（無/40‑9/148）

築島裕先生《大般若經音義の研究　索引篇》，和訓"トカ"標"殃"
"禍""愆"等，而"アヤマチ"是"過""誤"。以上辭目字"愆"即"愆"，也
作"愆"，皆乃"愆"之俗字。慧琳在《一切經音義》卷四收"𠍴愆"條，與
以上無窮會本所録實際相同。儘管爲雙音節，但實際僅釋"愆"字："揭
焉反。《考聲》云：愆，失也。《説文》：過也。從心衍聲也。或作諐，皆
同也。經多從二天作𠍴，俗字也。"⑤以上作爲異體字列出的"𠍴"正
是"愆"之譌。而"諐"即爲慧琳指出的"或作諐"。慧琳在卷第九十四
收釋"諐負"條："去虔反。孔注《尚書》云：諐，過也。字書正作愆，亦
過也。……俗作愆。"慧琳所録的"諐"字爲"諐"字俗，此字形也見於
《龍龕手鑑》。

實際上，在"過""誤"之義上，本字是"愆"，"諐"同爲"愆"，爲其籀
文。《説文·心部》："𠍴：過也。从心衍聲。去虔切。𡣾，或从寒省。

---

① 黃征：《敦煌俗字典》，524 頁。
② 黃征：《敦煌俗字典》，523 頁。
③ 請參考梁曉虹、陳五雲、苗昱《〈新譯華嚴經音義私記〉俗字研究》之"附
録《私記》俗字總表"，452 頁。
④ 杉本つとむ：《異體字研究資料集成》，第一期，第七卷，303 頁。
⑤ 徐時儀：《一切經音義三種校本合刊》（修訂版），577 頁。

㥑,籀文。”①段玉裁注籀文“㥑”：“从言，㥑聲。過在多言。故从言。”②
《漢語大字典》指出：《禮記・緇衣》引《詩經》：“淑慎爾止，不愆於儀。
按：今本《詩經・大雅・抑》作‘愆’。”

030　千斛

　　國。千斛③者，十斗也。䄷 斞：同上亦作。（無/40 -
10/152）

　　以上是複音辭目。釋義“千斛者，十斗也”應有誤。《説文・斗
部》：“斛：十斗也。从斗角聲。胡谷切。”④疑“千”字衍。“斛”爲“斛”
并不難辨認。兩個異體字，特別是“斞”，作爲“斛”俗字，慧琳就曾多
次舉出。如《慧琳音義》卷第七十五：“千斛：胡穀反。《儀禮》：十斗曰
斛。《説文》義同，從斗從角。經從百作斞，俗字也。”⑤“斞”字後也被多
種工具書收録。如《集韻》《字彙》《類篇》等。另一“䄷”字，右半似
“升”。此字形雖也見於文獻，如《碑別字新編》十一畫“斛”下引《齊標
異鄉 石柱松》有“斞”⑥，但却不似“斞”字多見。
　　“斛”字右半構件作“升”，是因原構件“斗”在隸定過程中形成的俗
字。《金石文字辨異・上聲・二十五》有收録“斗”字，其下收“升”和
“升”二形，“升”下云：“漢《白石神君碑》：粟升五錢。案：升即斗字。
《説文》作𣁬。《金石文字記》云：升云陞，升云斗。昔人以其文易混，
故改升爲斗，俗作斗。漢《石門頌》：上順升極。《隸釋》云：升即斗
字。”“升”下云：“漢《祝睦後碑》：功馨升揚。《隸釋》云：升即斗字。唐
《百門陂碑》：或以熨升標奇。錢竹汀先生云：熨升即熨斗。漢隸斗作

　　①　許慎：《説文解字》，221頁。
　　②　段玉裁：《説文解字注》，511頁。
　　③　原本這裏用“--”表示省寫。
　　④　許慎：《説文解字》，300頁。
　　⑤　徐時儀：《一切經音義三種校本合刊》（修訂版），1841頁。
　　⑥　秦公：《碑別字新編》，163頁。

升。行書蟬聯而上與升幾無別矣。"①《隸變》卷六"偏旁"也指出：
"**廾**：斗，《説文》作**斗**。象形，隸變如上，與升相似。升本作**斗**，亦從
斗也。亦作**廾廾**，或作**廾**。經典相承用此字。"②"斗"與"升"多相似，
確實難以區分。因此，從"斗"之字，俗作"升"或似"升"，也就好理解
了。"升"字手寫多有俗形，碑別字多見。有賀要延《難字·異體字
典·十部》"升"字下就收有"**廾廾廾**"等③，無窮會本中的"**觓**"正
爲其一。

　　因爲"斗"與"升"的相混，當然會使從"斗"之字，多成如"**觓**"和
"**斛**"。《紹興重雕大藏音》卷二和卷三皆收"斛"字，《大正新修大藏
經》在旁用括號注[百＊升]，這就表示"斛"之右半也有作"升"者。

本 章 結 論

　　本章從無窮會本選了三十組疑難異體字進行了"個案"性的考察。
其中，有的不能從工具書，包括從異體字字典中進行簡單查詢；有的屬
於字形難辨，如 001 的"**檯**"、003 的"**攑**（捷）"與"**運**（運）"等；
有些屬於日本寫經生在轉寫抄經時，由諸種原因而產生訛變的結果；
有的我們可以認其爲"倭俗字"，如"**檯**"，就不見漢傳俗字；有的則屬
於"和風化"類，即是在漢傳俗字基礎上進一步訛變，似乎多見日本書
手，如 010 的"**樣**"；也有的實際與漢語相同，但是需要考證解釋，才能
明白爲什麼"無窮會本系"撰者會將其列爲異體字，如 018"**蠤**（齇）"。
對這些較難的異體字加以考辨，有助於研究中古俗字在海外的發展和
演變。

　　當然，筆者所考察的内容，有些可能并不算是"難"字。之所以選

---

①　見《續修四庫全書》（第 240 册），97—98 頁。
②　見《文淵閣四庫全書》（第 235 册），722 頁。
③　有賀要延：《難字·異體字典》，35 頁。

要舉出加以考辨,是因其從當時日本的漢字書寫、漢字在《大般若經》中的使用,乃至在當時寫經中的使用來看,都具有一定的特色。對其進行考辨,有助於追溯漢字在日本發展變化的某些蹤迹。如,通過 006 可知日本當時"淩"與"凌"難以區別,大部分作"**淩**"。而根據 024,可知日本古代"芭蕉"之"蕉",還多借用"**茮**(茮)"字。

　　另外,從異體字研究的角度看,我們也可以發現自古至今,日本漢字學界對異體字界定要比中國漢字學界更爲寬泛,如本文所舉的"伐"與"罰","襬"與"阤""陊"屬於通假字,但顯然在無窮會本中皆被歸爲異體字。我們考辨的內容,有的是從字形上的,與俗字有關,如"**佝**"是"佝"訛俗字,"**裠**"與"**裠**"爲"襬"的俗字。有的是從漢字使用中意義發展而入手的,如"佝""佝""殉"三字各自有本義,也有引申義,并由此形成異體關係。當然,我們還從無窮會本中"先德非之"這一常見的釋語,瞭解了早期某些日本僧人尊《説文》,重本義,重初文的漢字觀。

　　無窮會本僅存卷上,四十五帙,以上三十組祇是其中一部分,不難看出全本內容之豐富,值得進一步深入探討。

第四章　天理本漢字研究

　　儘管“無窮會本系”之代表是無窮會本，但天理本的重要性也不容忽視。從某種意義上説，特別是從古寫本文字研究的角度來看，筆者甚至認爲天理本的價值更高一些。原因有以下三點：

　　其一，是因其爲“無窮會本系”中篇幅較全的一本①。而作爲此本系代表的無窮會圖書館本實際却僅存一帖，即卷上，且卷尾尚稍欠。

　　其二，也是頗爲重要的一點，那就是天理本標有明確的書寫時間和書寫者姓名。

　　此本於第二帖、第三帖末皆有“識語”。第二帖末②：

　　　　大般若經音義卷上
　　　弘安九年十月廿四日於丹州筒河莊福田書了　執筆堯尊　三十七歲③

第三帖末④：

　　　　大般若經音義卷下
　　　弘安九年十月廿九日依勸進書寫畢　執筆堯尊　同卅日交合了

---

①　有若干殘缺，第一帖缺第一葉，卷末缺兩葉左右。
②　築島裕：《大般若經音義の研究　本文篇》，340頁。
③　“三十七歲”爲雙行小字。
④　築島裕：《大般若經音義の研究　本文篇》，756頁。

第一帖不全,卷尾缺"第卅六帙——第卅七帙十",而根據第一帖添加
的貼紙識語,可知第一帖末本也應有與第二帖相同的時間表示"弘安
九年十月廿四日"。因此,可以認爲三貼皆有識語,且皆有"弘安九年"
的時間記錄。日本弘安九年爲公元1286年。"無窮會本系"諸本中,
無窮會本没有關於書寫時間的記錄,明確標明書寫年代的,天理本爲
最古。由此可見,標有明確時間的天理本,在古寫本研究中就顯得尤
爲重要。

其三,此本與同系他本相較,除了具有相對較爲完整的卷音義内
容外,卷末尚存八十部"篇立音義"。這也是日本"篇立音義"中最古寫
本之一。所以,儘管從寫本質量上看,天理本不如無窮會本優質,正如
築島裕先生所指出:天理本之卷數用墨書寫於前,而無窮會本則用朱
書。而且聲點方面,天理本也不如無窮會本多,這些皆可認爲無窮會
本更顯古態①。然而,從整體來看。天理本幾乎全卷完備,故作爲最古
寫本,可以認爲是貴重的文獻。②

由此可見,天理本是此系統中重要寫本之一的結論可以明確。
儘管因其爲轉寫本,故有若干誤寫應該引起注意。但在漢字研究
中,特別是以寫本爲資料時,誤寫實際也應包含在研究範疇之内。
筆者在第六章將會對此本系中的"訛字",特別是"訛俗字"進行專門
考察。

筆者在上一章主要是對無窮會本中的部分疑難異體字進行了考
探,天理本卷上內容與其相同,雖有寫本不同之異,但差別並不是很
大。因無窮會本祇存卷上,所以還難以展現"無窮會本系"異體字的全
貌,故本章研究天理本漢字,主要以卷下爲考察對象,即:第四十六帙
至第六十帙,包括卷末所附"篇立音義",並對其中的一些漢字現象展
開研究。

---

①　這也是爲何此系列寫本名之爲"無窮會本《大般若經音義》"的重要理
由之一。
②　築島裕:《大般若經音義の研究・本文篇・解説》。

第一節　天理本異體字研究

一、天理本(卷下)異體字概觀

天理本《大般若經音義》卷下起自第四十六帙,其中異體字内容,與卷上相比較的話,可以分成兩大類:

(一)與卷上相同,重複出現

前已述及,"無窮會本系"體例特色之一是多有重複,有時會用"注尺(釋)如第×帙"來表示,有時并不注出。這是古代寫本音義,特別是卷音義的特點。爲幫助讀經者隨帙逐卷閱讀經文,遇到相同難字難詞,即使前已有詮釋時,但撰者認爲還是寫出而更便於讀者。即讀者若要閱讀第四十六帙經文,祇要打開音義的第四十六帙即可,這在當時檢索不便的情况下,不失爲便利讀者的一種好方法。

異體字内容也同樣。應該説,大部分内容在卷上已經出現,甚至重複多次出現。如我們以卷下第四十六帙爲例,此帙共出現撰者在釋文中舉出"同上,亦作"等異體字内容的共有 36 例,其中在卷上已經出現的有 30 例,不見卷上的僅 6 例。當然僅用一帙難以概括全面,但還是可以説明一些問題的。

爲方便闡述,筆者以下將 36 例全部列出。

001 **誧**:修。コ タ フ。**誧**:同上。經文作マ。先德非之。(天/46-1/478)

002 **顠**:小。ウレフ。ヤム。**燋**:同上,亦作。(同上)

003 **顇**:衰。ウレフ。ヤム。**悴**:同上,亦作。(同上)

004 **鉾**(鉾):夢。ホコ。**鋣犭**:同上,亦作。(同上)

005 **藉**:散。ホコ。**鼛**:同上,亦作。(同上)

006 **湊**:利用。ノル。**陵**:同上,亦作。(同上)

007 堆:躰。ウッタカシ。**岠**:同上,亦作。(同上)

008 㫦：付。アカル。鼻：同上，亦作。（同上）

009 統：通。フサヌ。ヲサム。繞：同上，亦作。（天/46－1/480）

010 嗅：主。クサシ。嘷：同上，亦作。（同上）

011 淡：湛。アハ。痰：同上，亦作。（同上）

012 膆：悉。ヒサ。膝：同上，亦作。（同上）

013 射：沙。イル。躲：同上，亦作。（同上）

014 筈：活。ヤノハス。栝：同上，古作。（天/46－1/480－482）

015 險：兼。アシ。ケハシ。貌①：同上，亦作。（同上）

016 騰：等。ノホル。登：同上，或本。（同上）

017 鞠：恒。カケル。ソル。鞠：同上，正作。（同上）

018 卒：麁ッ。ニハカナリ。卆：同上，亦作。（同上）

019 驅：久。ヤル。カル。駆：同上，亦作。（同上）

020 捵：澄。ッカ。豖：同上，亦作。（天/46－1/484）

021 闊：遠。サハカシ。𠵅：同上，亦作。（同上）

022 傲：告。オコル。慠：同上，亦作。（同上）

023 挑：條。クシル。挑：同上，亦作。（天/46－1/486）

024 剡：炎。閻：同上，或作。（同上）

025 癉：連。チナヘ。ッツル。痺：同上，亦作。（天/46－1/488）

026 躄：白。アシナヘ。躃：同上，亦作。（同上）

027 犂：利。ツシム。黑而黃也。梨：同上，亦作。（同上）

028 鐘：種。樂器也。聲之大也。鍾：同上，先德非之。（同上）

029 析：尺。禾ル。柝：同上，亦作。（同上）

---

① 天理本這裏有錯簡。此字上是"貌"字，不可能構成異體關係，根據大須文庫本，知此頁第4行的首字"險"應爲辭目字。

030 沾：點。ウハフ。フス。霑：同上，亦作。（同上）

031 滴：着。シタッ。滴：同上，亦作。（同上）

032 㲉：久。カク。㲉：同上，亦作。（同上）

033 閈：玄。オラフ。トッ。閈：同上，亦作。（天/46 -
1/490）

034 抗：香。敵也。伉：同上，亦作。（同上）

035 阻：厄。サフ。沮：同上，或本。ヤフル。俎：同上，先
德非之。（同上）

036 遜：尊。シタカフ。遜：同上，或本。ウヤマフ。
（同上）

以上例，除例 004、005、007、010、031、036 外，其他 30 例在無窮會
本的卷上都有重複出現，或多次重複出現。爲如例 001 的"**譸**"與
"**酬**"，筆者在第七章《"無窮會本系"先德考》中有相關考釋[1]。這一
内容，多次重複出現，僅無窮會本（上卷）就出現了八次，而天理本下卷
也出現了十二次。故而，全書上下兩卷至少共出現有二十次。如此多
的重複，一是説明當時《大般若經》中表示"報答""應對"之義多用
"酬"，但此音義撰者却因"譸"在《説文》中就有"市流切"表應答之義，
故特別强調。以上例與無窮會本皆同，祇是此本"經文作マ"，用重文
符號，而無窮會本用"-"表示。

但是，我們也注意到：並不是所有的重複，都是一成不變的拷
貝，有時會有一些變化。如例"003 頴（頴）"條，無窮會本第三十三
帙第十卷，標同音字爲"推"，以上天理本注"衰"。築島裕先生《漢字
索引》中注"頴"字，音爲"スイ"[2]，日語"悴"，即"頴"之異體，吳音與
漢音也讀"スイ"。"衰"字吳音漢音同此，實際上，"推"字的吳音漢
音亦同此。

---

[1]　此條表示"先德"對經文用字的否定。
[2]　築島裕：《大般若經音義の研究　索引篇》，333 頁。

也有"同上，×作"有變化的。如例 009"統"與"統"的異體關係是"同上，亦作"，但在無窮會本的第六帙第二卷、第三十四帙第一卷，皆作"同上，俗作"。天理本卷上這兩處也與無窮會本同。可知原本應爲"同上，俗作"，以上例 009 有可能書寫者之誤。

案：以上例 009"統"字，應是草書楷化形成的訛俗字。在無窮會本第六帙第二卷作"統"，天理本同帙同卷作"統"，而書寫用相對正規的楷體的大須文庫本，此處作"統"，日本書手已將聲旁"充"的"點"下部分寫成了"死"。這似多見日本書手。《日本名跡大字典》"統"字下[1]收有"統"和"統"兩個字形，前字出自《佐竹本三十六歌仙》，後者取自花園天皇《誡太子書》，二者皆爲鎌倉時代之物，與天理本同時代。另外《佛教古文書字典·日蓮大聖人用字集》"統"字下收有三個字形"統""統""統"[2]，而《佛教古文書字典·異體文字集》"統"字下有兩個字形："統""統"[3]，這也值得注意。日蓮上人也是鎌倉時代人物，故而這種寫法當時應該很流行。由此，我們可以認爲當時"統"字聲旁"充"已訛作"宛"。

而例 020"塚""家"條，無窮會本第三十四帙第二卷，內容與此完全相同，但字形却稍有異："塚""家"。而查檢天理本第三十四帙第二卷，字形與無窮會本相同，其他單獨出現"塚"的地方，字形亦同此，可見這是天理本書手的習慣寫法。但若仔細考察，可見天理本還可分兩種：其一，如上"塚"上爲外"八"，如"家（天/31 - 3/296）"，其二，"塚"上爲"夕"，如"塚"（天/49 - 9/524）。但這兩種，似也不見他處。這似乎是天理本的一個特殊的寫法。

又例 021"闌""声"條，在卷上出現過兩次：第三十四帙第三卷："闌""声""声"，出現了兩個異體。而在天理本中，這裏因爲豎行書寫的緣故，明顯將二字誤寫成了一字：聶。但是在第三十七帙第六卷

① 北川博邦：《日本名跡大字典》，921 頁。
② 川澄勳：《佛教古文書字典》，128 頁。
③ 川澄勳：《佛教古文書字典》，540 頁。

"闹"的異體祇標了一個,如上爲"**击**"。天理本缺第三十七帙。"闹"
字組異體字,在無窮會本卷上,天理本卷下共出現 5 次,唯有一次有兩
個異體。大治本《新華嚴經音義》中也有此内容"**夹,内:夹,闹**。"①
黄征認爲:乃"市下著人,所謂'市人爲闹'之訛。"②而"市下著人"作
"**夹**"。《干禄字書》:"闹**夹**,上通下正。"③《廣韻·效韻》:"**夹**,不静。
又猥也,擾也。闹,上同。"④另外,《龍龕手鑑》《字彙》《正字通》等字書
多有收録。"**夹**"可同"闹",文獻有徵。

　　從以上簡單比較來看,天理本卷下的異體字與卷上相比較,會出
現些許不同,有字體上的,有寫本方面的,也有内容上的。但總體來
看,無論是方法,還是所用術語基本與卷上相同。

　　以上我們以卷下第四十六帙爲例進行了一些説明。實際上,這是
異體字内容較爲豐富的一帙,但從整體來看,卷下的異體字内容少於
卷上。這應該還是因爲有不少内容,卷上已經出現之故。第四十七帙
有 8 組,而第四十八帙則祇有 4 組。

　　"無窮會本系"辭目多有重複出現的特點。與重複出現的異體字
相比較,新出現的異體字内容相對較少。有些實際祇是字形有變化,
如例 010:

　　嗅:主。クサシ。**嗅**:同上,亦作。

　　築島裕先生的《和訓索引》和《漢字索引》中,辭目字作"嗅",將
"**嗅**"認作爲"嗅"俗字。"嗅"在《漢語大字典》標有三個讀音:① pì。
出自《廣韻》"匹備切",喘息聲。② xì。出自《集韻》"虚器切",同
"呬"。③ xiǔ。同"嗅"。所引書證已是現代作家王統照的小説,而

---

①　古典研究會:《古辭書音義集成》第七卷《一切經音義》(上),88 頁。
②　黄征:《敦煌俗字典》,287 頁。
③　杉本つとむ:《異體字研究資料集成》,第一期,別卷一,41 頁。
④　陳彭年:《宋本廣韻》,396 頁。

同"嗅",則是動詞用法。天理本中"嘆"的和訓"クサシ"却是表示令人不快,讓人討厭的味道,即香氣之反義詞"臭(chòu)"。筆者認爲,這裏可以認爲"嘆"是"嗅"的俗字,無窮會本卷上多次出現"嗅"表示"クサシ"的例子,但"嘆"作爲字頭的却未見。而在稍後六地藏寺本和大須文庫本中,字頭已改作"嗅"。而作爲"亦作"的異體,已見於無窮會本。

儘管新的内容不算多,但根據當時日本所傳《大般若經》的實際用字情況,也出現了一些值得注意的現象,因而,以下我們會對卷下的部分"疑難異體字"加以考探,方法同於第三章。

二、天理本疑難異體字考

我們在第三章以一個章節的篇幅,對無窮會本的部分疑難異體字進行了考釋,本節擬對天理本卷下的部分疑難異體字加以考釋。

001 錊

夢。ホコ。錊矛：同上,亦作。（天/46-1/478）

002 犠

散。ホコ。鑞：同上,亦作。（同上）

以上我們將二字放在一起,是因在經本文中二字本是一詞。而且字義,或者説詞義也相同或相近,日語和訓也相同,皆爲"ホコ",指帶有長柄的雙刃劍,一般可指兵器。

《大般若經》卷四百五十一："有菩薩摩訶薩修行安忍波羅蜜多,見諸有情更相忿恚,口出矛犠毀罵凌辱,以刀杖等互相殘害,乃至斷命惡心不捨。"①其中"矛犠"一詞就是以上 001 的"錊（鉾）"和 002 之"犠

---

① CBETA 電子佛典 2016/T07/0220/0275。

（鑽）”。慧琳與可洪在其音義中也收釋此詞，辭目皆爲“矛鑽”，與《大正藏》經本文同。不過可洪衹分別爲二字標音，而慧琳則頗爲詳密：“矛鑽：上莫候反。《古今正字》云：酋矛也。逮（建）[1]於兵車，長二丈五尺也。象形字也。或作戕，古字也。或作銵，亦通。下倉亂反。《考聲》云：遥投矛也。《説文》云：從矛贊聲也。”[2]

以上 001 無論是辭目字，還是作爲“亦作”的兩個異體，都不能算疑難字。“銵”與“矛”是“銵”與“矛”的俗寫字。而“銵”同“矛”，見《玉篇》《集韻》等字書和韻書。辭目字“銵（鉾）”有兩讀，其中“莫侯反”，即同“矛”。《慧琳音義》卷十四：“矛矟：上謨侯反。《韻英》：音暮蒲反。兵仗也。《説文》：矛也。建於兵車，長二丈，象形字也。或作戕，古字也。經文作鉾，俗字，謬也。正作矛。諸字書並無此鉾字。……”[3]儘管不被慧琳承認，但實際上佛經中並不少見。玄應、慧琳、希麟以及可洪等音義大家多次收釋並辨析此字。《龍龕手鑑·金部》就已正式收録，此後字書也多見，多被用作“矛”俗字。如《正字通·金部》“鉾”下釋：“俗矛字。《晉載記》作鉾。《字林》：鉾，古矛字。《集韻》或作銵戕，並非。”[4]

從以上天理本之例可以看出，當時日本所傳《大般若經》，“矛”字多用“鉾”。而且這個被慧琳等音義大家所“非”，被視爲“矛”之俗的“鉾”字，在日語中還站住了脚。以上和訓“ホコ”在《國語大辭典》中可用“矛、戈、鉾、鋒、戟”等字表示，這其中就有“鉾”字。

002 之“穳”即“穳”之俗寫，也作“鑽”。“穳”不見於《説文》，被認爲是後起字，《玉篇》和《廣韻》收釋，用作兵器名，指一種小矛。《玉篇·矛部》“穳”字下還收有“欀”，作爲“同上”的異體。[5]《玄應音義》

---

① 徐時儀先生此處標注：“據文意似作‘建’。”見其《一切經音義三種校本合刊》（修訂版）一書第 598 頁，此説甚確。
② 徐時儀：《一切經音義三種校本合刊》（修訂版），594 頁。
③ 徐時儀：《一切經音義三種校本合刊》（修訂版），743 頁。
④ 張自烈編·廖文英編：《正字通》，1282 頁。
⑤ 陳彭年：《大廣益會玉篇》，250 頁。

卷十一："欑矛：《字詁》：古文錄、欑二形今作欑，同。粗亂反。欑，小矛也。矛或作鈝，同。"①

"鑹"應是"鑹"字。此字見收於《廣韻·換韻》："七亂切。小稍。"②《慧琳音義》卷三十："畫欑：七亂反。《韻略》云：欑，小稍也。《考聲》：短矛也。形如搶而刃闊。《廣雅》：欑謂之鋋。《古今正字》：從矛贊聲。《字書》作欑，音同上。經作鑹，非也。鋋音延。"③另外，《慧琳音義》卷三十還有"如鑹"辭目，釋曰"下倉筭反。《韻略》云：鑹，小稍也。《考聲》云：短矛也。又云南越謂之殳，正作欑也。"④慧琳此處是爲《寶雨經》第二卷所撰音義。查檢《佛説寶雨經》卷二，有"諸佛廣説一切貪欲種種過患，所謂欲如尖摽、如鑹、如劍亦如利刀，又如毒蛇、如水聚沫、如肉腐敗臭穢可惡"⑤之經句，其中"鑹"與"摽（標）""劍"以及"利刀"等並列使用，可見確指兵器，且經中不少見。

考證"鑹"作爲"欑"的異體並不太難，但在漢字類傳統訓詁工具書中，"鑹"字如此用，似主要根據《慧琳音義》。天理本如此作，其原本所用參考文獻的出處，值得引起注意。是日本當時寫經本就有如此用字，還是參考了其他文獻？是否與《慧琳音義》有關係？這些也都值得進一步探討。

筆者注意到，此條在六地藏寺本中，作"鑹"，而在大須文庫本中，作"欑"。前者與天理本同，後者已改爲"欑"，不過爲其俗寫。

003 利鑹

利。ツシム。黑而黃也。梨：同上，亦作。（天/46 - 5/486）

這其實是上節所舉的 027 例，經本文出自《大般若經》卷四百五十

---

① 徐時儀：《一切經音義三種校本合刊》（修訂版），220 頁。
② 陳彭年：《宋本廣韻》，383 頁。
③ 徐時儀：《一切經音義三種校本合刊》（修訂版），1187 頁。
④ 徐時儀：《一切經音義三種校本合刊》（修訂版），1031 頁。
⑤ CBETA 電子佛典 2016/T16/0660/0290。

五：“若菩薩摩訶薩如是學時，決定不墮地獄、傍生……不長不短，亦不
鬐黑，及無種種穢惡瘡病。”[1]此段經文還出現於卷五百二十和卷五百
二十二。《慧琳音義》卷五沒有收釋卷四百五十五中的“鬐黑”，但卷七
却收錄了經本文卷五百二十中“鬐黑”，釋曰：“上力知反。《通俗文》
云：斑黑曰鬐。《考聲》云：面頰（七遵反）黑也（色）而黃色也。又音禮
兮反。《文字音義》云：鬐，老黑色也。從黑從初（移）省聲也。”[2]《可洪
音義》卷一收釋了此詞：“鬐黑：上力夷反。新韻此例闕此字也，見舊韻
也。又力兮反。黃而黑也。”[3]

　　可以看出，慧琳和可洪所錄辭目爲“鬐黑”，而天理本祇收單字，這
符合其性質，并無疑問。不過，“鬐”（鬐）字，與其後所列的異體“梨”，
這些都應該討論。

　　“鬐”字，一般工具書皆標出《龍龕手鑑・黑部》，爲“鬐”俗字，其他
似較少見。實際上，“無窮會本系”中，除了天理本，其他有第四十六帙
的寫本，如六地藏寺本、大須文庫本、藥師寺甲本和乙本，皆作“鬐”。
其上左半“禾”與“示”相似而訛，不難理解。而查檢天理本，卷下還有
收“鬐”之處，字形有同如“鬐”者（第五十一帙第六卷），也有作“鬐”者
（第五十二帙第十卷），以及“鬐”者（第五十六帙第二卷），基本上屬於
一類。其他寫本也基本如此，如大須文庫本。但如上作“鬐”（鬐）字，
天理本僅此一例。其他寫本也不見。不知是偶然作此，還是當時已有
此俗字，有待再進一步探討。

　　再看作爲“亦作”舉出的異體“梨”。實際上，無窮會本中也有這一
條，不過其所釋本是雙音詞“鬐黧”，分拆爲上下兩條，其上字爲“鬐”，
其後也列出異體“梨”，而且被認爲是“正作”。

　　漢文典籍中，“梨”用作“鬐”的異體，似并不見。日本對異體字的
概念界定比較寬泛，因二字同音，可通假，故也視爲異體字。《佛教古

①　CBETA 電子佛典 2016/T07/0220/0299。
②　徐時儀：《一切經音義三種校本合刊》（修訂版），616 頁。
③　《大日本校訂大藏經 音義部》，爲一，7 頁。

文書字典·異體文字集》中"黎"字下的異體就有"䥯""梨""犁"等,而"䥯"下也有"黎"①,可見完全是同音通假的用法。

004　凋

　　超。オミ。**耿**：同上。先德非之。(天/47－1/492)

　　以上義釋"オミ",築島裕先生在摹寫本此條下用括號標出(ツ?),即懷疑"ミ"有可能是"ツ"的訛誤。確實,查"オミ"無果,而"オツ"爲"落ツ",與經意吻合。

　　《大般若經》卷四百六十一:"佛告善現:諸菩薩摩訶薩應觀色乃至識彫落故,破壞故,離散故,不自在故,不堅實故,性虛僞故,行深般若波羅蜜多。"②以上經文中作"彫"字,但天理本辭目字作"凋",其釋義爲"落ツ"。

　　應該說,"彫落"與"凋落",典籍中皆常見,不屬難字。我們要討論的是:天理本此條釋義中以"同上"列出的異體"**耿**",却被"先德非之",其理據爲何?

　　"**耿**"即"彫"字。漢字書寫中,書家常將"彡"的最後一筆短撇改成捺,結果便看似"久"。這種現象,中日兩國寫本文獻中皆見,但日本寫經生筆下或出現得更多些。本章第二節論述天理本"篇立音義"時,將會專門考探。這裏"先德"不認可"彫"用作"凋"字異體,筆者認爲是因爲此二字各有其本字、本義之故。日本古代學僧在使用漢字時,多有"尊《說文》,重本義,重初文"③之特色。《說文·仌部》:"凋:半傷也。从仌周聲。都僚切。"④許慎釋"仌"曰:"凍也。像水凝之形。"⑤一般認"仌"爲"冰"之本字。寒冬時節,草木花葉等紛紛脫落凋零。而

----

　　① 　川澄勳:《佛教古文書字典·異體文字集》,162—163 頁。
　　② 　CBETA 電子佛典 2016/T07/0220/0332。
　　③ 　敬請參考本書第六章《"無窮會本系"之"先德"考》。
　　④ 　許慎:《說文解字》,240 頁。
　　⑤ 　同上。

"凋"就是指植物遭霜雪襲擊後所顯示出的衰敗枯萎，即許慎所説的
"半傷"。又《説文·彡部》："彫：琢文也。从周聲。都僚切。"[1]段玉裁
注："琢者，治玉也。玉部有琱，亦治玉也。《大雅》：追琢其章。《傳》
曰：追，彫也。金曰彫，玉曰琢。《毛傳》字當作琱。凡琱琢之成文曰
彫，故字从彡。今則彫雕行而琱廢矣。"[2]由此可知，"彫"字本義爲雕
刻，雕琢。儘管實際上"凋"與"彫"，在凋零的意義上，自古就多通用，
《説文解字詁林》十一下"徐箋"就指出："霜雪至而草木凋，故从仌。通
作彫雕。"[3]但佛門學僧却似有不同看法。《慧琳音義》卷六："凋落：上
丁遥反。杜注《左傳》云：凋，傷也。賈注《國語》云：弊也。《説文》：半
傷也。從冫從周聲也。冫音氷。經文作彫，錯用也。……"[4]可見，慧
琳也不贊同用"彫"表凋落義。筆者在考察無窮會本中"先德"時發現，
其中"先德"對漢字的認識和看法多與慧琳等人相合。雖然一般認爲
無窮會本的原撰者應該没有見到《慧琳音義》，但在漢字的使用方面，
兩者却不乏相同的認識，這也是值得進一步探討之處。

005 箣

　　尺。ハケム。ハカル。箣：同上，亦作。（天/49-9/528）

　　以上"箣"即"策"字，其和訓有兩個義項：① ハケム。根據築島
裕先生的《和訓索引》，應爲"ハゲム"，即"励む"。此乃鞭策之"策"，表
激勵義。② ハカル。日語可表示爲"計る·量る·測る"等。我們這
裏并不討論其字義，而考察其字形。

　　"策"字金文形體上從"竹"，右下從"斤"，左下從"片"，作"𥴩"，表
示用刀削竹、木。篆文改作從竹、束聲，《説文》作"箣"。隸書變爲草
頭，下方形體也有變化。楷書來自篆文，故從竹、束聲。以上辭目字

① 許慎：《説文解字》，185 頁。
② 段玉裁：《説文解字注》，424 頁。
③ 丁福保：《説文解字詁林》，5169 頁。
④ 徐時儀：《一切經音義三種校本合刊》（修訂版），599 頁。

"**策**",即"筞",爲"策"俗字,見《干禄字書》《龍龕手鑑》等,不贅。此條中,作爲"亦作"的異體"**策**",字形似較爲少見。筆者認爲,這實際是"策"俗字"筞"和"筞"的混合訛體。

《隸辨·麥韻》:"**萧**:《楊震》碑:元勳**萧**書。按:即策字。從籀文**束**,今俗相承,乃從束作策,或從宋作筞。皆束之譌也。"①筆者查檢《日本名跡大字典》,發現"策"下之字形不是作"筞",就是作"策",却未見收正字"策"。可見,"筞"與"策"很受日本書家歡迎。"無窮會本系"中"策"字主要有三種字形:① "**策**(筞)",即上辭目字。② "**策**(策)",見無窮會本第六帙第三卷。③ "**策**"即以上釋文中所舉異體。前二種已如前述,且還散見他處②。但"**策**"却似僅見"無窮會本系"。此字六地藏寺本作"**策**",大須文庫本作"**筞**",頗爲清晰,結構與天理本同。

006　**憸**

兼。ニクム。ウタカフ。キラフ。**嫌**:同上,亦作。(天/
50-1/534)

以上辭目字"**憸**"爲"慊"字,文中異體"**嫌**"即"嫌"字,并不難辨認。三條和訓義項:"ニクム"可表示爲"憎む·悪む·嫉む";"ウタカフ(うたがう)"有懷疑、疑惑之義;"キラフ(きらう)",即"嫌",有厭惡、憎恨義。三條義項皆與經義相合。

以上辭目字出自《大般若經》卷四百九十一:"善現!若菩薩摩訶薩或生刹帝利大族、或生婆羅門大族,所稟父母無可譏嫌,是爲菩薩摩訶薩常應圓滿家族具足。"③天理本此條前,收錄的正是"譏"字。不過《大正藏》的"譏嫌",在天理本應是"譏慊","嫌"是作爲"亦作"的異體

① 顧藹吉:《隸辨》,722 頁。
② 敬請參考本書附錄"無窮會本、天理本異體字字表"。
③ CBETA 電子佛典 2016/T07/0220/0496。

而列出的。

《慧琳音義》卷六詮釋此詞："譏嫌：幾衣反。《廣雅》：譏，諫也，問也。鄭注《禮記》：呵察也。《考聲》：怨刺也。《説文》：嫌也。從言幾聲也。下形兼反。《古今正字》云：嫌，疑也。《考聲》：心惡也。《説文》：不平於心也。從女兼聲也。或從心作慊（嫌）。"①徐時儀出校注，指出獅谷白蓮社本作"慊"。由此可見"嫌"與"慊"可以通用。佛典中，"譏嫌"與"譏慊"也確實皆見，但前者居多。《可洪音義》五次收釋"譏慊"，四次指出"慊"正作"嫌"。如卷十六："譏慊：户兼反，正作嫌也—惡也。又苦點反，恨也。非此呼。"②

"嫌"與"慊"皆見《説文》。《女部》釋"嫌"曰："不平於心也。一曰疑也。从女兼聲。户兼切。"③又《心部》釋"慊"字："疑也。从心兼聲。户兼切。"④段玉裁注："疑者，惑也，故下文受之以惑。今字多作嫌。按女部嫌者，不平於心也。一曰疑也。不平於心爲嫌之正義，則嫌疑字作慊爲正。今則嫌行而慊廢。"⑤段玉裁認爲二字雖可通用，但本各有側重。王筠《説文解字句讀》則指出："不平於心。此義與慊通。《玉篇》：慊，切齒恨也。《坊記》：貴不慊於上。注：慊，恨不滿之貌也。慊或爲嫌。一曰疑也。此義則與慊一字。"⑥

需要指出的是，佛經"譏嫌"一詞，亦作"機嫌"，特指被人家説壞話。還有"譏嫌戒"，爲"息世譏嫌戒"的簡稱，即停止做讓人家説壞話之事的戒律。隋·智顗説《釋摩訶般若波羅蜜經覺意三昧》卷一："既能善遮内非，亦當嚴防外惡。爲防惡故修二種戒，謂性重息世譏嫌。微細不犯，故名戒心。"⑦又唐·法藏造疏、明·德清纂略《大乘起信論

---

① 徐時儀：《一切經音義三種校本合刊》(修訂版)，603 頁。
② 《大日本校訂大藏經·音義部》爲三，52 頁。
③ 許慎：《説文解字》，263 頁。
④ 許慎：《説文解字》，221 頁。
⑤ 段玉裁：《説文解字注》，511 頁。
⑥ 丁福保：《説文解字詁林》，5621 頁。
⑦ CBETA 電子佛典 2016/T46/1922/0626。

疏略》卷下:"……機嫌者,謂行非律儀,及受畜非法之物,招人譏謗,即生他罪。他罪所生本由於己,故須護之。護之即不謗,不謗即自然發心。發心即受化,受化即成攝取義也。"[1]

007 䟃

相。ミタル。ウコカス。サハカシ。䟃趮:同上,亦作。（天/51－9/552)

案:與上相同的内容,實際在卷上已經出現:

䟃:相。ミタル。ウコカス。サハカシ。䟃趮:同上,亦作。（無/44－10/200)

卷上與卷下祇是辭目字不同。既是異體,并不難理解。三條和訓分別有"亂""動""騷動"等義。

我們先看"趮"與"趱"。後者并未作過辭目字,都是作爲異體字在釋文中列出的。但實際上,"趱"才應是本字。《説文・走部》:"趱:疾也。从走喿聲。臣鉉等曰:今俗別作躁,非是。則到切。"[2]桂馥《説文解字義證》:"疾也者,《廣雅》同《考工記》:矢人羽豐則遲,羽殺則趱。經典或作躁。莊三十年《公羊傳》:蓋以躁之爲已蹙矣。何云躁,迫也。《詩江漢箋》云:非可以兵急躁切之也。"[3]邵瑛《説文解字群經正字》:"今經典多作躁。《易繫辭傳》:躁人之辭多。《説卦傳》:震爲決躁,巽爲躁卦。《禮記・月令》:毋躁。《國語・齊語》:驕躁淫暴。……《漢書》王子侯年表及高惠高后孝文功臣表注云:趱,古躁字。"[4]"走"與"足"義近,故多偏旁互換而通用,以上"趱"與"躁"即爲例。但是,佛典

---

① CBETA 電子佛典 2016/X45/0765/0477。

② 許慎:《説文解字》,36 頁。

③ 丁福保:《説文解字詁林》,671 頁。

④ 同上。

中,用"趮"似較爲多見。《慧琳音義》卷五釋"趮擾"曰:"臧告反。《考
聲》:趮,急性也,動也,疾走也。或作趠,亦通。"①《玄應音義》卷二:
"輕趮:又作躁,同。子到反。《周易》:震爲躁。躁猶動也。躁,擾也。
《論語》曰:言未及之而言謂之躁。鄭玄曰:謂不安静也。"②

　　天理本辭目字"䟾"應爲"躁",并不難認,祇是右半下部"小"和
"水"之别,這在寫本中多見。《干禄字書》:"踩躁,上俗下正。"③《龍龕
手鑑·足部》亦收同樣字形,同釋爲"躁"俗字。《偏類碑别字·足部》
"躁"字下引《唐王進墓志》收有"踩"。《字彙補·足部》已正式收入。

008　䏬

　　　　　　澄。マロラカナリ。ウルハシ。偹:同上,亦作。(天/54 -
1/582)

　　佛經中多有描寫諸佛三十二相的内容,《大般若經》中也多見,如經
卷第三百八十一、第四百六十九、第四百七十、第五百三十一、第五百七
十三等,其中第九相爲"諸佛雙臂修直䏬圓,如象王鼻平立摩膝"。以上
天理本即爲經卷第五百三十一的音義内容。和訓"マロラカナリ"可
表"變圓"之義,而"ウルハシ"則可有"美麗"之義,此與經文之義相合。
　　辭目字"䏬"應是"膭"的俗寫。"膭"爲"偹"的俗字。《慧琳音義》
卷四:"偹圓:癡龍反。《考聲》:上下均也,大也。《韻英》:偹,直也。
經文有從肉作膭,俗字也。《説文》:均直也。從人,庸聲也。"④

　　實際上,相同的内容,無窮會本中已經出現:

　　　膭:澄。マロラカナリ。ウルハシ。**偹**:同上,亦作。
(無/39 - 1/126)

①　徐時儀:《一切經音義三種校本合刊》(修訂版),591 頁。
②　徐時儀:《一切經音義三種校本合刊》(修訂版),43 頁。
③　杉本つとむ:《異體字研究資料集成》,第一期,别卷一,41 頁。
④　徐時儀:《一切經音義三種校本合刊》(修訂版),570 頁。

　　天理本第三十九帙此處字形與無窮會本相同,可見慧琳所説"經
文有從肉,作膞",在日本當時流傳的《大般若經》中很常見。"膞"和
"膞"皆爲"膞"俗寫字,但前者更爲多見。

　　《説文》"庸"字從"庚","用"聲,隸定後作"庸",一般以中竪貫通到
底。然以上"膞"和"傭"字的俗寫均把中竪分兩筆,是書寫者有意區別
"庸"字爲上下結構,蓋有古意存焉。但同時,亦將"庚"旁"甫"與"虍"
字旁的俗形"甪"或"甮"混淆,遂致字形難辨。"傭"或"慵"在敦煌俗
字中,多作"儒慵",正與以上相似。蓋唐人書"庸(甫)"旁字往往有
此譌。因而可以看出,唐代時某些字的結構還處於變化之中。而由
"庸"再譌作"虎"頭之俗"甪"和"用",蓋因書寫中將"庸"之"用"與上
部之"庚"字頭譌斷而引起形譌。此形亦見他本。如《難字·異體字
典·片部》"膞"條下有"牖牖"二形[1],即同此或類此。又如同書《广
部》"庸"字下收有"膚",此即書寫中將"庸"之"用"與上部之"庚"字頭
譌斷而引起形譌。

　　以上天理本中的"膞"與"傭"却在此基礎上又有譌寫。其一,
"甪"已譌成"广"及其下的"田";其二,本已譌的"用",進一步再譌爲
從"肉"的"月"。這種俗形較爲少見。筆者認爲,這可能是因"膞"從
"月(肉)"而所受的影響。《精嚴新集大藏音·肉部》有"膞膞"。其後
雖不太清晰,但看得出是"膞"右半下爲"月(肉)"。另外,其聲符"庸"
的俗字,《精嚴新集大藏音·广部》有作"庸"者,[2]譌同前。另外,我們
還注意到"庸"字本還有一個古文寫法:《篆隸萬象名義·富部》收有
"賣"。[3] 而《龍龕手鑑·宀部》:"賣:古文。音容。今作庸字。"[4]下部
皆可視爲"月(肉)"。

009　嗤

　　之。カロム。ワラフ。嚴:同上,亦作。(天/55-6/600)

①　有賀要延:《難字·異體字典》,190 頁。
②　以上兩個引自《精嚴新集大藏音》的字體,出自《異體字字典》。
③　釋空海:《篆隸萬象名義》,818 頁。
④　杉本つとむ:《異體字研究資料集成》,第一期,別卷二,86 頁。

嘆：之。カロム。禾ラフ。蚩：同上，亦作。（天/56 -
10/624）

以上二例音注釋義相同。下例第二個和訓用了一個漢字"禾"，其
吳音正作"ワ"。

"嘆"有譏笑義，見《玉篇·口部》。這是一個後起字，但却是通用
字。以上和訓"カロム"爲輕視義，而"ワラフ"漢字即可作"笑う·咲
う·嘆う"。我們要討論的是兩個異體字。

先看前例"歔"。筆者認爲：這有可能是兩個字，即"蚩"和"歔"。
大須文庫本此處很明顯，就是兩個字。所以天理本是因竪行書寫而誤
爲成一字。

《説文》未收"嘆"，但有"蚩"，本爲蟲名，假借爲"嘆"，有譏笑義。
實際上，《説文》中表譏笑義的本是"歔"。《説文·欠部》："歔：歔歔，
戲笑皃。從欠之聲。許其切。"①段玉裁注："此今之嘆笑字也。《廣韻》
畫歔嘆爲二字，殊誤。其云嘆又作歔，不知皆歔之俗耳。《文賦》曰：雖
濬發於巧心，或受歔於拙目。李善曰：歔，笑也，與嘆同。今本轉寫乖
謬。……許其切。按當赤之切。一部。蚩亦從蟲屮聲。"②《慧琳音義》
卷七此處收"嘆笑"："赤之反。《韓詩》云：志意和悦皃也。《考聲》云：
嘆，笑也。《字書》云：嘆，戲笑也。《説文》作歔。又云：歔歔，戲笑皃
也。從欠屮聲也。屮音之也。"③而玄應在《衆經音義》卷一："蚩笑：充
之反。《蒼頡篇》：蚩，輕侮也。經文從口作嘆，非體也。"④兩位音義大
家的辨析，基本可以明瞭"歔""蚩"與"嘆"的關係。

遺憾的是，未見到玄應與慧琳等人對"歔"字的辨析。此字在《廣
韻》《集韻》《玉篇》和《龍龕手鑑》等韻書和字書中作爲"嘆"的俗字，皆
已收録。而天理本收録此字，説明原撰者已注意到此字。

---

① 許慎：《説文解字》，179頁。
② 段玉裁：《説文解字注》，412頁。
③ 徐時儀：《一切經音義三種校本合刊》（修訂版），622頁。
④ 徐時儀：《一切經音義三種校本合刊》（修訂版），15頁。

010　鹵咸

　　堪。塩地也。苦味也。**鹹**：同上，亦作。（天/56‐3/616）

011　鹵

　　路。地不生物也。**滷**：同上，亦作。（同上）

　　《大般若經》卷五百五十三："譬如大地少處出生金銀等寶，多處出生鹹鹵等物，諸有情類亦復如是，少學般若波羅蜜多，多學聲聞、獨覺地法。"①以上兩條，即經文中的"鹹鹵"二字。因其字書性質，分爲上下兩條。此處筆者因其字義及釋義的方法有相同之處，故放在一起考釋。

　　以上二辭目字及其釋義中所出異體，並不難辨認。衹是"鹵"字作"鹵"，此乃後起俗字。《龍龕手鑑·鹵部》"鹵"字下收"鹵"，爲"俗"②。《慧琳音義》卷七此處辭目字爲"鹹鹵"，説明這個俗"鹵"字，經中多見。另外，無窮會本卷上實際已經出現過相同內容：

　　鹹：堪。シワハユシ。**鹹**：同上，亦作。（無/36‐1/112）

　　"鹹"字若放大仔細辨別，可知其形旁也是"鹵"。根據其和訓，可知用爲形容詞，表"鹹"義。另外，在天理本第四十六帙第十卷、第五十三帙第四卷中"鹹"也單獨被收釋，音義與上同。

　　但是，以上010與011兩條均無和訓，却有漢文釋義。這種形式在"無窮會本系"的單字部分不多見，主要出現在複音詞（包括合成詞和音譯詞）辭目中。我們主要考證其漢文釋義。

----

①　CBETA電子佛典2016/T07/0220/0847。
②　杉本つとむ：《異體字研究資料集成》，第一期，別卷二，226頁。

　　以上"鹹"有二義：① "塩（鹽）地"；② "苦味"。一作名詞，一作形容詞用。筆者認爲"鹽地"之釋，實際就是現在所謂"鹼地"，讀"jiǎn"。《本草綱目·鹵鹹》："時珍曰：鹹音有二：音鹹者，潤下之味；音減者，鹽土之名，後人作鹼，作鹻，是矣。"①《説文·鹽部》收有"鹼"字，釋爲"鹵"也。桂馥《説文解字義證》曰："鹹地之人，於日未出，看地上有白若霜者，掃而煎之，便成鹼矣。字或作鹻。"②也就是説，"鹹"爲古"鹼"字，而"鹼"與"鹻"爲其後起分化字。《可洪音義》卷十九："鹹鹵：上宜作鹼，古斬反，鹵土也。下力古反。上又音鹹，鹽味也。"③頗爲清晰。"鹵土"與"鹹地"即以上天理本"鹽地"也。

　　再看"苦味"。《説文·鹵部》詮釋"鹹"爲"北方味"④。這和《本草綱目》中的"潤下之味"相通。傳統中藥"五味"中有"鹹味"，典出《尚書·洪範》"水曰潤下……潤下作鹹"。所謂"潤下"，是指水具有滋潤、下行的特性。進而引申爲水有寒涼、滋潤、向下、閉藏、終結等特性。凡具有此類特性的事物和現象，均可屬於水。而鹹味的主要功效如"能軟""能下"都是通過水的參與來實現的。即鹹味通過增加體液滲透壓而起溶化解凝、稀釋、消散等作用。⑤ "水"在《説文·水部》的解釋爲："水，準也。北方之行，象衆水並流中有微陽之氣也。"⑥故《説文》中釋"鹹"爲"北方味"。但"苦味"在五行中本應屬火，故似與此不對應。筆者認爲原撰者這裏應參考了《爾雅》之説。《爾雅·釋言》："滷矜鹹，苦也。"郭璞注："滷，苦地也。可矜憐者，亦辛苦。苦即大鹹。"郝懿行疏："……鹹極必苦。故《淮南·墜形篇》云：鍊苦生鹹。今驗海水鹹，煮鹽味苦，是其證矣。"⑦

---

　　①　劉衡如、劉山永：《新校注本 本草綱目》，446 頁。

　　②　丁福保：《説文解字詁林》，5298 頁。

　　③　《大日本校訂大藏經·音義部》，爲四，4 頁。

　　④　許慎：《説文解字》，247 頁。

　　⑤　參考吳文博《從"潤下作鹹"看鹹味四功》，《中國中醫藥報》4 版，2018 年4 月2 日。

　　⑥　許慎：《説文解字》，224 頁。

　　⑦　郝懿行：《爾雅義疏》"上之二"，19 頁。

011 "鹵"之義"地不生物"也,並不難理解。《説文解字·鹵部》:"鹵:西方鹹地也。從西省,象鹽形。安定有鹵縣。東方謂之㡿,西方謂之鹵。凡鹵之屬皆从鹵。郎古切。"①《釋名》卷一:"地不生物曰鹵。鹵,爐也。如爐火處也。"②佛典中"鹹鹵"多連用,同義複合,如玄奘譯《瑜伽師地論》卷六十:"若器世間,其地處所,多諸株杌荊棘毒刺,瓦石沙礫枯槁,無潤無有池沼,河泉乾竭,土田鹹鹵,丘陵坑險。"③又玄奘撰《大唐西域記》卷十二:"波謎羅川……地鹹鹵,多礫石,播植不滋,草木稀少,遂致空荒,絶無人止。"④例多,不煩舉。

012 儵

四久。タチマチ。倏:同上,亦作。(天/57‑6/642)

以上辭目字爲"儵"的手寫字,並不難認。此字於第五十九帙又出現一次,不過,未列出異體。"タチマチ"作爲日語副詞,用漢字就是"忽ち·乍ち·儵ち"。作爲"亦作"的"倏",却難以辨認。大須文庫本此字作"倏"。筆者認爲這應該是"倏"的手寫字,有訛誤。"倏"字見於《説文·犬部》:"走也。從犬攸聲,讀若叔。式竹切。"⑤《説文》也有"儵"字,但在《黑部》:"儵:青黑繒縫白色也。從黑攸聲。式竹切。"⑥本爲名詞。段玉裁注"倏"字曰:"(倏)……引伸爲凡忽然之詞。或叚儵字爲之。"⑦又注"儵"字曰:"……古亦叚爲倏忽字。"⑧可知在副詞意義上,"倏"才應該是本字,而"儵"是假借字。《慧琳音義》卷八也收釋雙音詞"儵忽":"識祝反。王逸注《楚辭》:儵忽,急皃也。又云儵

---

① 許慎:《説文解字》,247 頁。
② 王先謙:《釋名疏證補》,卷一,17 頁。
③ CBETA 電子佛典 2016/T30/1579/0633。
④ CBETA 電子佛典 2016/B13/0080。
⑤ 許慎:《説文解字》,205 頁。
⑥ 許慎:《説文解字》,211 頁。
⑦ 段玉裁:《説文解字注》,475 頁。
⑧ 段玉裁:《説文解字注》,489 頁。

忽如電光也。《廣雅》：儵忽，光。從黑攸聲也。攸音由。或從火作倏，或從足作踃，皆古字也。"[1]漢語"儵忽"與"倏忽"，乃至"倐忽"皆見。

013 磣

イタム。ウレフ。食□有沙也。[2] 磣 磢 憯：同上，亦作。
（天/57-9/646-648）

以上條，天理本的辭目字，看上去像是"磢"，但"磢"在《漢語大字典》中祇是地名用字。大須文庫本此條作"磣"字：

磣：心。イタム。ウレフ。食中沙也。墋憯，同上亦作。

我們要考證天理本"磢"與大須文庫本"磣"作爲辭目字，哪個準確？

《大般若經》卷五百六十九："是諸菩薩行深般若波羅蜜多，如是修行則能隨順一切世間，……見磣毒者則生慈忍，見邪法者則生大慈，見苦惱者則生大悲，見慳嫉者則行佈施。"[3]《慧琳音義》卷八："磣毒：瘡疹、霜稟二反。《考聲》：砂土汙也。從石參聲也。或從土作墋，亦同。下徒斛反。孔注《尚書》：毒，害也。《考聲》：惡也。痛也。案磣毒者，妒害也。忍人也。《説文》：害人之草也。從中毒(毒)聲也。中，醜列反。毒(毒)音愛。經作毒，隸書訛也。"[4]根據慧琳解釋，"磣毒"有嫉妒害人義。

經中"磣毒"多見。"磣"指食物中雜有沙子。《玉篇・石部》："磣：初甚切。食有沙。"引申可指物中參雜沙子。食中有沙，令人不適，故

---

① 徐時儀：《一切經音義三種校本合刊》(修訂版)，632頁。
② 天理本此處有殘脱。此處根據築島裕先生摹寫。方框處築島裕先生原用問號。見647頁。
③ CBETA電子佛典2016/T07/0220/0939。
④ 徐時儀：《一切經音義三種校本合刊》(修訂版)，634頁。

引申可表惡意。《玄應音義》卷二十一："碜毒：又作塳，同。初錦反。碜惡毒害也。"①

"磢"是"碜"的俗字。而"塳"是"塸"的俗字。《玄應音義》卷二十二："又作塳，同。初錦反。又塸，惡也。《通俗文》：沙土入食中曰塳。"②可知其異體還有"塳"。《玉篇·土部》："塸，土也。"

我們要解決兩個問題：

其一：天理本的"石𡐨"是否準確？大須文庫本明顯已改成正字。

"石𡐨"應是"碟"字。但如前述及，此字似僅見於《漢語大字典》，指出爲地名用字，讀"zào"，與"碜"不同音。我們注意到唐·法琳撰《破邪論》卷一有"竊見大業末年，天下喪亂。二儀碟黷，四海沸騰。波振塵飛，丘焚原燎"③之句，其中"碟"字有《大正藏》有校注："碟＝黪【宋】【元】【明】【宮】"《大正藏》作"碟"，説明當時有寫本用此字，但應該是訛字。

"黪"字見於《説文》，表示淺青黑色。"黪黷"爲漢語詞，表示陰暗汙濁。但是《慧琳音義》卷八十七爲《破邪論》音義時，收作"碜黷"，釋曰："上初錦反，下音獨。陸機《漢祖功臣頌》：茫茫宇宙，上碜下黷。波振四海，塵飛五嶽。九服俳佪，三靈改蔔。《古今正字》：從石參聲。或從土作塳也。"④希麟在其《續一切經音義》卷十中又一次收錄此詞，也是"碜黷"，釋曰："上初錦反，下音獨。陸機《漢祖功臣頌》云：茫茫宇宙，上碜下黷，波振四海，塵飛五嶽。今此傳云：二義碜黷，四海沸騰，波振塵飛。義與彼同。又《破邪論》中亦琳公啓作碜黷二字。今別傳作黪毒二字，並誤。"⑤據此可見《破邪論》中"黪黷"本應作"碜黷"。

據此，明顯可知"碜"字正確。那麼進一步的問題，爲何會訛作

① 徐時儀：《一切經音義三種校本合刊》（修訂版），440 頁。
② 徐時儀：《一切經音義三種校本合刊》（修訂版），454 頁。
③ CBETA 電子佛典 2016/T52/2109/0476。
④ 徐時儀：《一切經音義三種校本合刊》（修訂版），2019 頁。
⑤ 徐時儀：《一切經音義三種校本合刊》（修訂版），2333 頁。

"碌"? 其理據爲何?

實際上,"石粲"字,應是"磻"俗字"磻"的訛寫字。"磻"之聲旁"參",亦即"磻"之聲旁"糸"之上部,因爲"口""厶"相近,古代日常書寫中常混訛使用,相亂不別。陸明君指出魏晉南北朝碑別字中,有"𦂅"字,實"參"的俗作"糸"的"代換"。① 如此,從"磻"到"石粲"就不難理解了。

其二:天理本和大須文庫本最後都有一個異體字"慘"。天理本"𢤱"爲"慘"俗字。"慘"字見於《説文》,但因與"磻"音同,故可借用。《慧琳音義》卷十八:"慘毒:楚錦反。借音字也。《爾雅》:慘、懆,憎也。《考聲》:慘,甚也。《説文》:慘亦毒也。從心參聲。經文從石作磻,是砂磻字,非此義也。"②又卷四十二:"慘心:上測錦反。《説文》云:慘,毒也。從心參聲。經作磻,俗字也。"③因而天理本將其作爲異體之一,並不奇怪。

014 擒

記牟。トラフ。栓:同上④。(天/58-10/686)

《大般若經》卷五八十:"彼人爾時更無餘想,唯作是念:勿我今時爲他識知而見擒繫。"⑤《慧琳音義》卷八收録雙音詞"擒繫",釋曰:"及林反。《考聲》:擒,捉也。或作搇。《説文》作捡,急持也。從手金聲也。下張邑反。《毛詩傳》曰:繫,絆也。音半也。杜注《左傳》云:拘,繫也。從糸(音覓)執聲也。"⑥天理本將二字作爲兩條分別收釋,此條之下正是"繫"字。

---

① 陸明君:《魏晉南北朝碑別字研究》,104—105 頁。
② 徐時儀:《一切經音義三種校本合刊》(修訂版),820 頁。
③ 徐時儀:《一切經音義三種校本合刊》(修訂版),1239 頁。
④ 此後,没有"亦作"等術語,但大須文庫本爲"同,亦作"。
⑤ CBETA 電子佛典 2016/T07/0220/0997。
⑥ 徐時儀:《一切經音義三種校本合刊》(修訂版),642 頁。

"**榏**"是"捨"字的行草寫法。"捨"字書法作品少見,但聲旁"金"作"**金**（王羲之）""**金**（文徵明）""**金**（米芾）"等多見。故從字形上看,并不難認。

以上日語和訓,用漢字表示正是"捕らう・捉う"。實際上,"捨"才是此義本字。《説文・手部》:"**捨**:急持衣裣也。從手金聲。巨今切。**榤**,捨或從禁。"①《説文》並無"擒"字,爲後起分化字,本爲"禽"。段玉裁注"捨"曰:"此篆古假借作禽。俗作擒,作捨。走獸總名曰禽者,以其爲人所捨也。"②《玄應音義》卷十一:"捨獲:又作鈙、揵二形,同。渠林反。《三蒼》:捨,手捉物也。《埤蒼》:捨,捉也。今皆作擒。"③

015　甆

　　　應。カメ。モタヒ。**甆**:同上,亦作。（天/58-10/686）

以上和訓"カメ",用漢字表示爲"瓶・甕"。而"モタヒ（モタイ）"的漢字則是"瓮・甕・罇"等。從以上字形來看,辭目字應是"瓮",作爲"亦作"的異體則爲"甕"。

《慧琳音義》卷五十一:"蘇甕:烏貢反。《方言》云:自關而東趙魏之郊謂大者爲甕,小者名罌。《古今正字》:從瓦雍聲也。或從公作瓮,俗字也。"④卷六十:"甕船:烏貢反。瓦器大者也。或作瓮,俗字也。"⑤這裏,慧琳將"瓮"認作爲"甕"俗字。但實際上,"瓮"早於"甕"出現於字書。《説文・瓦部》:"瓮:罌也。從瓦公聲。烏貢切。"⑥王力先生辨"瓮"與"罌"指出:"二字同義。……瓮與罌的形狀并不完全

---

①　許慎:《説文解字》,251頁。
②　段玉裁:《説文解字注》,597頁。
③　徐時儀:《一切經音義三種校本合刊》（修訂版）,233頁。
④　徐時儀:《一切經音義三種校本合刊》（修訂版）,1393頁。
⑤　徐時儀:《一切經音義三種校本合刊》（修訂版）,1575頁。
⑥　許慎:《説文解字》,269頁。

一樣。瓮大口,罌小口大腹。"①二者都是古代陶製或木製盛水、盛酒的器皿。

《説文》中雖無"甕",但有"䍃"字。《説文·缶部》:"䍃:汲缾也。从缶雔聲。烏貢切。"②段玉裁注:"按缾甕之本義爲汲器。經傳所載不獨汲水者偁缾甕也。許云汲缾。分别言之。許固謂缾不專用汲矣。䍃俗作甕。"③《干禄字書》:"瓮甕,並正。"④説明二者當時都應通行。《玉篇·瓦部》:"瓮:於貢切。大罌也。甕:同上。"⑤

這裏需要指出的是:以上天理本辭目字"𤮰",摹寫本作"兊"。此字形有誤。漢字書寫中"瓦"常被寫作"凡"或"瓦"⑥。實際上,原本"𤮰"字放大了看,"儿"中有兩短橫很清楚。《異體字字典》"瓮"字下有"兊",釋曰:形見《中華字海·八部》:"兊,同'甕'。字見《王昭君變文》。"其字形經改易,待考。筆者認爲:"兊"同"兊",確實是字形經過改易後出現的訛形。

016　桙

　夢。ホコ。鋒:同上,正作。(天/59-9/696)

以上辭目字"桙"爲"桙"之俗寫。其後異體即爲"鋒"字,不難辨認。此條和訓"ホコ",日語可用"矛·戈·鋒·鋒·戟"等漢字表示,即用於刺敵的帶有長柄的兵器。

《大般若經》卷五百八十九:"若諸菩薩摩訶薩衆恒不捨離一切智心,於諸有情欲作饒益,假使身受百千[鋒〉矛]積,而無一念報害之心,

　①　王力:《古漢語字典》,731 頁。
　②　許慎:《説文解字》,109 頁。
　③　段玉裁:《説文解字注》,225 頁。
　④　杉本つとむ:《異體字研究資料集成》,第一期,別卷一,38 頁。
　⑤　陳彭年:《大廣益會玉篇》,241 頁。
　⑥　可參考《金石文字辨異·上聲·二十一馬》,見《續修四庫全書》,240 册,88 頁。

於彼常生浄信安忍。"①CBETA 電子佛典用"鉾"與"矛"二字。其中"鉾"正是天理本所舉的"正作"。

　　"鉾"字有劍鋒義,見《集韻·侯韻》:"鉾:劍端。"②但也可作爲"矛"之異體,即古代的一種直刺兵器。這樣的用法似乎更多地用於佛經文獻。《玄應音義》卷三:"矛箭:古文戎、鉾、鉜三形,同。莫侯反。《方言》:楚謂戟爲矛。《説文》:矛長二丈,建於兵車也。"③《慧琳音義》卷十四:"矛矟:上謨侯反。韻英音暮蒲反。兵仗也。《説文》:矛也。建於兵車,長二丈,象形字也。或作戎,古字也。經文作鉾,俗字,謬也。正作矛。諸字書並無此鉾字。"④慧琳從正字的角度認爲經文中"矛"作"鉾"爲"俗字,謬也",但在天理本"正作"則確定了其正字的地位,這説明在日本文獻中,"鉾"的這種用法已很常見。如今日本最常用的幾種大型工具書,如《漢和大字典》《国語大辞典》《広辞苑》都已收録。

　　但實際上,我們更應該注意的是辭目字"桙"。《集韻·侯韻》也收有"桙"字,爲"器名"⑤。但用作"矛",表直刺兵器,却似未見工具書。TBETA 電子佛典中有五處用作"桙楯"。從以上天理本"桙",可知當時日傳《大般若經》中有"桙"作"矛"用的情況。《漢和大字典·木部》"桙"下標"ほこ",與"鉾"同義,互爲異體。另外,《国語大辞典》和《広辞苑》中也有一些漢字詞,如"桙立(ほこ‐だち)""桙取(ほこ‐とり)""桙持(ほこ‐もち)"等,其中"桙"就與"鉾"同。日語"鉾"與"桙"用作"矛",從天理本似可見端倪。

　　以上,我們考探了天理本卷下中十六組異體字。如前所述,與卷上相比較,卷下部分所出異體字内容大幅度減少,主要還是因爲大部分内容卷上已經出現。另外,也正如筆者前章指出:以上所考察的内

----

① CBETA 電子佛典 2016/T07/0220/1048。
② 丁度:《集韻》(述古堂),270 頁。
③ 徐時儀:《一切經音義三種校本合刊》(修訂版),64 頁。
④ 徐時儀:《一切經音義三種校本合刊》(修訂版),743 頁。
⑤ 丁度:《集韻》(述古堂),270 頁。

容,有些可能并不算是"難"字。之所以還要舉出加以考辨,是因其從當時日本的漢字書寫、漢字在《大般若經》中的使用,乃至在當時寫經中的使用來看,都具有一定的特色。對其進行考辨,對瞭解漢字在日本的傳播和發展仍具有一定的意義。

第二節 天理本"篇立音義"與漢字研究

一、關於天理本"篇立音義"

如前述及,天理本在"無窮會本系"中具有重要價值,除了是相對較全,有明確的書寫時間外,還有一個重要原因,那就是此本卷末附有"篇立音義",共八十部。而此乃本節研究對象。

根據川瀨一馬、築島裕兩位前賢調查,"無窮會本系"中除天理本外,東大急記念文庫本和願成寺舊藏的殘本也有篇立音義內容,即:在"卷音義"結束之後又按照"部首別"以八十部首分類,收錄單字。[①] 雖然從比例上看,這在"無窮會本系"中還是占少數,但因無窮會本、岡井本等皆卷尾欠失,所以推定原本這個附載有可能是存在的。[②] 東大急記念文庫本衹到"馬部五十五"[③],而願成寺舊藏[④]是殘本,在整理之際,有次序顛倒之誤,所以本應在卷末尾的"篇立音義"出現於下卷卷首,且缺一葉。另外,二本書寫時間亦皆晚於天理本。故而天理本不僅是"無窮會本系"中現存"篇立音義"的最古寫本,也是唯一全本,其研究價值自然相對較高。

---

① 參見川瀨一馬:《增訂古辞書の研究》,450頁;築島裕:《大般若經音義諸本小考》,1—57頁,以及《無窮會本系大般若經音義附載の篇立音義について》等。

② 築島裕:《無窮會本系大般若經音義附載の篇立音義について》。

③ 築島裕:《大般若經音義諸本小考》。

④ 即"岡井本"。

　　所謂"篇立音義",指所收釋辭目(基本爲單字)以漢字部首分類編排。這是日本佛經音義發展至中世而產生的類別之一,體現了日本佛經音義發展的進程。①

　　日僧極爲重視佛經音義能幫助信衆閲讀佛典的工具書作用,而隨着佛教在日本的傳播,此前傳統的"卷音義",乃至"帙音義",從性質和體裁上已難以達到要求,故而,中世以降一批"篇立音義"的相繼出現,正體現了本傳自中國的傳統佛經音義在日本的新發展。②

　　但是,值得注意的是:正如築島裕先生所指出:《法華經音義》《金光明最勝王經音義》③《成唯識論音義》等都是以"篇立音義"的形式獨自成書,而像天理本却是"卷音義"和"篇立音義"相合成套,互補欠缺。這種類型,未見他例。從這個意義上來看,天理本"篇立音義"可視爲是一種特別的存在。④

　　儘管日本所存的"篇立音義",數量和種類上最多的當屬《法華經音義》,但根據《日本辞書辞典》所列⑤,其書寫年代皆應晚於天理本。故而,作爲日本"篇立音義"早期之作,無論是從日本辭書音義的發展,還是從日本中世漢字的傳播來看,天理本都具有一定的學術價值。

　　對天理本"篇立音義"進行研究的有川瀨一馬、築島裕等先賢。川瀨先生列出八十部"篇目"後指出:附加的篇立部分應引起注意。築島裕先生則有專文研究探討⑥。主要是將天理本"篇立音義"與"無窮會本系"中的藥師寺本進行詳細比較,以"無窮會本系篇立音義"成立爲中心,從而探求《大般若經音義》發展的一面。築島裕先生主要是

　　①　梁曉虹:《日本漢字資料研究——日本佛經音義》,49—51頁。
　　②　梁曉虹:《日本漢字資料研究——日本佛經音義》,25頁。
　　③　此爲築島先生所舉例,但筆者所見《金光明最勝王經音義》(大東急記念文庫本)應爲"卷音義",而非"篇立音義"。
　　④　築島裕:《無窮會本系大般若經音義附載の篇立音義について》。
　　⑤　沖森卓也、倉島節尚、加藤知己、牧野武則:《日本辞書辞典》,"法華經音義"條,おうふう,243頁。
　　⑥　築島裕:《無窮會本系大般若經音義附載の篇立音義について》。

從其作爲國語史料所具有的價值而展開的。筆者此前也對"篇立音義"進行過一些考察①，現在來看，自覺還有不少問題值得進一步探討。故本節即以"天理本"爲中心，從辭書學與漢字學的角度展開，從一個側面考察日本早期"篇立音義"和日本中世漢字傳播發展的一些特色。

二、天理本"篇立音義"概貌

天理本《大般若經音義》第六十帙"卷音義"結束後有如下記載：

> 已上帙別
> 立八十部篇出殘字②

據此，可以認爲其下是按"八十篇目"收録以上卷帙音義中未收録的殘字。八十部"篇目"如下：

　　礻部第一③/土④部第二/阝部第三/人部第四/女部第五/頁部第六/目部第七/見部第八/耳部第九/口部第十/辛部第十一/手部第十二/足部第十三/骨部第十四/皿部第十五/刀部第十六/巾部第十七/心部第十八/言部第十九/音部第二十/叩部第廿一/欠部第廿二/食部第廿三/甘部第廿四/彳部第廿五/夕⑤部第廿六/之部第廿七/門部第廿八/廠⑥部第廿九/扩部第卅/歹部第卅一/穴部第卅二/丿⑦部第卅三/木部第卅四/草部第卅五/竹部第卅六/人部第卅七/厶部第卅八/

---

① 梁曉虹：《日本中世"篇立音義"研究》，見徐時儀、梁曉虹、松江崇編：《佛經音義研究——第三屆佛經音義研究國際學術研討會論文集》，第63—82頁。

② 築島裕：《大般若經音義の研究 本文篇》，712頁。

③ "第一""第二"等序數，原本爲小字。

④ 川瀨一馬先生將其録爲"上"字，誤，應爲"土"字。日本古代寫經生多習慣將"土"字作此俗形。

⑤ 川瀨一馬先生將其録爲"久"，實際應爲"夕"，請參考後文。

⑥ 此處漫漶不清，摹寫本作此。根據正文内容，此當爲"屍"。

⑦ "篇立"處如此作，摹寫本亦作此。根據正文内容，應爲"丨"。

禾部第卅九/米部第四十/豆部第卅一/**䄂**（矛）部第卅二/戈部第卅三/刀部第卅四/車部第卅五/方部第卅六/水部第卅七/日部第卅八/月部第卅九/火部第五十/山部第五十一/廠部第五十二/石部第五十三/阝部第五十四/馬部第五十五/牛部第五十六/**牜**部第五十七/羊部第五十八/犬部第五十九/奞部第六十/蟲部第六十一/貝部第六十二/糸部第六十三/丿部第六十四/尺部第六十五/**昌**部第六十六/丘部第六十七/**叟**部第六十八/**兩**部第六十九/丷部第七十/**囧**部第七十一/亠部第七十二/**辰**部第七十三/金部第七十四/刖部第七十五/宀部第七十六/子部第七十七/見部第七十八/乀部第七十九/田部第八十

　　以上有些“篇目”我們特意用了圖像文字，是因爲與以下要討論的内容有關。

　　根據築島裕先生考察[①]，天理本“篇立音義”共收 341 字（含 41 個異體字），其中有八成多，並未出現在前面的“本篇音義”中。又分爲以下兩種情况：

　　（1）衹見於“篇立音義”，不見“本篇音義”的有 282 字，本體有 251 字，標有“同上亦作”的異體字有 31 個。

　　（2）“篇立音義”和“本篇音義”皆有，共 59 個。

　　也就説，“篇立音義”所出篇目（部首）字，約有 82.7％，不見於本篇音義，而剩下約 17.3％，本篇也出現。

　　築島裕先生將此“篇立音義”中所收録的字與藥師寺本進行過較爲詳密比較考察，從而揭示天理本“篇立音義”産生的背景以及與“無窮會本系”諸本之間的關係。本文則主要從辭書學與漢字學的角度對其展開討論。

　　因爲一共衹有 341 個字，故各部收字多少不一。少的衹有一字，如“見部第八”下衹有一個“覽”字；“耳部第九”下衹有一個“聾”字。此類共十九組。還有的實際收録的衹是一字，因其下標出的是異

---

　　① 築島裕：《無窮會本系大般若經音義附載の篇立音義について》。

體,如:"羊部第十一"下共收四字:"辭""辯""辭""辭"。作者釋後
三字:"同上亦作",説明四字互爲異體字。此類共有八組。當然也
有收字較多的,如"人部第四"就共收録十八字,而"水部第卅七"也
有二十字。

三、從辭書學與漢字學的角度考察天理本"篇立音義"

(一)"篇目"大部分參考《玉篇》與《篆隸萬象名義》

如前述及,所謂"篇立"即按漢字偏旁部首排列文字,這實際上是
中國傳統字書的基本編排體式。天理本"本篇"之"卷音義"共約收七
千字[1],堪爲"單經音義"之"長篇"。而作爲附加的"篇立"部分祇有341
字,然"篇目"却有八十部之多。故而,撰者是如何對此加以分類歸置,
是否有參考? 這是首先要考察的。

川瀨一馬先生曾指出:由於祇存有卷音義的殘字,故各部所收字
數甚少,也並不見基於部首排列字序的特別用意。唯有少數部首内可
見同義的篇連爲一群,<u>此蓋爲按《新撰字鏡》或《字鏡抄》等篇立字書之
分類,同時又將(同義的)字群進行前後任意排列之故吧。</u>[2]川瀨先生
認爲此音義撰者在部首排列字序並無特別用意。筆者在以前的論文
中曾認爲其設置並無定規,相對隨意。主要根據編撰目的、使用對象
以及編撰者的漢字學識水準而定。[3] 現在來看,這個結論有不準確
之處。

---

① 築島裕:《無窮會本系大般若經音義附載の篇立音義について》。

② 横綫爲筆者所加,目的是爲了糾正筆者以前論文中的一個錯誤,因誤讀
原文,將川瀨一馬先生的這句話理解成了相反的意思。見梁曉虹《日本中世"篇
立音義"研究》,收入徐時儀、梁曉虹、松江崇編:《佛經音義研究——第三届佛經
音義研究國際學術研討會論文集》,68 頁。而筆者在撰寫《日本漢字資料研
究——日本佛經音義》一書時也繼續引用了這一觀點(該書 245 頁),故於此鄭重
糾錯,并感謝李媛博士的幫助。此處觀點參見川瀨一馬《增訂古辞書の研究》第
450 頁。

③ 梁曉虹:《日本中世"篇立音義"研究》,見梁曉虹《日本漢字資料研
究——日本佛經音義》一書第 245 頁。

筆者後來將八十部"篇目"與《玉篇》《篆隸萬象名義》的卷次和部首進行過比勘，認爲實際上並不"隨意"，也並非"無定規"，而是有所參考的。其參考的對象就是《玉篇》[①]和《篆隸萬象名義》，至少大部分的"篇目"排列設置是參考了這兩部字書的部首順序的。因《篆隸萬象名義》[②]是依據《玉篇》而編，故以下我們以《玉篇》爲中心，按照《玉篇》[③]卷次列出天理本的八十部"篇目"：

卷第一：礻（示）第一[④]

卷第二：土第二、阝（邑）第三

卷第三：人第四、女第五

卷第四：頁第六、目第七、見第八、耳第九

卷第五：口第十

卷第六：手第十二

卷第七：足第十三、骨第十四、力第十六

卷第八：巾（忄）第十七、心第十八

卷第九：言第十九、音第二十、叩第廿一、欠第廿二、食第廿三、甘第廿四

卷第十：彳第廿五、夊第廿六、之（辵）第廿七

卷第十一：門第廿八、廠（屍）第廿九、广第卅、歹第卅一、穴第卅二、丿（丨）第卅三

卷第十二：木第卅四

---

① 撰者所參考是否爲原本《玉篇》，不得而知。筆者用以進行比較的是《大廣益會玉篇》。

② 以下所引《篆隸萬象名義》内容均自臺灣臺聯國風出版社據高山寺本的影印本。

③ 以下所引《玉篇》爲臺灣新興書局據元刻本翻印的"國學基本叢書 經部"《玉篇》(1968)。

④ 此爲天理本八十部"篇目"，下同。

卷第十三：草第卅五

卷第十四：竹第卅六

卷第十五：人①第卅七、厶第卅八、禾第卅九、米第四十

卷第十六：豆第卌一

卷第十七：第卌二、戈第卌三、刀第卌四

卷第十八：車第卌五、方第卌六

卷第十九：水第卌七

卷第二十：日第卌八、月第卌九

卷第二十一：火第五十

卷第二十二：山第五十一、厂第五十二、石第五十三、阝（阜）第五十四

卷第二十三：馬第五十五、牛第五十六、牜②第五十七、羊第五十八、犬（犬）第五十九

卷第二十四：奞第六十

卷第二十五：蟲第六十一、貝第六十二

卷第二十七：糸第六十二③

卷第二十九：丿第六十四

卷第三十：第七十三、子第七十七

通過對照可以看出：自"礻（示）第一"至"丿第六十四"基本是按照《玉篇》部首之順編目，祇有"辛第十一"，《玉篇》和《篆隸萬象名義》均在卷第三十。另外"皿第十五"，《玉篇》在卷第十五，《篆隸萬象名義》在卷第十六。

需要強調的是：《玉篇》三十卷，分五百四十二部，共收字16 917個，所收都是兩漢、魏晉群書中涉及的、社會上通用的字。而天理本，

---

①　這裏書寫有誤，《玉篇》作"人部"。

②　《玉篇》中同爲"牛"部，但在此本，却分成了二部。"牛部第五十六"在"馬部第五十五"和"牜部第五十七"之間，似爲後來添加。

③　這裏應該是三，有訛誤。正文中爲"六十三"。

或者説其原本，是以《大般若經》爲收字對象，且收的是"本篇"之"卷音義"的殘字，僅 341 個字，且原本撰者所收是當時寫本中之字，字形頗爲繁雜，故而，要與《玉篇》部首相合並非易事。從"尺第六十五"開始至"田第八十"，除了**辰**（辰）第七十三""子第七十七"可歸入《玉篇》卷第三十外，其他十四部，或順次混亂，或篇目有訛，或與《玉篇》不合。我們試梳理如下：

　　"尺部第六十五"

　　《玉篇》有"尺部"，但在卷第十一。天理本"篇目"中的字形與"尺"相同，正文作"**尺**"①。這種寫法也與《篆隸萬象名義》中的"**尺**（尺）"很像。此部下衹收一字"**缺**"，其下用"闕"標音，和訓作"カク"，可寫作"欠く・缺く・闕く"。"**缺**"是"缺"之異體"䫜"之俗字。《玉篇・缶部》："缺……亦作䫜。"慧琳《一切經音義》卷一："䫜而：犬悦反。《蒼頡篇》：虧也。《説文》：器破也。從垂，從夬。或從缶作缺，亦同。"②《説文・缶部》："缺：器破也。從缶，決省聲。傾雪切。"③段玉裁《説文解字注》："俗誤作䫜。又通用闕。從缶。夬聲。各本作決省聲。今正。"④所以正字"缺"在"缶"部。而其俗字，或言之異體的"䫜"，從"垂"與"夬"。筆者認爲原撰者取聲旁"夬"爲部首，也算有理據，《新撰字鏡》就有此特點⑤。但《玉篇》與《篆隸萬象名義》並無"夬部"，故應爲撰者所添加。又因寫本中"夬"與"尺"多形似，結果"夬部"就訛爲"尺部"。

　　"**曷**（曷⑥）部第六十六"

　　"**曷**"本是"曷"俗體，《玉篇零卷》與《漢隸字源》等文獻即見，《名義》也如此作，現已爲日本通用寫法。日本漢字"渴""喝""揭"等從

---

①　此爲摹寫字形，因原字不很清晰。
②　徐時儀：《一切經音義三種校本合刊》（修訂版），523 頁。
③　許慎：《説文解字》，109 頁。
④　段玉裁：《説文解字注》，225 頁。
⑤　周祖謨：《日本的一種古字書〈新撰字鏡〉》，219—224 頁。
⑥　此爲摹寫字體。因原字不很清晰。

"曷"之字,皆同此。《玉篇》與《篆隸萬象名義》並無"曷"部。"曷"皆在"日"部。天理本"昌(曷)部"也祇收一字"渴",即"竭"字,《篆隸萬象名義》同此。但《玉篇》"竭"字在"立部",在卷第十。

"丘部第六十七"

《玉篇》卷第二有"北部",其下有作爲異體收録的"丘"字。但天理本"丘部"下祇收一個字"兵"。而"兵"在《玉篇》"收"部,在卷第六。

"殳(殳)部第六十八"

《玉篇》有"殳部",但在卷十七,其下共收 28 字,如"投""殼""毆""殿""毅"等。天理本"殳(殳)部"下也祇收一字"慇"。此爲"慇"俗字,常見。但《玉篇》"慇"字在"心"部,在卷第八,承自《説文》。《篆隸萬象名義》字形作"慇",與天理本相同,但也在"心"部。

"丽(麗)部第六十九"

此部也祇收一字"麗"。《玉篇》"麗"在"鹿"部,與《説文》同。《説文·鹿部》:"麗:⋯⋯從鹿丽聲。"[1]《五經文字·鹿部》:"麗:⋯⋯從丽。丽,古麗字,從鹿省。"[2]《篆隸萬象名義·鹿部》則在"麗"字下收"丽"字,注:同上。此形也與天理本相同。

"丷部第七十"

此部下也祇收一字"茲"。但《玉篇》此字在"艸部"。《説文·艸部》:"茲:艸木多益。從艸,茲省聲。子之切。"[3]在表"此"之義上,"茲"與"兹"早就可通用,《干禄字書》等工具書即見,且"兹"已屬通行字,由此歸爲"丷部",也算有理據可言。

"罒部第七十一"

此部下雖收二字,但實際是異體關係。"罣"與"罜",分别是"罫"與"罣"的俗體。而"罫"與"罣"又是"絓"字異體。《集韻·卦韻》:"絓

---

① 許慎:《説文解字》,203 頁。
② 杉本つとむ:《異體字研究資料集成》,第一期,別卷二,99 頁。
③ 許慎:《説文解字》,22 頁。

罜掛：礙也。或從網。"《玉篇》和《篆隸萬象名義》都在"糸部"。天理本從"網"，且用俗體。

"宀部第七十二"

此部共收四字"稾（稟）、稾、中（乖）、玄"。前二是異體關係。《玉篇》承《說文》，"稟"在"㐭"部（卷第十五），《篆隸萬象名義》同。"稾"是"同上亦作"的異體，《金石文字辨異・上聲・寢韻・稟字》引《北齊馮翊王平等寺碑》收有同樣字體，在"米"部。第三字根據音訓和義訓，可知是"乖"字。而"乖"《玉篇》在"北部"，與"稟"字同在"卷第十五"。最後"玄"爲"玄"字。《玉篇》也承《說文》有"玄部"，在卷第二十。《新撰字鏡》卷第九有"宀部"，以上"稟"與"乖"在此部，但無"玄"字[1]。

筆者以爲，撰者之所以會將這幾個部首原本不相關的字歸爲一部，主要是因當時手寫"宀"時，點多被寫成左短撇，故成"亠"。而本與"宀"無關的"乖"字，手寫也多如此作，如"乖"（《篆隸萬象名義》）就與天理本"中（乖）"相同。

"金部第七十四"

此部收有四字。《玉篇》"金部"在卷十八。

"爿部第七十五"

其下僅收一字"狀"。但《玉篇》承《說文》，"狀"字在"犬部"（卷第二十三）。

"宀部第七十六"

此部有三字"容、客、寄（寄）"。三字《玉篇》也都在"宀部"，但在卷第十一，順序不對。

"見部第七十八"

此部下雖收二字，但實際也是異體關係。其釋爲："覚：境。アラソフ。競：同上，亦作。"據其和訓，可知表"争"義。其本字應爲

---

①　京都大學文學部國語學國文學研究室編：《新撰字鏡》（增訂版），532—533頁。

“競”。《玉篇•詰部》(卷第九)收“競”：“渠慶切。強語也。逐也。競：同上。又爭也。敵也。”[1]但《説文•誩部》未録“競”，而收“競”。《隸辨》“競”下引《孫根碑》按：碑復變“音”爲“音”。[2]

　　“競”俗字有“竸”和“<img_char>”。前者，《干禄字書》“竸競：上俗下正。”[3]《龍龕手鑑》與《廣韻》以及近代多種字書皆見此俗形。《原本玉篇殘卷•言部》收有“譀”字，釋曰：渠竸反。《聲類》：古文競字也。競，強也。爭也。高也。”[4]此條在高山寺本《篆隸萬象名義•言部》中作：“譀：渠竸反。竸字強也。爭也。遞也。高也。遂也。”[5]應該注意的是釋文中與《原本玉篇殘卷》中用字不同，作“<img_char>”，説明此字形當時通用，不是難字。《原本玉篇殘卷》“言部”後緊接着爲“誩部”，收有“競”和“競”，但《原本玉篇殘卷》辭目字爲“<img_char>”，其詮釋文中作“<img_char>”[6]，與天理本同。而此形，碑別字和敦煌俗字多見，不煩舉。不難看出，當時日本書手與中國一樣，在用於競爭、角逐義的“競”時，更多用俗字。但是，天理本“篇立音義”又設“見部”却明顯有錯，因前已有“見部第八”。

　　“╲部第七十九”

　　此部首在正文中作向左爲捺“丿”，其下也祇收一字“户”。《玉篇》承《説文》有“户部”(卷第十一)。

　　“田部第八十”

　　此部下也祇收一字“<img_char>”，其下並無音義内容。從字形判斷應爲“卑”字。《玉篇》有“田部”，在卷二。而“卑”字則在卷六《少部》。《説文•十部》：“卑：賤也。執事也。從十甲。徐鍇曰：右重而左卑，故在甲下。補移切。”[7]

①　陳彭年：《大廣益會玉篇》，147 頁。
②　紀昀：《文淵閣四庫全書》，第 235 册，619 頁。
③　杉本つとむ：《異體字研究資料集成》，第一期，別卷一，42 頁。
④　顧野王：《原本玉篇殘卷》，246 頁。
⑤　釋空海：《篆隸萬象名義》，498 頁。
⑥　顧野王：《原本玉篇殘卷》，247 頁。
⑦　許慎：《説文解字》，65 頁。

　　以上筆者對天理本"篇立音義"的"篇目"進行了梳理,儘管有十六個"篇目"與《玉篇》順序不合,但有前六十四個"篇目"之排序與《玉篇》相同,所以我們認爲撰者應是參考了當時的《玉篇》。筆者認爲:許慎的《説文解字》,顧野王的《玉篇》對日本字書的編纂影響很大,特別是《玉篇》。因《説文》字體以篆體爲主,而漢文典籍大批東傳日本,漢字已進入隸楷階段,楷書的正字地位已經通過不斷的演變而得到確立,故而《玉篇》得到了更大的流通,對日本中世字書的影響更大,堪爲日本字書編撰的直接楷範。而《玉篇》的部首編目自然也直接影響了日本"篇立"字書的編撰。①

　　當然,其中還有一些與《玉篇》《篆隸萬象名義》不相合之處,或受俗字影響,或與日本書手習慣有關,抑或牽涉日僧對漢字的認知問題,也有的明顯就是訛誤,總之,原因複雜,值得進一步探討。

　　(二)部内收字或參考《新撰字鏡》

　　如果説天理本"篇立音義"的"篇目"編排有可能參考了《玉篇》,那麼"部"内收字原則有可能參考《新撰字鏡》。如:

　　"彳部第廿五"其下共收七字,但其中真正在《玉篇·彳部》的祇有"徒""徵"和"待"三字。另外四字,如"徹"在《玉篇·攴部》,而"衛"與"術"則在"行部"。因《玉篇》此二部相連,或可理解爲是天理本原撰者將其歸並。但是"**徠**"字置於"彳部"却似並不恰當。

　　徠:條。エダ。

　　築島先生《和訓索引》中作"エダ",②意爲"枝"。這與《説文》本義相同。《説文·木部》:"條:小枝也。從木攸聲。徒遼切。"③段玉裁注:"《毛傳》曰:枝曰條,渾言之也。條爲枝之小者,析言之也。"④《玉

----

　①　梁曉虹:《日本古寫本單經音義與漢字研究》,386 頁。
　②　築島裕:《大般若經音義の研究 索引篇》,161 頁。
　③　許慎:《説文解字》,118 頁。
　④　段玉裁:《説文解字注》,249 頁。

篇》也在"木部"。即使後來的俗字,現在通行的簡體"条",也在"木部"。"傺"爲"條"俗字,《金石文字辨異》引《北魏高植墓誌》"北海傺人也",下案:"傺爲條。"《敦煌俗字典》"條"字下亦見此形①。儘管是俗字,但一般來说,其部首仍應與正字"條"一樣歸"木"部。

　　但是,以上四字"徹""衛""術"與"傺"在《新撰字鏡》中皆被收入"彳部第九十九"。②

　　又如:"尸部第廿九"僅收三字"屈、屍、眉"。最後一個"眉",爲"眉"俗字。《漢隸字源》和《敦煌俗字譜》中有見。"眉"在《説文》中是部首字。《隸辨》卷六:"《説文》作眉,從目,象眉之形,上象額理也。隸變如上,亦作眉,省作眉,或變作眉。"③但在《新撰字鏡》"尸部第卅二"就收有"眉"字,釋曰:"密悲反。平目上毛也。"④

　　"疒部第卅"祇收兩個字"癈(癈⑤)""疲"。後者在"疒部",沒有問題,但"癈(癈)",根據和訓"スタル",可知實際爲"廢"字,應在"广部",日語標示爲"廃る・頹る"。"廢"與"癈",《説文》皆收錄。《説文·廣部》:"廢:屋頓也。從廣發聲。方肺切。"⑥段玉裁注:"頓之言鈍也。謂屋鈍置無居之者。引申凡鈍置皆曰廢。"⑦又《説文·疒部》:"癈:固病也。從疒發聲。方肺切。"⑧段玉裁注:"……癈猶廢。固猶錮。如痞、聾、跛、躄、斷者,俟儒皆是。癈爲正字。廢爲叚借字。亦有假癈疾字爲興廢字者。"⑨《大般若經》卷四百四十九有"善現!是菩薩

　　①　黄征:《敦煌俗字典》,403—404 頁。
　　②　京都大學文學部國語學國文學研究室編:《新撰字鏡》(增訂版),560—564 頁。
　　③　顧藹吉:《隸辨》,828 頁。
　　④　京都大學文學部國語學國文學研究室編:《新撰字鏡》(增訂版),184 頁。
　　⑤　因原本字形不很清楚,我們將摹寫字形置此,以便比較。
　　⑥　許慎:《説文解字》,154 頁、193 頁。
　　⑦　段玉裁:《説文解字注》,445 頁。
　　⑧　許慎:《説文解字》,154 頁。
　　⑨　段玉裁:《説文解字注》,348 頁。

摩訶薩見此義利,護持如來所説正法,不惜身命,乃至無上正等菩提,常無懈<u>癈</u>”之句,《大正藏》校注:癈=廢【宋】【元】【明】[①]。《慧琳音義》卷十三收“懈癈”,釋曰:“……下扶吠反。《韻英》云:休也,止也,捨也,停也。從廣,音魚撿反。經從疒,音搦,非也。”[②]《希麟音義》卷四:“休癈:……下芳肺反。《爾雅》曰:廢,舍也。郭注云:舍,放置也。《切韻》:止也。經文作癈。癈,病也,非休止義。”[③]從以上經本文和兩位音義大家的詮釋可見“癈”多作“廢”用。

《玉篇·疒部》“癈”字“固病,病重也”,此釋基本承《説文》。但《新撰字鏡·疒部》“癈”下釋爲:“發吠、方肺二反。古屋壞也。楷置也。捨之也。”[④]可見當時日本已有字書直接釋“癈”爲“廢”了。天理本應受此影響。

我們祇是舉了以上三組例,並未對八十部内的每個漢字進行調查。前所舉川瀨一馬先生之言可供參考:唯有少數部首内可見同義的篇連爲一群,此蓋爲按《新撰字鏡》或《字鏡抄》等篇立字書之分類,同時又將(同義的)字群進行前後任意排列之故吧。[⑤]

(三)從天理本“篇目”之“訛誤”考察當時的漢字實貌

天理本“篇立音義”中有不少訛誤現象,以上我們主要是結合《玉篇》對“篇目”進行了一些梳理,就已經發現了一些問題,實際上還有不少。筆者認爲:即使是訛誤,也是漢字研究的重要内容,因其真實地反映了日本古代寫本《大般若經》的用字狀貌。這在天理本“本篇”音義中已有很豐富的展現。“篇立音義”儘管量少,但因是“篇目”,所涉及的是“一部”,從某種意義上看,實際更具代表性。

“篇目”中出現訛誤的緣由,筆者認爲主要還是撰者是根據寫本漢字的實際模樣歸設篇目而致。前面所出八十部“篇目”字,已能呈現這

① CBETA 電子佛典 2016/T07/0220/0268。

② 徐時儀:《一切經音義三種校本合刊》(修訂版),727 頁。

③ 徐時儀:《一切經音義三種校本合刊》(修訂版),2259 頁。

④ 京都大學文學部國語學國文學研究室編:《新撰字鏡》(增訂版),161—162 頁。

⑤ 川瀨一馬:《增訂古辞書の研究》,450 頁。

種狀況。筆者也曾指出過,類似"辛部"用隸變字"辛","蟲部"作俗譌字"虫","辰部"作俗形"辰"等[①]都是當時漢字使用的實貌。還有一些因形旁相近而産生的"篇目"相混之誤,也值得注意。如:

"巾部"與"忄部"混淆

《玉篇》與《篆隸萬象名義》"心"與竪心"忄"皆歸"心部",《玉篇》在卷第八,基本上"忄"字在前,而"心"字在後。雖然也有"巾部",但在卷第二十八。天理本"巾部第十七",其下共收13字:

惓、愔、恠、恨、懼、愧(愧)、懀(懀)、怯、惛、憎、慳(慳)憧(憧幢)、懷(懷)

以上字,根據各自音義[②],大部分是從"忄"之字。然其"篇目"字則很清晰地作"巾",摹寫也作"巾",甚至頁碼上的標示就直接標作"巾(十七)——心(十八)[③]",應該是也認讀爲"巾"。當然,這可以解釋爲是天理本書寫者有訛,原撰或並不誤。但因原撰本現不存,我們祇能就天理本討論。筆者以"巾部"第十二字"憧"爲例。

憧:同。ハタホコ。

築島裕先生《和訓索引》"ハタホコ"下標:漢字"幢",在"巾十七"。[④]而在《漢字索引》中,此字正收於"巾部"下[⑤]。故此乃"幢"字,無誤。但以上13字中除此,其他皆爲"忄部"字,明顯有誤。

我們發現:"巾部"與"忄部"相混,並不祇見於以上"篇立音義"。

---

① 梁曉虹:《日本中世"篇立音義"研究》。
② 此處我們祇是列出了單字,省略了音義部分。
③ 因"心部十八"緊接其後。
④ 築島裕:《大般若經音義の研究 索引篇》,212頁。
⑤ 築島裕:《大般若經音義の研究 索引篇》,264頁。

如：同爲"篇立音義"的《法華經音義》(室町中期寫本)①中有"忄部第八"中共收 51 字。其中大部分爲"忄"部字，但是最後的"憣（ハン）""憼（シ）""懂（トウ②）"三字却應從"巾"，是"幡""幟""幢"三字之手寫體。儘管漢字也有"憣""憼""懂"，然却不合經義。《法華經》中多次出現"幢幡"一詞，如卷四："若復有人，受持、讀誦、解説、書寫妙法華經，乃至一偈，於此經卷敬視如佛，種種供養——華、香、瓔珞、末香、塗香、燒香，繒蓋、幢幡、衣服、伎樂，乃至合掌恭敬。"③"幢幡"指佛門所用旌旗。而"幟"與"幡"同。《慧琳音義》卷四："幖幟，……下齒至反。《毛詩傳》云：幟，盛也。正作幟，旌旗上表飾也。《博雅》云：幡也。《説文》：從巾哉聲也。"④"幡"與"幢"不見《法華經》經本文，而"幟"字則不見漢日各大字書，字庫雖有，但無釋。故筆者認爲"憣""憼""懂"應該是"幡""幟""幢"。"ハタ"，日語漢字可標"旗・幡・旌"，"ホコ"，則可示"矛・戈・鉾・鋒・戟"。《国語大辞典》"ハタホコ"漢字作"幡鉾"或"旗鉾"，指"矛・戈・鉾・鋒・戟"等長柄器上帶有旗杆，多爲朝儀、法會等儀仗時所用。實際上，不僅是日本書手，古代中國寫本也多有此誤，因爲古籍中"忄""巾"二旁毛筆書寫相似，故相混由來已久。正如唐代釋雲公在《大般涅槃經音義・序》所指出，當時"讎校經文，素無定本。復覽諸家音義，梗概相傳；梵語未譯於方言，字體仍含於真偽。遂使挑、桃渾於手木，悵、帳亂於心巾……"⑤張涌泉指出：敦煌寫本幢幡之"幢"多書作"憧"，我們認爲"憧"即"幢"的俗字，因爲俗書巾旁習慣寫作竪心旁，書"幢"作"憧"，正是俗書寫法，而非借用音近的"憧"來表示幢幡之"幢"。⑥ 我們可以承認這是一種俗字現象，但或許正是有此俗字之用，才導致日本佛經音義編纂"篇立音義"時，

① 詳見《法華經音義 付仁王經音義 室町中期寫》一書。
② 此音義本用片假名標音，然"ウ"皆作平假名"う"。
③ CBETA 電子佛典 2016/T02/9262/0030。
④ 徐時儀：《一切經音義三種校本合刊》(修訂版)，581 頁。
⑤ 徐時儀：《一切經音義三種校本合刊》(修訂版)，928 頁。
⑥ 張涌泉：《漢語俗字研究》，7—8 頁。

會出現以上訛誤。

“彡部”誤作“久部”

“久部第廿六”僅收一字“**敱**”。“影”字在《玉篇·彡部》，但因書寫者常習慣將“彡”的最後一筆短撇改成捺，故多似“久”。如《篆隸萬象名義》中作爲部首的“彡”作“**彡**”，其下“影”字作“**敱**”，與天理本相似。這種寫法，漢人書法並非不見，但似更多見於日本書手。《日本名跡大字典》“彡部”①下例多，不煩舉。以致音義撰者將其誤認作“久”，如《法華經音義》（室町中期寫本）就有“久部九十九”，其下收有“久”“**同久**（彫）”“**形久**（形）”“**彩**（彩）”四字。後三字“**同久**（彫）”“**形久**（形）”“**彩**（彩）”皆從“彡”，與“久”無關。江户時期漢學家近藤西涯《正楷録》卷中：“**敱**：倭俗字都以從彡字，如形彩參數者作久，非。”②《玉篇》與《篆隸萬象名義》皆設“久部”與“彡部”，但二部之下字並不混淆。《新撰字鏡》無“久部”，“久”字被收於卷第十二“雜部”。

“歹”部與“卵”俗半旁混淆

“歹部第卅一”收三字，除“殖”外，還有兩個是異體字：

𡖺（**歾**）：乱。カヒコ。**歺**（**歺**）：同上亦作。

根據音義，可知應爲“卵”字。“卵”在當今字書，部首爲“卩”。《説文·卵部》：“**卵**：凡物無乳者卵生。象形。凡卵之屬皆從卵。盧管切。”③隸變作“卵”。但俗體多有不同，《篆隸萬象名義》也有“卵部”，字形作“**卵**”④，左半似“歹”。《日本名跡大字典》中“卵”字，除了以上《篆

---

① 見該書第 427—429 頁。
② 杉本つとむ：《異體字研究資料集成》，第一期，第七卷，276 頁。
③ 許慎：《説文解字》，285 頁。
④ 京都大學文學部國語學國文學研究室編：《新撰字鏡》（增訂版），1309 頁。

隸萬象名義》的字例外,還有"**卯**""**丣**"①。《新撰字鏡》卷十一有"卯與卵二部",其中前者作"**卯**",後者作"**丣**"②,二者左邊皆與"歹"相似,故有混淆的可能性。

"弓部"與"方部"混淆

"方部第冊六"僅收二字"**彈**"與"**族**"。根據音義,前爲"彈"字,後乃"族"字。"族"在"方部"自無疑義,但"彈"在"方部"却是受俗字影響造成的。筆者在第六章剖析從漢傳俗字"**弨**"到倭俗字"**加**"的變化時,將涉及這一問題,敬請參閱。筆者認爲日本從奈良時代就有從"弓"之字訛寫從"方"的現象。這是在漢字俗字和書法的影響下,寫經生爲了書寫方便,打破了漢人從"弓"之字義符的理念,完成了從"弓"訛至"方"的過程,故而可認爲是"倭俗字"。天理本"篇立音義"因本身收字少,僅有"**彈**"一字,但作爲"篇目",至少能説明平安、鎌倉時代,日本書手對"弓部"一些字的訛誤認知已達成一致,"倭俗"已成。

第三節　結　　論

本章從兩大方面對天理本中的漢字進行了研究：一是,對天理本卷下的部分異體字進行了考釋；二是,從辭書學與漢字學的角度考察了天理本"篇立音義"的内容。

異體字内容因大部分已在無窮會本(卷上)出現,相對來説,卷下的内容不如卷上豐富,但是也有其特色。筆者首先對卷下的異體字進行了概觀性總結,然後對其中十六例進行了考釋,有着重從字形上考察辨析的,如008"**脂**"和"**倩**"、013例的"**磏**"和"**磻磘嶚**"。也有對釋義進行的考釋,如010"**鹹**"的"鹽地"和"苦味"。還有從"先德非

---

① 北川博邦：《日本名跡大字典》,178 頁。
② 京都大學文學部國語學國文學研究室編：《新撰字鏡》(增訂版),705 頁。

之"的角度,考察日本古代僧人漢字觀的問題。而從"鈝"與"桙",可看出佛經用字對日語漢字詞也有影響。通過考察,筆者認爲應該可以進一步理解"無窮會本系"異體字的特色和研究價值。

至於"篇立音義"與漢字研究部分,筆者通過考察,得出以下結論:

一是,因"無窮會本系"《大般若經音義》原撰本不存,而日本音義研究前賢又認爲"無窮會本系"原本可能有"篇立音義"這一附屬部分,故而,天理本"篇立音義"作爲"無窮會本系"中較全、較早的一本,且是日本現存"篇立音義"的最古寫本,具有較高的學術價值。

二是,既然是"篇立音義","篇目"當是首要成分。部首的設置歸類,也就成爲首要問題。從天理本可看出,撰者設置編排八十部"篇目",大部分應該是參考了《玉篇》和《篆隸萬象名義》等中日字書,但也有一些不相合之處,特別是從"尸部第六十五"到"田部第八十"。其原因複雜,或受俗字影響,或與日本書手書寫習慣有關,還有的純就是訛誤,有待於進一步考察。

而八十部各"篇目"内收字原則,則有可能受《新撰字鏡》等早期"篇立"字書的影響。由此可見,原撰者的參考書既有《玉篇》(包括《篆隸萬象名義》),也有《新撰字鏡》等。

三是,爲寫本《大般若經》編纂音義,其漢字字形應就是當時漢字的實際狀貌。"無窮會本系"諸本中有各種俗字、訛俗字、訛誤字等[1],這在天理本"本篇"部分已多有體現。"篇立"部分,儘管量少,但訛誤現象却不少見。特別是因訛誤造成的部首相混,更具代表性,具有進一步研究的價值。因其較爲真實地呈現出當時寫本《大般若經》乃至一般寫經的用字實況,可從一個側面考察域外漢字傳播中的一些特殊現象。

---

[1]　筆者曾對此做過一些研究,見梁曉虹《天理本、六地藏寺本〈大般若經音義〉之比較研究——以訛俗字爲中心》一文,載《歷史語言學研究》第十四輯,27—44 頁。

第五章 "無窮會本系"俗字研究

——以訛俗字、日本俗字爲中心

俗字和異體字的關係,學術界尚無統一意見。筆者在第二章從"動"與"静"兩方面提出了自己的看法。儘管二者的關係有時的確難以區分,但我們的看法是:討論"俗字",重點在考察"俗字"産生的過程;而研討"異體字",重心則落在漢字發展變化後的結果。

本書因"無窮會本系"體例與内容的特點,前面幾個章節的重點落在異體字研究方面,本章則從俗字的角度進行考察,且以"訛俗字"與"倭俗字"爲中心。"倭俗字",筆者在本書中稱其爲"日本俗字"。

筆者之所以選擇以這兩種類型的俗字作爲研究對象,其原因主要有二:

其一,因"無窮會本系"作爲寫本資料,其年代主要是日本中世,即鎌倉初期至室町末期。這一時段,因信仰而發願抄寫各部宗經(如《華嚴經》、"净土三經")以及對日本佛教有重大影響的經典(如《法華經》《大般若經》)之風仍綿延不絕。寫經的盛行,必定促進對漢字的使用,所以這一時期也是漢字在日本發展的活躍期,主要體現於兩大方面:① 輾轉抄寫,導致俗字大量出現,其中有很大一部分是因爲書寫訛誤而産生的,筆者稱其爲"訛俗字";② 出現了一部分具有日本特色的俗字。筆者曾總結過,佛經音義在日本的發展中出現了"和風化"的特色,[1]這裏我們同樣認爲漢字在日本的發展中,也呈現出"和風化",即具有日本特色。而這正是漢字在海外傳播與發展的重要呈現和結果,是我們需要重點考察的。

其二,因爲我們研究的資料是寫本佛經音義,這是一種比較特殊

---

① 梁曉虹:《日本漢字資料研究——日本佛經音義》,16—20頁。

的資料。佛經音義是詮釋漢文佛典中字詞音義的訓詁學著作,在日本學者眼中,一直視其爲早期古代辭書。而"無窮會本系"又有《大般若經》單字字書""《大般若經》單經異體字字書"等特性,最能體現當時日本所流傳的《大般若經》中漢字的實際狀貌,其中有大量與敦煌寫本、漢魏碑刻等相同的漢字現象,這已爲漢字學界所重視。而我們要注意的是經日本寫經生書寫的《大般若經》,特別是在詮釋它們的日僧所撰的音義中(且還是寫本),就會更多地呈現出當時漢字所具有的"訛俗"與"和風化"特色,所以筆者以此兩種類型的俗字爲主要考察對象。

需要説明的是:雖然以下我們按節分成"訛俗字"和"倭俗字",但二者有時也難以絶然區分,有着難以梳理的密切關係。若要簡單地概括,那就是:因爲皆出自日本寫經生之筆,"訛俗"成了習慣後,就變成了"倭俗字"。

第一節 "無窮會本系"訛字、訛俗字研究(一)

——以六地藏寺本爲中心

一、關於"訛俗字"

漢字在發展演變中,特別在紙本書寫的時代,有大量"訛字"與"訛俗字"現象。毛遠明曾經指出漢字書寫系統中有"文字的訛混"現象存在:

訛混的過程也是一種文字變異,變異的結果使本來不同的形體趨同,……這種變異的原因屬於非理性的,是錯誤的混用,訛混的結果是讓漢字形體失去構形理據,字形與其所記録的詞的音、義之間關係模糊,甚至喪失。[①]

---

① 毛遠明:《漢魏六朝碑刻異體字研究》,204 頁。

　　從發展的過程來看,是先有"訛字",亦即所謂"錯字""誤字"。在雕版印刷術問世以前,以手寫文字作爲主要交流載體的時代,篇簡錯亂,字有訛奪的現象比比皆是,數不勝數。有唐一代正字學運動之興起,即與此有一定的關係。而"訛字"的命運有兩種:其一,因"訛"而被糾正,這也正是"正字學"的目的與成果。其二,因"訛"而順勢成爲俗字。蔡忠霖曾經指出"錯字"與"俗字"的關係:"錯字"實際上指的是抄寫者一時無心的手誤,或寫錯筆劃,或混同偏旁(形近),或以彼代此(音近)。這屬於無心致誤的"錯字",尚未經過"約定俗成"的過程。然而,如果某些"錯字"由於較正字便利性高,經過一段時間的傳播,爲社會大衆有意地接受沿用(約定俗成),就會成爲一種特別的字形,這就是"俗字"。① 筆者同意蔡忠霖先生的觀點,並在此基礎上認爲或許可以提出兩個概念:其一爲"訛"字,其二是"訛俗字"。

　　訛字就是錯字。而"訛俗字"則是指因爲漢字訛用而成的"俗字",或指某些正在訛變中的字,因爲"錯字"是俗字的肇因之一。② 李奎甲也曾經指出:一次出現是"誤字",但同樣的"誤字"第二次出現就應該認其爲異體字。③ 前已述及韓國學者多從"異體字"的視點研究漢字,所以李先生"異體字"的説法,與中國學者的"俗字"相合。因此我們認爲某些漢字的訛誤現象一而再、再而三地在某人筆下,或在某些人筆下出現的時候,就可以認其爲訛俗字,或正在形成俗字。儘管只是在小範圍或者特定範圍内,有時甚至是個體的,但至少他們有再"訛"的理由。這正是"約定俗成"的過程。這也正是北齊·顔之推《顔氏家訓·書證篇》中所指出的"自有訛謬,過成鄙俗",即有的字寫錯後(因有意或無意),沿用久了也就成了俗字。④

　　日本寫本中的訛俗字,某種意義上,比漢語寫本中的更多。其理

---

　　① 蔡忠霖:《敦煌漢文寫卷俗字及其現象》,58 頁。

　　② 同上。

　　③ 這是李奎甲先生在第五屆漢文佛典語言學會國際學術研討會(2011 年11 月,華中科技大學)討論時提出的。

　　④ 參考施安昌《唐代正字學考》一文。

由有二：其一，日本中世假名的使用早已趨於成熟，而漢字在日本一統天下的局面也已被瓦解，體現在寫經生上，其對漢字的釋讀能力應該比奈良、平安時代時的寫經生有所降低，常會出現不識俗字而致訛的情況。其二，中世之時，日本寫經生的書寫更爲自由，因對漢字的認知不同，各種訛寫誤用也隨之層出不窮。

二、六地藏寺本"訛俗字"研究——與天理本比較

這一部分研究六地藏寺本中"訛俗字"，主要通過與天理本比較而展開。這是因爲六地藏寺本爲殘本，僅存第四十一帙至五十帙。而"無窮會本系"的代表無窮會本祇到第四十五帙，難以進行比較研究，而最合適的寫本就是天理本。因爲祇有天理本，無論從内容還是年代來看，都最爲合適。當然，還有一個原因就是二本皆正式出版刊行，作爲資料，使用相對方便。

（一）天理本、六地藏寺本的整體差異

築島裕先生在六地藏寺本公刊時寫的《解題》[1]中將此本與天理本相同的卷帙部分（第四十一帙至五十帙）進行過比較，結論是本文大致相同，但也時有差異，共指出有八處，非常具體。[2] 筆者也進行過比較核對，結果與築島裕先生相同，故在此基礎上將其歸納爲四方面：① 各有錯簡現象，即二本的某些部分條目順序不同，有的幾組，有的則是個別條目。天理本準確之處稍多。② 二本各有不同程度的漏缺，即有的内容，祇見天理本。反之，也有祇見六地藏寺本的内容。六地藏寺本還有個別重複之處。③ 第四十九帙從"娜"至"逸婆"的"四十三字"，天理本於各字之下標出梵文字母，但六地藏寺本無此内容。即使同爲"無窮會本系"中重要的藥師寺本也無此内容。至於到底是有梵文字母呈古態還是無梵文字母顯古形，倉猝之間一時難定。④ 六地藏寺本某些辭目字旁有假名標音，特別是第四十三帙、第四十四帙幾乎

① 築島裕：《大般若經音義卷中 一帖 解題》，591—597 頁。
② 同上。筆者也曾比較核對過，以下歸納，爲筆者所作。

皆有標注。築島裕先生指出，這些都是後補的。總體來看，六地藏寺本有若干後人加入的部分，應與天理本對照使用，但有時也有此本準確之處。[①]

　　因筆者近年來對寫本音義中的漢字書寫感興趣，故比勘核對的注重點在同系不同寫本中的漢字書寫方面。

　　從漢字書寫方面來看，很明顯的是天理本整體統一，漢字書寫呈時代之風。如前述及，天理本三卷皆明確標有書寫時間："弘安九年"（1286），三帖六十帙可認爲基本出自同一書經生之筆，應該就是卷上與卷下"識語"中所記錄的"執筆堯尊[②]"。而此"堯尊"，川瀨一馬根據第一帖添加的貼紙識語，指出應是寶蓮寺僧人。[③] 如此，天理本書寫體例相對統一，筆致與書風也基本相同。所書漢字，俗體居多，其中有的可與漢傳俗字相通，有的則呈現"和風"，有"倭俗字"之影。[④] 儘管也有一些訛誤之處，作爲古寫本不如無窮會本，但作爲唯一標明書寫時間的古寫本，且幾乎爲完本，已屬十分珍貴。[⑤]

　　六地藏寺本則被推定寫於室町時代中期，與天理本的書寫時間相差大約一百五十年左右。但明顯的是，此本出自兩位以上的書寫者之筆，筆鋒筆致差異十分明顯，書寫體例也多有不同，訛誤也明顯較多。我們簡舉幾例。如：

　　　　骨：風吹日乾云風日。（六/351[⑥]）

　　以上，在天理本中寫作"風日"。雖爲竪寫，但二字有間距，一看就

---

① 築島裕：《大般若經音義卷中 一帖 解題》。
② 卷上"執筆堯尊"下還有雙行小字"三十七歲"。
③ 川瀨一馬：《增訂古辭書の研究》，449 頁。
④ 梁曉虹：《日本訛俗字例考——以〈香要抄〉爲資料》，24—36 頁。
⑤ 築島裕：《大般若經音義諸本小考》，25—26 頁。
⑥ "六"指"六地藏寺本"，數字表示《六地藏寺善本叢刊 第六卷 中世國語資料》中的頁數。下同，不另注。

知是雙音詞。而且根據釋義,也知"風日"確。但六地藏本的寫法,很容易令人將其認作爲一字。

與此相反的"第四十九帙"列出"巢"的異體字時有""(六/378)"。這是"窠"字,古同"巢"。因此字明顯占兩字空隙,不能不讓人誤認爲是上下兩個字。

此類因豎行書寫而出現的"二字合並爲一字"或"一字分成二字"的訛誤現象古寫本中並不少見①。如果以上二字祇是因爲上下字的間隔,勉强還可以説通的話,那麼以下例應該可以認爲是書寫者的訛誤:

袠:ア。**袠婀**,同上或本。(天/42-5/424②)

以上是"第四十二帙"末的"四十三字"中的第一字。所謂"四十三字",正如此條總辭目"四十三字"所釋:"餘經不説呵字,故經文稱四十二字耳",即"四十二字陀羅尼門"加上"呵"字。這一內容在"無窮會本系"中多次出現,如無窮會本及天理本的"第六帙",而且音譯字下還標出梵文,但到"第四十二帙",梵文字母已消失,祇有假名標音字。對照六地藏寺本:

袠:**袠婀**,同上或本。(六/329)

以上有兩處錯誤,一是漏寫了假名"ア"。這是必要的,其他陀羅尼字下皆有假名用以標音。還有就是"**婀**"。以上舉例是橫寫,難以明確判斷,但在原寫本,"女"在"**袠**"字下,而"阿"則在右下,看上去就是兩個字。實際上"**婀**""**婀**"應是"婀",作爲"或本"異體被列出。

---

① 梁曉虹:《日本古寫本單經音義與漢字研究》,147—151頁。
② "天"指"天理本",其後數字表示與前相同。

類似此類,看上去似乎難以判定一定是錯,但我們至少可以肯定書寫者在下筆判讀時是有誤解,或至少是有猶豫的,否則不會出現這麼明顯的差異。

    𣪊：……①**浸**,同上,亦作。若讀死**特女**作**𣪊**。若讀餘
𡘄特通作。（六/337）

    𣪊：……**浸**,同上,亦作。若讀死時必作**𣪊**。若讀餘訓時
通作。（天/43 – 9/438）

以上内容還見此音義的“第十一帙”,筆者查檢無窮會本,發現與以上天理本同。由此可見,六地藏寺本,至少有三字有誤,“必”誤爲“**女**”,“訓”訛作“**𡘄**”,“時”錯成“特”。

還有一些訛誤字,特别是辭目字,書寫者或後人發現後,在其旁有訂正。如:

    譿：**𡧃**……,同上,亦作。（六/315）

案：天理本此二字作“誼”和“喧”。後者確。除了查考經本文可得出此結論外,六地藏本“**譿**”字旁“クワン”的假名標音也可作爲證據。天理本與六地藏本都標其音爲“卷”。查檢《漢和大字典》“卷”可音讀作“カン（クヮン）”。另外,六地藏本“**譿**”字旁有訂正字形“**誼**”。但作爲異體字標示的“**𡧃**”旁却無訂正。此訛字在第四十五帙（六/347）、第四十八帙（六/373）也同樣出現,皆訛。前者作“**讀**”“**𡧃**”,字右旁也有訂正“**誼**”“**萓**”②。而後者並無訂正。“誼”常組成雙音詞“誼雜”“誼嘩”“誼諍”等,單獨也可表示“誼雜”“誼嘩”等義,譯經中常見。而六地藏寺本則將聲旁“宣”誤作“寅”。第四十五帙（六/

---

  ①　此處所略内容爲標音字及假名和訓。下同,不另注。
  ②　二字字形都有殘脱。

347)的訂正,儘管字有殘脫,但可看得出來已改成"宣"。衹是"宣"字下的橫筆,被寫成了一左一右的兩點,仍有錯訛。

又如:第四十八帙(六/373)有"**痙**"字,其右上有小字"**痖**"。後者確。天理本同此,作"**痙**"(天/48-9/512)"。二本皆標音讀爲"阿",訓讀作"オシ"。"痙"同"啞"。日語"啞"字漢音讀"ア",訓讀正作"おし"。"**痙**"應是錯字。

此類例不少,不贅舉。築島裕先生也認爲六地藏寺本明顯因爲轉寫而出現的訛誤多見。除了漢字,詮釋部分的假名書寫也有一些訛誤。但同時他也指出六地藏寺本正確之處也不少見,甚至還能見到六地藏寺本保存古形之處[1]。因筆者以漢字爲中心,故所舉例皆爲漢字。應該指出,六地藏寺在漢字書寫方面的訛誤確實較多。之所以會出現這種現象,其一有可能是受其底本的影響;其二也有可能是書寫者的漢字水準不高。所以總體來看,二本雖皆爲轉寫本,皆有在轉寫中出現的不同錯訛,但六地藏寺本的訛誤現象明顯更爲多見。

(二)天理本、六地藏寺本之"訛俗字"比較

以上我們從整體方面概略性地比較了一下二本訛誤現象的差異,結論是六地藏寺本的訛誤更爲多見。但筆者認爲,我們不能衹是簡單地從表面判斷對錯優劣,而是要從這些訛誤現象中,找尋出日本歷史上一些漢字發展演變的迹象,或許衹是個別的,不成系統的,但從漢字在海外傳播發展的角度看,也却應該是有意義的。以下擬從"訛俗字"的角度展開。

這些"訛俗"或"訛用成俗"的現象,歷代寫本文獻中多見,日本寫本自也如此。具體落實到同一系本中相差約一百五十餘年的天理本與六地藏寺本,筆者認爲應該有以下三種情況:

一是,二本同"訛"或"訛俗"。這一點不難理解。二本同爲轉寫本,其底本雖很可能不同系,築島裕先生指出過,無窮會本和天理本

---

① 築島裕:《大般若經音義卷中 一帖 解題》,595頁。

等都是二卷本,但六地藏寺本却是三卷本。這在無窮會本系中屬於比較少見的一種。^①但因音義内容大致相同,最初都出自重譽原本。當然這是在確定了其撰者是"重譽"的基礎上。即使無法斷定,也總是有最早原本的,儘管尚未可知。故而某些"訛"字和"訛俗字"一樣。如:

擔：湛；二ナフ。(天/41-1/396)

以上辭目字爲"擔"字。在六地藏寺本中作"**擔**"(六/313),可見二本基本相同,訛誤相承。其"訛"主要在聲旁"詹",有兩處:其一,"詹"上部"厃"之"⺈"訛成"丷",但此訛並不少見,已公認成"俗"。其二,下部"八""言"寫成"比""舌",這較爲少見,筆者還見到有賀要延《佛教難字大字典》有"**擔**"^②,但中間部分是"北"。相對多見的是"詹"的下部"八""言"訛寫成"比""吉"。此條在無窮會本"第一帙"中是第一個字,作"**擔**(無/1-1/8)"。《可洪音義》中有"**擔**""**擔**""**詹**"^③等字形,與此相同或相似。

又如:"第四十六帙"中"抗"字後列出的異體字是"伉",此二字天理本爲"**抗**"和"**伉**(天/46-7/490)",六地藏寺本作"**抗**"和"**伉**"(六/360)"。"抗"或"伉",皆聲旁爲"亢",碑體或書法,變點爲撇者多見。周小萍指出《中國書法大字典·手部》收"抗"之字形作"**抗**"者,如:《臨淮王象碑》《智永千文》《醴泉銘碑》《温彦博碑》《斐鏡民碑》。另《草書大字典·手部》"抗",所收義之、獻之、虔禮、懷素、解縉等書法字形,亦連筆作撇形。《書法字彙·手部》"抗",收録之字形亦同於此。^④故而"**抗**"可爲"抗"之異體。這確實没有問題。同理"伉"亦如此。但我們注意到的是,如果説書法家(以顏真卿爲代表)筆下的"**抗**"已被

---

① 築島裕:《大般若經音義卷中一帖解題》,595頁。
② 此字形取自有賀要延《難字·異體字典》,126頁。
③ 字形取自韓小荊《可洪音義研究——以漢字爲中心》,408頁、766頁。
④ 參考《異體字字典》"抗"之異體"抗"字下的"研訂説明"。

承認爲正經俗字,那麼,天理本中的"**杭**"和"**仇**",六地藏寺本作
"**杭**"和"**仇**",實際都是在此俗字基礎上的訛寫,不僅上變點爲撇,
下部"几"也因形似訛作"儿"。

二是,天理本爲訛字或訛俗字,但六地藏寺本改過。如:

栀:同上,亦作。(天/41‐1/396)

案:此條前接"軛",故用"同上,亦作"表示。作爲以表異體字爲特
色的音義,沒有問題。但問題是"栀"的寫法。"**栀**"明顯是"栀"之訛
寫。書寫者在"厄"加"ソ"。而此條在六地藏寺本已作"**栀**","ソ"已
除,可以看出後者意識到"**栀**"有訛,故而改之。

"栀"作爲"軛"的異體字,典籍常見。但字形作"**栀**"者,明顯是訛
寫。筆者查檢了無窮會本"第一卷帙""第四帙",天理本"五十五帙",
內容與此相同,皆作"栀"。所以,這裏應是天理本的書者寫錯了。筆
者認爲,這種訛誤,應是受草書影響。"厄"字草書元代書法家吳鎮所
書《心經》中作"**乞**"[1]者,《日本名跡大字典》也有類似寫法"**厄**"[2](此字
形出自後嵯峨天皇之筆),草書楷化就被分成了上部的一點一撇。韓
小荊《〈可洪音義〉異體字表》中收錄"栀"的俗字,也見"**柜**"[3],與天理
本相似,可見書手如此訛寫,並非不見。又如:

捐約:‐‐[4]者,如卅九帙。(六/369)
捐約:ママ者,注尺如卅九帙。(天/47‐10/504)

以上出自第四十七帙。"注尺"是"注釋"的"倭俗",是因爲音同而

---

① 吳澄淵:《新編書法大字典》,203頁。
② 北川博邦:《日本名跡大字典》,182頁。
③ 韓小荊:《可洪音義研究——以漢字爲中心》,432頁。
④ 表示與辭目字相同。有的寫本用短橫表示,如六地藏寺本,有的用重複
號"ママ",如天理本。

借用的結果。無窮會本系"注釋"一詞皆如此作①。無窮會本系收録辭目多有重複,但撰者若意識到,就會以"注尺如××帙"的形式表示,從而避免詮釋内容重複。查檢天理本第三十九帙一卷,有"**栢約**"條:其下釋曰:"ママ者,屈節也。又手足衆指每節横文分明也。"②《大般若經》卷三百八十一:

> 善現!云何如來、應、正等覺八十隨好?……如來手足指約分明,莊嚴妙好如赤銅色,是六十七。③

"指約"是佛陀或菩薩之身所具足之八十種好相④之一。"手足指約分明"的意思是手足指網分明⑤。

我們注意到的是"約"一字的書寫。天理本作"**紒**",六地藏寺本作"**约**"。後者雖俗,但已可謂通俗多見,現在大陸簡體字"約"即如此作。儘管"約"的來源與此應無直接關係,但我們可以看出在漢字傳播發展過程中呈現出的共同特點。但"**紒**"却不太合乎人們的認知,筆者認爲可歸之爲訛俗字。主要是聲旁"勹"中間的點,寫成了"丿"。《説文解字·勹部》:"勹:挹取也。象形,中有實,與包同意。凡勹之屬皆從勹。之若切。""中有實"的"實"在篆書中寫成"短横",後寫成

---

① 可參考梁曉虹《日本俗字初探》,世界漢字學會第七届年會,京都:立命館大學,2019 年 9 月。此文後以英文正式發表:"An Exploratory Survey of the Graphic Variants Used in Japan:Part One", *JOURNAL OF CHINESE WRITING SYSTEMS* (JCWS), Vol. 3, 2019. (Special Issue:The Sinitic Scripts in the Sinosphere), pp.141 - 151。

② 築島裕:《大般若經音義の研究 本文篇》,372 頁。

③ CBETA 電子佛典 2016/T06/0220/0968。

④ 也稱"稱八十種好、八十種隨形好、八十隨好、八十微妙種好、八十種小相"等。

⑤ 可參考明·一如等編集《大明三藏法數》卷五、卷二十一、卷三十三、卷六十五等。

“點”，倒也頗合本義。但也還可見仍寫作短横者，如“”[①]，或由下往上提筆，如“”[②]。但將其明顯寫成撇“丿”是没有的。再回到“”，中國書法家的行書或草書似罕見像天理本的這種寫法。但是，我們發現日本古代書法家筆下却常能見到。如北川博邦收録的日本名家筆迹，“約”字[③]下就有“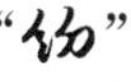”[④]“”[⑤]“”“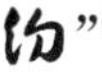”[⑥]等草書字形，其右半與“”相同或相仿。前二字形下所注：傳菅原道真、藤原行成。儘管不能確定一定就是他們的真迹。但二位都是平安中期貴族、重臣、學者和書家。特别是藤原行成與小野道風和藤原佐理時稱“三迹”。最後兩個字形出自東寺觀智院本《三寶繪詞》。這也是平安中期著名學者、文學家源爲憲編纂的佛教故事集。不難看出，“”類寫法，在日本平安中期以後文人、書家的筆下並不少見。天理本寫於弘安九年(1286)，屬鎌倉中期，而無窮會本雖無時間跋語，但被認爲寫於鎌倉初期，其中卷卅九帙也有此條，釋義同天理本，辭目字形作“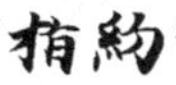”(無/39－1/132)，亦同天理本。川澄勲(1982)編的《佛教古文書字典·佛教古文書用字集》“約”字下也有“”“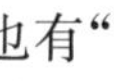”共10個字形[⑦]，其中有七個可歸於此類“訛俗”或“訛”字。其中類似“”的還有“”和“”等，左半聲旁“勺”已訛成“勿”。川澄勲“前言”中指出：第二部(即《佛教古文書用字集》)是以天台關係寫本爲主軸，其中約有20%加上了日蓮所寫文字。日本天台關係的有平安初期最澄創建的天台宗和鎌倉中期由日蓮上人創建的日蓮宗。從這個時間綫上考察，可以認爲此類字形流行於平安至鎌倉時代。但到了室町時代，此訛俗似已不再流行，已被書寫者改過來，六地藏寺本中的“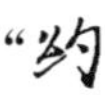”可爲證明。

---

① 楷書，見於《五經文字》。
② 楷書，唐代《靈飛經》，《中國書法大字典·楷書卷》第95頁。
③ 北川博邦：《日本名跡大字典》，910頁。
④ 字形見於傳菅原道真《長穀寺緣起》。
⑤ 字形見於傳藤原行成《文賦》。
⑥ 字形見於東寺觀智院本《三寶繪詞》。
⑦ 川澄勲：《佛教古文書字典·佛教古文書用字集》，343頁。

又如：天理本中多次出現“尒所”條（第四十一帙、第四十八帙、第四十九帙），“所”字作“**所**”。此爲“所”俗形。《偏類碑別字》《碑別字新編》中多見，不贅。但在六地藏寺本，此字已寫成“所”。

三是，天理本爲俗字，六地藏寺本改俗爲訛。

筆者在比較時發現，天理本有很多俗字，到六地藏本，有一小部分改成了正字或一般俗字，如以上提到的“枙”“約”“所”等，但更多的是有了訛變，從而成了“訛俗字”。也就是說在天理本中本是俗字，在六地藏寺本中或因書寫者不識俗字，或因書寫者的個人風格而將其改寫，導致愈加訛誤。與前兩種相比較，此類例似乎更多。我們舉以下例作說明：

（1）漢字中“果”爲構件者，多訛作“杲”。

　　踝：果。……①（天/41－1/396）

　　踝：**杲**。……（六/313）

“踝”後來又出現了一次，天理本爲正字，但六地藏寺本訛，作“**踝**”（第四十七帙/367）。很明顯，六地藏寺本將“果”寫成“杲”。故而“菓”寫作“**菓**”（第四十七帙/369）也就不奇怪了。又如：

　　菓：草。トリノス。**菓**：同上，古作。**窠横**，同上注尺如第五帙。（天/41－9/408）

以上三組字頭，雖皆爲俗形，却並無訛誤。但是在六地藏寺本，對應的三組字，却分別作“**菜**”“**菓**”和“**窠横**”。除了“同上古作”的“**菓**”與天理本相同外，其他兩組字從“果”的部分皆作“杲”。

另外，前所述及的，可看作是書寫訛誤的“一字分成二字”的“**窠**”，其下半也正訛作“杲”。

---

①　此後還有假名釋義，略。下同，不另注。

從某種意義上說,這並不是訛誤,"㮶"類的俗字,漢傳文獻中也多見,如黃征所録敦煌俗字"巢"就有"巣""巣"①,這與六地藏寺本可謂同類。但筆者注意到的是,六地藏寺本的書寫者似已習慣將有"果"爲構件的漢字皆寫成"呆",如:

　　隥:却。ヒマ。(天/49-8/522)

以上辭目字"隥"應爲"隙",其正字是"隙"。"却"爲其直音注。日語"隙"與"却"音讀作"キャク","ヒマ"爲和訓釋義。《説文·皀部》:"隙:壁際孔也。從皀從𡘊,𡘊亦聲。綺戟切。"②"隥"與"隙"曾皆通行。《干禄字書》:"隥隙:竝上通下正。"③《原本玉篇殘卷·皀部》④《篆隸萬象名義·皀部》⑤的字頭皆爲"隥"。但六地藏寺本辭目字作"隥",這是"隙"字訛寫,最主要的就是將右下"果"寫成了"呆",與上相同。

又如:六地藏寺本中出現了三處"裹"作爲辭目字,"裹"(第四十二帙/324)、"裹"(第四十三帙/340)、"裹"(第四十九帙/380)。"裹"字從衣果聲,但六地藏寺本中,"果"已訛作"呆"。"裹"字如此作,少見。韓小荊所録《可洪音義》中有"裹""裹"⑥與此相似,皆同屬"訛俗字"。

(2)漢字中"單"構件者,其下有作"早"者。

六地藏寺本除了"果"訛作"呆",與此相似的還有如:"憚"(第四十七帙/363)。天理本此字作"憚"(47-4/494),雖也是俗字,但與"憚"字聲符"單"字下部作"早"不同。

---

① 黃征:《敦煌俗字典》,45頁。
② 許慎:《説文解字》,306頁。
③ 杉本つとむ:《異體字研究資料集成》,第一期,別卷一,44頁。
④ 顧野王:《原本玉篇殘卷》,503頁。
⑤ 釋空海:《篆隸萬象名義》,1149頁。
⑥ 韓小荊:《〈可洪音義〉研究——以文字爲中心》,468頁。

《説文解字·吅部》："單：大也。從吅𤰞，吅亦聲。闕。都寒切。"關於"單"的古文字解説，諸家説法不一，但從漢字書寫來看，下半"𤰞"很早就有俗作"早"者。如《偏類碑別字·口部·單字》引《魏比丘僧智等造象記》有"單"；《碑別字新編·十二畫·單字》引《魏寇憑墓誌》作"單"①。黄征所録敦煌俗字中也有"草"②。如此，"單"爲聲符之字當然會有同樣的俗寫，如上舉的"憚"，黄征所録"憚"即同此③。

"憚"作"憚"就是一般俗字，但是筆者發現六地藏寺本的書寫者，常將類似的字形都寫作"早"。以下也如此。

（3）漢字中"卑"構件者，訛作"早"或似"早"者。

六地藏寺本中以"卑"爲聲旁字者，多訛似"早"字。如：

> 脾：……髀，同上，先德非之。（天/42－4/416）

前爲"脾"字，後乃"髀"字，作爲"脾"之異體列於其後。我們暫不論作爲異體，因"先德非之"，是否合適，但作爲俗字並不難辨。"髀"字形有殘缺，若放大看，可知殘缺的是聲旁"卑"中間的短横。而六地藏寺本，二字却作"脾"和"髀"（325）。二字聲旁"卑"已訛作"早"。後面"第四十九帙"有"脾"和"髀"（380）。

前已述及，六地藏寺本至少經過兩位書手之筆。以上例，前一組字在"第四十二帙"，而從"第四十三帙"起的書寫風格就與前完全不同。但看得出來其訛寫習慣却類似。與此相同的還有如六地藏寺本中"稗"作"稈"（第四十四帙/346），天理本中作"稈"（天/44－10/454）。

以上皆是聲旁爲"卑"的俗字。"卑"在《説文》中小篆作"卑"。王

---

① 以上二字形，參見《異體字字典》。
② 黄征：《敦煌俗字典》，74 頁。
③ 黄征：《敦煌俗字典》，76 頁。

初慶分析：⿰，隸變之後，《中國書法大字典·十部》引《石門頌》作
"⿰"，引《校官碑》作"⿰"。《異體字字典》"⿱卑"字下"研訂説明"的
按語爲：凡從"卑"之字，以筆勢之小異，或有"⿱""⿱""⿱""⿱"數
體，故"⿱"可爲"卑"之異體字。筆者認爲，王初慶先生所舉異體，應視
爲"卑"之俗字。確實，此類俗體早見於《干禄字書》《漢隸字源》等。黄
征也録有"⿱""⿱"[1]等形，説明頗爲常見，一般從"卑"之字，如"俾"
"婢""裨""髀""萆""庳""痺""崥""綼""脾""啤""蜱""陴""郫""埤"
"椑""痺""禆""崥"等字皆如此。天理本也基本同此俗形。但六地藏
寺本却將"卑"誤寫成"早"（"⿰""⿰""⿰"）或似"早"（"⿰"
"⿰"）。顯而易見，當時的寫經生似已習慣了這種訛誤，所以我們可
以視其爲"訛俗字"。

（4）漢字中"田"構件者，訛作"曰"者。

筆者還發現，六地藏寺本中還有將漢字構件"田"寫作"曰"者，如：

⿱：……**⿰**，同上亦作。（天/42－4/325）

此條在六地藏寺本第四十二帙中，前字作"⿱"，後字作"⿰"
（六/325）。

"胃"和"腈"在天理本中，下部"月"字訛似"日"，這是常見的訛俗
字，但六地藏寺本中的"⿱"，却是訛之又訛。

此類例，六地藏寺本多見。筆者認爲其原因是多方面的。從大的
方面來看，在經過了早期基本爲唐寫本的摹寫照録的過程後，平安中
期以降，日本的寫經生在漢字書寫方面已出現了不少變化，漢字在東
瀛的流播過程中也出現了一些變異或創新，有了不同程度的發展。筆
者研究"倭俗字"[2]，曾指出寫經生會根據當時漢字的實際使用狀況來

---

① 黄征：《敦煌俗字典》，13頁。

② 可參 Liang Xiaohong："An Exploratory Survey of the Graphic Variants
Used in Japan：Part One"。

書寫經典。如爲書寫方便,爲能加快抄寫速度,大量爲"便利"而用的"略字"開始出現。而隨着草書和行書的流行,"和樣書道"出現並盛行,有些漢傳俗字又一次因"草書楷定"而變得讓人陌生。再如因對漢字的認知不同,各種訛寫誤用也層出不窮,這也成爲日後江户大儒提出"倭俗訛字"術語的重要理由。從小的具體的點來看,這可能跟六地藏寺本的底本有關,也可能跟書手們的漢字水準有關。但我們認爲:無論如何,除了真正的別字外,即使是"訛",也似乎有某些規律可循,這就是漢字在日本傳播、發展與變化過程中所呈現出的特色。某種意義上,這就是江户大儒們所指出的"倭俗訛字"的早期表現。

江户大儒主要是站在"正字學"的立場上,認爲這些"訛俗"現象皆屬訛誤,需要糾正。但是,我們若從漢字傳播和發展的角度來看,各類"倭俗"現象的出現,不同"訛俗字"的產生,實際都有其特定的歷史文化背景,是漢字在日本傳播和發展的結果。而這正是需要進一步深入探討之處。

(三) 結論

本節以上對"無窮會本系"中兩種不同時期的寫本中的訛誤現象,主要從"訛字"和"訛俗字"的角度舉例進行了一些比較分析,並不全面。僅從以上比較分析,筆者認爲可初步得出如下結論:

從漢字書寫來看寫本質量,天理本優於六地藏寺本。六地藏寺本時間雖然晚約一百五十餘年,但短短十帙,却至少經過了二位寫經生之筆,且書寫者的漢字水準有限,除了一般寫本書寫上的訛誤(如"二字合並爲一字"或"一字分成二字")外,還多見訛字。

儘管從寫本質量上來看,六地藏寺本算不上優質,但是我們從中還是可以發現一些漢字發展的痕迹。比如一些平安時代和鎌倉時代出現的訛俗字轉變成了一般俗字。如從"**約**"到"**约**"。不過書寫時間在後的六地藏寺本中也出現了將一般俗字訛寫,結果出現部分"訛俗字"的現象,上文舉了四組例子。這也就説明,在寫本時代,特別是像日本寫經生這樣以漢字作爲他源文字,在書寫時不會全盤照搬原文字,即不必説明字形的有理性,而更多爲了書寫方便和講究實用。因此,這類寫本在書寫上,"俗"與"訛俗","訛"與"訛俗"之間的關係並不能簡單地根據書寫時間的先後來判斷。

第二節　"無窮會本系"訛字、
訛俗字研究(二)

——以高野山大學本爲中心

一、關於高野山大學藏本

高野山大學圖書館所藏《大般若經音義》並非完本,衹有卷上。其基本體例和特色,本書第一章已有較爲詳細的介紹,不再贅述。

本節主要探討高野山大學藏本的"訛字"。之所以要以"訛字"爲研究中心,其原因主要有二:其一,此本訛字多見。前已述及,此本無論是體例還是内容,都顯得較爲"粗略",不僅多有删減,還有部分改變。而從漢字書寫上來看,此本作爲"無窮會本系"中時代相對較晚的寫本,與無窮會本相比較,區別頗爲明顯的一點就是:無窮會本書寫者的漢字水準較高,整體統一,漢字書寫呈時代之風。而高野山大學藏本(以下簡稱"高野大本")書寫者的漢字水準則明顯要低一些。故而會出現古寫本在前,而書寫者不識前代俗字或訛俗字,依樣劃瓢却出錯的情況,特別是因删減、改動而更易出現訛誤的情況。其二,此本是轉寫本。但其傳承轉寫的底本,尚不明晰。山本秀人《高野山大学蔵〈大般若経音義〉(室町後期写本)について》一文有從"標出字(項目)①、和訓、字音注、漢文注(義注)、異體字項目、熟字②項目"六大方面將其與無窮會本進行了比較考察③,頗爲詳密,但未涉及字形"正訛"方

---

① 同本書所謂的"辭目"。
② 即由兩個以上漢字組成的複合詞。
③ 高知大學國語國文學會《高知大國文》39號,1—33頁。

面的内容。而訛之諸種緣由，決定了此本多訛字的特性。筆者認爲有必要加以考探，因筆者的觀點一直是：即使寫本資料字形有訛誤，也十分寶貴。因作爲研究資料，其呈現的是當時漢字使用的實際樣貌。

二、高野大本“訛字”考察

這一部分我們研究高野大本中的“訛字”時，也主要通過與無窮會本比較而展開。因爲高野山大本也是僅存卷上的殘本，與無窮會本一樣到第四十五帙。無窮會本第四十五帙至第八卷，終至“瘡”字，但高野大本第四十五帙第一卷都没完，僅終至“珀”字。與無窮會本第四十五帙第一卷相比較，脱落 8 個字（包括異體字）。所以可比較的實際是前四十四帙。無窮會本是此本系中的優良寫本的代表，且又是鎌倉初期寫本，所以無論從内容還是年代上來看，都最爲合適。

（一）高野大本“訛字”概貌

我們用以下十組字爲例，希望能呈現此本訛字的概貌。這部分内容，不作具體分析，主要通過與無窮會本的比較對照來展開。必要之時，還會參考天理本或大須文庫本。如：

> 001 㷀：喜。㷀：同上。（高野大本第一帙）
> 熙：幾。ヤハラカナリ。㷀：同上，亦作。（無/1-1/8）

案：對照無窮會本，可發現高野大本改了標音字。不過，“喜”和“幾”漢音相同。另外，高野大本也删除了和訓。無窮會本辭目字“熙”作“熙”，異體爲“㷀”，大須文庫本與此同。而高野大本却作“㷀”和“㷀”，如果説，前者“㷀”可算是“熙”字之俗，碑别字中已見[1]，但後者“㷀”則明顯是訛字。

---

① 《偏類碑别字·火部》“熙”字下引《唐景教流行中國碑》有此字形。參見該書第 134 頁。

002 **紹**：乘。**紹**：同上。（高野大本第一帙）

　　紹：照。ツク。**紹**：同上，亦作。（無/1-1/10）

案：此同前例。高野大本改了標音字，删除了和訓。我們僅考察辭目字和異體字字形，大須文庫本與無窮會同。高野大本所出異體"**紹**"是訛寫。

003 **翳**：永。カクス。サワリ。**瞖瞳憶**：同上。（高野大本第五帙）

　　翳：エ伊。カクス。サハリ。**瞖**瞳憶：同上，先德非之。（無/5-1/26）

案：此例，高野大本改了標音字，删除了"先德非之"，但保留了和訓。另外，釋義中所舉的三個異體也基本同無窮會本。而無窮會本的"瞳"，第六帙作"**瞳**"，從"日"字與從"目"字多混淆。但是高野大本辭目字"**翳**"却明顯爲訛寫。天理本與大須文庫本同無窮會本。

004 **挮**：泥。**捒**：同上。（高野大本第三十三帙）

　　捙：泥。**捒**：同上，亦作。（無/33-5/10）

案：此例高野大本"**挮**"字訛。根據經文及無窮會本，此應是音譯詞"扇搋半擇迦"中的"搋"字。《慧琳音義》卷六："扇搋半擇迦：梵語也。此譯爲黄門。上搋音勑加反……黄門者爲男根不備，設有備者亦不能生子。……"[1]"搋"字俗寫有作"**捙**"者，而"**挮**"應是將其右半訛作上"止"下"巾"而致。

005 **佝**：旬。モトム。**狥**：殉。同上。（高野大本第三十

① 徐時儀：《一切經音義三種校本合刊》（修訂版），611頁。

三帙）

　　　　徇：旬。モトム。徇：同上古作。殉：同上，先德非之。
（無/33 - 6/90）

　　筆者在上文第三章《無窮會本疑難異體字考》中對這組異體字有
考釋，敬請參考。很明顯，高野大本"狥"應爲"徇"之訛。

　　　006 胖：奉。ハル。胖：同上。朡：同上。（高野大本
第三十三帙）

　　　　胖：奉。ハル。胖：同上，亦作。朡：同上，先德非
之。（無/33 - 6/90）

　　案：無窮會本中以上一組異體字多次反復出現，其中"胖（胖）"表
腫脹義，作爲"胖"的異體，見於《集韻》。而"胖"則將其右半"丰"訛
成"卡"。

　　　007 阻：ソ。サフル。沮：同上。組：同上。（高野大本
第三十五帙）

　　　　阻：麁。サフ。沮：同上，或本。ヤフル。俎：同上，
先德非之。（無/35 - 6/106）

　　案：無窮會本中以上一組異體字也多次反復出現，其中"先德非
之"的"俎"即"俎"字，不難辨認，但高野大本的"組"明顯是"俎"之
左半"仌"，即段玉裁説的"半肉字"訛寫成"么"[1]。另外，此組字第三十
六帙又重複出現，無窮會本與上同，高野大本"俎"作"俎"，仍爲"仌"
之訛。

――――――――――

① 　段玉裁：《説文解字注》，716 頁。

008 **悮**：足。トル。（高野大本第三十五帙）

　　捉：足。トル。（無/35‐6/106）

　　案：以上無窮會本中"**捉**"爲"捉"字，不難辨認。大須文庫本已寫成爲很正式的楷體"捉"。另外，從標音和釋義上也可明確是"捉"字。高野大本"**悮**"爲訛寫無疑。

009 **饕**：當。ムサホル。

　　餮：テツ。ムサホル。貪**賎**云**饕**，貪**貪**云**餮**。（高野大本第三十七帙）

　　饕：當。ムサフル。

　　餮：鐵。貪財云**饕**。貪食云**餮**。（無/37‐6/116）

　　案："饕餮"是雙聲連綿詞。"無窮會本系"有分拆複音詞爲單字辭目，並在最後部分總釋詞義特色，以上正是如此①。高野大本"貪**賎**云**餮**"中"**賎**"是日本俗字，但一般多作"賎"，筆者已在多處寺廟（如法隆寺等）見到此俗形，可知現尚通行。但是後半句中"貪**貪**"明顯有錯，應爲"貪食"。《玄應音義》卷二十二："饕餮：他勞反，下又作飻，同。他結反。案《左傳》：縉雲氏有不才子，貪於飲食，冒於貨賄，斂積不知紀極，人民謂之饕餮。杜預曰：貪財曰饕，貪食曰餮。"②

　　我們要討論的是前一條辭目字"**饕**"以及後一條釋義"貪**賎**云**餮**"中的"**餮**"。二字寫法相同，均爲訛字無疑。其上部本爲"號"常俗作似"**號**"，如無窮會本。但高野山大學本却將其左半誤作"咄"。如此構成，理據不明。

───────────

① 本書最後一章專門考察"無窮會本系"中的複音詞，對此有所述及。敬請參考。

② 徐時儀：《一切經音義三種校本合刊》(修訂版)，450頁。

010 **爽**：亦。**弈**：同上。（高野大本第四十三帙）

　　　　爽：亦。--者，光盛貌也。**弈**：同上，先德非之。（無/
43-5/182）

　　案：二本辭目字相同，皆爲"奕"之訛俗。無窮會本所列出的異體
"**弈**"，經中常見。《慧苑音義》卷上："威光赫弈：赫，許格反。奕，移益
反。《廣雅》曰：赫赫，明也；奕奕，盛也。奕字經本有卄作者，博弈字
也。"[1]此應爲借用字。不過高野大本却將"弈"上部誤寫作"赤"。

　　以上筆者所舉十例，雖衹是高野大本中的一部分，但也看得出
來，訛誤現象頗爲嚴重，且大部分字錯得缺乏理據，可謂純粹的錯
字。造成這種結果的原因，有待於進一步考察。僅就目前來説，筆
者認爲除了是抄寫者的漢字水準不高外，還有可能是轉寫的底本
問題。

　　（二）高野大本"訛字"剖析

　　書寫者漢字水準不高，固然可謂造成訛字多見理由，但我們還應
該考慮一些具有規律性的現象，因這才是産生訛字，乃至進一步成爲
"訛俗字"的肇因。筆者認爲高野大本中的訛字主要有以下四類：

　　一是，因豎行抄寫，二字誤並作一字。因豎行書寫而出現的"二字
合並爲一字"訛誤現象，古寫本中實不少見。本章第一節考察六地藏
寺本時已指出這一點，高野大本也存在這種情況。如：

011 **貌**：妙。カタチ。**觲**：同上。（高野大本第一帙）[2]

　　　貌：妙。カタチ。**觲** 白[3]：同上，亦作。（無/1-1/8）

　　案：本條在無窮會本中多次出現。字形基本不變。此條經比較，

① 　徐時儀：《一切經音義三種校本合刊》（修訂版），857頁。
② 　本書稿所用爲筆者所得之複印本，無法表示頁數。下同。
③ 　此字形因原本有脱漏，故用摹寫字形。

不難看出,高野大本中兩處字形有誤。其一爲辭目字"𧠹"（貌）之形旁"豸"訛誤。《說文·皃部》:"皃,頌儀也。從人白,象人面形。"[1]又"𧠸,皃或從頁豹省聲。貌,籀文皃,從皃從豹省。"[2]籀文今楷作"貌"。《字彙補·八部》:"皃,與貌同。《字彙》作皃。"[3]這也就是以上所列出的異體"皃"。篆書"皃"可作"皃",故本來自籀文的"貌",自可俗作"狢"。無窮會本既已將其作爲辭目字收入,而且反復重現,是因爲當時所傳的《大般若經》中本就如此。其二就是無窮會本中被作爲異體字列出的"𨨞"和"皃",高野大本中被當成一個字"𩜾"。這兩個異體字在無窮會本中,雖然上下間隔也不大,但還能看得出來是兩個字。高野大本的抄者應該是將二字誤認爲一字了。

012 𩙿:帝尺之所用之寶也。（高野大本第二十一帙[4]）

大青:帝尺所用寶也。（無/31－4/80）

　　案:《大般若經》卷三百四:"如贍部洲有諸珍寶,謂吠瑠璃、螺貝、璧玉、珊瑚、石藏、末尼、真珠、帝青、大青、金、銀等寶,多有盜賊違害留難,諸薄福人求不能得。"[5]可知以上應是"大青",但高野大本將其寫成了一字。

　　"大青"爲佛經意譯詞。《玄應音義》卷二十三:"大青:梵言摩訶泥羅,此云大青,亦是帝釋所用寶也。"[6]這裏玄應言"亦是帝釋所用寶也",是因其前已釋"帝青","是帝釋寶,亦作青色,以其最勝,故稱帝釋青。或解言帝釋所居處波利質多羅樹下地是此寶,故名帝釋青目多,

---

① 　許慎:《說文解字》,177 頁。
② 　同上。
③ 　此據《異體字字典》,但筆者查《字彙補》,未見此條。
④ 　應爲第三十一帙。
⑤ 　CBETA 電子佛典 2016/T06/0220/0551。
⑥ 　徐時儀:《一切經音義三種校本合刊》(修訂版),480 頁。

此云珠,以此寶爲珠也".[1] 無窮會本在"大青"前收有"帝青",釋曰:
"帝尺宮中青色寶也。"高野大本删此條。"帝尺"就是"帝釋",因"釋"
與"尺"吳音同爲"シャク",故可借用。

　　第三十八帙又收釋此條,不過已寫作雙音詞"大青"。上下二字,
頗爲清晰。

　　　　013 **鬧**：遶。サワカシ。**𩰊**：同上。（高野大本第三十
四帙）

　　　　　　鬧：遶。サワカシ。**𩰊𠕋**：同上,亦作。（無/34 -
3/100）

　　案：無窮會本的"**𩰊𠕋**"二形是"鬧"的俗字。《廣韻·效韻》：
"𨳝,不静。又猥也。欀也。鬧,上同。"[2]而"**𩰊**"則是在"𨳝"上再加短
撇而成。至於"**𠕋**"之形,《高麗藏大藏經》中亦見,作"𠕋"。也常寫作
"丙",黄征《敦煌俗字典》解釋爲:"市下著人,所謂'市人爲鬧'之訛。"[3]
日本寫本音義中"鬧"的這兩個俗體不少見。但高野大本之"**𩰊**"則明
顯是將兩個俗字合成了一字。

　　二是,漏寫漢字部分構件。漏寫漢字部分構件,應是造成錯訛的
重要原因。或爲寫者一時無心所誤,或是書人追求上下對稱而有意爲
之。原因多種,應該分別作具體考察。如:

　　　　014 卒：租ッ。タチマチ。**衣卒**：同上。（高野大本第二
十一帙[4]）

　　　　　　卒：麁ッ。タチマチ。スミヤカ。トシ。**卒弘**：同

① 徐時儀:《一切經音義三種校本合刊》(修訂版),480 頁。
② 陳彭年:《宋本廣韻》,396 頁。
③ 黄征:《敦煌俗字典》第 287 頁。
④ 此實應爲第三十一帙。

上,亦作。(無/31-3/76)

　　案：以上"卒"之漢音是"ソッ",高野大本改了標音字,但"租"和"麁",漢音皆爲"ソ",故其後又加"ッ"。另外,高野大本省略兩個和訓,祇保留了"タチマチ",用漢字表示爲"忽ち・乍ち・儵ち",有瞬間、忽然、立刻義。

　　值得注意的是：無窮會本中列出的兩個異體字"卒"和"卆"。《説文・衣部》："𠨒,隸人給事者衣爲卒。卒,衣有題識者。臧没切。"① 朱駿聲《説文通訓定聲》："……本訓當爲衣名,因即名箸此衣之人爲卒也。古以染衣題識,若救火衣及亭長箸絳衣之類。亦謂之褚。今兵役民壯,以絳緑衣,當胸與背有題字,其遺制也。"②《隸辨・入聲・六術》："……按：《説文》作卒。上從衣。《玉篇》云：今作卒。"③ 故"卒"實爲本字,"卒"乃今字。但後因今字通行,反將本字"卒"當作俗字了。《正字通・十部》："卒：俗卒字。舊本以卆爲俗卒字,不知卒爲卒本字,卒卆皆俗書也。"④"卆"即"卆",如《正字通》所指出,乃"卒"俗字。《五經文字・衣部》與《龍龕手鑑・十部》也早就指出這點。

　　高野大本很明顯地脱落了"卒"下部的"十",僅剩"衣"。筆者認爲：這有可能是因上下二字下部都有"十",書寫者注意後字而忽略了前字,也有可能是書者不識"卒"字,故祇寫了一半而致訛。然此皆爲推測,並無實證作爲依據,有待進一步考察。

　　015 鷔：四ウ。鷤鷔：同上。(高野大本第四十帙)

　　　鷔：四憂。鷤鷔：同上亦作。～者背有紅毛,其羽鮮白也。是大鳥也。(無/40-8/142)

---

①　許慎：《説文解字》,173 頁。
②　丁福保：《説文解字詁林》,3748 頁。
③　顧藹吉：《隸辨》,678 頁。
④　張自烈編、廖文英補：《正字通》,181 頁。

案：本書第七章專門考釋無窮會本第四十帙中的鳥名，其中包含"鶖"（鶖）與"鶖"（鶖）的内容。高野大本中所列出的兩個異體"鶖"和"鶖"，其實皆爲訛字。"鶖"之左半訛"禾"爲"步"，爲形近而訛。無窮會本"鶖"（鶖）與"鶖"，是將上下結構改成左右結構，爲漢字結構部件易位而形成異體。而高野大本的"鶖"，明顯是漏寫聲旁"秋"之右半"火"而致。筆者認爲有可能是抄寫者在書寫時爲求上下字結構對稱而漏寫。

三是，因不識"訛俗"而訛上加訛。例如：

（1）爿→牛

016 牀：生。ユカ。牀：同上。（高野大本第一帙）

017 牡：相。サカリ。牡：同上。（高野大本第三十四帙）

018 牆：生。カキ。牆廥：同上。（高野大本第三十五帙）

案：以上三例，都有偏旁"爿"與"牛"混用的現象。如016的"牀"、017的"牡"、018的"牆"。無窮會本中016作"牀"、017作"牡"、018作"牆"。看得出來，無窮會本的前二字，與日常書寫中的形旁"牛（牛）"雖形近，但還是能辨别得出來。但是在高野大本，完全就寫成了"牛"。如此混用，雖是訛作，但漢語書寫中並不少見[1]，已可被視爲"訛俗字"，但高野大本還有不識"訛俗"，從而出現訛上加訛的情況。如：

（2）爿→牛→朱

019 牀：生。ユカ。牀：同上。（高野大本第四十一帙）

020 牆：生。カキ。牆：同上。（高野大本第四十一帙）

以上兩組例的辭目字的正字應爲"牀"和"牆"。無窮會本分别作"牀"與"牆"，與上舉例相同，可認爲是通行俗書，但高野大本二字

---

① 陸明君：《魏晉南北朝碑别字研究》，106 頁。

的偏旁“爿”皆作“朱”。漢字部首並無“朱”，這應該是在訛作了“牛”的基礎上進一步的訛誤。又如：

021 寢：心。フス。イヌル。寢：同上。（高野大本第十三帙）

寢：心。フス。寢：同上，亦作。寢：同上，先德非之。（無/13-7/62）

案：對照無窮會本，高野大本加了一條和訓，刪去了“先德非之”的內容。而從字形上來看，無窮會本的“寢”與“寢”寫本常見，但高野大本的“寢”與“寢”，却明顯爲訛。前者正字“寢”，後者爲“寢”，下部左半皆爲“爿”，“寢”訛作“未”，“寢”寫成“朱”。又如：

022 窬：五。サム。窬：同上。（高野大本第四十一帙）

案：此條辭目字“窬”，其下部左半應是“牛”或“朱”的訛上加訛。

(3) 爿→牛→禾

023 窬：五。サム。窬：同上。（高野大本第六帙）
024 寐：未。（高野大本第六帙）
025 寢：心。フス。寢：同上。（高野大本第六帙）

案：以上三組是連續的三條。無窮會本没有024“寐（寐）”字，天理本、大須文庫本同。《大般若經》卷五十三：“若菩薩摩訶薩修行般若波羅蜜多時，以無所得而爲方便，審觀自身，正知往來，正知瞻視，正知俯仰，正知屈申，服僧伽胝，執持衣鉢，當食嚼飲，臥息經行，坐起承迎，寤寐語嘿，入出諸定，皆念正知。”[1]根據經文也可知“寐（寐）”爲高野

---

① CBET 電子佛典 2016/T05/0220/0298。

大本所添加。本書第六章考察"無窮會本系"中的"先德"時,對其中
"寤寢"有考探。此處,我們關注的是其字形。"寤""寐""寢"三字
下半部左半"爿"皆訛成了"禾"。同樣的還有如:

026 寢:心。寢:心。フス。イヌル。寢:同上。(高野
大本第四十三帙)

此條辭目字"寢(寢)"之訛亦同上。

以上部首"爿"的幾種訛寫,除因形近混用作"牛"外,其他如作
"朱",或"朱"少最後一筆右捺,或作"禾",或作"未"等,筆者尚未見,其
理據亦不明。筆者暫且歸其爲因不識"訛俗"的訛上加訛。

四是,因構件相近而混用。例如:
(1) 攴→炭

027 鼓:居。ツツミ。皷:同上日。(高野大本第三十五帙)
028 鼓:無目平如皷之郎是無目也。瞽:居。無目也。
(高野大本第三十五帙)

案:以上兩個辭目字,無窮會本前者作"鼓",後者作"鼓"。
"鼓"應是"皷"字訛寫,而"鼓"則爲"鼓"之俗寫。周小萍指出:"鼓"
當爲《説文》本字,經隸變楷化而得。① 後因"鼓"通行,而"皷"成其異
體。本書第七章考察無窮會本中的"先德"時也述及了"鼓"字。高野
山大本"鼓"與"鼓"右半之"攴"上作"山"與無窮會本同,但下"又"
却訛作"夂"和"久"。相同的例子還有如:

029 鼓:古。ツツミ。(高野大本第三十九帙)
030 鼓:古。ウツ。皷:同上。ツツミ。(高野大本第四

① 參考《異體字字典》此字下周小萍之"修訂説明"。

十帙)

不難看出,這已不是抄寫者一時無心手誤而寫的錯別字,應是有意而爲,特意如此寫。我們雖尚未找到其他例證,但高野山大本作爲轉寫本,其字形來源極有可能出自其底本。因此,我們至少可以認爲以上屬於"訛俗字",即因爲訛寫而形成的俗字。

(2) 㘬→色

031 **施**:世以。ホトコス。(高野大本第五帙)

案:以上辭目字,無窮會本、天理本和大須文庫本皆作"施"。其下另一辭目是"設",故爲雙音辭目"施設"分拆成單字辭目。由此可知"**施**"爲"施"之訛。

032 **逶**:以。**迤**:同上。(高野大本第三十九帙)

案:此條有誤。二字不是異體關係,不能用"同上"表示。無窮會本如下:

逶:爲。
迤:伊。逶迤①者,曲身而行也。(無/39-1/132)

案:"逶迤"是連綿詞,當然屬複音詞。如上述及,無窮會本會采取分拆爲單字辭目的形式,可知"**迤**"爲"迤"之訛。

033 **馳**:**陷**。駞:同上。(高野大本第三十九帙)

---

① 原本用"--"表示。

　　案：以上辭目字，無窮會本作"馳"。另外，"**陁**"應是注音字，即
"陁"字。又如：

　　034 **㴉**：**陁**。（高野大本第四十一帙）

　　案：此例同上，"**陁**"爲注音字。無窮會本作"**陁**"。

　　035 **抱**：夕。**抱**：夕。（高野大本第四十一帙）

　　案：以上內容是梵字"四十三字"中的內容。但無窮會本等皆在第
四十二帙，故高野大本這裏有錯簡。另外，以上內容在無窮會本是：

　　抱：夕。**抱**：同上或本。（無/42-5/176）

　　由此可見，高野大本將本作爲異體的"拖"也作爲辭目字了。從例
031 到例 035，高野大本都將右半"色"訛作爲"色"。"施""迤""馳"
"陁""拖"中有"迤"作"迤"，被收入字書，《漢語大字典》釋其爲"迤的訛
字"，所用書證，是《劉知遠諸宮調》，已是近代漢語材料。而高野大本
這一組字例，非常有規律，說明不是抄寫者誤寫，可認爲是訛俗字。
《難字·異體字典·方部》"施"字下收有"施"[①]，其下標有⑧。根據此
書"凡例"，標有⑧者，表示其字形出自《大乘五蘊論》，此爲寶曆七年的
翻刻本。日本寶曆七年已是西元 1757 年，屬江戶時代，時代稍晚。但
《佛教古文書字典》之《日蓮大聖人用字集》中"施"有作"**施**"者[②]。同
書的《佛教古文書用字集》中"施"有作"**施**"者[③]。另外，同書的《異體
文字集》中"施"也有作"施"的。不贅舉。日蓮是鎌倉時代僧人，故而

---

　①　有賀要延：《難字·異體字典》，133 頁。
　②　川澄勳：《佛教古文書字典》，83 頁。
　③　川澄勳：《佛教古文書字典》，290 頁。

可知"施"的這種寫法鎌倉時代已見。其他字因爲字義的關係,尚難以找到字例,但"施"字可作"施",其他也就不難理解了。總體來看,這一組訛字屬於"包"與"色"相近而混用,應可成爲其理據。

此類例,高野大本中還有一些,有些很難歸納,如:

036 射:者。弓。イル。躲:同上。(高野大本第三十四帙)
037 射:沙。弓。イル。躲:同上。(高野大本第三十五帙)

案:以上"射"的兩個異體,無窮會本皆作"躲"。"躲"與"躲"之右半爲"矢"之訛,大概也祇能解釋爲構件相近而致訛。

038 包:改。コイモトム。凸:同上。(高野大本第三十八帙)

案:以上辭目字,一般都會看成是"包",但與音義不合。無窮會本作"勾"和"丂"。"勾"(勾)同"勾(勾)",爲"丂"字異體。高野大本之所以訛成"包",筆者推測因二字都有"勹"這一意符,另外也有可能受"包"之俗字"勽"的影響。《龍龕手鑑·勹部》收錄此形,輾轉抄寫而致訛應有可能。

039 孤:去。クツ子。(第六帙)
040 孤:去。ヒトリ。(第十一帙)

案:以上二例上爲"狐"字,下乃"孤"字。另外,第四十一帙又一次出現"狐",字形同例039。第四十三帙又一次出現"孤"字,作"孤",此爲一般通行俗字。無窮會本與天理本等皆爲一般俗形,不誤。

若將"孤(狐)"與"孤(孤)"加以比較,可看出二字很相似,書寫者將"狐"字部首訛似"子",以致二字難以區分。另外,二字聲旁"瓜"都少了最後一捺筆。一般只有避諱字才會特意缺末筆,但漢字中似乎未見此二字用以避諱,只能解釋或是底本如此,或是書寫者之訛。但并非一字,亦非一次①,所以我們認爲應該不是無心致訛,而是有理據的,但目前尚不清楚,有待進一步考探。

三、小結

以上筆者所舉的 40 組字例,雖並非全部,但也足以説明高野大本中多訛字、訛俗字的漢字書寫特色。其中又以訛字占多數,這除了説明書手的漢字水準較低外,還有可能與轉寫本底本有關。但在尚未發現其他相關寫本的情況下,筆者暫且作如上剖析,或有不準確之處,但由此引起重視繼而再展開討論,也是筆者目的之一。有一部分訛俗字雖能找到一定規律,如"丬"的幾種訛寫,"㔾"訛作"色"等,仍還需擴展資料,進一步調查,作深入研究。總之,高野大本雖非優良寫本,但作爲漢字研究資料,却並無"優""劣"之分,衹要能反映當時用字實況的者,都自有其價值。

第三節　日本俗訛字考

——以"無窮會本系"中的"弘"字爲例

一、關於"倭俗訛字"

日本江户中後期儒學學者近藤西涯(1723—1807)曾提出過"倭俗訛字"這一術語:倭俗訛字作俑者,如杉作枚、勢作勢,甚多。所無於華人也。此録也,收此以使好古君子知文字有爲倭俗所訛者焉。②

他在《正楷録》上中下三卷的很多辭目字下都有考辨,如有其認爲屬"倭俗"者,不僅明確明確指出,有時還會分析"俗訛"理由,考辨"倭俗"字形。從其所舉例與辨釋,可以看出他主要還是站在"正字學"的

---

① 因只有卷上,卷下是否也有相同的字形,不得而知。但至少卷上已不止一次。

② 杉本つとむ:《異體字研究資料集成》,第一期,第七卷,183 頁。

立場上,將"倭俗"現象認爲是訛誤,需要糾正。但是,我們若從漢字傳播和發展的角度來看,各類"倭俗"現象的出現,不同"倭俗字"的產生,實際都有其特定的歷史文化背景,是漢字在日本傳播和發展的結果。而這正是需要進一步深入探討之處。

實際上,以上被近藤西涯當作"倭俗訛字"代表之一指出的"勢"系列字在平安中以後,特別是鎌倉時代曾大量出現。筆者曾進行過考探①。而"無窮會本系"的共同祖本之成書年代,大概可推定爲平安時代末期或鎌倉時代初期。現存的幾種重要寫本也屬鎌倉時代,如無窮會本、天理本、藥師寺本之甲本和乙本等,故而"勢"系字在其中也多次出現。如其中多次收錄"勢峯"一詞,天理本中"勢"皆作"勢",而其後的寫本,如六地藏寺本、大須文庫本等亦同。不僅辭目字如此,就連注釋文字也同此,說明這樣的"倭俗"已約定俗成,爲讀者所熟知,非常流行。如天理本中:

　　贅:勢。フスヘ。(天/47-10/504)
　　挈:勢。ヒク。(天/49-9/526)
　　費:勢。モツ、ツク。(天/58-10/686)

時代較後的六地藏寺本、大須文庫本等也多作此形,不贅舉。

本節以"無窮會本系"中兩種最古寫本:①　無窮會本、②　天理本爲基本材料,並結合幾種年代稍後的不同寫本,考察"弘"之俗字"**引**"訛變爲"倭俗"字"**加**",並在此基礎上又進一步訛寫成"**和**(和)"的過程,從而探討日本俗訛字的一些發展變化現象。

二、"弘"之"倭俗"與"倭訛"考

(一)"無窮會本系"中"弘"之"倭俗"與"倭訛"現象

我們先看無窮會本和天理本中的"弘"字:

---

①　梁曉虹:《日本俗字"勢""埶"再考——以兼意"四抄"爲主要資料》。

弘：窮。オオキナリ。**和**：或本。先德非之。（無/39 -
1/128）

此條在天理本作：

弘：窮。オホキ也。**和**：或本。先德非之。（天/39 -
1/366）

同樣的内容，還出現於天理本另外兩處：

弘：窮。オホキ也。**加**：或本。先德非之。（天/47 -
9/500）

弘：窮。オホキ也。**和**：或本。先德非之。（天/54 -
1/582）

　　根據音注與和訓，可知辭目字"**弘**"應爲"弘"字，"弘"與注音字
"窮"吴音相同。"**弘**"作爲"弘"的俗字，《干禄字書》已收，中古漢傳典
籍多見。而"無窮會本系"中的另一相對稍晚的真福寺大須文庫本，辭
目字正作"弘"。

　　"無窮會本系"多有在釋文中舉出異體字的現象，其後還會標示
"同上，亦作"或"同上，或作"等詮釋性術語，有些還會在其後再用"先
德非之"來表示前輩先賢對其作爲辭目字異體的否定意見。上所舉
例，雖無"同上"，但有"或本"，即其他寫本中所出現的"弘"的異體，而
"先德"對此表示否定。

　　我們注意到的是被"先德非之"的"或本"字形，實際共有三個：
"**和**"（無窮會本）、"**和**"（天理本）、"**加**"（天理本）。筆者也調查了
幾種書寫時間較後的寫本，發現作"和"者居多。如六地藏寺本第四十
七帙第九卷作"和"、京都大學圖書館藏本《經字引》第四十七帙第九卷
和第五十四帙第一卷兩處皆作"和"。而在高野山大學圖書館藏本（卷

上)中,此條已經有了很大變化:

弘:ヲヲキ也。和:ワ。(高野大本第三十九帙第一卷)

高野大本被認爲寫於室町後期,且有可能是後世轉寫本,故而筆者認爲書寫者或許已不明"和"原本是"或本"中"弘"的異體(儘管是訛字),而將其看作是另一辭目字,故還特意爲其標注讀音"ワ"。

真福寺大須文庫本作爲典型的"無窮會本系"寫本,上下兩帖,是該系統古寫本中具有完備卷音義部分的唯一一本,寫於室町時代。僅從漢字書寫這一角度看,區別較明顯的一點是,無窮會本、天理本中的一些訛字、訛俗字在此本中已有所訂正。如對照以上無窮會本和天理本中的内容,大須文庫本中,相應的如下:

弘:窮。オヲキナリ。**加**:或本。先德非之。(大須文庫本第三十九帙第一卷)
弘:オホキナリ。**加**:或本。先德非之。(大須文庫本第四十七帙第九卷)
弘:オホキナリ。**加**:或本。先德非之。(大須文庫本第五十四帙第一卷)

雖然明顯可以看出卷上與卷下,筆迹不同,非一人所書,但:① 辭目字"**弘**"已改爲"弘";② 諸本中出現的被"先德非之"的"或本"的"和"及"**和**"(無窮會本),已統一成左"方"右"口",與天理本第四十七帙第九卷中的"**加**"相同。這應該是正確的,因爲這是日本中世常見的俗字。而我們要考察的是"弘"字在日本中世是如何從訛俗再到訛誤的過程和理據。

(二)"弘"之"倭俗"與"倭訛"考

1. 從漢傳俗字"**弘**"到倭俗字"**加**"

如以上例所示,除大須文庫本外,無窮會本、天理本中辭目字皆作

"**弘**",此乃漢傳俗字。因同化原理,"厶"變"口"[1],漢語俗字資料中多見,不贅舉。值得我們注意的是作爲異體被收録的"**加**",不僅"弘"的右半聲符"厶"已變爲"口",而且部首"弓"又訛作"方"。近藤西涯編《正楷録》卷上"弘"字下舉有"**弘加**"兩字,且在"**加**"後特意標注:"倭"[2]。可見撰者將其視爲日本俗字。

　　筆者在以前的研究中曾指出過[3],日本古代寫本中,"弓"部字與"方"部字多混雜,但主要是"弓部"寫成"方部"。這種現象從早期奈良時期寫本資料,如《新譯華嚴經音義私記》到江户時代漢字資料,如上述《正楷録》中,多有例見。而近藤西涯在《正楷録》上卷"强"字下録"**强**"[4]、中卷"引"字下出"**方]**"字[5],二字後分別注:"倭"。這與"**加**"之注相同。因此我們可以認爲這些字是在日本産生的俗字,可稱"倭俗字"或"日本俗字"。我們不能説漢傳文獻中不見此類字形,但大批出現並被廣泛使用,却是在日本。筆者在《日本保延本〈法華經單字〉漢字研究》一文中多有舉例。另外,我們還發現在昌住所編的《新撰字鏡》中,"方部"字下收有"**弘**(弘)"、"**㷯㷯**[6](弼)"、"**弹**(彈)""**弥弥**(彌)"、"**張**(張)"、"**引扒**(引)"[7]等本屬"弓部"的字。《新撰字鏡》"方部第百十一"有"方與弓通耳"[8]。這就更能證明這種"倭俗訛字"在奈良、平安時期頗爲常見。

　　筆者在《日本保延本〈法華經單字〉漢字研究》一文中探討過此類"倭俗字"産生的理據,認爲有兩點值得重視:

①　毛遠明:《漢魏六朝碑刻異體字研究》,317 頁。
②　杉本つとむ:《異體字研究資料集成》,第一期,第七卷,239 頁。
③　梁曉虹:《日本保延本〈法華經單字〉漢字研究》,127—152 頁。
④　杉本つとむ:《異體字研究資料集成》,第一期,第七卷,230 頁。
⑤　杉本つとむ:《異體字研究資料集成》,第一期,第七卷,264 頁。
⑥　共收有"弼"的四個俗字形。
⑦　京都大學文學部國語學國文學研究室:《天治本 新撰字鏡(增訂版)》,620—622 頁。
⑧　京都大學文學部國語學國文學研究室:《天治本 新撰字鏡(增訂版)》,620 頁。

第一,受書法的影響,"弓"訛寫成"_弓_"。

《正楷録》卷上"弓"字下收有"_弓_"字,並注明"書家"[1]。這種現象在中國書法家的作品中並不少見,以"引"字的行書體爲例,就有王羲之的"_引_"、釋懷仁的"_引_"、趙孟頫的"_引_"等大量字形。這是因爲"弓"字筆畫順序本應爲橫折、橫、豎折折勾。但用毛筆書寫時,先落筆寫橫折,再翻筆寫橫豎折勾,多須一氣呵成,所以三畫或成一筆,或成兩筆,即使三筆也看似連筆,故有以上字形。這在日本早期書法作品也多見,例多不贅舉。

第二,進一步訛變而成"方"。

與以上行書中的"引"相似的俗字字形,漢語寫本文獻中並不少見。如敦煌文書中有"_引_"[2]"_和_"[3]"_孙_"[4]等。而進一步的訛變,即徹底寫成"方"者,漢語文獻中很少見,但筆者在伏見沖敬所編《書道大字典》"弓部"的"引"字下發現有"_引_"(明·文徵明)、"弦"字下有"_弦_"二例,[5]或是個別的、零散的現象,且似乎主要出自書法家筆下。訛變作"方",並以楷書字體用於一般抄寫的,應該僅出現在日本。之所以會這樣,筆者認爲這應該與日本人對漢字的認知有關。

中國人在學習"彌""引""弘""張"等漢字時,"弓"是作爲這些漢字的義符而被"强調"的(比如《説文》),故中國人在書寫"弓"時會盡可能地接近篆書"_弓_"(弓)的形象。而後的隸變改變了漢字"弓"的筆勢,在書寫技巧上采用了斷筆和連筆的結合,將"弓"分解爲三筆(一一ㄅ),行書或草書或將三筆連寫,或將"ㄅ"再分成兩筆成ノ+ㄱ(力),這樣就有了俗形"_弓_"的出現。甚至書寫時可以將"一"可以寫得很小,幾近於點(、),如此"弓"旁就變得近於"方"了。但這一步的訛變却是在日本書手的筆下完成的。

---

① 杉本つとむ:《異體字字研究資料集成》,第一期,第七卷,187頁。
② 黄征:《敦煌俗字典》,501頁。
③ 黄征:《敦煌俗字典》,154頁。
④ 黄征:《敦煌俗字典》,272頁。
⑤ 伏見沖敬:《書道大字典》,752頁,756頁。

之所以會有這樣的結果,正説明了中日兩國經生書手對漢字的理解不同。受書法影響,中日文獻都有類似"**引**"的"弓部字"出現,但在行草楷化的書寫過程中,漢人還是會更多受"弓"字本義的影響,故未能再進一步訛變下去,而日本人却不受此影響,完成了訛變的最後一步,且流傳開去。因爲對日本人來説,漢字作爲他源文字,是不必全盤照搬原文字的,即不必説明字形的有理性,更多是爲了書寫方便,講究實用。從這個意義上看,我們可以將其視爲由漢傳俗字基礎上發展而來的"倭俗字","**加**"之類就是其中之一。

2. 從倭俗字"**加**"到訛字"和"

不難看出天理本中兩例"和"以及六地藏寺等他本中的"和"是訛字,是在傳抄書寫過程中字形發生了訛變。但是,從"弘"到"和",一般來看,其訛變的跨度似乎過大,以致難以解釋其理據。但筆者認爲,這是在倭俗字"**加**"的基礎上再進一步訛變而産生的訛字。因爲"**加**"右半聲符"厶"已作"口",下一步就是已訛部首"方"再訛作"禾",而這是有可能的。

漢字書寫過程中,會因書寫時求快,而致使並不相似的偏旁或部件誤作他形。蔡忠霖在分析敦煌漢文寫卷俗字之類型時提到的"誤用",即屬此類[1]。陸明君也指出:行草書中,偏旁形近而混用,"方"與"扌"、"方"與"衤""礻"等就多混用[2]。特別是"方"與"礻",從"示"之字,形旁作"礻",在行草書中多寫作"**礻**"。而形旁"方"在行草書中往往寫作"**方**",則二者形近,故會出現以"礻"代"方"的現象[3]。這有可能是訛寫的第一步。

訛寫的第二步應該是從"礻"到"禾"。"禾"字作形旁時寫作"**禾**",則與形旁"礻"的通行寫法"**礻**"形近,故兩個形旁多有混淆的現象[4]。我們以上所舉無窮會本中的"**和**"就與此相似。

①　蔡忠霖:《敦煌漢文寫卷俗字及其現象》,161—163 頁。
②　陸明君:《魏晉南北朝碑别字研究》,96—98 頁。
③　陸明君:《魏晉南北朝碑别字研究》,97 頁。
④　陸明君:《魏晉南北朝碑别字研究》,99 頁。

　　當然,這衹是筆者的預設,但筆者認爲在經多人之筆的輾轉反復抄寫過程中,這樣的訛變應該是有可能的。而這種訛寫並不衹見於日本寫經生,中國古代也多有其例。如伏見沖敬所編《書道大字典》"方部"的"族"字下,就收有"方"作"扌""衤""木""禾"者,如"䘾"(北魏《元颺妻王氏墓誌》)、"䘾"(北魏《馬振拜造像》)[1],均已訛爲"禾部"。而在有賀要延編的《難字・異體字典》中,"方部"的"族"字下也有"㧀""㯺""襍""䘾""䘾"等字形[2],最後的"䘾"也已訛爲"禾部"。

三、小結

　　以上我們考察了"無窮會本系"中"弘"字訛變至"和"字的過程。從結果來看,在漢傳文獻中,這種訛變似乎不太可能發生,即使在日本,這種現象或也應不普遍。但有了倭俗字"𢆈",這一步的訛變就有可能出現。且"無窮會本系"是日本中世較爲重要的佛經音義,既然其中出現了這種訛寫現象,説明其有一定的代表性。對其訛變過程和理據的考察,可説明漢字在日本發展變化的一些規律,此乃筆者的研究目的。

第四節　"無窮會本系"中
"詹"聲俗字考
——以"無窮會本系三種"爲資料

一、關於"無窮會本系三種"

　　本節以"無窮會本系"中最具代表性的三種寫本(無窮會圖書館

---

① 伏見沖敬:《書道大字典》,1019 頁。
② 有賀要延:《難字・異體字典》,134—135 頁。

本、天理大學圖書館本、藥師寺本)爲主,並結合其他材料,對其中四組以"詹"爲聲符的俗字進行考釋,希望由此側面考察漢傳俗字進入日本後的某些發展演變軌迹。

　　"無窮會本系"有多種寫本,筆者之所以選此三種,是因爲日本著名國語學學者、古辭書音義研究大家築島裕先生在多年研究《大般若經音義》的基礎上,已將"無窮會本系"中三種最重要的寫本整理出版:無窮會圖書館藏本《大般若經音義》(卷上、一帖)、天理圖書館本《大般若經音義》(卷上本、上末、下三帖)、藥師寺藏本《大般若經音義》(甲本、乙本、丙本、丁本,共六十七卷),共計二册成書:第一册爲《大般若經音義の研究 本文篇》;第二册爲《大般若經音義の研究 索引篇》。這是目前研究"無窮會本系"的重要資料,也是本節的基本材料。

二、"無窮會本系三種"中的"詹"聲俗字

　　需要説明的是,本節我們所考察的對象主要是辭目字,即字頭,不包括音義中的解釋性文字。"無窮會本系三種"的辭目字中没有"詹"[①],所以我們考釋的對象是以下四組以"詹"爲聲符的俗字。

　　(一)擔(簷/儋),表擔荷義

　　　001 **㪮**:湛;ニナフ。**㩜㩜㩜**:同上亦作。**儋**:同上,先德非之。(無/1-1/P8)

　　此例是無窮會本第一帙第一卷首條。按理可用天理本勘核,但其首尾有殘頁,第一帖恰缺少第一葉,故祇能以藥師寺本對核:

　　　002 **㪮**:湛;ニナフ。**㩜㩜**:亦作。**儋**:亦作。(藥甲/1-1/766)

---

　　①　這是根據築島裕《大般若經音義の研究 索引篇》所得出的結論。

003 **檐**：湛；ニナフ。**檐楷**：亦作。**儋**：亦作。（藥乙/
1－1/832）

以上引自藥師寺本的二例，分別是藥甲本和藥乙本，與無窮會本
相同，皆爲第一帙第一卷第一條。較之無窮會本和天理本，藥師寺本
的不同主要體現在：辭目以單字爲主，其下標有音注，基本爲漢字同音
注，義訓內容極少，故此本被認爲可能是從古代原本刪除和訓改編而
成的僅有單字內容的簡易本①。不過，以上二例倒是保存了和訓，祇是
少了一個俗形"檐"。這可能是因爲藥師寺本的抄寫者認爲此字形與
辭目字相同，所以略去（但我們認爲實際上並不相同，後續的討論中將
會述及）。另外，藥師寺本還略去了"先德非之"這一類以"先賢"的觀
點來否定當時部分異體字的內容。而"先德非之"這一類表述本是無
窮會本和天理本等"詳本"的特色之一。

以上三例是"無窮會本系"中出現較多的例子。"ニナフ"（ニナ
ウ），用現代日語漢字表示是"担う・荷う"。而在《漢和大字典》中
"擔"、"檐"、"儋"也皆可訓讀作"ニナフ"（ニナウ）。從音讀上看，漢音
皆讀作"タン"（タム），以上三例皆用同音的"湛"字表示。從以上三
例，我們也可以看出此本系的最大特點：在辭目字後多收羅異體。以
上無窮會本共出現五個不同字形，而藥師寺二例實際也應該是五個，
但轉寫者在書寫時却刪去了一個被認爲不必要的"檐"。

004 **擔**：湛；ニナフ。（無/17－9/66）
005 **檐**：湛；ニナフ。（天/17－9/282）

此類例甚夥，有約四十例②，實際上更多，但俗字，主要是指聲符

---

① 築島裕：《大般若經音義の研究・本文篇・解説》，33 頁。
② 根據築島裕《大般若經音義の研究 索引篇》中"和訓索引"中"擔 ニナ
フ"條。

"詹"字的寫法差別並不很大。

藥師寺本中還有不少僅收羅異體,衹標出音注的例子。如:

006 **𢬲㮥儋**：湛。（藥甲／41－1／790）
007 **𢬲㮥儋**：湛。（藥乙／41－1／861）

儘管没有義釋,但明顯也表示"担う・荷う"。

以上一組字,或亦可謂之詞,漢語本字應作"儋"。《説文・人部》:"儋:何也。從人詹聲。都甘切。"段玉裁注:"儋俗作擔。古書或假檐爲之。疑又擔之誤耳。韋昭《齊語注》曰:背曰負,肩曰儋。任、抱也。何、揭也。按統言之則以肩以手以背以首皆得云儋也。"①但後因"擔"字通行,以致表肩挑背負之義時,徑用"擔荷"一詞。實際上,"荷"的本字也是"何"字。《説文・人部》:"何:儋也。從人可聲。臣鉉等曰:儋何即負何也,借爲誰何之何。今俗別作擔荷,非是。胡歌切。"②段玉裁注:"何俗作荷,猶佗之俗作駝,儋之俗作擔也。"③

以上段注言及"古書或假檐爲之",可知"擔荷"之義之"儋(擔)"也可借作"檐"。實際上,寫本中"手(扌)"旁字與"木"旁字多相混淆,故"檐"字多見,並不奇怪,以上例中,實際辭目字也大多是"檐"字。

從以上所舉例,我們可以認爲:此字或此詞來到日本,儼然一開始被接受的就是通行的"擔(擔)"與"荷"。築島裕先生所編"和訓索引","ニナフ"下除了"擔"字四十例,還有九例用"荷"字。而原是"本字"的"儋"字,001例中已屬被"先德非之",而在其他例中都是作爲異體被羅列在辭目字後的,由此我們可以認爲當時日本通行的《大般若經》表

①　段玉裁:《説文解字注》,371 頁。
②　許慎:《説文解字》,163 頁。
③　段玉裁:《説文解字注》,371 頁。

"擔荷"之義已不用,至少可以説是少用本字"儋"了。

（二）憺,表恬静安穩義

008 **憺**：湛；シツカナリ、ヤスラカナリ。淡**恢**：同上,先德非之。（無/6-3/38）

009 **憺**：湛；シツカナリ、ヤスラカナリ。淡**恢**：同上,先德非之。（天/6-3/248）

以上二本二例,内容也相同,皆爲第六帙第三卷。根據以上假名和訓,可知表"静""安"之義。《大般若經》中多次出現"憺怕"一詞,實際上,以上二本"憺"後的辭目字就是"怕",編纂者是將詞拆開解字的。《説文·心部》："憺,安也。從心詹聲。"[1]同部又："怕,無爲也。從心白聲。"[2]"憺怕"後多寫作"澹泊""淡泊",表澹泊,恬静義。段玉裁注"怕"字曰："……憺怕,俗用澹泊爲之,叚借也。澹作淡。尤俗。"[3]無窮會本中"憺"與"怕"各自作爲辭目字共出現四次,這説明當時通行的《大般若經》"憺怕"一詞用本字本義,而作爲"憺"字假借俗用的"淡"和"**恢**"二字,被"先德非之"。"**恢**"是"恢"字的俗形。《慧琳音義》卷十一："憺怕,徒濫反。下普白反。《韻英》：安静也。皆形聲字也。經作恢,非也。"[4]無窮會本中説"先德非之",與慧琳一致。

"憺"在藥師寺本中：

010 **憺**：湛。淡**恢**：亦作。（藥甲/6-3/770）

011 **憺**：湛。淡**恢**：亦作。（藥乙/6-3/839）

---

① 許慎：《説文解字》,219頁。
② 同上。
③ 段玉裁：《説文解字注》,507頁。
④ 徐時儀：《一切經音義三種校本合刊》（修訂版）,697頁。

此例與上二例相同,衹是删除了和訓,但却用"亦作"表示後二字與辭目字是異體關係。有的甚至就衹將異體字收羅在一起,僅標音注。如下:

　　012 **憺**淡:湛。(藥甲/54‐7/816)
　　013 **憺**淡:湛。(藥乙/48‐2/875)

(三)膽,表示人體器官之膽囊

　　014 **瞻**:湛。キモフクロ。**膽**:同上亦作。(無/6‐3/36)
　　015 **膽**:湛。キモノフクロ。**瞻**:同上亦作。(天/6‐3/246)

以上二例,和訓基本相同。例 015 多一個"ノ"(漢語"之""的"之義)。日語中"肝"和"膽"都可叫"キモ"。"フクロ"用漢字表示就是"袋·囊",此與"膽"字本義頗爲契合。《説文·肉部》:"膽:連肝之府。從肉詹聲。都敢切。"[1]中醫認爲"肝"與"膽"互爲表裏,稱膽爲肝府,故二者常並提。

以上雖同爲音釋第六帙第三卷的内容,但無窮會本的辭目字從"日"旁,而天理本的辭目字從"月(肉)"旁。筆者查檢藥師寺本甲、乙二本的辭目字,也皆爲從"月(肉)"旁。儘管從"日"的"**瞻**"字訛變得更爲明顯,但也有可能反映出當時寫本用字的實貌,因寫本訛俗字中就多有"月(肉)""目""日"混淆的情況[2]。

同樣的内容無窮會本和天理本中多見,不贅。我們再看藥師寺本:

---

① 許慎:《説文解字》,87 頁。
② 敬請參考梁曉虹、陳五雲、苗昱《〈新譯華嚴經音義私記〉俗字研究》之附録"俗字表"。

016 膽膽：湛。(藥甲/42-4/793)
017 膽膽：湛。(藥乙/42-4/863)

祇是羅列異體,標出讀音。

以上三組字,"擔(簷/儋)""憺""膽",音注相同,皆用同音字"湛"表示,讀"タン(タム)"。漢語中這三組字也聲韻相同,唯有聲調之別。

(四)瞻,表"看望"義

除以上三組字,"無窮會本系"中還有漢字"瞻"表"看望"義的俗字。

018 瞻：世牟。ミル。(無/40-8/144)
019 瞻：セ牟。ミル。(天/40-8/388)
020 瞻：セム。(天/58-1/656)

以上三例的音注內容,例 018 用漢字"世"與"牟"表示,例 019 用假名"セ"和漢字"牟"表示,例 020 則用假名"セ"和"ム"表示,看上去音注不同,但"世"和"牟",在日語漢字音裏的吳音中,分別可讀爲"セ"和"ム",因此,三條音注實際上是相同的。

天理本的"篇立音義"下,"目部第七"也有此字：

021 瞻：世牟。ミル。マホル。(天篇①/720)

此例釋義部分,除了"ミル"("看望"義)外,還有"マホル",築島裕在《大般若經音義の研究　索引篇》此和訓下就用"瞻"表示。除此,天理本第五十八帙第一卷還有音譯詞"瞻博迦","瞻"字字形與上同,不贅舉。

_____

① "天篇"表示天理本的"篇立音義"部分。

有意思的是,“無窮會本系三種”中所有的“瞻”字,均没有收列其他異體。

三、“無窮會本系三種”中的“詹”聲俗字考

築島裕先生在《大般若經音義の研究 索引篇》前所附的“異體字表”中,已爲我們合併舉出了“無窮會本系三種”中的異體字共 75 組,其中與本節相關的有以下四組[①]:

箭頭所指爲正字。由此也可看出,筆者以上所舉的 21 例,已經涵蓋這四組。

需要説明的是:因寫本中“手”旁與“木”旁經常混淆,所以我們不作特别分析。“瞻”與“膽”二字,“月(肉)”與“日”也是因形近而出現的訛寫,前已述及,我們也不再另行展開。我們主要就四組形聲字的聲符“詹”字的俗體展開以下討論,目的是通過此“個案”的考察來梳理漢傳俗字進入日本後發展演變的一些軌迹。

（一）訛俗字

以上所舉的 21 例,筆者認爲僅就其中的“詹”聲俗字來看,皆可歸之爲訛俗字。所謂“訛俗字”,指因漢字“訛用”而成的俗字,或指某些正在訛變中的字。寫本時代,書經傳抄,字多有訛奪,這並不難理解。但“錯字”是俗字的肇因之一,值得我們重視。如果某些漢字的訛誤現象一而再、再而三地在某人筆下,或某些人筆下出現的時

[①]　築島裕:《大般若經音義の研究 索引篇》,7 頁。

候,就可以認其爲訛俗字,或正在形成俗字。儘管袛是在小範圍或特定範圍內,但至少他們有再"訛"之理由。這正是"約定俗成"的過程,也正是北齊·顔之推《顔氏家訓·書證篇》中所指出的"自有訛謬,過成鄙俗",即有的字寫錯後(有意或無意),沿用久了也就成了俗字。[①]

以上 21 例,我們將 001、002、003 中的"揝"等[②]放在最後討論,因其右半聲符"参"已與"詹"相距甚遠。因此形不見漢傳俗字,所以我們可以考慮將其歸爲"倭俗字"。

我們先討論除"揝"外的其他"詹"聲俗字。這些俗字都與漢傳"詹"的俗字或"詹"聲俗字有關,但其進入日本後,在使用過程中,又有了一些發展變化,形成了日寫本的用字特色。

1. "尸"的角字頭"ク",訛寫成"ソ"或反轉成"八",但以"ソ"居多

築島裕先生所舉的"瞻",看上去是角字頭,但筆者根據其"索引"核查後,實際並未見此形。而筆者所錄"瞻"是寫本原字形,作"ソ",爲從"日"的"膽"字俗體,且僅此一例。除此,筆者對"無窮會本系三種"中的其他"詹"聲字进行檢核後發現皆作"ソ"("八")[③]。

這是草書楷化訛變的結果。因草書中角字頭"ク"容易在運筆中斷連成兩點,依之楷化便成爲"ソ"。這與"角"的俗字變成上"ソ"下"用"、"魚"字上作"ソ"同理。《行楷書法字典》中收有北宋米芾的"膽"[④],頗爲清晰。而有賀要延的《難字·異體字典·手部》"擔"字下收有"擔"[⑤],根據此書《凡例》,可知此字形取自法隆寺傳來的細字《法華經》。此經卷由唐·李元惠寫於延載元年(694),被認爲是唐人真迹。文字是略呈扁平狀的蠅頭小楷,字迹精細而謹慎。由此我們可以認爲這種訛用由漢人開始,也應該很早就傳到日本。但是,我們查

---

① 施安昌:《唐代正字學考》,77—84 頁。
② 僅舉例 001 中的字形爲例。
③ 還有小部分作"八",我們以"ソ"爲代表。
④ 陳斌:《行楷書法字典》,778 頁。
⑤ 見該書第 126 頁。按:此書還以《佛教難字大字典》之名刊行。

檢了敦煌俗字①、漢魏六朝碑刻字②,和收録以上諸"詹"聲字的《異體字字典》後,發現大部分實際仍是"角字頭"。也就是説,在中國,"勹"作"丷",此訛俗雖已出現,但似並未廣泛流傳開去。

如果我們觀察日本早期古寫本,也可發現"詹"聲字受漢傳俗字的影響,大多也仍作"勹"。如被認爲寫於平安初期的石山寺本《大般若經音義》(卷中),其釋經卷五十三有"**澹**泊路"條③,儘管"**澹**"稍有殘脱,但根據經本文以及來迎院本,可知應是"澹"字。右半"詹"字上部的角字頭還是很清晰的。另外,我們還可以從被認爲與石山寺本屬同一時期的《新譯華嚴經音義私記》中可見這種寫法,如"擔"作"**擔**","瞻"作"**瞻**""**瞻**"等④。

但我們發現平安中期以降,"詹"字的這一部分,就開始以"丷"居多了。除了"無窮會本系"中的字例外,還有如:

022 **膽**：音湛。肝府也。(石山寺本《大般若經字抄》)

石山寺本《大般若經字抄》被認爲是平安中期藤原公任的著作,原本不存,石山寺本則寫於"長寬二年"(1164),已值平安末期。例022中"**膽**"是"膽"的俗字,已明顯可見"詹"之"角字頭"已作"丷"。而臧克和、海村惟一主編的《日藏唐代漢字鈔本字形表·言部》收有11個取自《香字抄》的字形,皆可認爲是"丷"或"八",其中如"**譫**""**譫**"⑤等已非常典型。甚至連當時的日本字書也如此,如高山寺本《篆隸萬象

---

① 黄征：《敦煌俗字典》,74—75頁,540頁。

② 毛遠明：《漢魏六朝碑刻異體字典》,143—144頁,146頁,1177—1178頁。

③ 築島裕主編：《古辭書音義集成》第三卷《大般若經音義》,8頁。

④ 參閲梁曉虹、陳五雲、苗昱《〈新譯華嚴經音義私記〉俗字研究》之附録"俗字表"。

⑤ 參閲臧克和、海村惟一主編《日藏唐代漢字鈔本字形表》第1642頁。根據《日藏唐代漢字鈔本字形表·前言》,知其所用《香字抄》爲杏雨書屋藏本,寫於平安末期。

名義》中有:"詹"作""、"儋"作""、"擔"作""、"瞻"作""、
"膽"作""①等形。而天治本《新撰字鏡》中有:"膽"作""、"儋"作
""、"檐"作""、"擔"作""②等形。以上資料,足以説明,這種
俗寫在當時的日本非常流行,已屬顔元孫在《干禄字書》中所歸類的
"通體"。

筆者認爲這可能跟作爲構件的"广"有關。"广"在《説文·厂部》
作"",釋曰:"仰也。從人在厂上。一曰屋梠也。秦謂之桷,齊謂之
广。"③"广"是"危"的初文。"厂上"的"",楷書中寫成"夕",即使有
草書楷化後的訛變,但大部分書寫者還是未從其變而保留了"广"的寫
法。但日本書手却不講究這些,"厂"上用"丷",書寫簡便且美觀,故而
流行開去,乃至通行。

2."广"下的訛變

漢傳俗字中,"詹"是因傳寫訛變發生較大變化的一個字,除了
"广"上的"角字頭"外,"广"下的上"八"下"言"也多有訛變。筆者歸納
了一下,有以下兩種:

(1)"八"不變,部件"言"或寫成上"工"下"口",寫作上"ユ"下
"口",或寫爲"吉"。此類可以《干禄字書》爲代表:"……詹:竝
上通下正。"④《隸辨》中有:":……按:《説文》作詹,下從言。碑變
作舌。今俗因之。"北魏《爾朱紹墓誌》有""、唐人墓誌中有""
""等字形⑤。陳五雲認爲這可能是由"言""壓縮"而來的,早在漢代

①　以上字形分別引自《篆隸萬象名義》一書第291頁、19頁、57頁、34頁、65
頁。又中華書局此版《篆隸萬象名義》依據日本《崇文叢書》縮印出版,而《崇文叢
書》則是高山寺本的影印本,高山寺本寫於鳥羽永久二年(1114),已是平安後期。
②　以上字形分別引自《新撰字鏡》(增訂版)一書第39頁、83頁、391頁、
595頁。又天治本寫於天治元年(1124),也屬平安末期。
③　許慎:《説文解字》,194頁。
④　杉本つとむ:《異體字研究資料集成》,第一期,別卷二,33頁。
⑤　以上三個字形引自臧克和主編《漢魏六朝隋唐五代字形表》一書第
1564頁。

隸書中就有出現。而寫作"吉"則可能是由這個符號規整而成的,因爲"吉"更容易稱説和講解。筆者認爲此説有理,並且認爲,此類現象最初雖屬訛用,但經過"規整",在《干禄字書》中儼然已成"通體"。也因此被傳到了日本,如《日本名跡大字典》中:"詹"作"𡪄"(久松切)、"擔"作"擔"(空海《聾瞽指歸》)、"瞻"作"瞻"(王勃詩序)、"瞻"(空海《聾瞽指歸》)等①。以上資料屬於平安時代,且皆爲當時名家書迹,具有一定的代表性。

(2)"广"下"八"訛寫成"北"。這是漢傳俗字中頗爲常見的俗形。如"詹""詹""詹"等字形見於《碑別字新編》②,魏晉墓誌中有"詹""詹""詹""詹"③,敦煌俗字中有"詹"等④。還可訛作與"北"相近的"比",如唐代墓誌中有"詹"⑤,敦煌俗字中有"瞻""瞻"⑥等字形。但總體來説,作"北"者多,寫"比"者相對較少。

以上兩種訛變是我們爲了析字而分成兩類,漢字使用過程中,"广"下,"八"與"言"同時訛變的情況並不少見。且除以上所析,實際上"詹"聲俗字還有其他多種訛俗寫法。如"擔"在敦煌俗字中可作"擔""擔"⑦,前者右半"广"下,祇有"吉",而後者"广"下"八"訛作"告"。敦煌俗字中還可見"瞻"作:"瞻""瞻"和"瞻"⑧,前者"厃"下"言"訛近"占",後二字右半上部訛似"鹿"。

"詹"字結構相對複雜,特別是在作爲漢字構件時,於俗書中則更便易訛誤。其"言"旁訛作"吉"或"占",或出於誤認,或出於簡省,均造成了字形的訛變。而"詹"字上部訛似"鹿",是因形似有關:"麁"之頭與"厃"相近,遂訛從"麁";"麁"與"鹿"相近,遂訛從"鹿",又"麁""鹿"

---

① 此三字分別見《日本名跡大字典》第 1103 頁、535 頁、844 頁。
② 秦公:《碑別字新編》,266 頁。
③ 臧克和主編:《漢魏六朝隋唐五代字形表》,1564 頁。
④ 黃征:《敦煌俗字典》,540 頁。
⑤ 臧克和主編:《漢魏六朝隋唐五代字形表》,1564 頁。
⑥ 黃征:《敦煌俗字典》,540 頁。
⑦ 黃征:《敦煌俗字典》,74 頁。
⑧ 黃征:《敦煌俗字典》,75 頁。

皆爲"比"足,"比"與"北"相近,遂訛從"𧗐"。故類似俗書之訛,多可由漢字中形似之偏旁尋其訛變之緣由,蓋因認知心理中"完型"之故。

實際上,漢傳俗字中"詹"聲訛俗字遠不止以上所舉,《廣碑別字》"瞻"字下收有不同俗寫體共 63 個[①],可見一斑。

如果説,以上所舉"詹"聲字,因各種傳寫訛變,最後已成漢傳俗字的話,它們通過各種文獻寫本來到日本後,經日本寫經生之筆,在此基礎上又有發展變化,特色就是朝着易寫而變,結果形成流行的寫法。如前已述及的"疒"的角字頭"ク"皆作"ソ(八)"。至於"疒"下的部分,則相對複雜,從"無窮會本系"的三種材料來看,可歸納出以下特色:

表擔荷義的"擔(檐/儋)"多作"𢶍"

"詹"聲字,"疒"下"八"多訛作"比"。我們調查了用作擔荷義,以"擔"和"檐"爲辭目字的,共計 39 條,祇有兩條不作"比"而寫成"八",不訛。而其下"言"字,則或作上"比"下"吉",如"𢶍",或爲上"比"中"ユ"下"口",如"𢶍"。這也是 001 例中五個異體字形到藥師寺甲、乙本中却少了一個的原因:書寫者誤以爲"𢶍"與擔("木"旁的辭目字)相同。實際上,"吉"與"ユ"+"口"存在細小的差別。但"無窮會本系"中大多作上"比"下"舌",如"𢶍𢶍"[②](無/40－11/152)、"𢶍𢶍"(天/53－1/572)等可爲證。我們認爲這或是當時的"通體"。"無窮會本系"三種資料中,因未標出異體的條目,在祇標注讀音的 16 條條目中,14 條作"𢶍",祇有兩條字形不同:其中一條是"𢶍𢶍"(天/44－2/442),除了"ク"作"ソ"外,其餘皆不誤。但同樣的内容在無窮會本中,字形却作"𢶍𢶍"(無/44－2/192)。因無窮會本爲"無窮會本系"的代表,故"𢶍𢶍"可能才是當時《大般若經》的真實寫法。另一條是

---

①　秦公、劉大新:《廣碑別字》,685—687 頁。

②　此爲摹寫字形,更爲清晰,如影印不太清楚的話,筆者有時會添加摹寫字形。下同,不另注。

"**擔**(檐)"(天/56－4/618),"八"作"比","言"不變。音義辭目字,一般應取自當時所釋經典,故而我們可以認爲"**擔**"就是當時《大般若經》中"擔"的一般字體。

　　當然,我們還要考慮此本系多羅列異體字這一特性。三種資料中表示"担う·荷う"義的"擔"的異體字,大都是"手(扌)""木""亻"之"異",還有就是"ソ(八)"＋"厂"下的微小差別。而此外根據《大般若經音義の研究 索引篇》[①],"詹"聲字還有"吉"和"古"之異,但"吉"占多數。因此日本當時流行的通體,除了"**擔**"之外,或還有一個是"**擔**"字,前所舉的《篆隸萬象名義》和《新撰字鏡》中的字例大部分與此吻合。

表恬静安穩義的"憺"作"**憺**"

表恬静安穩義的"憺"字,相對訛變較少,即大多寫作如前所指出的"**憺憺**"(無/6－3/38)和"**憺憺**"(天/6－3/248)。此二字的不同在於:"宀"的角字頭"夕",無窮會本作"八",而天理本則作"ソ"。而"宀"下的部分則不訛,均作上"八"下"言"。"無窮會本系"三種資料中,辭目字後僅標出字音的共 14 例,有 12 例同此二字,還有二例,其一爲"**憺憺**"(天/39－4/372),右半字形與上所述及的"擔(簷/儋)"的俗形相似;其二爲"**憺**"(天/42－4/418),與前者相比較,衹是右半下部作上"比"下"言"。"憺"字條中所列的異體字是"淡"和"**恢**",與我們所考察的"詹"聲字無關,故不述及。我們或可認爲《大般若經》中"憺"字的通體是"**憺**"和"**憺**"。

"膽"與"瞻"

至於"膽"與"瞻"字,則稍顯複雜一些。如"膽"字,例 014"膽"字無窮會

---

①　築島裕:《大般若經音義の研究 索引篇》,89 頁。

本中的字形爲"瞻(瞻)"和"瞻(瞻)",而同樣的内容在天理本中,例 015 作"瞻(瞻)"和"瞻(瞻)",天理本將"日"改成"肉(月)",但是作爲異體列出"瞻(瞻)","八"却訛成似"川"形。我們也調查了其他字例,既有如"擔"的右半,也有如"憺"的右半,還有其他訛形,如不作"舌",作"吉"作"古"等。"瞻"字亦如此,我們不再重複。

(二) 倭俗字

不管怎麼訛變,以上所分析的各類俗體,還能辨認出其聲符是"詹"字俗形。但例 001"橙"字,却很難辨認出這是"檐"的異體字。筆者尚未在漢語資料中找到其他例證。姑且因其不見於漢傳俗字,所以我們稱其爲"倭俗字",或"日本俗字"。不過此字,筆者在其他日本資料中也尚未見到例證,而"無窮會本系"中則多次出現,因而我們不能否認其存在,且要探討書手筆下出現這個字形的理據。

在築島裕《大般若經音義の研究 索引篇》中,除了"橙"外,還有從"扌"作"㩦"者,其聲旁"參"。經筆者查證,在"無窮會本系"三種資料中,共有 13 處出現"橙",僅有一處是從"扌"的"㩦"。因"木"與"扌",寫本資料多互有混淆,我們就以從"木"的"橙"爲例。

"橙"字,此形無窮會本中僅出現一次,即例 001,其他 13 例皆出現於藥師寺甲、乙本中。除了前已舉過的例 002 和例 003 外,其他有如:

023 **橝橙儋**：湛(藥甲/41-1/790)
024 **橝橙**：湛。**儋橙**：亦作。(藥甲/54-8/816)

但這 14 處,"橙"字没有一次作爲辭目字字頭出現,都是作爲異體被列於"擔"或"檐"後的。這可能説明撰者所使用的《大般若經》中實際並無此字形,但撰者在其他地方或其他寫本的《大般若經》中見有此異體,故將其列出。筆者認爲此字形的理據可能有以下兩點:

其一,有可能是因草書楷化而出現傳寫訛變,"詹"字上部訛寫成"火"。《草書韻會》中"詹"字有寫作"𥸮"者,因此我們也可以理解《篆隸萬象名義》中"詹"字爲何會寫作"叅"。"广"不僅上部角字頭變成"丷",甚至連最清晰和最長的部件筆劃"厂"都訛變而成"大",因而有的書手將其誤解成"火",一是便於書寫,二是可以説解。

其二,陳五雲認爲:訛變的另一個原因可能是抄寫者所見字有殘缺,相加臆補,"橝"字大概是由臆補造成的。至於原字的殘缺原因可能也很多,如墨釘使字的一部分看不清了,或原本有被蠹魚蛀損了,等等。總之這個字的上部有"殘缺",但保留了一點殘迹,於是臆補而將上部補成"火"。或還可能是另一種原由:寫字者有一點語音意識,以爲該字或是"炎"的訛體。因爲"橝"與"炎"音近,從"炎"之字也往往音"炎"如"梜""琰",或音"淡""談"之類。而從"詹"之字亦或音"檐"或音"擔"。而此字下部的"言"是明確無誤的,上部有缺但有殘迹,依音近的理由,補出"火",似乎能説通。不過這樣説來,抄此經的和尚,還真是很忠實於原件的,他們只管抄經而不作校刊,否則寫過那麽多遍的"橝"字,自然會根據上文很順溜地寫出來的,然而他們不懂校刊,不知道"理校",祇以"存真"爲目的,所以造成了這種無法解説的俗字。

筆者認爲:因字有殘缺,相加臆補,大概不成立。因爲不僅此一處,也不僅此本。但因"炎"之音而寫出上部"火"是有一定道理的。

我們注意到,"橝"字祇在表示"担う·荷う"義的"擔"中出現,而且實際上基本作"木"旁,所以我們認爲這是"檐"訛變的結果。因爲漢語中"炎"與"檐",聲韻相同,日語中也一樣。"炎"與"檐"的吳音和漢音都讀"エン(エム)"。上部受"炎"的影響而寫成"火",而下半則因有"檐"字的存在而保持"言",二字相訛並組成了"叅",從而有了"橝"字。因無其他字例爲證,以上分析姑且存疑。

第六章 "無窮會本系"之 "先德"考

第一節 "無窮會本系"諸本中之"先德"

一、關於"先德"

"先德"一詞,漢語和日語皆見。《漢語大詞典》"先德"條下標其有一義項爲"有德行的前輩",可見不限佛門①。但筆者認爲,此義最初却很有可能是佛家先用,或更多用於佛門。丁福保《佛學大辭典》收有"先德",歸爲"雜語"類,釋曰:"先達之有德者。《慈恩傳》一曰:'後複北游,詢求先德。'《釋籤起序》曰:'先德既詳。'"②《漢語大詞典》此處所引第一出典也與丁福保同。

此語譯經雖也有,但似較少見,多出現於中國僧人詮釋經律論的部分。譯經有如宋·施護等譯《佛説尼拘陀梵志經》卷下有"我亦曾聞古師先德耆年宿舊智者所説"③之句,其中"先德"就與"古師""耆年""宿舊""智者"等近義詞并用,因而可按字面義釋爲"先輩有德之人",當然在佛門,就應指先輩高僧。如:唐·智昇撰《開元釋教録》卷一:"是以先德儒賢製斯條録,今其存者殆六七家。"④又如李通玄撰《新華嚴經論》卷一:"已上分宗,皆是承前先德所立宗旨,設有小分增減不同,爲見解各別,大義名目亦多相似,如西域及此方諸德,各立宗教後

---

① 《漢語大詞典》"先德"一詞下標有四個義項,此爲第四項。
② 丁福保:《佛學大辭典》,505 頁。
③ CBETA 電子佛典 2016/T01/008/0225。
④ CBETA 電子佛典 2016/T55/2154/0477。

當更明。"①此類例,《大藏經》中并不少見,用"此方先德"表示,且多指中國先輩高僧。如唐·窺基撰《阿彌陀經通贊疏序》卷一有"第二別明宗旨者,此方先德總判經論有其四"②,又窺基《大般若波羅蜜多經般若理趣分述讚》卷第一有"上來八解皆此方先德之所傳釋"③,唐·不空《金剛頂經大瑜伽祕密心地法門義訣》卷上有"一切經首,皆隨彼門,先安讚禮偈,此方先德,略而不譯"④等,似多指漢土譯經、釋經、科判經論的前輩高僧。而且有時還與"西土賢聖"呼應使用,如唐·道宣所撰《四分律删繁補闕行事鈔序》卷一就有"及西土賢聖所遺此方先德文紀,搜駮同異並皆窮覈"⑤之句,又如唐·大覺撰《四分律行事鈔批》卷二"如付法藏傳百論多論智論見論成論,並是西方羅漢,及菩薩所作,以遺於後,故曰西土賢聖所遺也。此方先德文紀者,紀由記也。《玉篇》云:紀者,録也。古德諸師所述章疏,高僧名僧之傳,僧史僧録《出要律儀》,僧祐《薩婆多師資傳》,及普照沙門道安開士所集布薩儀,及諸師抄疏等,總是此方先德文紀也"⑥等。禪宗語録中就更多見了,《禪宗大詞典》已將其作爲詞條收録,指"對已逝高僧的尊稱"⑦。因此,我們可以認爲,"先德"應不是特意爲譯經而造的新詞,但確實多用於佛門。

　　漢語佛典中還常見"古德"一詞,它與"先德"基本同義,但"古德"基本衹用於佛門,是對古時德行高、學問深之僧人的尊稱,也多見於禪宗語録。

　　日語中的"先德"應來自漢語,故其義也基本與漢語相同。《国語大辞典》中"先德"條下釋義:有德之先人,先賢之德,先賢。但也特意

---

① CBETA 電子佛典 2016/T36/1739/0721。
② CBETA 電子佛典 2016/T37/1758/0329。
③ CBETA 電子佛典 2016/T33/1695/0027。
④ CBETA 電子佛典 2016/T39/1798/0808。
⑤ CBETA 電子佛典 2016/T40/1804/0001。
⑥ CBETA 電子佛典 2016/X42/0736/0633。
⑦ 袁賓、康健:《禪宗大詞典》,443 頁。

標出：佛語,已逝之有高德之僧,或前代有德之僧。中村元《佛教語大辭典》也有收録,釋曰：傑出卓越的前輩,與"古德"大致同義,有德之先輩。其用例也是《慈恩傳》卷一。①

筆者認爲,相較於漢語,日本佛教界自古至今似乎更青睞"先德"一詞。如日本文化廳的官方網站"國寶・重要文物"中有"紙本白描先德圖像"(一卷)②,出自平安時代(12 世紀)玄証③之畫筆,是以印度、中國以及日本真言密教祖師爲中心的畫卷。其中有被認爲是真言密教開祖的印度龍猛、日本傳法大師空海、禪宗開祖達摩以及鑑真、行基、聖德太子、鳩摩羅什、玄奘等與南都佛教有關的祖師,甚至還有周武王、孔子等中国古代先聖先師,共計 46 人。還有如《中世先德著作集》,爲"真福寺善本叢刊"之第二卷④,此集影印翻刻的内容,以反映日本中世佛教中樞的顯密二教的先端名匠的思想爲主。此外,日本著名印度哲學、佛教学者松本文三郎(1869—1944)撰有《先德の芳躅》⑤一書,從其目録看,主要記聖德太子、日本譯經沙門靈仙、傳教大師最澄、弘法大師空海、智證大師圓珍、賀州隱者明覺等日本佛教史上著名人物之懿行偉業,"補遺"中還記有一些日本近代著名學僧之偉業。另外,據報道可知,令和三年(2021)舉辦了日本"天台宗祖師先德鑽仰大法會"。如此之類,例不煩舉。

二、"無窮會本系"中之"先德"

"無窮會本系"諸本中多見"先德"一詞。不過,"諸本"主要指無窮會本、天理本等"詳本",而像删除原本和訓、釋義簡略的藥師寺本,以及有較大改動的高野山大學本等則基本不見。儘管筆者所收集的寫本并不全,但根據以上幾種重要寫本可以推定：在此本系之原本中,

---

① 中村元：《佛教語大辭典》,837 頁。
② 此畫於昭和 24 年(1949)被認定爲重要文物,現藏於東京國立博物館。
③ 玄證(1146—1204?),號閑觀房,平安末、鎌倉初真言宗僧人。
④ 國文學資料館、阿部泰郎、山崎誠編集,臨川書店 2006 年出版。
⑤ 創元社昭和 19 年(1944)出版。

"先德"應是有出現的。天理本第五十八帙釋"廟"條,出現"先德":

> 廟:妙。亲也。先德祖之兒也。(天/58-2/660)

而大須文庫本則作:

> 廟:妙。室也。先德祖之兒也。

二本釋義,一字之別,但似皆有所據。"廟"見於《説文・广部》:"尊先祖兒也。从广,朝聲。眉召切。廟,古文。"①不難看出,原撰者應參考了《説文》等漢籍,祇是將"先祖"寫成了"先德祖",有點和式漢語的味道,但也可能是想強調有德之先人。天理本"親也",突出祭祀先祖之義。大須文庫本"室也",則以"廟"之制爲解。《爾雅・釋宮》:"宮謂之室,室謂之宮。"郝懿行疏:"古者宗廟亦稱宮室。"②又:"室有東西廂曰廟。"郝懿行疏:"廟之制,中爲大室,東西序之外爲夾室。夾室之前小堂爲東西廂,亦謂之東西堂。"③

　　"無窮會本系"釋文中"先德"頻頻出現,無窮會本卷上合天理本卷下,共約有二百餘處,而它們主要出現在以下場合。

　　(一)與漢字考辨有關

　　"無窮會本系"寫本的特色是在釋文中舉出異體字,因此"先德"的出現也大多與異體字考辨或與漢字使用有關。筆者將其大致分爲以下四類:

　　一是,"同上,先德非之"類:

> 001. 髆:薄。カタ。膊:同上,先德非之。(無/1-1/10)
> 002. 𦘒:エ伊。カクス、サハリ。瞖瞳𡭔憶:同上,先德非

---

① 許慎:《説文解字》,193頁。
② 郝懿行:《爾雅義疏》"中之一",1頁。
③ 郝懿行:《爾雅義疏》"中之一",18頁。

之。(無/5－9/32)

003. 瞟：之。メクソ。朧：同上，先德非之。(無/6－3/38)

004. 虎：居。トラ。甫：同上，先德非之。(無/6－3/40)

005. 莌：恩。ソノ。莵：同上，先德非之。(無40－8/140)

006. 炯：等。炎盛皃也。洞：同上，先德非之。(天/48－9/510)

007. 筏：拔。イカタ。栿：同上，先德非之。(天/55－9/608)

008. 秀：四憂。ヒツ。莠：同上，先德非之。(天/57－9/648)

009. 遠（逺）：躰。ウ、オヨフ、アツク。逺：同上，先德非之。(天/篇/732)

010. 蠡：羅。螽：同上，先德非之。(天/篇/746)

以上，均是在辭目字後標出一個異體，然後用"同上，先德非之"，表示前字雖被用作異體，但"先德"并不贊同。

有時是在標出數個異體後，用"先德非之"來表示對列出的所有異體的否定。如：

011. 憺：湛。シツカナリ、ヤスラカナリ。淡恢：同上，先德非之。(無/6－3/38)

012. 翳：エ伊。カクス。サハリ。瞖瞠愇：同上，先德并非之。(無/5－1/26)

用"先德并非之"的，無窮會本僅012這一例，大須文庫本也作"先德并非之"，但天理本作"先德非之"。均表達對前三個異體的否定，加一"并"字，祗是起到强調作用而已。

013. 僥：堅。儤寋：同上，先德非之。（天/60－10/710）

二是，"同上，×作。同上，先德非之"類：

014. 攙：湛；ニナフ。攩攮攃：同上，亦作。儹：同上，先德非之。（無/1－1/8）

015. 胖：奉，ハル。肨：同上，亦作。膡：同上，先德非之。（無 1－3/14）

016. 鎖：左。ツラヌ。鏁：同上，亦作。瑣璅：同上，先德非之。（無/6－3/42）

017. 倦：玄（朱·平）。イトフ。ヨコタル。ワッラフ。劷：同上，或作。惓：同上，先德非之。（無/1－3/16）

018. 阻：龟。サフ。尀：同上，或本。俎：同上，先德非之。（無/31－2/76）

019. 徇：旬。モトム。徇：同上，古作。殉：同上，先德非之。（無/33－6/90）

020. 瘔：語。サム。瘔：同上，正作。愇：同上，先德非之。（無/6－3/34）

大多數情況下，撰者是在舉出一個或數個異體，并在標示了"同上，亦作""或作（或本）""古作""正作"等解釋性術語後，又列出一個異體或數個異體，然後用"同上，先德非之"標出。其中又以在"亦作"之後的居多。有時也會用不同的"×作"解釋性術語，然後再列出一個異體，然後用"同上，先德非之"標出。如：

021. 瞬：眴、瞚：同上，亦作。瞤：同上，或作。瞡：同上，先德非之。（無/5－1/26）

以上，撰者在釋語中實際共列出了其認爲可作爲辭目字"瞬"的四

個異體,"眴"與"瞋"被認爲是"亦作",而"瞤"則是"或作",其後又列出
"矙",此爲"先德非之"。

有時也在"×作"後,用"先德非之"標出,表示"先德"對這種詮釋
并不贊同。如:

022. 析:𣐀:同上,亦作。𣐀:俗作。先德非之。(無/6-
3/36)

不難看出,"先德非之"實際是撰者在判斷異體字時常用的一個短
語,甚至可以認爲是固定短語。"非之"作爲一種否定的看法,代表了
"先德"對漢字使用的某種觀點。這也是本章的主要内容,留待下節具
體考察。

三是,"經文作×,先德非之"類:

023. 譀:修。コタフ。𦧜:同上。經文作-[①]。先德非之。
(無/6-4/48)

"譀"爲"譀","𦧜"乃"酬",從字形上看,并不難認讀。以上是表
示"先德"對經文用字的否定。此内容,多次重複出現,僅無窮會本上
卷就出現了八次,而天理本下卷也出現了十二次。故而,全書上下兩
卷共出現約二十次。儘管此音義確實多見重複内容,僅此一條就有二
十次的重複,至少説明撰者的重視,想反復説明,以示强調。

本章的重點是通過分析"先德非之",即"先德"對各種異體字使用
的否定,從而考察古代日本學僧的漢字觀,故以上所列皆在筆者所考
察範圍。然而,"無窮會本系"中的"先德"并不僅限於以上三類,還出
現於以下場合。

---

① 此處的"-",爲無窮會本中所用的重複號,表示與前所釋字同,下同。天
理本則用"ヽ"表示。

四是，"經文或×或×，先德并用之"類：

　　024. 抦：文。スル。

　　扏：分。ノコフ。經文或抦或扏，先德并用之。（無/1－
9/20）

　　《大般若經》卷九："日月神德威勢難當，以手<u>扏</u>摩光明隱蔽，乃至
凈居轉身自在，如斯神變無量無邊。"①《大正藏》"扏"校注：扏＝抦
【元】【明】。

　　以上兩條，前後相連。同樣的內容，無窮會本重複出現四次。按
此音義的一般體例，應是本爲"抦扏"一詞，撰者分字爲釋，故而有前後
兩條。但通過檢索 CBETA 電子佛典，我們并未發現有"抦扏"連用之
例，其他典籍中似亦未見，故此處應是撰者特意如此收字。或許我們
可以認爲，無窮會本原本撰者當時所見的寫本，此處有的作"抦"，有的
則寫"扏"，故可謂"先德并用之"。

　　卷九中出現的"扏摩"，慧琳與可洪也有詮釋。《慧琳音義》卷一：
"扏摩：武粉反。《廣雅》：扏，拭也。《說文》：從手文聲也。"②《可洪音
義》卷一："抦摩：上音門，手撫也。"③可見，慧琳與可洪所見的經文，用
字已不同，也可說明經中二字皆見。《異體字字典》"抦"字下收錄的異
體字有"扏"，其"關鍵文獻"正是《大正藏・般若部・唐・玄奘譯・大
般若波羅蜜多經・卷九・初分轉生品》，即筆者以上所舉經文。實際
上，《大般若經》卷四百四、卷四百八十二也出現了同樣的經文內容，均
作"扏摩"，而《大般若經》卷三百五十也出現了一樣的經文，但此詞則
作"抦摩"。由此可見，經中"扏"與"抦"確實多作爲異文使用。

　　"抦"字見於《說文》，有摸、按、摩挲之意。但"扏"字出現却較晚，

────────

　　①　CBETA 電子佛典 2016/T05/0220/0045。
　　②　徐時儀：《一切經音義三種校本合刊》（修訂版），531 頁。但筆者查檢
《說文》，未見收有"扏"字。
　　③　《大日本校訂大藏經・音義部》爲一，2 頁。

見於《玉篇》和《廣韻》等中古字書和韻書,有拭、擦之意。以上無窮會本中"捫"字和訓"スル",《國語大辭典》用"擦る・摩る・磨る・摇る・摺る・刷る"等表示;而"扴"字和訓"ノコフ",築島裕先生《大般若經音義の研究　索引篇・和訓索引》中,漢字除標"扴"外,還有"拭"。這與漢語義相符。筆者認爲"捫摩"("扴摩"),都是同義複合詞,還可作"捫摸",有觸摸、摸索等義。希麟《續一切經音義》卷九收"捫摩":"上莫奔反。《字書》:摸也。《考聲》云:摩捫,摸搽也。從手門聲。下莫何反。《韻英》云:摩挲,亦捫摸也。"①卷六又有"摩捫"條:"上莫婆反。《玉篇》:以手摩挲也。挲音索柯反。下莫莽反。《説文》:捫,即撫持也。《聲類》云:捫亦摸也。二字並從手,麻門聲也。"②慧琳《一切經音義》卷十:"捫淚:莫奔反。《聲類》:捫,摸也。《毛詩傳》:捫,持也。經文或作扴,武粉反。《字林》通扴,拭也。⋯⋯"③從慧琳和希麟等音義大家的詮釋中也能看出這兩個字,"先德"當時都在用。而從這一例來看,筆者認爲"先德"似應指譯經,或者更多地應指寫經者。

（二）"先德"的其他用處

　　025. 綩：遠。カフリ。綖：延,冠上覆也。先德云:今可作婉蜒字。婉者,美文也。蜒者,席褥也。經本作綩綖,於義不相符,是借用字也。（無/40－8/146）

　　案:《大般若經》卷三百九十八:"於其座上重敷裀褥,次鋪綺帊,覆以白氈絡以綩綖,寶座兩邊雙設丹枕,垂諸幰帶散妙香花。"④《慧琳音義》卷四:"綩綖:上鴛遠反,下餘旃反。經言綩綖者,即珍妙綺錦筵、繡褥、舞筵,地衣之類也。"⑤慧琳此處主要詮釋"綩綖"的詞義,而無窮會

---

① 徐時儀:《一切經音義三種校本合刊》(修訂版),2320 頁。
② 徐時儀:《一切經音義三種校本合刊》(修訂版),2285 頁。
③ 徐時儀:《一切經音義三種校本合刊》(修訂版),697 頁。
④ CBETA 電子佛典 2016/T06/0220/1061。
⑤ 徐時儀:《一切經音義三種校本合刊》(修訂版),576 頁。

本此處既釋字，又解詞。列“先德云”之語，指出連綿詞“綩綖”的不同書寫形式，其作用實際上仍與文字的使用有關。

“綖”乃“綖”之俗字。“迚”爲“延”之俗字。“遊”則是“筵”的俗字。《敦煌俗字典》中“延”“筵”“蜒”的俗字有作“迚”“遊”“䗾”[①]之形者，其中“正”均俗作“氏”。可見，此應爲當時通行之俗寫。《干祿字書》就指出：“延延，上通下正。”[②]

正如此條釋義中“經本作綩綖”所指出的，此條前還有另一辭目“綩”字。“無窮會系”詮釋複音詞時，常將其分拆成單字收釋[③]。“綩綖”一詞，譯經中常見，據徐時儀考證，當是外來詞，又寫作“苑筵”，指精緻的花氈花毯之類，與錦筵、繡褥、舞筵、地衣等皆爲坐褥、地褥類毛製物品。[④]《慧琳音義》多次詮釋此詞，除以上，還有如卷十二：“上於遠反，下以旃反，並假借字。若依字義與經甚乖，今並不取。經云綩綖者，乃珍妙華麗錦繡緜褥、褫（音池）氈花毯、舞筵之類也。字書並無此正字，借用也。”[⑤]既是外來詞，故詞形不定。無窮會本引用“先德”之言，可知“經本作”之“綩綖”還可作“婉筵”等，並指出如各按本義求取詞義，則“於義不相符，是借用字也”。這與慧琳觀點相同。不僅如此，無窮會本還由“先德”之言引出此聯綿詞的字形俗體，起到了釋詞、析字的兩種功用。

026. 達絮：――者，微識佛法堅固修行人也。或云邊地下賤，全不知三寶，不信因果之輩也。

蔑：別。

戾：來。

車：全不識佛法人也。或云邊地少知三寶未全信因果之輩

①　黃征：《敦煌俗字典》，476 頁。
②　杉本つとむ：《異體字研究資料集成》，第一期，別卷一，39 頁。
③　本書第七章專門考察此本系收釋複音詞的情況。
④　徐時儀：《“錦筵”“舞筵”“綩綖”考》，《文學遺產》，2006 年第 3 期。
⑤　徐時儀：《一切經音義三種校本合刊》（修訂版），703 頁。

也。先德云：達絮蔑戾車，此俱云樂垢穢矣。引慈恩《瑜伽抄》。
（無/13－7/62－64）

　　以上分別有四條辭目，但其實可歸并爲一條，即音譯詞"達絮蔑戾車"。"無窮會本系"的基本體例雖是以收釋單字爲主，但也有部分複音結構，其中自然包括音譯詞。撰者在收釋音譯詞時，經常采用分拆辭目，爲前字標音，最後再統一釋詞的方法。而以上，正是引"先德云"來詮釋此音譯詞，而且特別提到是引慈恩法師的《瑜伽抄》。

　　慈恩法師即玄奘大師高足窺基。他不僅參與了玄奘法師的譯經活動，而且在參譯之際，凡玄奘有所宣講，均詳作記録，并加疏釋，撰爲述記。故其著述頗多，涉及面也頗廣，有"百部疏主""百部論師"之稱。窺基豐碩的著述中以瑜伽唯識之學爲重，其所撰《瑜伽師地论略纂》是其重要著作之一。此書系法相宗主要經典、玄奘所譯《瑜伽師地論》之注疏，凡十六卷，也稱"瑜伽師地论略纂疏""瑜伽论略纂""瑜伽钞（抄）"等。查檢《瑜伽师地论略纂》，其中卷七與卷八都有關於此音譯詞的詮釋：

　　　論云達須蔑戾車，此云樂垢穢。[1]（卷八）
　　　又處中國不生邊地者，依俗間釋，唯五印度名爲中國。中國之人，具正行故。餘皆邊地，設少具行，多不具故。佛法所傳，唯中印度，名爲中國，威儀禮則，順正理故。苾芻等具正行故，具正至故。餘雖少具，多乖儀則，行不純故。皆名邊地達須者，細碎下惡鄙農賤類蔑戾車者，樂垢穢也。[2]（卷七）

　　"達絮"也作"達須"或"達首"，爲梵語"Dasyu"之音譯，義指無賴下賤之徒、淺薄的佛教徒，或猥賤惡鄙之蠻族。"蔑戾車"也作"蜜利車""彌離車""篾隸車"等，爲梵文"Mleccha"之音譯，指邊地之卑賤種族。

－－－－－－－－－－
　①　CBETA 電子佛典 2016/T43/1829/0109。
　②　CBETA 電子佛典 2016/T43/1829/0106。

這兩個梵文音譯詞,慈恩大師用"樂垢穢"來概括,頗爲精準。此外,爲玄奘所譯《瑜伽師地論》作注釋的還有新羅僧人遁倫,其撰有《瑜伽論記》(二十四卷),内容上多據窺基的《瑜伽論略纂》,其卷六曰:"依西方俗間所説,唯五印度名爲中國,餘皆邊地。佛法所傳唯中印度名爲中國,餘名邊地。……達須是下賤類,即説此蔥嶺已東諸國是也。基法師云,達須者細碎下惡鄙猥賤類,蔑戾車者樂垢穢也。"①由以上文獻可證,無窮會本中此處的"先德"或確指慈恩大師。

027. 諸山高:或本作諸山。先德不用也。(天/58－2/660－662)

本條嚴格來説,不能算音義,祇是校勘中關於版本的説明。《大般若經》卷五百七十二:"譬如日出,諸山高者其光先照,如是菩薩得般若炬,諸有高行根熟菩薩先蒙光照。"②此段經文,或有書手將"諸山高者"寫成"諸山者",明顯於經意不合,故而"先德不用"。

028. 鶬:先德云:似鳥小,此國无也。(無/6－3/40)

029. 鴒:合。先德云:此鳥此國无矣。其色種種也。一者青色,如此經此文。二者白色也,如正觀論。三者灰色,如涅槃經。(無/6－3/42)

以上兩條在無窮會本第四十二帙第四卷又重複出現。雖均與釋字無關,但其中都提及"此國"。可見"先德"是站在第一人稱的立場上,築島裕先生正是據此"和式漢文"指出,這裏的"先德"應是指日本人③。本書第八章在對無窮會本鳥名的考察中涉及以上内容,敬請參考。

①　CBETA 電子佛典 2016/T42/1828/0426。
②　CBETA 電子佛典 2016/T07/0220/0956。
③　築島裕:《大般若經音義諸本小考》。

（三）"先德"指誰？

以上，我們用29例，列舉了"無窮會本系"中"先德"所出現的一些情形。如前述及，此本系中"先德"頻出①，已爲一大特色。但這些"先德"具體指誰，却難以確定。築島裕先生認爲：②可以確定不是指《大般若經》的譯者玄奘，有可能是此經的注釋者，而且此注釋有很多是列舉異體字之處。信行的《大般若經音義》（以及《大般若經要集抄》）中似乎未見到關於異體字的説明③，而《大般若經字抄》雖有異體字之注，然與無窮會本有"先德"所注之處並不一致，所以此"先德"既不是信行，也不應是公任。如上所述，築島裕先生據"此國""此國無"之類的和風式漢文體，推測出"先德"有可能是日本人，如指真興（其撰有《大般若經音訓》）那樣的人。至少其中一部分，是引自真興的《大般若經音訓》，故"先德"或應指"子島先德"，④即真興。但遺憾的是興行的《大般若經音訓》已爲逸書，內容難以明確判斷。其書存有字體注及異體字注，只是大體的推測。"先德"也不一定是確指，"先德"或許是先人與先師之義。前曾述及無窮會本的撰者有可能是重譽，也有可能是其師覺樹、實範這樣的人，但覺樹與實範是否著有《大般若經》的注釋書存在，並不明確。鳩野惠介也認爲這些"先德"具體指誰不明。

筆者在《從無窮會本〈大般若經音義〉"先德非之"考察古代日僧的漢字觀》⑤一文中，認同"先輩"是指古代日本學僧。但現在看法已有一

---

① 讀者也可參考本書附錄"無窮會本、天理本異體字字表"中"先德非之"的部分。

② 以下參考築島裕《大般若經音義諸本小考》。

③ 此點與鳩野惠介之説不同。鳩野惠介認爲信行《大般若經音義》就有異體字的標示術語。只是此二本《大般若經音義》不屬於一個系統。見鳩野惠介《無窮会図書館蔵本〈大般若経音義〉における異体字表示の術語について》。

④ 真興（935—1004）爲平安時代中期法相宗、真言宗僧人。開創東密子島流，故亦被稱"子島僧都・子島先德"。真興曾撰有《大般若經音訓》四卷，今已亡佚。

⑤ 此文大部分內容還被收入拙著《日本漢字資料研究——日本佛經音義》。

些改變：

對於"先德"是否一定是日本人？筆者現在認爲：大部分情況下應該是指日本人。筆者贊同築島裕先生所指出的有可能是釋經者。通過考察"先德"對"異體字"的説明，筆者發現，"先德"的意見中有一部分與慧琳等漢傳音義大家的相同，故"先德"也可指慧琳、可洪等爲《大般若經》撰述過音義的人。這是一個值得探討的問題。另外，築島裕先生認爲"先德"不是確指，此説甚恰。筆者認爲，"無窮會本系"原作者在撰著此音義時，應該參考了不少先賢的研究成果，筆者認爲"先德"大部分應指日中研治《大般若經》的先輩學者，這些學者的研究參考了其他佛教"內典"以及"外典"，故"先德"應是一個群體。

此外，筆者認爲，"先德"應是深諳漢字使用的日中古代高僧。我們僅以無窮會本爲例，其中"先德"95％用於説明的漢字使用，特別是異體字的使用，"先德非之"是出現得最多的一種詮釋性術語。筆者認爲，對這些"先德非之"進行研究，可以考察日中古代僧人的漢字觀。

第二節　從"先德非之"考察古代日本學僧的漢字觀[①]
——以無窮會本爲中心

一、無窮會本中的"先德非之"

無窮會本中撰者引"先德"之語，大多是爲説明漢字之用，其中又以舉出異體，再以"先德非之"下結論的形式爲最多。有的以"亦作""或作""古作""俗作""正作"等做簡單的考辨，再舉出異體，并以"先德非之"作爲結論。這有兩種可能：一是，撰者只是如實引出"先德"觀

---

①　本節內容在拙著《日本漢字資料研究——日本佛經音義》(256—274 頁)中亦有論述。

點,並不代表撰者本身的意見;二是,撰者借"先德"之語,主要是對某些正體與異體之間關係的否定,從而表達自己的看法。筆者認爲,後者所占比重更多些。

無窮會本異體字條目中出現"先德非之"的共66組,因此本中一些條目會重復出現,故"先德非之"實際出現117次①。大致分類,前已述及,具體如下。

1. 舉出辭目字的異體之後,直接標示"同上,先德非之"。此類例共有37組。有的字組重復出現,共出現69次。"先德"所非之異體,有一個,也有數個。

2. 舉出辭目字的異體之後,有詮釋語"同上,×作",然後再舉出一異體,用"同上,先德非之"表示。其中又有:

(1)"同上,亦作。×,先德非之"。此類例共有18組。有的字組重復出現,共出現31次。無窮會本標示異體字,所用術語以"同上亦作"最爲多見,根據鳩野惠介《無窮会図書館蔵本〈大般若経音義〉における異体字表示の術語について》統計,共有499組,約佔68%。而在此之後,又延出的"先德非之",也佔"先德非之"組的近30%,爲數不少。

(2)"同上,或作(或本)。×,先德非之"。此類例共有7組。有的字組重復出現,共出現12次。

(3)"同上,古作。×,先德非之",或"同上,正作。×,先德非之",這兩種例較少,相加只有3組,3組共出現5次。

當然,如此"同上,先德非之"出現的情況並不絶對,我們也發現有時在其前,會有兩種異體字的標示法。如:

001. 瞬:順。マシロク。眴瞚:同上亦作。瞤:同上或作。

① 鳩野惠介《無窮会図書館蔵本〈大般若経音義〉における異体字表示の術語について》認爲有120次。因爲手工統計,或有缺漏,117次近120次,基本可以成立。

矓：同上，先德非之。（無/5－1/26）

　　002. **稱**：知。ウハフ。オツ。**祸**：同上亦作。陁除：同上
或本。**埖柿**：同上，先德非之。（無/39－1/130）

　　以上都是在辭目字後，作者先用"同上亦作"舉出一組異體字，後
又用"同上或作""同上或本"繼續標示異體，最後再列出另外異體，然
後用"先德非之"。但此類例並不多，僅有此2組3次。

　　以上(1)、(2)、(3)，"先德非之"是作者在標示了一組"亦作""或
作""古作"等異體字後，又延伸而出。但是我們認爲，此"同上"之
"上"，應該是指辭目字，因爲這是根據其字音及字義對字形的正確與
否所作出的判斷，而這種判斷是通過引用先德之語來表達的。而其前
的"亦作""或作"等則是撰者自己對當時經本文用字中現象，主要是異
體字所做出的詮釋。當然這種詮釋也有可能是參考別人的看法。

　　3. 在釋文中舉出異體後，撰者又用"經文作×，先德非之"，否定經
本文用字。雖衹有一例，但却反復出現，僅無窮會本（上卷）就出現了
八次，即前節所舉例020：

　　003. ①**詶**：修。コタフ。**酬**：同上。經文作-。先德非之。
（無/6－4/48）

　　筆者也調查過天理本下卷，此例也共有十二次，所以全本應該出
現二十餘次，這很能説明撰者的重視。儘管是"先德"的看法，但如此
反復地舉出，至少能體現出這也能代表撰者的觀點。

二、從"先德非之"，考察古代部分日僧的漢字觀

　　如前所述，無窮會本中"先德非之"共出現約有二百次，數量不少。
筆者認爲其中"先德"并不一定都是日僧，也有相當一部分有可能是中

----

　　①　爲閱讀方便，第二節例文重新編號。

國古代學僧,但此本撰者特意如此舉出,看得出其對古代日本學僧的
影響,所以我們的標題仍是"古代日僧"。然僅憑其來對古代日僧的漢
字觀加以論述肯定是難以全面的,所以我們只能説是"部分日僧"。另
外,通過我們的初步考察,發現要對其準確分類歸納也並不容易,所以
我們通過"個案"的梳理剖析,簡列條項,以作代表。

(一)辭目字見於《説文》

1. 尊《説文》,重本義,重初文

無窮會本中"先德非之"出現的情況並不一致,但不管"先德"所
"非之"之異體是緊接於辭目字後,還是在"亦作""或作"等異體字後再
延伸標出,實際都是根據辭目字之音義而判定其作爲異體是否合適
的。無窮會本中的辭目字有不少見於《説文》。儘管在漢字發展演變
的歷史過程中,出現過多種複雜現象,然中國古代傳統漢字學研究,特
別是唐代正字學(如《干禄字書》《五經文字》等)基本是以"經典相承,
見於《説文》"這樣的標準來判定"正字"的。因受唐代正字觀念的影
響,崇古尊《説文》,當爲中日漢字研究的一貫風氣,尤其是早期"先德"
們,似乎更爲重視此點。我們從無窮會本也能看出這一點。

004. 腨:仙。コムラ。踹:同上亦作。踹、膊:同上,先德
非之。(無/1 - 1/10)

案:此條重復出現。辭目"腨"字見於《説文・肉部》:"腨,腓腸也。
从肉,耑聲。市沇切。"[1]段玉裁注:"腨者,脛之一耑。舉腨不該脛也。
然析言之如是。統言之則以腨該全脛。……《禮經》多作肫。或作膞。
皆假借字。"[2]此即現代俗稱小腿肚子。日語"コムラ",漢字"腓",正是
指小腿肚子。《説文・肉部》:"腓,脛腨也。从肉,非聲。符飛切。"[3]

---

① 許慎:《説文解字》,88 頁。
② 段玉裁:《説文解字注》,170 頁。
③ 許慎:《説文解字》,88 頁。

"同上亦作"的"蹲"爲"蹲"之俗寫。這是一個後起俗字。《玉篇·足部》:"蹲,腓腸也。正作腨。"①《集韻·獮韻》:"腨蹲,豎兗切。《説文》'腓腸也',或作蹲。"②

以下試討論被"先德非之"的"踹"與"膞"字:

"踹"字不見於《説文》,爲中古所出字。《玉篇·足部》:"踹,都館、市兗二切,足跟也。"③《龍龕手鑑·足部》將"蹲"與"踹"同收於一起,釋爲"腓腸也",可見中古已有通用之例。不被"先德"認同,蓋因其後出。

"膞"字則見於《説文·肉部》:"膞,切肉也。从肉,專聲。市沇切。"④表示切成塊的肉。然此字後也因假借而用同"腨"字。段玉裁注"腓"字:"鄭曰:腓,膞腸也。按諸書或言膞腸,或言腓腸。謂脛骨後之肉。"⑤又注"膞"字:"經肫膞錯出,皆假借字也。經本應作腨。腨,腓腸也。以腓腸該全脛,假肫膞字爲之。"⑥《類篇·肉部》:"膞,腓腸也。"⑦可見"先德非之"的理由,也是因"膞"自有本義,並不承認其可表示"腓腸"的假借用法。

005. **㚁**:久。カク。**㲺**:同上亦作。嗅**㲺**,同上,先德非之。(無/1-9/20)

《大般若經》卷九:"是菩薩摩訶薩由此因緣,隨所生處,眼常不見不可愛色,耳常不聞不可愛聲,鼻常不嗅不可愛香,舌常不嘗不可愛味,身常不覺不可愛觸,意常不取不可愛法。"⑧

以上經文"鼻常不嗅不可愛香"一句,《大正藏》"嗅"字下並未出校

---

① 陳彭年:《大廣益會玉篇》,120 頁。
② 丁度:《集韻》(述古堂本),385 頁。
③ 陳彭年:《大廣益會玉篇》,118 頁。
④ 許慎:《説文解字》,90 頁。
⑤ 段玉裁:《説文解字注》,170 頁。
⑥ 段玉裁:《説文解字注》,176 頁。
⑦ 紀昀:《文淵閣四庫全書》(第 225 冊),74 頁。
⑧ CBETA 電子佛典 2016/T05/0220/0050。

注。但《慧琳音義》卷一此處辭目字作"不齅"，與無窮會本所收字相同，説明慧琳與此音義撰者所見《大般若經》經文，此處作"不齅"。另外，根據築島裕先生《大般若經音義の研究 索引篇·和訓索引》，標有"カグ（嗅ぐ）"和"カク"而漢字作的"齅"的共有 11 例，可見日本當時通行的《大般若經》多用"齅"字。與以上内容完全相同的還見於無窮會本第三十五帙第一卷。另有如下例：

　　齅：久。カク。　**齅**：同上亦作。嗅：同上，先德非之。
（無/37－6/116）

幾乎於上條一樣，祇是先德所"非"者，少了一個"𪖫"字。

　　案：以上辭目字"齅"爲"齅"字俗寫。《説文·鼻部》："齅，以鼻就臭也。从鼻从臭，臭亦聲。"[1]而"亦作"的"齅"即"齅"之俗寫。"齅"爲"齅"的俗字。《龍龕手鑑·鼻部》"齅"下有"齅"，並指出爲"俗"[2]。《字彙·鼻部》："齅，同齅。"[3]《正字通·鼻部》："齅，俗齅字。"[4]此音義將此俗字作爲"齅"異體，應無疑問。我們注意到的是"先德非之"的"嗅"與"𪖫"。

　　《説文》未收"嗅"字，此實乃"齅"之後起字。《玉篇·鼻部》釋"齅"字："喜宥切。以鼻就臭。亦作嗅。"[5]《廣韻·宥韻》："齅，以鼻取氣。亦作嗅。"[6]《康熙字典·鼻部》："齅，同嗅。《説文》：以鼻就臭也。《增韻》：鼻收氣也。《前漢·叙傳》：不齅驕君之耳。師古注：齅，古嗅字。《論語》：三齅而作。亦作嗅。"[7]然而在漢字實際使用中，"以鼻就

---

[1]　許慎：《説文解字》，74 頁。
[2]　杉本つとむ：《異體字研究資料集成》，第一期，別卷二，243 頁。
[3]　梅膺祚、吳任臣：《字彙·字彙補》，589 頁（《字彙》的頁數）。
[4]　張自烈編、廖文英補：《正字通》，1496 頁。
[5]　陳彭年：《大廣益會玉篇》，84 頁。
[6]　陳彭年：《宋本廣韻》，415 頁。
[7]　張玉書：《康熙字典》（標點整理本），1553 頁。

臭"之初文"齅"逐漸爲"嗅"所替代。《五經文字·鼻部》:"齅嗅:上《説文》,下經典相承,隸省,《論語》借臭字爲之。"①一般工具書也多將"嗅"看作正體,而將"齅"視爲異體②。"嗅"在日語漢字中也已發展爲通用字。《国語大辞典》正作"嗅ぐ(カグ)"。儘管如此,但因并非承自《説文》,所以《六書正譌·去聲》:"齅,許就切。以鼻就臭也。從鼻臭,會意。別作嗅,非。"③這與此本"先德"所"非"的理據相同。

至於另一個被否定的"𪖨",應是混合"嗅"與"齅"後產生的又一訛俗字。《龍龕手鑑·口部》收有"嗅",④《新撰字鏡·口部》也見"𪖨"字⑤。但既然"嗅"已被"非",作爲其訛俗字的"𪖨",當然應一並被"非之"。

　　006. 寤:語。サム。寤:同上,正作。𡨚:同上,先德非之。(無/6-3/34)

案:以上字組後又重復出現,詮釋與此同。辭目字"寤"見於《説文·寢部》:"寐覺而有信曰寤。從寢省,吾聲。"⑥日語釋義"サム",漢字可作"覚む·醒む"。而《漢和大字典》釋"寤"字,指出可作動詞,有"さめる(さむ)"之義。此後出現的"同上正作"的"寤",本是個後起字,本義表示竈名,見《廣韻·去聲·暮韻》。然俗多借其作"寤"用,《正字通·宀部》"寤"下云:"俗作寤,非。寤,竈名。"⑦且寫經中更是多見,慧琳、希麟以及可洪的音義中就或見被用於辭目字,或在詮釋有涉及。如《慧琳音義》卷十一:"得寤:……下吾固反。《蒼頡篇》:覺也,音挍。寐覺而有言曰寤。《説文》:從寢省吾聲也。"⑧此條音義中,辭

①　杉本つとむ:《異體字研究資料集成》,第一期,別卷一,73頁。
②　如《異體字字典》"齅"字下葉健德的"研訂説明"。
③　紀昀:《文淵閣四庫全書》,第228冊,165頁。
④　杉本つとむ:《異體字研究資料集成》,第一期,別卷二,182頁。
⑤　昌住:《新撰字鏡》,115頁。
⑥　許慎:《説文解字》,153頁。
⑦　張自烈編、廖文英補:《正字通》,343頁。
⑧　徐時儀:《一切經音義三種校本合刊》(修訂版),697頁。

目字爲"窹",釋文詮釋内容却是"寤"。故慧琳所見《大寶積經》第八卷,其字應爲"窹"。又卷二十二:"即便窹窹:窹窹兩字,經本並從穴者,且皆非是字,然寤字去八字,書乃以爲寤睡之字,音云五盍反,宜作覺字也。"①《希麟音義》卷三:"窹窹:上音教。正作覺。《蒼頡篇》云:寐起也。下吾故反。《説文》:覺而有信也。寤亦晤也。經文二字從穴作窹窹,非也。《説文》從寢晤省。"②《可洪音義》卷九有"窹寐"、卷十一有"悟寤"、卷十二有"窹時"、卷十四有"窹窹"等辭目③。應是當時經中用"窹"字。特別值得注意的是:可洪多次在詮釋中也直接用"窹"字,如卷十三:"相覺:音挍。窹也。"④這至少説明,"窹"作"寤",在可洪眼裏,已習以爲常。又卷二十四:"窹⑤意:上五故反。覺也。《長房錄》作窹,意内典錄作窹,意刊定錄作悟,意正作窹也。"⑥可見在幾種隋唐經錄中皆未作正字"寤",而均用俗字。"意正作窹也"句,高麗藏作"寤",《大日本校訂大藏經·音義部》則作"窹"。這或許是以上無窮會本"寤:同上,正作"的根據。

就"窹"字而言,因其爲"先德非之"的對象,根據我們前面的討論,可以知道否定的主要理由是因其爲後起字。

收釋"窹"的工具書不多,《康熙字典·宀部》釋其爲"寤"之譌字:"寤,《字彙補》寤字之譌。"但查檢《字彙補·宀部》,却未見有此字。慧琳《一切經音義》卷五:"窹寐:上吾故反。《考聲》云:寐中有所見覺音教而信也。《蒼頡篇》亦云:寐覺而有言曰窹。⋯⋯經中有從穴下作寤寐,或從小(忄)(音心)⑦作窹寐,或從丩(音經由反)作窹寐,竝非正體字也。"⑧

---

①　徐時儀:《一切經音義三種校本合刊》(修訂版),883 頁。
②　徐時儀:《一切經音義三種校本合刊》(修訂版),2246 頁。
③　《可洪音義》以上内容引自《大日本校訂大藏經·音義部》。
④　《大日本校訂大藏經·音義部》,爲三,8 頁。
⑤　李奎甲:《高麗大藏經異體字字典》,217 頁。
⑥　《大日本校訂大藏經·音義部》,爲四,72 頁。
⑦　小字,標音。下同,不另注。
⑧　徐時儀:《一切經音義三種校本合刊》(修訂版),583 頁。

徐時儀校注："小,據文意似當作'忄'。"①此説甚恰。但筆者認爲,根據慧琳所釋"經中有從穴下",應作"窬寐",而"或從小(忄)音心",則應是"㝭寐",而"或從丩音經由反",有可能是"忄"之譌。所以慧琳認爲它們"竝非正體字"。漢字書寫上,從"丬"之字常與從竪心之字混淆,故從"窹"到"窬"之誤並不難理解。奈良時代華嚴學僧所撰《新譯華嚴經音義私記》卷上:"寢寤②:窬正爲寤字。覺也,悟也。"也將"窬"認作"正字",可見日本古代就有此誤用,此不爲"先德"所承認而被"非"。

　　007. 𦝩:彼。土藏也。或木藏也。𩪊:同上,先德非之。(無/6 - 3/36)

　　案:《大般若經》卷五十三有一段表現佛門"不净觀"的經文很有名,即通過觀察自己和他人的身體皆污穢不净,以治貪欲。經文中出現了多組表示身體内臟結構的語詞,其中有"脾膽胞胃"。無窮會本四字全部收釋。以上爲釋"脾"字。

　　"脾"字見《説文·肉部》:"𦙲:土藏也。从肉卑聲。符支切。"③故無窮會本釋義"土藏也"即源自《説文》。但其後"或木藏也",在《説文》中爲"肝"之釋義,但《篆隸萬象名義·肉部》"𦝩"字下也指出爲"木藏"④。另外,《説文解字句讀》《説文解字通訓定聲》等也都指出當爲"木藏",故也有根據。而被"先德非之"的"𩪊",即"髀"字。《説文·骨部》:"𩪊:股也。从骨,卑聲。并弭切。"⑤俗指大腿。

　　"脾"與"髀"二字,《説文》皆收,音義本不同,各有其本義,但在文

_____

①　徐時儀:《一切經音義三種校本合刊》(修訂版),597 頁。
②　辭目"寢窬"源自經卷十四,經文作:"以時寢息,當願衆生,身得安隱,心無動亂;睡眠始窬,當願衆生,一切智覺,周顧十方。"二字並不連用。且《大正藏》中作正字"窬"。
③　許慎:《説文解字》,87 頁。
④　釋空海:《篆隸萬象名義》,399 頁。
⑤　釋空海:《篆隸萬象名義》,86 頁。

獻中,從"肉"字與從"骨"多會出現訛用。《慧琳音義》卷三十六:"二
髀:毗米反。或作髉。《考聲》云:髀,股也。《説文》:股外也。從骨,
卑聲。經文從月作脾,非字也。"①《集韻·薺韻》"髀"下釋"股"時,舉出
"或作"異體,其中就有"脾"②。既然是訛用,故慧琳指出爲"非字",無
窮會本"先德非之"。這裏的"先德"是否有可能是慧琳,也有待進一步
考察。

008. **洟**:泥。コハナ。涕:同上,先德非之。(無/6-
3/36)

《大般若經》卷五十三,表示身體皆污穢不净的經文内容中有"屎
尿洟唾,涎淚垢汗"之句。"**洟**"即"洟"之俗字。《可洪音義》卷一此
條也爲"洟唾",而《慧琳音義》卷一則作"涕唾"。實際上,佛典乃至一
般古書中,"洟"與"涕"多相混淆。"涕"之本義爲眼淚,而"洟"本義則
爲鼻涕。《説文·水部》:"洟,鼻液也。从水,夷聲。他計切。"③又同
部:"涕,泣也。从水,弟聲。"④慧琳釋以上"涕唾"時亦曰:"上梯禮反。
《考聲》云:泣也。目出淚涕也。《詩傳》亦云:自目而出涕。下土課
反。《説文》:口液也。從口從㒓省聲,或作涶。"⑤鼻涕與眼淚自有分
工,經中"洟唾"也就指鼻液與口液,故爲本字本義,這應是"先德"否定
"涕"字的理由。明·弘贊繹《四分戒本如釋》卷第十一講到衆僧"應當
學"的戒法,其中有"不得在佛塔下洟唾。應當學(八十一)。不得向佛
塔洟唾。應當學(八十二)。不得在塔四邊洟唾。應當學(八十三)。
釋曰:凡爲洟唾,當向屏處,由須彈指謦欬而棄。若老病者,聽安唾器
(《雜事》云:寺中四角柱下,各安唾盆)。洟,他計切,音刹。鼻液也。

---

① 徐時儀:《一切經音義三種校刊合本》(修訂版),1145頁。
② 丁度:《集韻》(述古堂),342頁。
③ 許慎:《説文解字》,237頁。
④ 同上。
⑤ 徐時儀:《一切經音義三種校刊合本》(修訂版),538頁。

唾,吐臥切,音拖去聲。口液也。所謂從鼻出者曰洟。從口出者曰唾。從目出者曰涕(涕,他禮切,音體。今以眼淚涕之涕,爲鼻液洟之洟,訛也)。"①其中所言及“雜事”,實際是唐·義浄所譯《根本説一切有部毗奈耶雜事》的簡稱。其卷第十四曰:"苾芻籌下讀誦經行,若洟唾時隨處棄擲,佛言:‘不應爾,棄者得越法罪。然於寺中四角柱下各安唾盆,若有唾者可棄於此。’"②所以,儘管經中“洟”與“涕”多相混,但正統説法基本如上。我們發現石山寺本此條也有同樣的解釋,如下:

　　𣳫 𪖌:上勑計反。鼻液也。古文作**𪖍**字。第三分作
洟,非正也。**洟**,**緩**也。

　　案:以上辭目"**𣳫 𪖌**",首字雖不清楚,但來迎院本此處作"**洟**",可見應是“洟”之異寫。石山寺本《大般若經音義》多參考《玄應音義》,玄應對此也多次辨析過,如卷十七“洟唾”下曰:"古文𪖍,同。勑計反。《三蒼》:洟,鼻液也。《周易》:齎咨涕洟。自目曰涕,自鼻曰洟。論文從口作嚏,又作涕,並非體也。"③又卷三有“淚洟”條,前面的詮釋部分與卷十七基本相同,其後指出:"經文從弟作涕,他礼反。涕,淚也。非今所用。"④可見石山寺本原撰者采取了玄應的觀點,且很具體地指出第三分之"**洟**"字,"非正"。"**洟**"即“涕”也,古書中“弟”“第”爲聲旁時,多混用。不贅。正如段玉裁所注:"古書弟、夷二字多相亂,於是謂自鼻出者曰涕,而自目出者别製淚字,皆許不取也。"⑤《玄應音義》對信行的《大般若經音義》有較大的影響,這種影響延伸至“無窮會本系”的原撰者是完全有可能的。

---

①　CBETA 電子佛典 2016/X40/0717/0989。
②　CBETA 電子佛典 2016/T24/1451/0270。
③　徐時儀:《一切經音義三種校刊合本》(修訂版),359 頁。
④　徐時儀:《一切經音義三種校刊合本》(修訂版),58 頁。
⑤　段玉裁:《説文解字注》,565 頁。

009. 析：尺。ワル。**枅**：同上，亦作。**扸**：同上，俗作。先德非之。（無/6 - 3/36）

《大般若經》卷五十三：“如巧屠師或彼弟子斷牛命已，復用利刀<u>分析</u>其身剖爲四分，若坐若立如實觀知。”[1]經中“分析”爲同義復詞。而例009中和訓“ワル”正有“分”“切”“割”等義。《慧琳音義》卷二十四：“星亦反。孔注《尚書》：析，分也。《説文》：破木。從木斤聲。經作枡，俗用，非也。”[2]“析”字見《説文·木部》，此字自甲骨文、金文至楷書，均從木、從斤構形，二者相合有以斤破木之義。釋文中所出“**枅**”即“枡”之俗寫，“枡”爲“析”俗字，《干禄字書》《廣韻》與《龍龕手鑑》等皆已收録，故無窮會本將其作爲“亦作”的異體收入，應無疑問。我們要討論的是被認爲是“俗作”的“**扸**”，爲何被“先德”所“非”。

“**扸**”即手寫“折”字。“折”不見《説文》，但《説文·艸部》有“**㪿**”，即“**𣂪**”，釋義“从斤斷艸”。而從“**𣂪**”到“折”，被認爲是將兩“屮”相連，以致成“手”。關於“折”字，諸家説法不一。“析”與“折”音義本不同，應無異體關係，但漢字書寫中“木”與“扌”多混用，以致爲六朝以來常例，敦煌俗字與高麗藏中從“木”之字與從“手（扌）”之字常有混淆，並以从木之字作从“扌”者爲常見。佛經中自也多見。《慧琳音義》卷十一就指出：“分析：……經從手作折，非也。”[3]又二十八：“析笤：星積反。孔注《尚書》云：析，分也。《説文》從木斤聲。或從片作枡，亦正。經作折，非也。……”[4]《可洪音義》中收有十個“分折”雙音辭目，但多標“先擊反”，知實爲“析”字。由此我們可以推定，可洪當時所見藏經，如此訛誤實不少見。《可洪音義》卷六：“分折：先擊反。正作析。又之舌反。折，伏也。”[5]由此，無窮會本的“先德”之説，與慧琳、可洪等觀點相同。

---

①　CBETA 電子佛典 2016/T05/0220/0298。

②　徐時儀：《一切經音義三種校刊合本》（修訂版），923 頁。

③　徐時儀：《一切經音義三種校刊合本》（修訂版），696 頁。

④　徐時儀：《一切經音義三種校刊合本》（修訂版），1001 頁。

⑤　《大日本校訂大藏經·音義部》，爲一，74 頁。

010. 憺：シツカナリ；ヤスラカナリ。淡怢：同上，先德非之。（無 6 - 3/38）

怕：シツカナリ；ムナシ。泊：同上，先德非之。（無 6 - 3/38）

　　現代漢語通行的雙音詞爲"淡泊""澹泊"，但若强調本字，以《說文》爲準，則應作"憺怕"。《慧琳音義》多有指出，如卷二："憺怕：上談濫反，下普百反。《淮南子》云：憺，滿也。怕，靜也。經文從水作淡泊，竝非也。訓義別。《古今正字》云：憺怕二字竝從心，形聲字也。"①又卷七："憺怕：……《桂苑珠叢》云：憺怕者，心志滿足也。《字書》云：無戲論也。《韻英》云：安靜也。經文作淡泊，或作澹泊，皆非也。《古今正字》云：憺字從忄詹聲也。怕字亦從心白聲也。"②慧琳以上兩條皆是爲《大般若經》所作音義。第一條與無窮會本音義内容相同，可見他們所見經文皆用"憺怕"本字和本義。但其他寫本中用"澹泊"的并不少見，如石山寺本《大般若經音義》中卷此處所收字形就是"澹泅"。這裏"澹"字不甚清晰，但在來迎院另一本中的"澹"字就相對很清晰。石山寺本《大般若經音義》被認爲是信行所撰，早於無窮會本原本，可見，從平安到鎌倉，日寫本《大般若經》的用字多有不同。另外，這裏還可以證明，無窮會本中"先德"不是信行，筆者認爲倒很有可能是慧琳。

　　011. 蝱：忘。アフ。虻，同上，或作。蝐，同上，先德非之。（無/31 - 5/80）

　　案：《国語大辞典》"あぶ"作漢字"虻・蝱"，釋："平安時代以後之詞，古代稱'あむ'。"辭目字後的"忘"，本是注音字，也是俗體，即"忘"字。可見當時"亡"皆作"三"。而撰者列出的兩個異體，"或作"的

---

　① 徐時儀：《一切經音義三種校刊合本》（修訂版），539 頁。
　② 徐時儀：《一切經音義三種校刊合本》（修訂版），619 頁。

"**蚅**"即"虻"字俗寫,《敦煌俗字典》録有"**虻**"①,也多作上下結構,如《敦煌俗字典》中有"**蝱**"②、《新譯華嚴經音義私記》中有"**蝱**"③等,皆爲"虻"之俗。

辭目字"蝱"爲正字,見於《説文・蚰部》:"**蟲**:齧人飛蟲。从蚰,亡聲。武庚切。"④而以上"或作"的"虻"乃後出字。《集韻・平聲・庚韻》:"蝱虻:《説文》'齧人飛蟲',或省。"⑤

此本指出"**蝐**"被"先德非之",可見"先德"並不認同其作爲"蝱"之異體。"**蝐**"應是"蝐"之俗體。此字所見字書較晚。《康熙字典・虫部》收"蝐"字:"《正字通》俗蝱字。《圓覺經》譬如大海,不讓小流,乃至蚊蝐及阿修羅,飲其水者,皆得充滿。"⑥《字彙・虫部》:"眉庚切。音萌。蟲名,見釋藏。"⑦所謂"釋藏"蓋指以上《圓覺經》。查檢《圓覺經》卷一有此句,但《大正藏》作"蚊虻",可見已改爲正字,而某些古寫本《圓覺經》當有作此"蝐"字者。又《高麗藏大藏經》"蝱"字下收有"**蝐**""**蝐**""**蝐**"等諸形共有六個,可見在高麗藏本佛經中"蝐"常見。無窮會本舉此"**蝐**",説明日本中世寫經中也常見,並非僅見於《圓覺經》。實際上,《大正藏》中此字也不少見,玄應等漢傳音義大家已有詮釋。如《玄應音義》卷十七:"蠅嚼:子臘反。《説文》:嚼,銜也。齧也。《莊子》'蚊蝐嚼膚'是也。"⑧《可洪音義》卷一則有:"蚊蝐:上音文。下音盲。"⑨值得注意的是:此條所釋經文正與以上無窮會本相同,但無窮會本辭目字作"蝱",而將"蝐"作爲"先德非之"的異體列出,《可洪音義》辭目字作"蚊蝐",説明可洪所見《大般若經》中此處正作"蝐"。不

---

① 黄征:《敦煌俗字典》,271 頁。
② 同上。
③ 《私記》音義"經卷三十五卷"有辭目"蚊蚋虻蠅"。
④ 許慎:《説文解字》,284 頁。
⑤ 丁度:《集韻》(述古堂本),230 頁。
⑥ 張玉書:《康熙字典》(標點整理本),1061 頁。
⑦ 梅膺祚、吳任臣:《字彙・字彙補》,426 頁(《字彙》的頁數)。
⑧ 徐時儀:《一切經音義三種校本合刊》(修訂版),368 頁。
⑨ 《大日本校訂大藏經》(音義部),爲一,4 頁。

僅如此,《可洪音義》中以“蚊蝐”爲辭目的有十次之多,説明可洪的時代①,當時入藏的經中,“蝐”字還不少見。另外,希麟在《續一切經音義》卷六也指出:“蚊蟁:……下孟彭反。《聲類》云:蟁以蠅而大。《説文》亦齧人飛蟲也。從蚊,亡聲也。經文作蝐,非也。”②“無窮會本系”原本的撰著時代尚未確認,蓋稍晚於可洪和希麟,當時日本寫經中也多見此俗字,并不奇怪。但因此字後起,不見於《説文》和《玉篇》等傳統字書,故不被“先德”承認。且希麟已明確表示經文中用“蝐”爲“非”,或也可以認爲“無窮會本系”中的“先德”是希麟? 這也是值得探討的。

2.“非”引申義、假借義

詞義有引申,有假借,此乃詞彙發展的常見現象。然而我們却發現“先德們”有時對此類現象似乎並不太認同。如:

012. 翳:エイ。カクス。サハリ。瞖瞙瞖:同上,先德並非之。(無/5-1/26)

案:此條重復多次出現,筆者此前也已舉出。“翳”爲“翳”之俗書,並不難認。日語“かく・す【隠す】”正爲此義。又《国語大辞典》有“さわる【障る】(さはる)”。“エイ”爲“翳”字漢音。“翳”字見於《説文·羽部》:“華蓋也。从羽,殹聲。於計切。”③本指用羽毛製成的車蓋,後引申有隱藏、藏匿,以致有阻擋、堵塞等義。

至於三個“先德并非之”的異體字,情況却較爲複雜。“瞖”當爲“瞖”,“瞙瞖”乃“瞙瞖”之手書,並不難辨認。“瞖”不見於《説文》,乃中古所出字。《玉篇·目部》:“瞖,眼疾也。”④《正字通·目部》:“瞖,

　　①　可洪於後唐長興二年(931)十月始,歷時十年,撰成此書(參考陳士強:《佛典精解》,1025頁)。
　　②　徐時儀:《一切經音義三種校本合刊》(修訂版),2283頁。
　　③　許慎:《説文解字》,75頁。
　　④　陳彭年:《大廣益會玉篇》,88頁。

余祭切。音意。目障也。"①也就是現在俗稱的白内障,引申可表"蔽"
"障"等義。故"瞖"與辭目字"翳"既可説是假借,也可認爲是二詞詞義
引申的結果相同。而"噎",《説文・口部》釋爲:"飯窒也。从口,壹聲。
烏結切。"②指食物塞住咽喉,故引申可表阻擋、堵塞。《漢語大字典》引
《三國志》卷五十八〈吴書・陸遜傳〉:"城門噎不得闔,敵乃自斫殺己
民,然後得闔。"至於"憶"字,《玉篇・心部》:"憶,古文懿。"③而"懿"見
於《説文・壹部》:"專久而美也。从壹,从恣省聲。"④經中應爲假借用
法。既然三個字"先德並非之",説明"先德"應該是並不贊同此類後出
字的假借或引申義。

013. 臭:主;クサシ。㚚,同上,亦作。齅,先德非之。
(無/38-7/120)

案:以上辭目字"臭"的訓讀爲"クサシ(臭し)"。"臭"字見於《説
文・犬部》:"臭,禽走臭而知其迹者,犬也。从犬从自。"徐鉉注:"自,
古鼻字。犬走以鼻知臭,故从自。"⑤段玉裁注:"走臭猶言逐氣。犬能
行路蹤迹前犬之所至,於其氣知之也。故其字從犬自。自者,鼻也。
引伸假借爲凡氣息芳臭之偁。從犬自。"⑥"臭"之本義是用鼻子辨別氣
味,故爲動詞。"臭"在甲骨文中作"㚔",像犬形,誇大其頭部,特著鼻
形,以示犬的嗅覺靈敏。⑦一般認爲"臭"與"齅"爲古今字⑧。"臭"之動
詞義先後由"齅"和"嗅"字承擔,"臭"字則多用於引申表氣味,成爲名

---

① 張自烈編、廖文英補:《正字通》,817頁。
② 許慎:《説文解字》,33頁。
③ 陳彭年:《大廣益會玉篇》,134頁。
④ 許慎:《説文解字》,214頁。
⑤ 許慎:《説文解字》,205頁。
⑥ 段玉裁:《説文解字注》,476頁。
⑦ 常媛媛:《"聞"與"嗅(臭、齅)"的歷時替換研究》。
⑧ 當然此即如段玉裁所指出:"古今無定時,周爲古則漢爲今,漢爲古則晉
宋爲今,隨時異用者,謂之古今字。"

詞。《玉篇・犬部》:“香臭總稱也。犬逐獸走而知其迹,故字從犬。”[①]之後從表氣味的總稱到專以表達穢氣。《玉篇・自部》:“臭,惡氣息。”[②]《国語大辞典》和《広辞苑》等日本辭書中,“臭”字也有兩義:①しゅう;表氣味。②くさい;專表穢氣。王力《古漢語字典》中辨别“臭、齅、殠、嗅”時指出:《説文》中“臭”除表示用鼻子聞的意思外,還表示“氣味”的意思,這個意思出現在注釋中爲:“齅,以鼻就臭也。”這樣“用鼻子聞”就有兩個字:齅、臭。而臭一個字又含有兩個意思:氣味和用鼻子聞。[③] 如此看來,“臭”的引申義很早就出現了。

現代漢語中,“臭”讀“chòu”時,專指穢惡難聞之氣,“香”之反義詞,這也是無窮會本所表之義。而其本字,實際應是“殠”。《説文・歺部》:“腐气也。从歺,臭聲。尺救切。”[④]段玉裁注:“《廣韵》曰:腐臭也。按臭者,氣也,兼芳殠言之。今字專用臭而殠廢矣。”[⑤]

釋文中“亦作”的“臰”是中古出現的“臭”之俗字。《干禄字書》中有“臰臭”,爲“上俗下正”關係[⑥]。《玉篇・自部》收“臰”字,釋爲“臭”之俗字[⑦]。故無窮會本此處將其作爲異體字收録,應無疑問。我們要探討的是“鼳”被“先德非之”的理由。如前述及,“鼳”是“齅”之俗字,在表示用鼻子辨别氣味的動詞用法時,可爲“齅”異體。但“先德”既已認爲“齅”字在《説文》中有其本義(見前例005),也就不會承認其與已用於引申的表氣味的“臭”的異體關係了。

014. 嗅:主。クサシ。臰,同上亦作。鼳齅:同上,先德非之。(無/6-3/38)

---

① 陳彭年:《大廣益會玉篇》,334頁。
② 陳彭年:《大廣益會玉篇》,84頁。
③ 王力:《古漢語字典》,1019頁。
④ 許慎:《説文解字》,85頁。
⑤ 段玉裁:《説文解字注》,163頁。
⑥ 杉本つとむ:《異體字研究資料集成》,第一期,别卷一,42頁。
⑦ 陳彭年:《大廣益會玉篇》,84頁。

案：此條釋義與上同。然"嗅"可表香臭之義，却似并不多見。《可洪音義》卷一："齅穢：上昌右反。惡氣也。正作臭殠二形也。又或作嗅。七秀反。不香也。又許救反。非也，悮。"[1]無窮會本中如此用者，共有四處。如此看來，日本中世"嗅"應有兩用，一是，已如前所述，是"齅"的後起字，然因未見於《説文》而被"先德"非之。二是，如以上條目，可表穢氣。既然前已不被"先德"認同，此處也認爲"巤"與"齅"僅有"聞"義，不能表示香臭，故亦"非之"。

因"齅"在《説文》中作動詞用，如例 005 所述。而根據築島裕先生《大般若經音義の研究 索引篇・和訓索引》，我們發現無窮會本和天理本中用作動詞、表"聞"之義的辭目字皆爲"齅"和"巤"，而表穢惡難聞之氣的則有"臭"和"嗅"，另外，還有"臰"和"嗅"。"臰"字，無窮會本中有一例，天理本卷下有四例，所以"無窮會本系"卷上卷下共有五例。"嗅"字，則僅見於天理本卷下。[2] 均未列出異體。如前述及，"臰"字，在《玉篇》中就是"臭"俗字，用作名詞，應無疑問，但"嗅"字作爲混合"嗅"與"齅"後産生的訛俗字，實際應用作動詞。

015. 瞖：エ伊；メノヤマヒ。瞖：同上，先德非之。（無/13－8/64）

案："メノヤマヒ"譯成漢語，即眼病，《玉篇》謂之"眼疾"，本字爲"瞖"，然經中多用"瞖"字表示。如《大般若經》卷一二八："若諸有情身嬰癩疾、惡瘡、腫疱、目眹瞖等眼病、耳病、鼻病、舌病、喉病、身病，帶此神珠衆病皆愈。"《大正藏》"眹瞖"二字下注："眩瞖【宋】【元】【明】"[3]。《慧琳音義》卷十三："瞖膜：上伊計反，眼瞖也。經從羽作瞖亦通，非本字也。《考聲》云：瞖，蔽也，盖也。下音莫眼暈膜也。"[4]又二十四："眩

---

①　《大日本校訂大藏經・音義部》，爲一，5 頁。
②　築島裕：《大般若經音義の研究 索引篇》，176 頁。
③　CBETA 電子佛典 2016/05/0220/700a。
④　釋慧琳、釋希琳：《正續一切經音義》，502 頁。

瞖：……下伊計反。《考聲》云：目瞖也。《韻英》蔽也。《廣雅》障也。從目形聲字。經從羽作翳，非本字，義乖也。"①可見"先德"重本字，儘管"瞖"並不出《説文》。而對於本見於《説文》的"翳"字來説，自有其本義，不應被借用。慧琳指出的"非本字，義乖"，也與"先德"觀點相同。

016. 獷：廣。アラシ。礦：同上，先德非之。（無/33－10/94）

案："獷"字見於《説文・犬部》，但其本義是"犬獷獷不可附也"，故"从犬，廣聲"。② 段玉裁注："引伸爲凡麤惡皃之偁。《漢書》曰'獷獷亡秦。'"③漢語詞"粗獷""獷悍""獷暴"等都是引申義。此本日語釋義爲"アラシ"。"アラシ"漢字可作"荒し・粗し"，正是以上引申義。《新譯華嚴經音義私記》卷上有"庬澁"條，釋曰："上，荒。""荒"乃上字"庬"之和訓。據岡田希雄《新譯華嚴經音義私記倭訓考》，假名作"アラシ"④。又《新譯華嚴經音義私記》卷下有"麤獷"條："上音〈祖〉［租］⑤，訓荒也。下音況，訓荒金也。""荒金"爲"獷"字和訓。據岡田孝雄先生《新譯華嚴經音義私記倭訓考》，獷，假名作"アラカネ"。按：石塚晴通先生《倭訓總索引》和訓漢字作"粗金"⑥。"粗""荒"皆可讀作"あら"，有未經人工加工，呈現自然之義。故日語有"あら－たま【粗玉・荒玉・璞】"與"あら－がね【粗金・荒金】"等詞。"あら－がね"，也作"あらかね"，指礦石、礦砂。由此可見，古代日本寫經中"獷"字多用其引申義。"礦"字不見於《説文》，當爲後起字，故亦爲"先德非之"。

---

①　釋慧琳、釋希琳：《正續一切經音義》，922頁。
②　許慎：《説文解字》，204頁。
③　段玉裁：《説文解字注》，474頁。
④　岡田孝雄：《新譯華嚴經音義私記倭訓考》。
⑤　"祖"字右側行間貼有小字"租"。
⑥　築島裕主編：《古辭書音義集成》第一卷《新譯華嚴經音義私記》，275頁。

017. **䛐**[①]：修。コタフ。**䣓**：同上。經文作－。先德非之。
（無/6‑4/48）

䛐：修。コタフ。**酬**，同上。經文作**酬**，先德非之。
（無/8‑5/50）

案：以上字組也多次重復出現。辭目字"**䛐**"爲"詶"字。例中的
"**䣓**"和"**酬**"皆爲"酬"之俗字。

《大般若經》卷五四："若菩薩摩訶薩行菩薩行時，於得小恩尚不
忘報，況大恩惠而當不酬！是爲菩薩摩訶薩知恩報恩。"[②]這段文字
并不難，經文實際已有詮釋。慧琳《一切經音義》卷二對此也有解
說："不酬：時周反。俗字也。《爾雅》：酬，報也。《說文》作醻。從
酉，壽聲。"[③]而在《說文・酉部》，字頭"醻"下還舉出"或从州的"的
"酬"，說明醻和酬自古就是異體。實際上作爲又體的"酬"却是通用
字。王力就指出："古籍中除《詩經》外，大多作'酬'，今規範作
'酬'。"[④]

"酬"除用作"報答"義外，還有"應對""答對"之義。如《大般若
經》卷七五："仁者於說法人中最爲第一。何以故？隨所問詰皆能酬
答無滯礙故。"[⑤]無窮會本此條也收，詮釋內容與上相同。慧琳此條
未收。

以上音義中和訓"コタフ"，日語可用漢字"答・応・報"來表示，
與"酬"字所表義相同。但從以上音義內容看，日本當時的寫本中多用
"䛐"來表示"報答""應對"等義，音義撰者對經中用"酬"字并不贊同。
查檢《大正藏》中《大般若經》，以上義皆用"酬"，并不見用"䛐"字。因
此，我們要探討一下先德"非之"的理由。

───────────

① 此例因前已標號，所以此處不再另標。
② CBETA 電子佛典 2016/T05/0220/0305。
③ 徐時儀：《一切經音義三種校刊合本》（修訂版），542 頁。
④ 王力：《古漢語字典》，1493 頁。
⑤ CBETA 電子佛典 2016/T05/0220/0423。

　　"詶"有兩讀：一讀"職又切"，與"咒"同。另一讀"市流切"，《說文·言部》釋曰："詶：讀也。"①段玉裁注："詶：……今各本作讀也。乃因俗用詶爲酬應字。市流切。不欲釋以詛，遂改之耳。詶訓以言荅之，而詶詛作咒，此古今之變也。"②王力先生指出："'詶''讀'是從言語的對答來造字的。'酬''醻''酧'是從飲酒的酬對來造字的。"③由此可見，這種"古今之變"的用法，或者説這種造字理據是被"先德"所采用的。

　　《說文·酉部》："醻，主人進客也。……酬，醻或从州。"④本指古時酒宴禮節，也稱導飲，後通指酒宴上敬酒、勸酒。《玉篇·酉部》："酬：市周切。勸也。報也。厚也。醻：同上。"⑤《漢語大字典》"酬"字條下引《儀禮·鄉飲酒禮》："主人實觶酬賓。"賈公彦疏："若不先自飲，主人不忠信；恐賓不飲，示忠信之道，故先自飲，乃飲賓，爲酬也。""酬"字後來也可用以表示應對、答對之義。《大般若經》卷四百二十四："爾時，具壽舍利子讚善現言：說法人中仁爲第一，除佛世尊無能及者。何以故？隨所問詰種種法門，皆能酬答無滯礙故。善現報言：諸佛弟子於一切法無依著者，法爾皆能隨所問詰——酬答自在無畏。何以故？以一切法無所依故。"⑥經中出現的兩個"酬答"皆爲此義。《慧琳音義》卷七收有"酬荅"，而卷七正是爲《大般若經》所作的音義。此蓋即無窮會本中所謂的"經文作酬"也。

　　故"詶"與"酬"皆見於《說文》，然各有其本義。而此處"先德非之"之理由，正是因爲"詶"在《說文》就有"市流切"表應答之義，而"酬"在《說文》仍爲"主于飲酒"⑦，此條因强調"酬"字本義，故被"先德非之"。

---

①　許慎：《說文解字》，54 頁。
②　段玉裁：《說文解字注》，97 頁。
③　王力：《古漢語字典》，1272 頁。
④　許慎：《說文解字》，312 頁。
⑤　陳彭年：《大廣益會玉篇》，414 頁。
⑥　CBETA 電子佛典 2016/T07/T0220/130a。
⑦　"酬"也有報答義。《爾雅·釋詁下》："酬，報也。"郭璞注："此通謂相報答，不主于飲酒。"

3. 詞形書寫亦多尊《説文》。如：

018. 胈：放。ミツフクロ①。ユバリフクロ。胞：同上，先德非之。（無/6 - 3/36）

前例 007 中，筆者曾提到《大般若經》卷五十三有一段表現佛門"不浄觀"的經文中出現了多組表示身體內臟結構的語詞，其中有"脾膽胈胃"。《慧琳音義》卷二將此處收録爲兩條雙音辭目："脾膽"和"胈胃"，其中"胈"字，與無窮會本同。

"胈"字見於《説文・肉部》："胈：胸光也。从肉，孚聲。匹交切。"②《玉篇・肉部》："胈：膀胱也。"③無窮會本的兩條和訓也頗爲形象："ミツフクロ"義爲"水袋"，而"ユバリフクロ"則有"尿袋"之義。

以上被"先德非之"的"胞"當是"胞"字，并不難認。"胞"字見於《説文・包部》，其本義是胎衣。"胞：兒生裹也。从肉从包。匹交切。"④

"胈"字與"胞"字，均見於《説文》，段玉裁注"胞"字："包謂母腹。胞謂胎衣。……《釋文》胞音包。今俗語同胞是也。其借爲胈字，則讀匹交切。胈者，旁光也，腹中水府也。"⑤王力先生《古漢語字典》認爲"胈"與"胞"是同源字，其在"胈"字下指出"胈"與"胞"："古皆爲幽部字。胞幫母。滂、幫旁紐。二字皆有包義。胞，包裹胎兒之膜，胈，包裹尿之器官，其理一也。胈亦可作胞。"⑥

這種借用現象，經中雖也多有出現，但玄應和慧琳等音義大家，似并不贊同。《玄應音義》卷三："胃胈：普交反。《蒼頡解詁》：胈，盛尿

---

① 假名左邊有"上上濁上上平"聲點。
② 許慎：《説文解字》，87 頁。
③ 陳彭年：《大廣益會玉篇》，124 頁。
④ 許慎：《説文解字》，188 頁。
⑤ 段玉裁：《説文解字注》，434 頁。
⑥ 王力：《古漢語字典》，1002 頁。

者也。《説文》：脬，旁光也。① 經文胞，補交反。胞，裏也。胞非此用。"②慧琳也多次指出這一點，如《慧琳音義》卷二："脬胃：上普包(反)。《考聲》云：盛小便器，尿脬也。王氏《脈經》云：脬囊受九升三合，脬轉即小便不通。《説文》：膀胱。水器也。從肉孚省聲也。經文作胞，非也。"③此條所釋經文與無窮會本相同。又卷五："脬胆：上普包反。《説文》云：脬，傍光。水器也。《考聲》云：尿脬也。盛小便器也。王叔和《脉經》云：脬囊受五升三合，脬病則小便不通也。經文作胞，非也。胞者，孩子胎衣，非經意也。"④由此看來，"先德"的觀點與玄應、慧琳等唐代音義大家相合。

019. 虎：居；トラ。虎：同上，先德非之。(無/6‑3/40)

案：無窮會本"虍"頭基本作俗形"虍"。虎，小篆作"虎"，段注本《説文解字・虎部》云："從虍從儿。虎足象人足也。"⑤是以"虎"字下半從"儿"，儿，"古文奇字人也"。此字隸書多從"巾"，《隸辨・卷六・偏旁》嘗析辨其因："按《説文》虐作虍，從虎足反爪人，則虎當從爪，不當從人。注云：'虎足象人足者'，象人足，爪也。古文虎作虎，旁亦從爪。今本《説文》從人，疑非許氏之舊。隸則訛爪爲巾。"⑥顧氏之説當允。今考甲、金文之虎字，無論甲骨文之虎(甲三・〇一七反)，或金文之虎(《師西簋》)，皆爲整體象形，下象爪形，可以爲證。隸書變爪爲巾，後世遂有"虎"形，《干禄字書》："虎虎：上通下正。"正收此形。⑦

---

① 徐時儀注：《麗》無，據《磧》補。
② 徐時儀：《一切經音義三種校刊合本》(修訂版)，58 頁。
③ 徐時儀：《一切經音義三種校刊合本》(修訂版)，538 頁。
④ 徐時儀：《一切經音義三種校刊合本》(修訂版)，584 頁。
⑤ 段玉裁：《説文解字注》，210 頁。
⑥ 紀昀：《文淵閣四庫全書》，第 235 册，692—693 頁。
⑦ 此條參考《異體字字典》此字下曾榮汾之"修訂説明"。

儘管有如《隸辨》之析，但因《説文》在漢字史上的地位，後人仍以出自小篆的"虎"爲正。慧琳、希麟、可洪等在其各自音義中也都指出過。如《慧琳音義》卷三十三："虎賁：上呼古反。……《説文》：虎從虍，虎足似人足，象形字也。虍音呼。經文從巾作𧆞，非也。"[1]《希麟音義》卷七："虎狼：上呼古反。《説文》云：山獸君也。《淮南子》云：虎嘯谷風生也。從人虍聲。虍音呼。虎爪似人，故從人。或作𧆈，廟諱不成字。又作𧆞，俗變，非體。……"[2]《可洪音義》所列的雙音辭目中約有 24 次用的"𧆞"字，可見可洪所見藏經中，"虎"作"𧆞"者不少。但可洪認爲"虎"才是正體，如《可洪音義》卷四收"𧆞犲"，釋曰："上呼古反。正作虎。……"由此可見，中日"先德"觀點相同，都不承認隸變之"𧆞"。

020. 𣪊：居；ツヅミ。鼓：同上，先德非之。（無/35/-1/104）

案："𣪊"應爲"鼓"字譌寫。《金石文字辨異・上聲・麌韻・鼓字》引《唐寶憲碑》時，即收有"𣪊"字形，周小萍認爲："當爲《説文》本字，經隸變楷化而得。"[3]《説文・鼓部》："𪔔，郭也。春分之音，萬物郭皮甲而出，故謂之鼓。從壴，支象其手擊之也。"[4]故古代常作樂器名。如《釋名・釋樂器》："鼓，郭也。張皮以冒之，其中空也。"[5]而日語"つづみ【鼓】"也正是日本古代打擊樂器的總稱，且不問形狀與材質。《説文》中"𪔔"，從壴，支，隸書發生變化，後出現了從皮的"皷"。這也與"鼓"的形製有關，因此漢代以後，"皷"字相當流行。《廣韻》就收此字形。儘管如此，因并不出於《説文》，所以并不被"先

① 徐時儀：《一切經音義三種校刊合本》（修訂版），1091 頁。
② 徐時儀：《一切經音義三種校刊合本》（修訂版），2295 頁。
③ 參考《異體字字典》（舊版）此字下周小萍之"修訂説明"。
④ 許慎：《説文解字》，102 頁。
⑤ 任繼昉：《釋名匯校》，363 頁。

德"所承認。

　　慧琳也多次指出"皷"爲俗字,如《慧琳音義》卷十二:"法皷:公五反。經文皷字由來多誤,或從皮作皷,俗字也,或從攴(普卜反)[1]作鼓,乃是蜀字,皆非也。《説文》:從壴(竹句反)從攴(音止而反)。象旂手擊之。"[2]又卷十四:"旌皷:……下音古。皷者,所以警衆也。《周禮》有六皷:雷、靈、路、鼖(扶文)、鼛(公刀)、𪔉(廷刃)。《易》曰:鼓,動也,震音也。鄭注《儀禮》:擊也。《白虎通》曰:皷者,坎之氣也。《説文》:皷,郭也。從壴(竹句)從攴。經文從皮作皷,俗字,非也。"[3]慧琳或也是在《説文》的基礎上而否定實際已是通行字的"皷"。由此,我們或可推斷"先德"的意見有可能正來自慧琳。

　　021. 劔:兼。兩刃刀也。釗:同上,先德非之。(無/1-4/16)

　　《大般若經》卷四有"欲如苦果,欲如利劔"之句,諸本皆用"劍",此乃楷書標準字。慧琳與可洪均未收此卷"劍"字,蓋認爲無需詮釋。

　　以上辭目字爲"劔"。《説文·刃部》:"劔:人所帶兵也。从刃僉聲。居欠切。劍,籀文劔从刀。"[4]段玉裁注:"此今之匕首也,人各以其形兒大小帶之。"[5]根據《漢語大字典》的解釋,這是古代的一種兵器,兩面有刃,中間有脊,安有短柄。篆文與漢碑隸書作"劔",但楷書承籀文,寫作"劍",定作"劍"成爲標準字。《五經文字·刀部》:"劔劍:二同。下經典及釋文通用之。"[6]《字彙·刀部》"劍"字下有辨析:"本從

---

　　① 　此爲"攴"之反切,本應用小字標出,此處筆者用括號表示。下同。不另注。
　　② 　徐時儀:《一切經音義三種校刊合本》(修訂版),705—706頁。
　　③ 　徐時儀:《一切經音義三種校刊合本》(修訂版),740頁。
　　④ 　許慎:《説文解字》,93頁。
　　⑤ 　段玉裁:《説文解字注》,183頁。
　　⑥ 　杉本つとむ:《異體字研究資料集成》,第一期,別卷一,108頁。

刃,今从刀。"①

至於先德非之的"釰",即"釰",應是後起的俗字。《集韻·驗韻》:"劎劍:……俗作釰,非是。"②玄應與慧琳并未專門辨析過"釰"字,但希麟在《續一切經音義》卷五有詮釋:"劍把:上居欠反。《釋名》云:劍,撿也。所以防撿非常也。《廣雅》云:龍泉、太阿、干將、莫耶、斷蛇、魚腸等十餘名,皆劍異號也。……有從金作釰,全非。"③《可洪音義》也多次收錄"刀釰""釰樹""一釰""執釰""釰暮""釰葉""釰婆""銷釰"等雙音辭目,但如是釋"釰"時,則會指出其正字。如《可洪音義》卷四"刀釰:九欠反。正作劍。"④可見,可洪與希麟所見佛經,多有"釰"字,但二位認爲其并非正體,與無窮會本所舉"先德"的觀點相同。

022. 寢:心。フス。寢:同上,亦作。寢:同上,先德非之(6-3/34)

此條與前例006"癘"在經文中經常前後出現。《大般若經》卷五十三有"服僧伽胝,執持衣鉢,嘗食嚐飲,臥息經行,坐起承迎,癘寢語嘿,入出諸定,皆念正知"經句,其中有"癘寢"一詞。《慧琳音義》卷二收釋此條,但作"癘寢",釋曰:"……下侵審反。《廣雅》:寢,幽也。《説文》:寢,臥也。篆文從帚從又,今順俗從省略,從宀侵聲也。瘮音夢也。"⑤

案:《説文》中雖未收"寢"字,但《説文·瘮部》有"瘮"字:"瘮:病臥也。從瘮省,𡪢省聲。七荏切。"⑥段玉裁注:"寢者,臥也。瘮者,病臥也。此二字之别。今字槩作寢矣。"⑦"寢"在《説文·宀部》。根據段

---

① 梅膺祚、吳任臣:《字彙·字彙補》,56 頁(《字彙》的頁數)。
② 丁度:《集韻》(述古堂本),629 頁。
③ 徐時儀:《一切經音義三種校刊合本》(修訂版),2269 頁。
④ 《大日本校訂大藏經·音義部》,爲一,44 頁。
⑤ 徐時儀:《一切經音義三種校刊合本》(修訂版),537 頁。
⑥ 許慎:《説文解字》,153 頁。
⑦ 段玉裁:《説文解字注》,347 頁。

注,可知"寢"與"癎"後皆用"寢"表示。

以上"寢"爲"寢"之異寫異形。"寢"字同"寢",古籍中不少見,但工具書似少收。此字"先德"并未否定。否定的"寢"應是"寢"字訛:"宀"下"侵"訛作"㑌"。"寢"字如慧琳所指出,是"順俗從省略"。《玉篇·癎部》"癎:且荏切。臥也。寢寢,並同上。"①但其訛爲"寢"的例子并不多見,故"先德"非之。

（二）辭目字不見於《説文》

無窮會本中有一部分辭目字並不見於《説文》,它們是應社會發展之需而産生的新字。但在"先德非之"這一部分,其所佔比例不大,僅有 11 組,出現 23 次。

如果説早期學僧多尊《説文》,以其作爲判定正誤的標準,那麼不見於《説文》的這些字以何爲準,也是值得討論的。中國古代字書中對日本影響較大的,除了許慎的《説文解字》,應是顧野王的《玉篇》。《玉篇》不僅成爲日本字書編撰的楷範,也直接影響了日本人對漢字的理解。這在無窮會本中也有所體現。如:

023. 胮:奉,ハル。胖:同上亦作。脞:同上,先德非之。（無/1 - 3/14）

案:此字組反復出現了五次。日文釋義"ハル",對應的漢字可作"腫る・脹る"。"胮"字不見於《説文》,乃中古所出。《玉篇·肉部》:"胮,薄江切,胮肛,脹大皃。"②日文釋義與此相吻合。至於此本以"亦作"和"先德非之"的"胖"與"脞",是其俗作。《集韻·江韻》"胮"下收有"脞瘁胖",脞爲"胮"之"或作"③。《慧琳音義》卷七十二:"胮脹:上璞邦反。《埤蒼》云:胮亦脹也。《文字典》説:從肉夆聲。音户

---

① 　陳彭年:《大廣益會玉篇》,130 頁。
② 　陳彭年:《大廣益會玉篇》,126 頁。
③ 　丁度:《集韻》(述古堂本),22 頁。

冬反。論文從逢作𦜕,俗字也。……"①《可洪音義》卷十二:"𦜕脤:
上疋江、蒲江二反。正作胮也。下知亮反。"②慧琳與可洪儘管未直接
"非之",但强調正字爲"胮",並指出"𦜕"爲俗字,可見其態度。

024. 白氎:条,毛織也。疊:同上,先德非之。(無/40‐8/
144)

案:以上辭目雖爲雙音節,但實際祇釋下字。"氎"即"氎"字。
此字亦不見於《説文》。《玉篇・毛部》收此字,釋曰:"徒叶切。毛布
也。"③《龍龕手鑑・毛部》:"氎,正徒業反,西國毛布也。"④《字彙・毛
部》:"氎,細毛布。《南史》:高昌國有草,實如繭,繭中絲如細纑,名曰
白氎子,國人取織以爲布,甚軟白。今文氎作疊。"⑤而"今文作疊"即以
上"先德"所"非"。

"疊"并不見於《説文》,但《説文・晶部》收有"疊"字,其下釋曰:
"楊雄説:以爲古理官決罪,三日得其宜乃行之。從晶從宜。亡新以爲
疊從三日太盛,改爲三田。徒叶切。"⑥後"經典相承"以從"三田"的
"疊"爲正字。

"疊"與"氎"都是音譯詞,學界對其關係已展開討論。杜朝暉⑦指
出吐魯番文書中,"疊"字不僅更早出現,⑧而且在實際用例中也更爲多
見。不過,玄應在其音義中反復强調"氎"爲正字,或主要是因爲"疊",
漢語本有其字,有其本義,而"氎"却是專爲此詞所造字,符合漢字兼表

① 丁度:《集韻》(述古堂本),1777 頁。
② 《大日本校訂大藏經・音義部》,爲二,79 頁。
③ 陳彭年:《大廣益會玉篇》,373 頁。
④ 杉本つとむ:《異體字研究資料集成》,第一期,別卷二,90 頁。
⑤ 梅膺祚、吳任臣:《字彙・字彙補》,238 頁(《字彙》的頁數)。
⑥ 許慎:《説文解字》,141 頁。
⑦ 杜朝暉:《從敦煌吐魯番文書看漢語音譯外來詞的漢化歷程》。
⑧ 根據杜文,吐魯番文書中,"疊"字5世紀時已出現,而"氎"字則大抵在6
世紀產生。

音義的特點。故從正字的角度來看,"氎"應該是本字。《慧琳音義》卷十四也收有"白氎"一詞:"音牒。《考聲》云:毛布也,草花布也。從毛疊聲也。經文單作疊,非本字,器物也。"①可見,慧琳對經文用"疊"字也是否定的。

雖然從產生的先後來看,"氎"字是一個後起字,但從表義來看卻應是本字。故"先德"意見與玄應等相同,且不認同"疊"與"氎"爲異體關係。不過在漢字的使用中,"疊"不僅出現早,而且也很流行,到明代時,梅膺祚《字彙·毛部》:"氎,細毛布。……今文氎作疊。""疊"已成了正字。②然"先德"却不認。

　　025. 聤:寧,ミミクソ。**膵**:同上,先德非之。(無/6 - 3/38)

案:以上日文釋義"ミミクソ",對應漢字作"耳糞·耳屎",甚爲明瞭。此字亦不見於《説文》,應是中古產生的漢字。《玉篇·耳部》:"聤,乃頂切,耵聤。"③"耵聤"即耳垢。被"先德"所非的"**膵**"即"膵"字,一些大型字書皆引《四聲篇海·肉部》:"奴頂切,寧上聲,耳中垢。"《正字通·肉部》指出:"聤字之譌。舊注音寧。上聲。耳中垢,誤。"④《玉篇》既已有"聤",又頗達意,作爲譌字的"膵",自然被"非"。

三、結論

　　以上我們對無窮會本《大般若經音義》中之"先德",特別是"先德非之"作了一些探討,目的是想從中瞭解古代部分日本僧人對漢字的認識與理解。因爲只是"個案"性的梳理,所以不但結論難以全

---

①　徐時儀:《一切經音義三種校刊合本》(修訂版),749頁。
②　同上。
③　陳彭年:《大廣益會玉篇》,92頁。
④　張自烈編、廖文英補:《正字通》,968頁。

面,歸納條理亦難以明晰。然而,筆者認爲還是可嘗試歸納爲以下四點:

1. 根據以上所引例,可知此本[①]中大部分所引"先德"之語,是對異體字使用的正誤加以判斷,類似石山寺本的"應作"和"宜作",只是此本多以"非之",即從否定的角度來加以判斷,提出觀點。從無窮會本的内容整體看,作者主要是客觀地舉出辭目字的諸異體,多用"亦作""或作"等表示。雖也有"俗作""正作""古作"等有關字形的意見,而對異體字使用不當的現象,則是通過引用"先德"之語來表述的。既稱"先德",一方面表示了作者的尊崇。另一方面,我們根據作者這些引用,得以窺見早期日本僧人的某些漢字觀。

2. 從以上所舉例看,"先德"們對漢字異體字的認識與理解基本是尊崇正統的,尤其尊崇《説文》《玉篇》等傳統字書,並以其爲標準來對異體字使用的正誤加以判定。

《説文》作爲中國文字學史上第一部字典,其在中國傳統字書史上的特殊地位使其歷來被作爲正字標準的憑據。傳統佛經音義往往以"《説文》正體"或"《説文》正作"來舉出字形以作爲規範。[②] 爲整理和研究異體字、確定文字的標準形體和促進文字統一而產生的唐代"正字學"[③],也同樣如此。根據施安昌的研究,能反映唐人正字觀點的《干祿字書》和《五經文字》,這兩種字書確定正字的標準主要是《説文》。相較而言,《五經文字》的標準更为明確:以符合《説文》《字林》或《石經》,經典相承爲準。[④] 故而,對於學習漢字的日本僧人來説,尊古崇《説文》的心理,應更爲强烈。

據施安昌的研究,漢字發展到有唐一代,隨着書體的演變,産生了大量的異體字。也正是在唐代,含有大量異體字的漢文典籍(包括"内典"與"外典")大批量地東傳日本,且多以被顔元孫認作是"正字"的楷

---

① 因無窮會本爲"無窮會本系"之代表,故此處實際就是指此本系原撰本。
② 陳五雲、徐時儀、梁曉虹:《佛經音義與漢字研究》,440 頁。
③ 施安昌:《唐代正字學考》。
④ 同上。

書寫成。① 故而楷書的正字地位在日本也很早就得以確立。《玉篇》作爲古代中國第一部按部首編排的楷書字典,成爲《說文》與後世字書之間的橋梁,在傳到東瀛後,得到了更大的流通,對日本僧人也產生了很大的影響。我們從以上所舉例中也應該能看出這一點。

　　3. 雖然無窮會本中"先德非之"的主要依據可歸結爲"尊《說文》"或"依《玉篇》",但也還有一些例外。如:

　　　　026. 𢮰：勢;ヒク。搫：同上亦作。瘳：同上,先德非之。(無/6 - 3/40)

　　案:"𢮰"應爲"掣"字。假名釋義"ヒク",對應漢字可作"引·曳·牽·挽"等。"掣"並不見於《說文》,而《廣韻·去聲·祭韻》和《廣韻·去聲·入聲·薛韻》皆收此字:"挽也。"② "搫"即"捵"字,見《龍龕手鑑·手部》。"掣"與"捵"只是從上下結構變爲左右結構,《龍龕手鑑·手部》將"捵"作爲"掣"的俗字,視爲異體,當無異議。至於"先德"所"非之"瘳",却值得思考。

　　"瘳"應是"瘛"的俗寫字。某種意義上,這才是表達"牽引"義的本字。《說文·手部》:"瘛:引縱曰瘛。从手,瘛省聲。尺制切。"③段玉裁注:"按引縱者,謂亙遠而引之使近。亙近而縱之使遠。皆爲牽掣也。……俗作掣。"④《玉篇·手部》:"瘛,充世切。牽也,引縱也。掣,同上。"⑤《慧琳音義》卷十八:"投掣:……下闡熱反。《韻英》云:掣,挽也。《字鏡》:㩩也,曳也。《周易》:見輿曳其牛。掣,古今正字或作瘛。亦作掣,音充世反。引縱曰瘛,從手瘛聲。或作摯,從熱。㩩音丑

　　① 施安昌:《唐代正字學考》。
　　② 陳彭年:《宋本廣韻》,357 頁,500 頁。
　　③ 許慎:《說文解字》,254 頁。
　　④ 段玉裁:《說文解字注》,602 頁。
　　⑤ 陳彭年:《大廣益會玉篇》,105 頁。

劣反。"①故我們可以認爲"癠"是本字,《説文》與《玉篇》也均收在"手部"。"揩"是"癠"之"今字",因音義恰切,故後來成爲通行字。

儘管"癠"字見於《説文》和《玉篇》,然而"先德"却未將其作爲"揩"字異體。此蓋受"癠"字中"疒"的影響。中古有"瘸"字,《廣韻》《集韻》等將其認作是"癠"之異體。而"瘸"可表三種病名:癥病、癩病、小兒瘰瘲病。故《漢語大字典》等字書將"癠"字歸入"疒"部。筆者認爲"癠"作爲本字,後産生了兩個"今字":"揩",專表牽引義;"瘸",則專爲病名。二字又各有其不同的異體。從此例我們可以看出:"先德"們並未一味依照《説文》和《玉篇》,也自有其判斷。

4."先德"是否有可能是指慧琳、可洪等爲《大般若經》撰述過音義的人?

我們通過以上若干"個案"的分析發現,"先德"所"非"有相當一部分與唐代音義大家玄應和慧琳以及稍後的可洪的觀點相同,"先德"是否有可能是受到他們的影響?

具體來説,玄應的《衆經音義》對日本古辭書音義的影響巨大,特別是就石山寺本《大般若經音義》而言,甚至有人認爲其撰者可能就是玄應,不過石山寺本中對異體字加以判斷的此類内容幾乎不見。而日本學界一般又認爲玄應并未爲《大般若經》撰寫過音義②。

《大般若經》現存的音義内容,僅見慧琳和可洪兩家。學界尚無《慧琳音義》(一百卷)在鎌倉時代初期已傳到日本的肯定説法,而可洪的時代就更晚一些,所以"先德"指慧琳與可洪,似乎難以直接證明。

"先德"當然并不一定都是日本人,因爲其中有不少很明顯是中國僧人,但既然無窮會本的原撰者是日本人,所以我們還是將其主體認爲是古代日本學僧,所以本節標題仍是古代日本學僧的漢字觀。

---

① 徐時儀:《一切經音義三種校刊合本》(修訂版),821頁。
② 當然,這并不能作爲結論,還有待於進一步探討。

第七章 "無窮會本系"《大般若經音義》複音詞研究

筆者已於前幾章多次强調過："無窮會本系"《大般若經音義》具有"單經字書"特色,特別是因大量收釋異體字,甚至還被認爲呈現"異體字字書"特性①。本書的研究重點實際也正在於此。

可能正是因爲這一特色過於明顯,因此學界似乎較少關注"無窮會本系"中有關收釋複音詞的内容。筆者也是在對此本系漢字,特別是異體字研究了一段時間以後才注意到其中複音詞的内容其實也很有特色,值得研究,故筆者特意撰寫此章。

本章的研究資料,以無窮會本、天理本和大須文庫本爲主,這三種寫本,屬於"無窮會本系"中的"詳本",且書寫字體相對規範。因本章主要討論複音詞問題,字形并非主要關注點,故需要用書寫較爲規範的寫本來作爲研究對象。

《大般若經音義》卷上部分,我們以無窮會本爲主。而卷下部分,即無窮會本所缺的部分,則以天理本爲主。如此,卷上、卷下相合,並以大須文庫本作爲參照②。

第一節 複音辭目的類別

"無窮會本系"中的複音辭目,從類別上來看,所含内容比較豐富。

---

① 鳩野恵介:《無窮会図書館蔵本〈大般若経音義〉における異体字表示の術語について》,153—169 頁。

② 大須文庫本主要起校正刊核作用,故一般不會出現於正文,衹會在脚注中表示。

筆者認爲有以下三類：

一、音譯詞

　　音譯詞是漢譯佛經詞彙中的特殊一類。隨着東漢佛經翻譯大幕的拉開，中國歷史上第一次大規模吸收外來文化的運動全面展開，而由此產生的最直接的結果，就是漢語中出現了大批外來詞。特別是唐代譯經大師玄奘提出"五不翻"的原則，[①]對譯名加以規範後，其結果是，又增加了一大批源於梵文的音譯詞。因此，音譯詞也就成爲歷代佛經音義收錄的重要對象。無論是玄應、慧苑，還是慧琳，都對此很重視。特別是慧苑，其所撰《新譯大方廣佛華嚴經音義》的特色就是多收釋梵文音譯名詞。這些當然也是日本佛經音義的重要内容。但是，收釋音譯詞，會因編纂目的、體例的不同而有内容與數量上的差異。例如，《日本大藏經・經藏部・般若部經疏》中收有《大般若經要集抄》[②]（以下簡稱《要集抄》）三卷，被認爲是信行所撰《大般若經音義》之摘抄本。其中下卷的辭目，主要是詞或短語，且以梵語音譯詞與漢語詞爲多。因信行的《大般若經音義》僅存中卷（石山寺本），且爲殘卷，至《大般若經》"第三百八十六卷"，而《要集抄》中卷最後一個辭目是"如摩揭陀千斛之量"，經查檢，此在經本文的卷四百。所以卷中所收辭目應該是《大般若經》的卷一至卷四百。而卷下所釋應該是從卷四百一至卷六百的内容，辭目也是以梵語爲中心。儘管《要集抄》之意圖是將《大般若經音義》中的梵語譯詞和漢語詞作爲中心而摘出，且以梵文譯詞爲主，但這也能説明信行《大般若經音義》的原本中，梵文音譯詞已不

---

　　① "五不翻"見於宋代周敦義《翻譯名義集序》，其内容爲："一，秘密故，如'陀羅尼'；二，含多義故，如'薄伽'，梵具六義；三，無此故，如'閻浮'樹，中夏實無此木；四，順古故，如'阿耨菩提'，非不可翻，而摩騰以來，常存梵音；五，生善故，如'般若'尊重，'智慧'輕淺。"（CBETA 電子佛典 2016/T54/2131/1055）。

　　② 《改訂增補日本大藏經》第 19 册，3—31 頁。此音義相關研究，筆者在拙著《日本漢字資料研究——日本佛經音義》第 184—187 頁有所涉及，敬請參考。

少見。

以下我們所舉的音譯詞例證,若無窮會本或天理本,與大須文庫本有相異之處,則以腳注形式加以指出,而字形方面,不影響字形判斷的不特意注出。

001 尼師壇①:座具也。(無/1-1/10)

002 奢:者。摩他:奢摩他②者,定也。(無/1-3/14)

003 旆茶:陁③。羅:此云標幟,即是煞惡者之種類也④。(無/1-3/16)

004 鄔波尼煞曇:貪。分:此云近少分,即鄰近少數之最極也。(無/1-4/18)

005 嗢:越。殟:同上,亦作。鉢羅:亦云尼羅焉。鉢羅此云青色,即青蓮花也。花葉狹長,下圓上尖也。(無/1-10/20-22)

006 鉢特摩:赤蓮花也。最勝王經爲青蓮花者,其意少殊也。(無/1-10/22)

007 俱某:夢。陁⑤:黃蓮花也。最勝王經云白蓮花,其意少殊也。(無/1-10/22)

008 奔:翻。茶:陁。利:白蓮花也。(無/1-10/22)

以上八條出自第一帙。第一帙有十卷,平均下來,一卷尚不足一條,而這在全書中還算是所占比例較多的。

009 阿練若:此云寂静處也。又云无諍處也。(無/6-3/46)

---

①　此章不探討字形,故例句中的手寫俗體不牽涉字形問題時,基本以通行體録出。

②　"他"字,無窮會本用三短横"一"表示,大須文庫本用三點"、"表示。

③　陁,爲"茶"字的音注。音注類字形較小,在被注字的右下。下同,不另注。

④　大須文庫本作"即是殺惡之種類也"。

⑤　大須文庫本作"陀"。

010 齊首補特伽羅：齊者,限也,等也。首者,頂也。謂不還
果人生,非想地,其上更无生處,名齊首補特伽羅①。壽盡之時,煩
惱得盡苦際也。(無/8-10/52)

011 堵：斗。羅綿：面。注尺如第卅二帙。(天/57-1/626)

012 解憍陣那：具梵語云阿若多憍陣那。此云初解衆多也。
上解字是唐言也。(天/57-6/636)

013 笈：喜有。防鉢底：于伊。古云憍梵波提。此云牛相。
(天/57-6/636)

014 尸利沙：此間合昏樹也。(天/58-1/656)

015 室羅筏：拔。イカタ。古云舍衛國。或云舍婆提城。
(天/58-4/670)

016 迦遮末尼：此云水精。(天/58-9/684)

從以上十六條,可知儘管量不多,但内容却很豐富,有佛家名相、
佛教義理、寺僧用具、古印度和古西域名物等。另外,還有真言、咒語
等内容。如：

017 㡰㪬：ア。㡰婀：同上,或作。(無/6-3/44)
018 洛𠂤：ラ。(同上)

《大般若經》多次出現"四十二字",如卷三百八十一："是菩薩摩訶
薩應如是善學四十二字入於一字,一字亦入四十二字,如是學已,於諸
字中引發善巧,於引發字得善巧已,復於無字引發善巧。"②《華嚴經》
《大般若經》皆有"四十二字門"之說,即將梵文四十二字母爲文字陀羅
尼,又作"悉曇四十二字門""四十二字陀羅尼門"。據《大智度論》卷四
十八,此四十二字係一切字之根本,因字有語,因語有名,因名有義,菩

---

① 原本用六個橫短綫代替。
② CBETA 電子佛典 2016/T06/0220/0969。

薩若聞字,因字乃能了其義。故此本"四十三字"即"四十二字"再加
"呵"。無窮會本在"呵"字之前收録"四十三字":釋曰:"餘經不説呵
字,故經文稱四十二字耳。""四十三字"的音義内容,除以上第六帙外,
卷上第四十二帙、卷下第四十九帙等處還有出現。

　　另外,天理本第五十八帙還有四篇"陀羅尼"[1],音譯字右旁標有假
名讀法,左旁有一些表示聲點的符號。總體來看,這些陀羅尼,主要以
音爲主,即使有連讀的複音節,不涉及意義,所以這一部分不在我們的
考察範圍之内。

二、意譯詞

　　在翻譯佛經過程中出現的意譯詞,也是佛經音義收録的重要對
象。因無窮會本收辭立目的宗旨是以單字爲主,故意譯詞收録的也不
算多。如:

　　　　019 大勝生主:亦云大愛道。梵云摩訶闍波提也。(無/1-
1/8)

梵文"Mahāprajāpatī[2]"的意譯爲"大勝生主",音譯作"摩訶波闍波提",
爲佛姨母之名,其意譯除了"大勝生主",還有"大愛道"等。

　　《慧琳音義》卷二十五:"摩訶波闍波提:此云大愛道,是佛姨母,亦
名大勝生主也。"[3]唐·窺基撰《妙法蓮華經玄贊》卷一:"梵云摩訶鉢剌
闍伏底,此云大勝生主。佛母有三,此爲小母。大術生佛七日命終,此
尼養佛。大術姊妹之類,故號爲姨母。大勝生主本梵王名,一切衆生
皆彼子故。從彼乞得,因以爲名。又一切佛弟子名爲大生,三乘聖衆
名爲勝生,由養佛故爲大勝生。大勝生之主名大勝生主,雖從彼乞得

---

　　① 大須文庫本爲三篇。
　　② 文中梵文引自丁福保《佛學大辭典》,212 頁。
　　③ 徐時儀:《一切經音義三種校本合刊》(修訂版),939 頁。又此本爲釋雲
公爲《大涅槃經》所作音義,經慧琳再删補詳定而收入。

亦以義爲名。舊云波闍波提、名大愛道,皆訛略也。"①

　　020 意生:《大日經》疏引:智論云人也。(無/1-4/16)
　　021 儒童:儒者,柔也。美好義也。童者,年小義也。又云年小净行,或云人也。(無/1-4/16)
　　022 如如:《俱舍論》第十三云:如如施主。光法師尺②云:施主非一名如如云云。(無/1-4/16)
　　023 飲光:梵云迦葉波。(無/1-10/20)
　　024 善現:亦云善吉,亦云善業,亦云善實。義净三藏云妙生矣。此人梵云須菩提也。(無/1-10/20)

　　以上六條意譯詞出自無窮會本第一帙,從數量來看,少於音譯詞,其整體也如此。我們再看一下其他的例子:

　　025 渴仰:如渴望水,心愛尊者,故言渴仰也(無/8-7/50)

　　"渴仰"雖非名相術語,但也屬於佛家語。"渴仰",指殷切之思慕與敬仰,如渴者之欲飲水,表示熱切仰望之意。佛教經典中常用以形容對佛、法之仰慕。亦表示聞法之意,指信前求道之心切。

　　026 勢峯:--者,男根之陰莖也。舊云馬陰藏相是也。(無/39-1/126)

　　"勢峯"一詞,"無窮會本系"中多次出現。《大般若經》中多次述及如來"三十二大士相",其中"世尊陰相勢峯藏密,其猶龍馬亦如象王,

---

① CBETA 電子佛典 2016/T34/1723/0671。
② 即"釋"字。

是爲第十"①。唐·定賓作《四分律疏釋宗義記》卷七詮釋曰:"勢峯藏密相,謂佛勢峯藏密,猶如馬王。若爾云何所化得見? 有説世尊懋所化故,方便示之。有説世尊化作象馬陰藏殊妙,告所化言。如彼我亦爾。"②

027 命命鳥:亦云共命鳥。或云比翼,其異形同名也。(無/40‐8/144)

《慧琳音義》卷四:"命命鳥:梵音耆婆耆婆鳥。此云命命,據此即是從聲立名,鳴即自呼耆婆耆婆也。"③《佛光大辭典》也有"命命鳥"條:"梵語 Jivam-Jivaka。音譯耆婆耆婆、耆婆耆婆迦、時婆時婆迦。又稱共命鳥、生生鳥。屬於雉之一種,產於北印度,因鳴叫聲而得名。此鳥之鳴聲優美,迅翔輕飛,人面禽形;一身二首,生死相依,故稱共命。佛典中,多以命命鳥與迦陵頻伽等,同視爲好聲鳥。"④

028 無熱:梵云阿那婆達多。(天/57‐6/638)

按:"熱"即"熱惱",佛典中指身熱心惱。宋·法雲《翻譯名義集》卷二:"阿那婆達多,此云無熱。"⑤又宋·從義《法華經三大補注》卷四:"阿耨達:亦言阿那婆答,又言阿那婆達多,此云無熱惱也。"⑥佛經中有"無熱天"和"無熱池":前者指色界十八天之一,五净居天之一,是位於第四禪之第四天。此天已伏除雜修静慮之上中品諸障,意樂調柔,離諸熱惱,故名無熱天。後者則爲地名,在香山之南,大雪山之北,周匝八百里,贍部洲之中心。

---

① CBETA 電子佛典 2016/T06/0220/0967。
② CBETA 電子佛典 2016/X42/0733/0206。
③ 徐時儀:《一切經音義三種校本合刊》(修訂版),576 頁。
④ 《佛光大辭典》,3127 頁。
⑤ CBETA 電子佛典 2016/T54/2131/1078。
⑥ CBETA 電子佛典 2016/X28/0586/0207。

029 大採：細。取也。菽：四久。豆也。氏：之。族姓也。梵云摩訶時伽羅。古云摩訶目犍連。(天/57－5/636)

"摩訶目犍連"是佛祖釋迦牟尼大弟子之名，爲十大弟子之一，有"神通第一"之名。《法華玄贊》卷一："梵云摩訶没特伽羅，言大目犍連者訛也，此云大採菽氏。上古有仙，居山寂處，常采菉豆而食，因以爲姓。尊者之母是彼之族，取母氏姓而爲其名。得大神通，簡餘此姓，故云大采菽氏。"①《慧琳音義》卷八："大採菽氏：舊存梵語曰大目乾連，或云俱律陀，或曰拘隷多，或名俱利迦，皆訛略也。正梵音摩賀冒(引②)蜡孽(二合)羅(引上聲)野，遠祖神仙采菉豆食，因以爲姓。蜡音能得反。"③

030 石女兒：石女亦云玉女，是不産女之名也。今兒者，舉无躰事也。(天/58－5/672)

"石女兒"是佛經中常出現的一個比喻。"石女"如以上所釋，即無生育能力之女子。"兒"即孩子。"石女兒"，没有生育能力的女子生的孩子。《大般若經》卷五百七十五："今所聞法如空鳥迹、如石女兒。"④例030正是詮釋此經句中的"石女兒"。"空鳥迹"與"石女兒"皆爲不可能存在或有名無實之物，猶如"龜毛兔角"之類，經論中常用以比喻凡夫之妄執實我實法。蓋凡夫常將因緣所成之假有法，妄執爲實有之故。

從以上所舉的這些例子，不難看出意譯詞基本爲佛教專有名詞，有一般名物、佛家名相，還有種族姓氏等。雖收錄得不多，但因佛門專用，故多重複出現。如例020"意生"、例021"儒童"，在無窮會本第二帙又再次出現。這些内容在天理本，也還不時重複再現。

---

① CBETA 電子佛典 2016/T34/1723/0670。
② 本爲小字，現改用括號括出，下同。
③ 徐時儀：《一切經音義三種校本合刊》(修訂版)，631頁。
④ CBETA 電子佛典 2016/T07/0220/0973。

三、一般漢語詞

總體來看,相比較而言,一般漢語詞收釋得更少。如:

031 紛:分。綸:利ン。--者,雜亂也。(無/1 - 1/12)

以上"綸"字注音,用漢字與假名合成。"利"音讀爲"リ"。"綸"的吳音與漢音,皆讀"リン"。

032 容止:動静也。俗説云フルマヒ。(無/1 - 3/16)

033 唯然:唯者,教諾之詞也。然者,順從之稱也。(無/1 - 9/20)

第一帙中僅有以上三條。他帙中如:

034 皮革:各。カハ。有毛云皮。无毛云革。(無/6 - 3/36)

035 精衛:惠。精衛者,鳥名也。形如烏,白首赤喙也。(無/ 40 - 8/142)

036 如故:故者,古也。(無/40 - 9/148)

037 頻蹙:四久。頻蹙[①]者,ニカムナリ。(天/58 - 3/668)

例 037,用"四久"爲"蹙"字標音,釋義用的假名。根據築島裕先生《大般若經音義の研究 索引篇》中的"和訓索引","蹙""頻"皆爲"ニカム",緊列"ニガム(苦)"後。"ニカムナリ"指因痛苦而變得皺眉蹙額。

038 表裏:離。表裏者,外内也。(天/58 - 5/672)

039 童竪:主。小奴也。(天/60 - 0/708)

---

① 二字天理本用重複符號。大須文庫本用短横。

四、短語結構

漢傳佛經音義的複音辭目,除了複音詞以外,還會有一些短語結構。日本早期佛經音義也是如此,有時甚至還會出現以長短經句爲辭目的,如《新譯華嚴經音義私記》①等。"無窮會本系"此類相對少一些。如:

040 動極動等極動:一動。二極動。三等極動動。一千界名動動。二千界名極動動。三千界名等極動。(無/1-1/12)

佛經中有"六種震動""六種變動",指大地震動的六種相。以上實際是"六種震動"之一種,屬名相術語短語。這一短語在無窮會本中多次出現。

041 所更:更者,曾經也。(無/6-2/34)

042 相王中生:相王者,行四方之神名也。此有主從,謂王與相也。陰陽之家,云王相氣是也。人之誕生者,必有此中者,故言相王中生也。又生婆羅門家云相中生也。生刹帝利家云王中生也。(無/34-2/98)

043 正至正行:慈恩《瑜伽抄》云:四向四果名正行正至也。(無/38-10/122)

044 帝青大青璧:白。玉:已上三寶注尺如第卅八帙。(無/39-2/134)

例 044 中,所謂"已上三寶注尺如第卅八帙",是指在第卅八帙,"帝青""大青"和"璧玉"條,分別已進行過音義。又如,意譯詞例 020 "意生"和例 021"儒童",除以雙音節詞的形式出現在辭目外,還常一

---

① 參見梁曉虹、陳五雲、苗昱《〈新譯華嚴經音義私記〉與俗字研究》一書的第二章。

起以四字辭目出現，如第五帙、第八帙、第九帙、第十一帙、第十三帙等。

　　045 六十日穀：國。亦云**宵**穀。モミ，是喬麦也。（天/51 - 9/552）

　　案：以上天理本"**宵**"因豎行書寫有訛。查檢大須文庫本，作"兩月"。《大般若經》中"六十日穀"與"兩月穀"各見兩次。和訓"モミ"用日本國字表示是"籾"，指稻穀或稻穀。"是喬麦①也"，存疑。

　　046 今且：倎。晨朝也。早也。（天/57 - 8/644）

　　案：此條與大須文庫本同。《大般若經》卷五百六十八："復有諸天放逸著樂，不修正法恣情游戲，雖與菩薩同處天宮，不往禮拜不諮受法，各作是念：'今且受樂，明詣菩薩當受法要。'"②以上"今且"正出於此③。筆者認爲：從音義内容來看，"無窮會本系"原撰者，或早期書寫者此處有將其讀作"今旦"之誤。"旦"與"且"二字因字形相近，書寫時多相混，又以將"旦"誤寫爲"且"者多見。

　　"今且"一般將其釋爲"今夫"，爲句首語氣詞的連用形式。但筆者認爲這裏時間詞"今"和表姑且、暫且義的副詞"且"連用。

　　047 若時：若者如也。時者是也。（天/58 - 9/684）

　　案："若時"，在《大般若經》中亦多見，卷五百九十九就有三處，如："復次，善勇猛！若時菩薩行深般若波羅蜜多，修深般若波羅蜜多，會

---

①　喬麦，或爲"蕎麥"，例045 中保留寫本用字。
②　CBETA 電子佛典 2016/T07/0220/0931。
③　天理本和大須文庫本此條的辭目正是"今且"。

深般若波羅蜜多。"①《大正藏》在“時”下出校注：時＝諸【明】。即“時”
以作“諸”爲確。按例 047 的釋義，“若時”也屬短語結構。

第二節 複音辭目的釋文特色

佛經音義的辭目“釋文”部分，一般含“注音”和“釋義”兩部分。注
音方面，玄應和慧琳等音義大家多以反切法爲主，有時也用直音法，或
兼用二者，或一字注兩種以上反切。佛經音義豐富的音注內容是研究
唐代語音的重要材料。佛經音義中的釋義一般多爲述而不作，博徵詳
析中，兼有辨正闡析。② 而“無窮會本系”的音義特色，前面諸章已多有
論述，簡要概之，即：以同音漢字標音，多用假名釋義。筆者認爲此本
系還有一些尚未引起學界注意的特色，而這些特色，更多的是由其所
收釋的複音辭目呈現的。

我們在與漢傳佛經音義加以比較的基礎上，歸納、分析如下。

一、收錄全詞，多不標字音，釋義不用假名，而用漢文

（一）音譯詞

漢傳佛經音義大家在詮釋音譯詞時，有時先摘選音譯文字，分
字注音，並對照梵言正其訛略；③再將全詞正確的音譯文字列出，並
與經文原譯文字對照；然後以唐時語言解釋詞義。如《慧琳音義》

---

① CBETA 電子佛典 2016/T07/0220/1101。

② 徐時儀、梁曉虹、陳五雲：《佛經音義研究通論》，100 頁。

③ 《慧琳音義》中共使用“訛略”108 次。據顧滿林《漢文佛典用語專題研
究》(2006)考察統計，佛經中的“訛略”有以下五種情況：一是指音譯詞與梵文讀
音對應不嚴，二是指意譯詞翻譯不準確，三是指佛經譯文書寫用字不夠規範，四
是指早期譯經的文本不全，五是指密咒念誦發音不當。早期譯經注重實用，音
譯詞採用簡略形式，“訛略”的形式是當時的譯經用語，產生時代都比“正梵”形
式早。因此“訛略”評價的對象可以是既“訛”且“略”，也可以“訛”而不“略”，還
可以是“略”而不“訛”。

卷一：

"般若波羅蜜多：般音鉢。本梵音云鉢囉，二合。囉取羅字上聲，
兼轉舌即是也。其二合者，兩字各取半音，合爲一聲。古云般者，訛略
也。若而者反，正梵音枳孃，二合，枳音雞以反，孃取上聲，二字合爲一
聲。古云若者，略也。波正梵音應云播，波箇反，引聲。羅正梵音應云
囉，准上取羅上聲，轉舌呼之。蜜多正云弭多，弭音迷以反。具足應言
摩賀(引) 鉢囉(二合)枳孃(二合)播(引)囉(轉舌)弭多。梵云摩賀，唐
言大。鉢囉(二合)枳孃(二合)，唐言慧，亦云智慧。或云正了知，義净
作此解。播(引)囉弭多，唐言彼岸到，今迴文云到彼岸。"①

因爲編纂者對音譯詞的關注重點是梵漢對音，而非單字的讀音。
同在《慧琳音義》卷一，如：

"尼師壇，梵語略也。正梵音具足應云頤史娜曩，唐譯爲敷具，今
之坐具也。頤音寧頂反。"②

由此條可見，慧琳並沒有對"尼師壇"三個字分別注音，但釋文最
後爲梵漢對譯中的難字"頤"標了音。

而無窮會本中所收釋的"尼師壇"一詞，相較而言，就更爲減省：

001 尼師壇：座具也。（無/1－1/10）

釋文部分僅三個字"座具也"。無窮會本和天理本中的音譯詞，如
果是全詞形被收錄，大多不標漢字音，辭目下僅簡單詮釋詞義，且大多
不用假名而用漢文來簡釋詞義，如上文例 006"鉢特摩"、例 009"阿練
若"、例 016"迦遮末尼"等，均如此。

又如：

002 多羅樹：此樹高長四十九尺，或七十尺八十尺。其花如

---

① 　徐時儀：《一切經音義三種校本合刊》(修訂版)，525 頁。
② 　徐時儀：《一切經音義三種校本合刊》(修訂版)，526 頁。

黄米,其子大如針。(無/40－8/138)

本條没有標字音,也没有用假名來釋義,而是用漢語對"多羅樹"加以描寫和形容。這些叙述,看得出是有所參考,且并不祇是參考一家,而是有篩選而用:

《玄應音義》卷五:"多羅樹:形如梭櫚,極高,長七八十尺。花如黄米,子大如針,人多食之。"①唐・道暹《法華經文句輔正記》卷九:"經多羅樹者,聲論云梵音多羅馥力。多羅此云重馥,力此云樹。樹高七尺,葉似芭蕉。正法華中亦云七多羅樹。皆云四十九尺。此聲論古人相傳,云高七仞。其實高者七八丈,形似梭櫚,華如黄米,子大如針。人取食之,應依論文,有據爲勝。"②宋・法雲《翻譯名義集》卷三:"多羅,舊名貝多,此翻岸。形如此方梭櫚,直而且高,極高長八九十尺。華如黄米子。有人云:一多羅樹,高七仞。七尺曰仞,是則樹高四十九尺。"③

當然,漢傳佛經音義中詮釋音譯詞時,也有不標字音,祇解釋詞義,且用描述形容手法的,如以上玄應所解釋的"多羅樹"。

003 伊舍那:此云衆生主。是自在天也。謂第六天也。(無/10－9/54)

"伊舍那"爲梵文"īśana"的音譯。音譯也作"伊遮那""伊賒那""伊邪那""伊沙"等。意譯爲"自在""衆生主",是居於欲界的第六天之神。佛經中的"伊舍那天",舊稱作"魔醯首羅天",如《十二天供儀軌》卷一:"東北方伊舍那天舊云魔醯首羅天。亦云大自在天。"④

---

① 徐時儀:《一切經音義三種校本合刊》(修訂版),139頁。
② CBETA 電子佛典 2016/X28/0593/0794。
③ CBETA 電子佛典 2016/T54/2131/1102。
④ CBETA 電子佛典 2016/T21/1298/0386。

004 那羅延：真諦云：是梵王也。此翻云人生本。梵王是衆生之祖父故也。（無/39-1/130）

　　"那羅延"是梵文"nārāyaṇa"的音譯。天上力士之名。或梵天王之異名。隋·吉藏撰《法華義疏》卷十二："那羅延者，真諦云：那羅翻爲人，延云生本，梵王是衆生之祖父，故云生本。"①《玄應音義》卷二十四："那羅，此翻爲人。延，此云生本。謂人生本，即是梵王也。外道謂一切人皆從梵王生，故名人生本也。"②
　　此類屬於較爲標準的用漢文來釋義。但我們發現，無窮會本和天理本中對音譯也有一些辨析，或用"古云"，以區別"新譯"和"舊譯"；還有一些辨析梵語訛略的内容。如：

005 設利羅：古云舍利。唐言身骨。（無/38-3/120）

　　"舍利"，佛門常用詞，是梵文"śarīra"的音譯。此譯早期（東漢、魏晉）譯經即見。而"設利羅"則出現得相對較晚，應該是用玄奘"新譯""正梵"的結果。玄奘所譯《大般若經》中"舍利"和"設利羅"皆見。《翻譯名義集》卷五："舍利：新云室利羅，或設利羅。此云骨身，又云靈骨，即所遺骨分，通名舍利。《光明》云：此舍利者，是戒定慧之所熏修，甚難可得，量上福田。"③從音節對應來看，新譯"設利羅"，或"室利羅"等更準確，被認爲是"古譯訛略"的"舍利"，采用的是"節譯"的形式。而佛教音譯詞中的全譯和節譯，往往以節譯者通行，尤以雙音節詞爲多，以適應漢語構詞和雙音化的需要。④

006 摩納婆：此云年少蜂行。亦云儒童。（天/58-7/674）

---

① CBETA 電子佛典 2016/T34/1721/0622。
② 徐時儀：《一切經音義三種校本合刊》（修訂版），497 頁。
③ CBETA 電子佛典 2016/T54/2131/1138。
④ 梁曉虹：《佛教詞語的構造與漢語詞彙的發展》，11—12 頁。

案:"摩納婆"爲梵語"māṇava"或"māṇavaka"。又作"摩納縛迦""摩納""摩那婆"等。意譯爲"儒童""年少净行""净持"等。玄應、慧苑、慧琳與希麟都音譯過此詞。"儒童"在《大般若經》中多見,無窮會本與天理本也重複收録,但"摩納婆"却祇見卷五百七十七一處,同以上天理本所收辭目。可見,玄奘譯經也是盡可能用意譯詞。但天理本中"年少蜂行"似有誤,大須文庫本此處作"年少净行",後者確。《玄應音義》卷二十三:"摩納婆:或云摩那婆,此云年少净行,亦云儒童,或言人。"① 參本章第一節例021"儒童"條引無窮會本的釋文:"又云年小净行,或云人也。"與此相合。

　　007 迦遮末尼:此云水精。(天/58-9/684)

案:《大般若經》中也多次出現此音譯名。慧琳於其《大般若經音義》中也有三次收釋,分別在卷三、卷六和卷七。如卷七:"迦遮末尼:梵語寶名也。此寶石類,非殊勝之寶,此國無,亦如玉石之類也。"② 天理本此條的釋義應是參考玄應説。《玄應音義》卷二十一:"迦遮末尼:舊云迦柘。柘音之夜反。此云水精也。"③

　　008 解憍陳那:具梵語云阿若多憍陳那。此云初解衆多也。上解字是唐言也。(天/57-6/636)

案:本條辭目也多作"解憍陳那",非純音譯詞,而屬"意譯＋音譯"的結構。據本條釋義,"解"即所謂"唐言",爲意譯部分。而"憍陳那"爲音譯部分,其舊譯爲"憍陳如",如《希麟音義》卷四:"阿若憍陳如:上鳥葛反,次如者反。梵語訛略也。應云阿若多憍陳那。阿若多,此云

---

① 徐時儀:《一切經音義三種校本合刊》(修訂版),474頁。
② 徐時儀:《一切經音義三種校本合刊》(修訂版),622頁。
③ 徐時儀:《一切經音義三種校本合刊》(修訂版),441頁。

解也。以初解法，故先彰其名。憍陳是婆羅門姓，那是男聲，顯從其父。故新翻經云'解憍陳那'是也。"①阿若憍陳如尊者乃佛陀於鹿野苑初轉佛法時所度五比丘之一，乃佛陀最初之弟子。

我們還注意到：無窮會本和天理本中還收錄了一部分音譯詞，但其釋文却是指出沒有翻譯。如：

009 羯雞都寶：未見翻譯。（無/40‐8/144）

實際上，説"未見翻譯"并不妥當。《慧琳音義》卷四收錄此條："羯雞都寶：梵語寶名也。此即水精之異名。其寶色白小如鵝卵許大也。"②但因有可能此本系原本撰者未見到《慧琳音義》，故有此説。此類很少，收錄全詞形的，也僅見上例，還有二、三例見以下的分拆辭目法。

（二）意譯詞

漢傳佛經音義解釋意譯詞和一般漢語詞時，基本會分上下字，先標字音，然後或分釋字義或詞義，或總釋複合詞詞義。

無窮會本和天理本收釋意譯詞和一般漢語詞時，如果是全詞收錄，基本也不標漢字音，解釋詞義也多不用假名，而用漢文。如上節所舉意譯詞例019"大勝生主"、例021"儒童"、例025"渴仰"、例027"命命鳥"、例028"無熱"，以及一般漢語詞例033"唯然"等。

需要注意的是有一些屬於名相詞，慧琳等人并不收釋，但却出現在了無窮會本中，如：

010 諦寶：諦者，四諦也。寶者，三寶也。（無/31‐3/78）

《大般若經》卷三百一："善現！如是般若波羅蜜多大珍寶聚，能與有

---

① 　徐時儀：《一切經音義三種校本合刊》（修訂版），2249 頁。
② 　徐時儀：《一切經音義三種校本合刊》（修訂版），576 頁。

情真如、法界、法性、不虛妄性、不變異性、平等性、離生性、法定、法住、實際、虛空界、不思議界諸聖諦寶。"①佚名《天請問經疏》卷一:"故《攝大乘論》云:'於諦、寶、因、果,心迷不解,名曰無明。''諦'謂四諦,'寶'謂三寶,'因'謂善、惡二因,'果'謂苦、樂兩果。此之無明,不解四諦之理,不知三寶之尊,不知惡是苦因,不了善招樂果。於此諦、寶、因、果境中,體性癡憨,迷暗不明,故曰'無明'。"②以上"諦寶"正爲此。又如:

> 011 正至正行:慈恩《瑜伽抄》云:四向四果名正行正至也。
> (無38-10/122)

此亦屬佛家名相術語類,詮釋多見於佛家論疏。例010釋文中説,出自慈恩大師著作,但筆者查尋,未果。不過,唐·釋遁倫集撰《瑜伽論記》卷第六(之上)有"正至即是四果,聖人名正至善士故,順正理説四向四果名正行正至"之句③,可見有據。

佛家專有名相術語類,并不是漢傳佛經音義的主要收釋對象。以上兩條,慧琳與可洪均未在其《大般若經音義》中收録,但却見於無窮會本。筆者認爲:這應是"一切經音義"和"單經音義"之别。作爲《大般若經》的單經音義,無窮會本的撰者認爲,凡此經文所及,祇要讀經者需要,皆應在選收之列。

還有一個較爲明顯的特色值得注意:"無窮會本系"收録意譯詞時,常以梵文音譯爲其釋語。如:

> 012 飲光:梵云迦葉波。(無/1-10/20,無/41-5/160)
> 013 執大藏:梵云摩訶俱稀羅也。(無/9-2/52,無/43-6/182)

---

① CBETA 電子佛典 2016/T06/0220/0535。
② CBETA 電子佛典 2016/ZW01/0005/0073。
③ CBETA 電子佛典 2016/T42/1828/0430。

014 滿慈子：梵云富樓那。（無/9－2/52）

案："滿慈子"於無窮會本第四十一帙卷五又被收録,釋曰："梵云富樓那弥多羅尼子。"可見,"富樓那"是略名,這裏釋文所收的爲音譯全名。

《慧琳音義》卷二十三："富樓那：具云富樓那彌多羅尼子。言富樓那者,此云滿也。彌多羅者,此云慈也。滿慈是尊者母稱子,即尊者自身從母立名,故名滿慈子也。"[①]"滿慈子"在無窮會本第四十二帙卷一、第四十三卷六重複被收録,釋義同例 014。"滿慈子"在《大般若經》中多次出現,但"富樓那"却并未見,這也可説明玄奘譯經多用意譯。

以梵文音譯爲其釋語的例子,多見於《大般若經》卷下,以下皆爲天理本第五十七帙後的例證：

015 具力：梵云婆稚。（天/57－6/638）

016 堅藴：梵云迦羅騫。（天/57－6/638）

017 雜威：梵云毗摩質多羅。（天/57－6/638）

018 暴執：梵云羅睺。（天/57－6/638）

019 無熱：梵云阿那婆達多。（天/57－6/638）

020 猛意：梵云摩那斯。或云慈心也。（天/57－6/638）

021 海住：梵云竭羅。（天/57－6/638）

022 无垢河：梵云尼連禪那。（天/57－10/650）

023 猛喜子：梵云鬐頭藍。（天/60－9/708）

釋文中,部分用梵語,部分用漢語來釋義的。有如：

024 善現：亦云善吉。亦云善業。亦云善實義。净三藏云：妙生矣。此人梵云須菩提也。（無/1－10/20）

---

① 徐時儀：《一切經音義三種校本合刊》（修訂版）,895 頁。

025 持譽：梵云耶輸陀羅尼也。或本作特字，是謬也。（無/
41 - 1/152）

026 工巧：梵云婆修吉，古和修吉，即九頭龍也。（天/57 -6/638）

一般來說，漢傳佛經音義多用漢語詮釋梵語音譯辭目。玄應、慧
琳等人的音義中也在釋文中出現過用梵文音譯詞，但多爲辨析梵文正
訛而用，或還有其他詮釋文字，梵文音譯祇是釋文的一部分。

如例 012"飲光"一詞，此爲人名，乃"迦葉""迦葉波"之意譯。據丁
福保《佛學大辭典》，佛經中"飲光"有二義：一是祖先之姓，故名；一彼
身有光明，故名。

儘管佛經中，漢譯名"飲光"經常出現，但慧苑等所收辭目皆用音
譯名，意譯名則用於釋義。

《慧苑音義》卷上："迦葉：具云迦攝波，此曰飲光，斯則一家之姓
氏。彼佛降生此姓氏中，即以姓爲名也。"[1]

《慧苑音義》卷下："摩訶迦葉：具云摩訶迦葉波。言摩訶，此云大
也。迦葉波，此云飲光也。此尊者上古元祖是大仙人，身有光明而能
吞蔽燈火之光，時人異之，号曰飲光。仙人因此摽其氏族焉。又以尊
者有頭陀大行，故時與其大飲光名之耳。"[2]

《法華義疏》一曰："《十八部論疏》云：具足應云迦葉波。迦葉此云
光，波此云飲，合而言之，故云飲光。飲光是其姓，上古仙人，名爲飲
光，以此仙人身有光明，能飲諸光令不復現；今此迦葉，是飲光仙人種，
即以飲光爲姓，從姓立名，稱飲光也。又此羅漢，亦自有飲光事，其人
身有金色光明。……此金猶不及迦葉金色，是故亦名飲光。"[3]

又如例 013"執大藏"一詞，據無窮會本所釋"梵云摩訶俱稀羅"。
《大般若經》中多次出現此名。如卷八十二：

① 《大日本校訂大藏經 音義部》，爲十，114—115 頁。
② 《大日本校訂大藏經 音義部》，爲十，124 頁。
③ CBETA 電子佛典 2016/T34/1721/0459。

"爾時,具壽舍利子、具壽大目連、具壽執大藏、具壽滿慈子、具壽大迦多衍那、具壽大迦葉波等諸大聲聞,及無量百千菩薩摩訶薩,同時舉聲問善現曰……"①

經中"執大藏"爲"諸大聲聞"之一。但玄應、慧琳等人的音義中皆未收釋"執大藏"。

《玄應音義》卷二十五有"俱祉羅"條:"勅里反,舊言摩訶俱絺羅,此云大膝,膝骨大故也,即舍利子舅長爪梵志也。"可見"執大藏"爲"摩訶俱絺羅"之意譯之一②。"摩訶拘絺羅",也作"摩訶俱稀羅""摩訶俱瑟恥羅"等。佛經裏説,長爪梵志,也就是舍里佛的舅舅,與佛陀辯論輸後,爲感謝佛陀不殺之恩,就跟佛出家,用功修行,後來成了大阿羅漢,得到四無礙辯才,善於答復問難,所以稱爲"答問第一"。其人特徵是膝蓋很大,故亦其爲"大膝尊者"。

《慧琳音義》卷二十六③收録"摩訶拘絺羅",《可洪音義》卷一和卷五皆收録節略形式"拘絺"。

唐·窺基《瑜伽師地論略纂》卷第十六:"摩訶俱瑟恥羅者,即舊云摩訶俱絺羅也。摩訶云大,俱瑟恥此云肚,羅此云持,即大肚持也。即是舍利弗舅,長爪梵志也。肚中即三藏義,持三藏義故名大肚持。"④

窺基在釋文中提到了"摩訶俱瑟恥羅"的意譯詞"大肚持",並解釋爲"持三藏義故名大肚持","持"有"執"義,故"執大藏"或可等同於"持三藏",進而與"摩訶拘絺羅"關聯起來。

有意思的是,日本學僧早在信行的《大般若經音義》就收録了"執大藏"條⑤,"無窮會本系"呈此收釋此詞,且隨經本文,多次重複。

類似的收釋現象,無窮會本中包括重複的,共有約二十餘例,其中有九例較爲集中地出現在卷下第五十七帙。這可以説是具有日本佛經音義特色的,即用梵語音譯詞詮釋漢語詞。從其類別來看,大多爲名人名、物名和術語類。

這種特色不祇見於"無窮會本系",其他日僧所撰音義中也有,如被認爲寫於天永二年(1111)、藏於醍醐三寶院的《孔雀經音義》("天永本"),其中就常出現用梵語音譯詞詮釋漢語詞(及短語結構)的現象。以下爲築島裕先生舉出的三例:

> 大善現:梵云摩修陀里沙那。(中卷/468)
> 王怖:囉惹婆耶,此王難也。(中卷/475)
> 帝釋大仙:梵因陀羅。(下卷/608)①

至於出現此種現象的理由,築島裕先生認爲未詳。筆者對這種現象進行了一些調查和分析探討②。小林明美"文獻學的國風化"這一説法很值得參考③,他指出:九世紀末,真言宗和天台宗皆確定了教義,教團組織也趨於安定。而至彼時,佛教界也能充分地注意到咒文的正確音值了。但當時梵語音的傳承已絕,而遣唐使制度又被廢止,去中國學了回來已不再可能。所以,印度咒文的音值研究祇能靠(日本)國內獨立進行。從某種程度上來説,無意中倒造成了較前代能更正確地復原咒文的結果。他還舉圓珍弟子空惠 909 年施以訓點的《蘇悉地羯羅經》,真言宗的真寂編纂的梵語辭書《梵漢語説集》和《梵漢相對抄》,以及觀静的《孔雀經音義》和覺勝的《宿曜經音義》等爲例,説明當時日本的梵漢對堪研究頗爲興盛。④ 聯係到"無窮會本"中出現的這種情

---

① 三例皆引自築島裕《孔雀經音義二種 解題》(醍醐寺藏)一文。
② 梁曉虹:《日本早期佛經音義特色考察——以醍醐寺藏〈孔雀經音義〉二古寫本爲例》,75—92 頁。
③ 小林明美:《醍醐寺三寶院にわたる小册子本〈孔雀經音義の周邊〉—五十音圖史研究の準備のために—》。
④ 梁曉虹:《日本早期佛經音義特色考察——以醍醐寺藏〈孔雀經音義〉二古寫本爲例》,75—92 頁。

況,正可以映證這一史實,也説明當時的僧人對梵文的熟悉程度是相當高的。

以上本文所舉例爲音譯詞和意譯詞。至於一般漢語詞的辭目,因數量較少,難以成特色,故不再專門討論。

要説明的是,以上這一特色,以複音詞整詞形式收録者,并非皆不標字音,釋義也并非全用漢文而不用假名。如:

> 027 軍旅:慮。アツマル。千人云軍。五百人云旅。(無/11-2/58)

例027,以"慮"爲"旅"字標音,其後假名有聚集、集合義,與漢語釋義相合。

> 028 吉祥茅:房。亦云上茅城。梵云拘尸那城。(無/11-5/62)

例028,以"房"爲"茅"字標音。《大般若經》兩次出現此詞,但卷一百五和卷五百二中應爲"吉祥茅國"。無窮會本所收釋的"吉祥茅"是卷一百五"吉祥茅國"之略。

《慧琳音義》卷六收有"吉祥茅國":"古名王舍城,即摩揭陀國之正中心。古先君王之所都處,多出勝上吉祥香茅,因以爲名。亦名上茅城。崇山四周以爲外郭,西通狹徑,卉木繁榮,羯尼迦樹盈滿其中,春陽花發,爛然金色。迦蘭陀竹園在山城門北俯臨其側,耆闍崛山在此山城之内王城外也。"[1]

慧琳的内容多有描述形容,比無窮會本詳密,但關鍵的"上茅城"一語,與無窮會本相同。此説出典實自玄奘《大唐西域記》卷九。

無窮會本釋文中出現的梵語音譯名"拘尸那城",漢譯佛典中多次出現。《慧琳音義》卷二十五收釋雲公《大涅槃經音義》卷上釋曰:"拘

---

[1]　徐時儀:《一切經音義三種校本合刊》(修訂版),606頁。

尸那城：梵語西國城名也。唐云觅草城。在中天竺界周十餘里。"①
《希麟音義》卷二也收釋："拘尸那：梵語西國城名也。此云觅草城，或
云<u>香茅城</u>，以多出此草故也。"②

029 達絮：助。--者，微識佛法，不堅固修行人也③。或云邊
地下賤，全不知三寶，不信因果之輩也。（無/13-7/64）

例029，以"助"爲"絮"字標音，二字漢字音皆讀"ジョ"。又如：

030 幾許：イクハク。（無/43-8/186）

例030，僅有假名釋義。據《國語大辭典》"いくばく"，即"幾何·
幾許"。

031 奉辭：自。--④者承奉佛而發言詞也。（天/48-9/512）
032 六十日穀：國。亦云兩月⑤穀，是喬麥也。（天/51-
9/552）

例031，以"自"爲"辭"字注音。大須文庫本在"辭"字左下角，用小
字標假名"コトハ"，爲"辭"釋義。
例032，以"國"爲"穀"字注音。天理本在"穀"字左下角，用小字
"モミ"釋義，指尚未脫穀，還帶有外皮的稻米，日本人後來還專門造了
一個國字"籾"。但此類例相當少，特別是如030"幾許"這樣，釋義完全
用假名，這類辭目就更少了。

---

① 徐時儀：《一切經音義三種校本合刊》（修訂版），929頁。
② 徐時儀：《一切經音義三種校本合刊》（修訂版），2232頁。
③ 此句無窮會本漏"不"字，此處根據大須文庫本及天理本添加。
④ 天理本用簡寫符號"ママ"。
⑤ 此條前已述及，參考大須文庫本，根據文義應作"兩月"。

二、分拆複音辭目,既爲認字,也爲釋詞

是指將一個複音辭目分拆成幾部分,或分録單字,或分録部分複音成分。釋文大多祇注上字字音,下字或最後再詮釋詞義,既爲認字也爲釋詞。

（一）音譯詞

> 033 旃荼：陁。
>
> 　　羅：此云標幟,即是煞惡者之種類也。（無/1-4/16）

例 033 中,撰者將音譯詞"旃荼羅"分成"旃荼"和"羅"這兩個辭目來收録。撰者祇以"陁"給"荼"字注了音。"旃荼羅"整個的詞義是在"羅"字後標出的。

> 034 杜：土。
>
> 　　多：杜多者,古云頭陁。胡音云抖擻。唐云除棄,即除煩惱之義也。（無/6-3/46）

例 034,"杜多"是梵文"dhūta"的音譯,又作"頭陀""駄都""杜茶"等。"頭陀"是舊譯,"杜多"是新譯,較爲通用的仍是"頭陀"。

"抖擻"非"胡音",而是漢譯。根據丁福保的解釋:抖擻者,手舉物也,又振拂也,雞犬等起而振其身,亦曰抖擻。[1]《法苑珠林》卷八十四曰:"西云頭陀,此云抖擻。能行此法,即能抖擻煩惱,去離貪著。如衣抖擻能去塵垢,是故從譬爲名。"[2]

《翻譯名義集》卷一:"頭陀:新云杜多,此云抖擻,亦云修治,亦云洮汰。《垂裕記》云:抖擻煩惱故也。《善住意天子經》云:頭陀者,抖

---

① 丁福保:《佛學大辭典》,620 頁。
② CBETA 電子佛典 2016/T53/2131/1074。

攃貪欲嗔恚愚癡,三界内外六入。若不取不捨,不修不著,我説彼人名爲杜多。今訛稱頭陀。"①僧人們乞討飲食,艱苦修行,正是爲了去除塵垢,棄煩惱,修治身心,故頭陀可指修苦行的僧人,其修行方法也叫"頭陀行"和"頭陀法"。

　　035 嗢:越。
　　　　鉢羅:即青蓮花也。花葉狹長,下圓上尖也。(無/30-6/74)

　　例 035 中,上條以"越"爲"嗢"字標音,"鉢羅"後,詮釋全詞"嗢鉢羅"。"嗢鉢羅"爲梵文"Utpala"的音譯,也作"優鉢羅""烏鉢羅""漚鉢羅"等。《大般若經》此處作"嗢鉢羅"。

　　《慧琳音義》卷五:"嗢鉢羅花:上烏骨反。梵語也。細葉青色蓮花也。古云漚鉢羅,或名優鉢羅,皆訛也。此花最香最大,人間絶無,雪山無熱惱池有。"②與慧琳的詮釋相較,無窮會本用"花葉狹長,下圓上尖"來描繪,頗爲形象,然也有所據:

　　《慧苑音義》卷上:"優鉢羅花:具正云尼羅烏鉢羅。尼羅者,此云青。烏鉢羅者,花號也。其葉狹長,近下小圓,向上漸尖,佛眼似之,經多爲喻。其花莖似藕,梢有刺也。"③

　　036 薄矩:俱。
　　　　羅:此云善容也。(天/57-6/638)

　　例 036 中,上條以"俱"爲"矩"字注音。下條詮釋整個詞義。"薄

　　①　CBETA 電子佛典 2016/T54/2122/0903。按:CBETA 實爲"抖揀",但在"揀"字前,有校勘:【宋】【元】【明】作"攃"。
　　②　徐時儀:《一切經音義三種校本合刊》(修訂版),592 頁。
　　③　此條又見《慧琳音義》卷二十一。參見徐時儀:《一切經音義三種校本合刊》(修訂版),861 頁。

矩羅”是梵文“Vakkula”的音譯，又作“薄俱羅”“薄拘羅”“縛矩羅”等。經中羅漢名，漢譯曰“善容”“偉形”等。隋·智顗《法華文句》卷二：“‘薄拘羅’者，此翻善容，或偉形，或大肥盛，或腬囊，或楞鄧，或賣性，然而色貌端正，故言善容也。”[①]《玄應音義》卷二十五：“薄矩羅：俱禹反。舊言薄俱羅，此云善容。持一不煞戒得五不死者也。”[②]

> 037 阿賴：羅。
> 耶：此云藏。即種子之義也。（天/58-6/672）

“阿賴耶”爲佛家名相術語，心識名，八識中的第八識，漢譯爲藏識，經中多見。

以上幾例，都是一個複音節的音譯詞被一分爲二，音譯詞的前半部分，以同音字爲其上字或末字注音；後半部分，則總釋詞義，釋義或用漢語，如例033 的“旃荼羅”，或先辨別新舊音譯，再釋義，如例034“杜多”條。

音譯的列舉方面，常用“胡音云”或“唐云”等。“胡音”在佛典中可泛指梵文。隋天台智者大師說、門人灌頂記、唐天台沙門湛然釋《妙法蓮華經玄義釋籤》卷二十九：“初中言胡音者，自古著述，諍競未生，但從西來，以胡爲稱，應云梵音。元梵天種，遁作梵語，及以梵書。”[③]意譯則常用“此云”引出，如例036“薄矩羅”、例037“阿賴耶”等。

也有將一個音譯詞拆分成兩個以上辭目的。如：

> 038 篾：別。
> 戾：來。
> 車：全不識佛法人也。或云邊地少知三寶，未全信因果

---

① CBETA 電子佛典 2016/T34/1718/0016。
② 徐時儀：《一切經音義三種校本合刊》（修訂版），510 頁。
③ CBETA 電子佛典 2016/L116/1490/0621。

之輩也。先德云：達絮篾戾車，此俱云樂垢穢矣。引慈恩《瑜伽抄》。（無/13－7/64）

"篾戾車"是梵文音譯詞，慧琳辨析曰："上音眠鼈反。古譯或云蜜列車，皆訛也。正梵音云畢㗚吟蹉。此云垢濁種也，樂作惡業下賤種類邊鄙不信正法垢穢人也。"①無窮會本則分三個辭目，先爲前二字標音，再在第三個字後釋詞義。

> 039 烏：優。
> 　　瑟：出。
> 　　膩：尼。
> 　　沙：或云鬱尼沙。此云髻也。頂骨涌起，自然成髻也。
> （無/39－1/128）

"烏瑟膩沙"一詞，分成了四個辭目。前三條分別祇標字音，最後一條"沙"字後解釋整個詞義。

"烏瑟膩沙"，也作"烏瑟尼沙""嗢瑟尼沙"②"鬱瑟尼沙"，略稱"鬱尼沙""烏沙"等。意譯作"髻""頂髻""佛頂"。"烏瑟膩沙"，爲佛家三十二相之一，如來及菩薩之頂上，骨肉隆起，其形如髻，故稱肉髻，乃尊貴之相。

《慧琳音義》卷九："肉髻：古帝反。梵言嗢瑟尼沙，此云髻，即《無上依經》云'鬱尼沙，頂骨涌起，自然成髻'是也。經文從系作結，非也。嗢音烏没反也。"③

又日僧信瑞《净土三部經音義集》卷三有"肉髻"，釋曰："《摩訶

---

① 《慧琳音義》卷四。參見徐時儀：《一切經音義三種校本合刊》（修訂版），573頁。

② 參見無窮會本第三十九帙。

③ 徐時儀：《一切經音義三種校本合刊》（修訂版），655頁。又此爲《摩訶般若波羅蜜經》的音義，本爲玄應撰。

般若經》云肉髻。古帝反。梵云嗢瑟尼沙,此云髻。即《無上依經》
云鬱尼沙,頂骨①起,自然成髻是也。"②《翻譯名義集》卷五:"嗢瑟尼
沙,此云髻。《無上依經》云:欝尼沙,頂骨涌起,自然成髻,故名肉
髻。"③據此可知,無窮會本此條的釋義之源應是《無上依經》。《無上
依經》由梁·真諦譯出。此經卷下《如來功德品》第四中有"欝尼沙,
頂骨涌起,自然成髻"④之説法。但無窮會本是直接參考的《無上依
經》,還是通過玄應或者信瑞的音義間接參考,尚難以確認,有待進
一步考察。

　　我们還可以看出:音譯詞是否需分拆,需要分拆成幾個辭目,主要
根據音譯詞中是否有需要標出字音之字而定。

　　　　040 具霍:火久。

　　　　　　迦:翻譯未詳之。(無/37-9/118)

　　　　041 遮魯:路。

　　　　　　拏:那。翻譯未詳之。上二并是持咒神之名也。(無/
　　　　37-9/118)

　　　　例040和例041較爲特殊,其後的釋義均是"翻譯未詳之",與收
入全詞的例009情況相似:"羯雞都寶:未見翻譯"。但例041釋文
末尾有追加釋義,指出二者均爲持咒之神之名,此義實際是根據經
本文。

　　《大般若經》卷三百六十九:"應如實知諸龍、藥叉、阿素洛、緊捺
洛、健達縛、揭路茶、具霍迦、遮魯拏、莫呼洛伽、持咒神等,各有彼
道、有彼因果,知已方便遮障彼道及彼因果。"⑤筆者查檢了慧琳和可

－－－－－－－－－－

①　筆者按:"骨"字後疑漏"涌"字。
②　此條音義,筆者引自九州大學"松濤文庫本"。
③　CBETA電子佛典2016/T54/2131/1138。
④　CBETA電子佛典2016/T16/0669/0473。
⑤　CBETA電子佛典2016/T06/0220/0905。

洪的《大般若經音義》,《慧琳音義》卷四《大般若波羅密多經》第三百
六十九卷僅收釋“谷響”一條;可洪則收録了“具霍”和“魯挲”,但祇
爲“霍”字和“挲”字標了音。而 CBETA 電子佛典中,也找不到與
“具霍迦”和“遮魯挲”相對應的意譯信息,所以“翻譯未詳之”(這
種表達或是和式漢語)還是有根據的,兩條辭目雖“翻譯未詳”,但
其目的在於認字,有標注音讀,並且均屬於比較少見的複音詞,故
予以收録。

（二）意譯詞及其他

042　數：即。
　　　　取趣：梵云補特伽羅也。數數造業趣六道,故云數取趣。
（無/5-1/28)

例 042 也是一詞分拆爲兩條。上條僅標音,下條先用梵文音譯釋
義,再用漢文詮釋詞義。“數取趣”一詞,《大般若經》中多次出現,其他
經典中也不少見,故而“無窮會本系”中此詞也多次被收録,重複出現,
但玄應、慧琳、慧苑及可洪等人在各自的音義中收録的基本是音譯詞
“補特伽羅”“補伽羅”和“伽羅”等。《慧琳音義》僅卷一有“數取趣”一
條,但其釋爲:“霜捉反。《左傳》云:數數不疎也。”可知祇爲“數”字做
音義,并未涉及“取趣”二字。

梵文“Pudgala”的音譯是“補特伽羅”,其意譯就是“數取趣”。《翻
譯名義集》卷二:“補特伽羅,或福伽羅,或富特伽羅,此云數取趣,謂諸
有情起惑造業,即爲能取當來五趣,名之爲趣。古譯爲趣向,中陰有
情,趣往前生故。”[1]《希麟音義》卷三:“補特伽羅:舊經云富伽羅,亦云
弗伽羅,舊翻爲數取趣。謂諸有情數造集因,數取苦果。又云,或翻爲
入,言捨天陰入人陰等。”[2]

---

[1]　CBETA 電子佛典 2016/T54/2131/1082。
[2]　徐時儀:《一切經音義三種校本合刊》(修訂版),2240 頁。

043 大採：細。取也。

　　菽：四久。豆也。

　　氏：之。族姓也。梵云摩訶時伽羅。古云摩訶目犍連。
（天/57–5/636）

　"摩訶目犍連"，佛十大弟子之一，號稱"神通第一"，意譯爲"大採菽氏"。唐·窺基撰《妙法蓮華經玄贊》卷一："梵云摩訶没特伽羅，言大目乾連者訛也，此云大採菽氏。上古有仙，居山寂處，常採菉豆而食，因以爲姓。尊者之母是彼之族，取母氏姓而爲其名，得大神通，簡餘此姓故云大採菽氏。"[1]

　例043與前所舉音譯詞條目有不同。其在各分録的辭目後，不僅有音注，還有義釋，這是因爲意譯詞是根據漢字表意的特點來對譯的。釋文最後還有詞義總釋，釋義中舉出梵文音譯詞，并辨别古譯和新譯。

　因"無窮會本系"中意譯詞收釋較少，且多有重複，所以我們把短語結構也附於此，如：

044 口强啄：宅。ハム。

　　長：口出强惡之語而啄毁其長德之善也。（天/60–10/710）

　《大般若經》卷六百："當於彼時，諸有情類多分成就感匱法業，心多貪欲，……住不正知，口强啄長，偃蹇憍愷，憙行惡業，隱覆内心……"[2]以上兩條，上條收録"口强啄"三字，僅爲最後一字"啄"標音。"啄"與"宅"漢音相同。"ハム"爲"啄"之和訓。此四字短語之義在下條"長"字後表示。查檢《大正藏》，"口强啄長"四字連用，僅見此處，且無對其所作詮釋。天理本釋義之來源有待進一步考察。

---

　①　CBETA電子佛典 2016/T34/1723/0670。
　②　CBETA電子佛典 2016/T07/0220/1109。

045 紛：分。

綸：利ン。--者，雜乱也。（無/1-1/12）

例 045，先分録單字，并分別爲單字注音。下字還分別用了漢字和假名，但仍是直音注，爲單字辭目標音。在下字釋文末尾，詮釋"紛綸"之義。又如：

046 璧：白。

玉：璧玉者，外圓内方之寶也。（無/1-10/20）

047 珊：散。

瑚：其紅赤色也。石似樹形。罽賓國出也。（無/1-10/20）

無窮會本中，例 046 和例 047 兩條緊接，釋文方法也相同，都是分録單字爲辭目，爲上字注音，在下字後解釋詞義。

"珊瑚"雖本不出自漢地，但却早已傳入，《説文》中就已出現"珊瑚"一詞。《慧琳音義》卷一亦收釋此條："珊瑚：上桑安反。下户姑反。《漢書》云：罽賓國出珊瑚寶，其色紅赤而瑩徹，生於大海。或出名山，似樹有枝而無其葉，大者可高尺餘。"[1]慧琳此處先爲上下字標音，再總釋其義。此辭目雖是雙音節，但確是單純詞。無窮會本是作爲兩個辭目收録的，辭目字"珊"的釋文祇是標音，辭目字"瑚"後則標出了"珊瑚"一詞的意義。

三、從"無窮會本系"收釋複音節辭目的特色考察其"日本化"之進程

與單字辭目相比較，"無窮會本系"中的複音辭目確實不能算多，但自有其特色。通過以上例句的梳理分析，我們已經基本歸納出兩點

---

① 徐時儀：《一切經音義三種校本合刊》（修訂版），531 頁。

特色,即或全詞收録複音辭目,或分拆複音辭目。前者假名釋義較爲少見,基本用漢文釋義;後者則多先爲分拆的上條單字或複音節的末字注音,再在下條或是最後一條總釋詞義。相比較而言,分拆複音辭目之法用得較多。這些與《慧琳音義》《可洪音義》以及信行《大般若經音義》(石山寺本)收釋複音辭目之法不同,與藤原公任的《大般若字抄》也有一定差異。筆者認爲,總體來説,仍更多地是爲了體現了"認字""釋字"的字書特性(這與"無窮會本系"原撰者的編纂目的相吻合),但也在某種程度上兼顧到了辭書的特性。不僅如此,筆者認爲我們還可從這一特色,考察其"日本化"的進程。

佛經音義在日本發展進程的基本呈現是:初呈"漢風",逐漸"和風化",再進一步發展就是"日本化"。若以日僧撰《大般若經音義》爲例,筆者認爲信行所撰《大般若經音義》(石山寺本、中卷)主要是呈"漢風",但也初顯"和風",最主要的特徵就是其中有萬葉假名的和訓。藤原公任的《大般若經字抄》,其體例則就已明顯地體現出此音義已經大幅度日本化了[①],故《字抄》被認爲在日本佛經音義史上具有承前啓後,向日本化過渡的作用。而"無窮會本系"應是繼《字抄》之後,日本中世佛經音義進一步"日本化"的實踐者。

筆者曾歸納總結過日本佛經音義的特點,其中就有"皆爲單經音義""收釋辭目以單字爲中心""漢文注釋大幅度減少",這些特點在"無窮會本系"中皆有呈現。前二條本無需再言,但因本書重點在考察異體字,大部分非異體字內容的單字音義并未涉及,故以下我們就舉第一帙第一卷中的四例來加以闡述:

001 肅:四久。イックシ。ウヤマフ。(無/1-1/8)

此辭目字爲"肅",不難辨認。"四久"實際是假名標音,根據築島裕先生《大般若經音義の研究 索引篇》中的"字音索引",應爲"シク"。

---

① 築島裕:《大般若經音義諸本小考》。

“イックシ”和“ウヤマフ”是兩條和訓：前者有“嚴”“慈”“美”等義，後者表示尊敬。《大般若經》卷一：“復有無量無數菩薩摩訶薩衆，一切皆得陀羅尼門、三摩地門，……於五神通，自在游戲，所證智斷，永無退失；言行威肅，聞皆敬受，勇猛精進，離諸懈怠……”[①]“肅”條正出自以上經文。兩條和訓也頗爲切合經義。

002 榮：永。サカリ。（無/1-1/12）

003 芬：忿。ヤワラカ。カホル。（無/1-1/12）

004 滑：活。ヤハラカ。（無/1-1/12）

無窮會本中，以上三條相連。《大般若經》卷一：“光中現寶蓮花，其花千葉皆真金色衆寶莊嚴，綺飾鮮榮甚可愛樂，香氣芬烈周流普熏，細滑輕軟觸生妙樂，諸花臺中皆有化佛結跏趺坐演妙法音。”[②]可見這三個辭目出自同一段經文。三條音注皆爲直音注：例002“榮”與“永”，二字吳音與漢音皆同；例003“芬”與“忿”，二字吳音與漢音亦同；例004“滑”與“活”，二字漢音同。例002中，和訓“サカリ”有繁盛、榮盛義；例003中，“ヤワラカ”有柔和、柔軟義，而“カホル”，在築島裕先生《大般若經音義の研究 索引篇》的“和訓索引”中是列於“カヲル”（香）下，例003的兩條和訓，相對來説，“カホル”是合意的；例004的“ヤハラカ”與例003“ヤワラか”相同，表柔滑，甚合經義。

以上諸例，頗能體現“無窮會本系”的“日本化”特色。當然，“無窮會本系”還有其自身顯著特色，即多列出異體字，此乃本書主要内容，前已多有論述。但是，翻譯佛經中有大量的複音詞，它們自然應該成爲音義的對象，而這一部分又不可能像如上所舉例般，祇是簡單地標音釋義。因爲相對於詮釋單個漢字的一個或兩個義項，複音詞的詮釋要複雜得多，尤其是音譯詞，因祇是借音，字音和字義不必相符。以上

---

① CBETA 電子佛典 2016/T05/0220/0001。

② CBETA 電子佛典 2016/T05/0220/0002。

我們梳理了"無窮會本系"收釋複音辭目時兩大特色,從中能看出原撰者在爲處理這部分內容時所做出的努力,換句話説,在"日本化"進程中所進行的探索實踐。筆者認爲有以下三點:

其一,"無窮會本系"雖以"單字音義"爲主,但原撰者也收錄了各類複音辭目,尤以音譯詞爲重。儘管"無窮會本系"所收意譯詞的數量不及音譯詞,但其收錄的名相術語、人名物名類意譯詞,可補慧琳和可洪的《大般若經音義》之缺。就收錄譯經所産生的新詞(音譯詞和意譯詞)來説,與漢傳佛經音義相比,"無窮會本系"更傾向於收錄意譯詞,如無窮會本和天理本就收錄了類似"飲光""執大藏"這一類的意譯詞。

又如《大般若經》卷五百六十六:

復有無量阿素洛王,所謂具力阿素洛王、堅蘊阿素洛王、雜威阿素洛王、暴執阿素洛王而爲上首,各領無量百千眷屬,爲聽法故來詣佛所。復有無量大力龍王,所謂無熱龍王、猛意龍王、海住龍王、工巧龍王而爲上首,各領無量百千眷屬,爲聽法故來詣佛所。①

在以上兩句話經文中,收錄了八個雙音節意譯詞:"具力""堅蘊""雜威""暴執""無熱""猛意""海住""工巧",天理本第五十七帙第六卷和大須文庫本均有收錄,而這些內容均未見於慧琳和可洪的《大般若經音義》。

這應是由編纂目的和收釋對象決定的。慧琳和可洪以"一切經""藏經"爲對象,而"無窮會本系"則僅以《大般若經》爲對象。總體來看,慧琳與可洪二人對佛家名相術語的收錄相對較少,而"無窮會本系"作爲專書音義辭典,凡《大般若經》經文所及,皆在選收之列。② 在《大般若經》這一有定範圍內,編纂者若覺得有詮釋價值,即可作爲辭目收錄。以上意譯詞的收錄,筆者認爲應基於此。

其二,無窮會本和天理本中收錄全詞時,多不標字音,釋義不用假名而用漢文的內容,所收釋的詞基本爲譯經而新造的音譯或意譯詞,

---

① CBETA 電子佛典 2016/T07/0220/0921。

② 徐時儀、梁曉虹、陳五雲:《佛經音義研究通論》,93 頁。

這些詞皆出自漢文藏經,相對複雜,特別是音譯詞,字音與字義並不一一對應,故而撰者采取了用漢文釋義的方法。其釋義應該參考了漢文佛典,有的則直接引自前輩學僧著作。如:

> 005 增語:《俱舍論》第十云:增語謂名云云①。《光釋》云:語是音聲而无詮表,名有詮表增勝於語,故名增語。又此名以語爲增上方能詮表,故名增語。(無/2-7/24)

《大般若經》多次出現“增語”一詞。而經中有關“增語”一詞之釋,本出自玄奘譯的《阿毗達磨俱舍論》卷十。撰者先用“云云”二字,表省略,然後引唐·普光《俱舍論記》卷十之語(即文中“光釋②云”其後的内容)作詮釋。“增語”,有語“增上”之意,語,乃無詮表之聲,其聲殊勝者謂之“名”,故稱此名爲增語。此術語不見於慧琳與可洪的《大般若經音義》。

又如:

> 006 善現:亦云善吉,亦云善業,亦云善實。義净三藏云妙生矣。此人梵云須菩提也。(無/1-10/20)

“善現”作爲“須菩提”的意譯,《大般若經》中也多次出現,慧琳與可洪在其《大般若經音義》中亦未收録。義净三藏是唐代著名的取經、譯經大師。他所譯的《佛説能斷金剛般若波羅密多經》卷一和《根本説一切有部毗奈耶》卷十三中,皆出現“妙生”一詞,特別是前者,一整卷就是“具壽妙生”向佛祖求教:“若有發趣菩薩乘者,云何應住? 云何修

---

① 原本“云云”二字用雙行小字置於“名”下,且第二個“云”用簡寫“マ”。

② 唐·玄奘法師譯有《阿毗達磨俱舍論》三十卷,其門下形成了一批專門研習《俱舍論》的學僧,其中有神泰所撰《俱舍論疏》(簡稱《泰疏》)三十卷,普光所作《俱舍論記》(簡稱《光記》)三十卷,法寶所著《俱舍論疏》(簡稱《寶疏》)三十卷。此三書合稱“俱舍三大部”。但後來《泰疏》殘缺不傳,唯《光記》《寶疏》并行,世稱“俱舍二大疏”。以上“光釋”即爲“光記”。

行？云何攝伏其心？"其形式就是"妙生"與佛之間的對答。這裏的"具
壽妙生"就是"善現"。

《大般若經》卷十："爾時，具壽舍利子、具壽大目連、具壽大飲光、
具壽善現等，衆望所識諸大苾芻及苾芻尼，并諸菩薩摩訶薩衆、鄔波索
迦、鄔波斯迦，皆從座起恭敬合掌，俱白佛言……"例 006 中，無窮會本
的"善現"正録自此。

類似以上的引用一般都較爲簡略，且基本不出書名，而多用人名
表示。這也是日本佛經音義引徵的一大特色。

007 末達那：又云摩陁那。此云醉菓。如來首相似彼菓，故
以爲喻也。（無/39-1/132）

《大般若經》卷三百八十一："世尊首相周圓妙好，如末達那亦猶天
蓋，是六十三。"[1]此段經文是在形容佛菩薩之身所具足的八十種好相，
其中第六十三爲"首相周圓妙好"，經中用"末達那"來比喻。"末達那"
是 Madana 的音譯，也作"摩陀那""摩達那""摩陀羅"等，是西域的一種
果名，意譯爲醉果。宋・守千集《彌勒上升經瑞應抄》卷二："如來達那
者：經音義云：末達那，或摩陀那，此云醉果。此果食之，能令人醉。
其狀圓妙，似捨[2]佛首，周如此果。上如天蓋，天傘蓋也。"[3]這與無窮會
本釋義相似。而其中所謂"經音義"，即玄應的《衆經音義》，其卷十六
收釋"末達那果"："或云摩陀[4]那，又言摩陀羅，此云醉果，甚堪服食，能
令人醉故以名焉。"[5]

其三，使用最多的分拆辭目法，釋義多在下條或末條，且以漢文釋
義居多。因其所釋仍是複音節詞或短語。如前一節例 037 所舉例：

---

① CBETA 電子佛典 2016/T06/0220/0968。
② CBETA 電子佛典注"捨"疑"於"。
③ CBETA 電子佛典 2016/X21/0394/0948。
④ CBETA 電子佛典此字作"陁"，與無窮會本同。
⑤ 徐時儀：《一切經音義三種校本合刊》（修訂版），481 頁。

008 篾：别。

　　戾：來。

　　車：全不識佛法人也。或云邊地少知三寶，未全信因果之輩也。先德云：達絮篾戾車，此俱云樂垢穢矣。引慈恩《瑜伽抄》。（無/13－7/64）

此條分拆爲三條，前兩條僅注音，最後總釋此音譯詞。《慧琳音義》卷二也收釋此詞：

"篾戾車：上泯彌反，次黎結反，下齒耶反。梵語訛也。正梵音畢㗚蹉，此譯爲下賤種，樂垢穢業，不知禮義，淫祀鬼神，互相殘害也。彌音邊蔑反，嗟音倉何反也。"[1]

慧琳先用"上、次、下"分别引出音譯詞"篾戾車"三個漢字的音注，辨别梵文正訛後，再詮釋詞義，最後還爲音注中的難字"彌"及"嗟"字注音。

無窮會本與此相比，則差異較大。無窮會本的釋文中，前半出處雖無法確認，但類似的説法不少見。後半則用"先德云"，用意譯詞爲釋，且表明此引自"慈恩《瑜伽抄》"。查檢該書，其卷七與卷八中都有關於此音譯詞的詮釋。

009 索：尺。

　　訶：唐云堪認。舊云娑婆矣。（無/31－2/74）

例 009 中音譯詞"索訶"被分拆爲上下兩條：上條僅標音，"索"與"尺"的吴音皆讀"シャク"；下條詮釋詞義，并指出梵文舊譯。雖未標明出典，但"索訶"和舊譯"娑婆"，佛典中多有詮釋。

《慧琳音義》卷二十七："娑婆：索訶，唐云堪忍。由多怨嫉，聖者於中堪耐勞倦而行教化，故名堪忍也。"[2]雖然一般認爲，此本系的原撰者可

---

① 徐時儀：《一切經音義三種校本合刊》（修訂版），547 頁。

② 徐時儀：《一切經音義三種校本合刊》（修訂版），970 頁。

能并未見於《慧琳音義》，但卷二十七實際并非慧琳所撰，而是“翻經沙門大乘基撰”。“大乘基”即窺基，亦即慈恩大師。慈恩大師曾撰《法華音訓》二卷，且被傳入日本。平安中期興福寺學僧仲算（或作“中算”）就曾“取捷公之單字，用基公之音訓”而撰著《法華經釋文》，而此爲日本佛經音義之名著。

因此，我們認爲，佛經音義要完全“日本化”，即完全用日語標音釋義，并不太容易做到。因爲漢文佛典中的内容實在太豐富了，特別是其中有大量因翻譯而産生的音譯詞和意譯詞。而我們看到，此本系的原撰者在處理這些複音詞時也體現了其“日本化”特徵，其中分拆複音辭目就是最顯著的事實。看得出來，撰者是想盡可能往字書上靠攏的。其爲使讀者能“認讀”難字的觀念是很强的，如上文所舉例039和例040兩例。之所以會將“翻譯未詳”的内容作爲辭目而收録，實際還是要爲其中的漢字注音，使其仍能起到字書的部分功用。又如：

　　　010 阿喻訶涅：熱。

　　　　喻訶：信行云：无我觀等也，未詳矣。餘下分云：阿那波那，若准彼，可言數息觀矣。（無/37-10/118）

《大般若經》卷三百七十：“善現！若菩薩摩訶薩修遣<u>阿喻訶涅喻訶</u>亦遣此修，是修般若波羅蜜多；修遣不净觀亦遣此修，是修般若波羅蜜多。”[①]經文中“阿喻訶涅喻訶”是一個短語結構，在 CBETA 電子佛典中祇出現兩處。除此外，如上經句於卷三百七十一又出現了一次。而無窮會本於第三十八帙第一卷也又一次如上收録，并在下條“喻訶”後注：“注尺如次上矣”。這是無窮會本重複收録辭目而省略釋義的常用之法。

例010中，撰者將六字辭目分拆爲兩條。上條“阿喻訶涅”，祇爲末字“涅”注音，“熱”與“涅”之吴音均讀“ネチ”。下條“喻訶”，詮釋整個詞義。引信行之語“无我觀等也，未詳矣”。如前述及“阿喻訶涅喻訶”在《大般若

---

　　①　CBETA 電子佛典 2016/T06/0220/0908。

經》中僅出現過兩次,甚至可以説在《大藏經》也僅有這兩次。[①]"未詳",很
實事求是。查檢信行《大般若經音義》,石山寺所存中卷,正有此内容:

> 菩薩摩訶薩修遣阿喻訶涅喻訶:相傳云无我觀等。未詳。[②]

信行此條的辭目實際是裁截後的經文句子。信行的釋義雖很簡
單,但佛典中對此無闡述,故被無窮會本原撰者所引用。不過,無窮會
本原撰者也提出了自己的理解,認爲有可能是"阿那波那",若準確的
話,就是"數息觀"。

關於"阿那波那"和"數息觀",佛典多有詮釋與闡述。如《慧琳音
義》卷二十六:"阿那波那:此云數息觀也,阿那云入息,波那云出息是
也。"[③]隋·慧遠《大乘義章》卷十二:"數息觀者,觀自氣息,繫心數之,
無令妄失,名數息觀。"[④]

筆者認爲:信行所謂的"無我觀"與"數息觀"應是不同的術語。若
要準確理解"阿喻訶涅喻訶"其義,需要對照梵本原文。但筆者尚不具
備此能力,留待有識之士。從這一條我們也可以看出,從信行到"無窮
會本系"原撰者,其收録辭目時是帶着疑問的態度的,即認爲經文中需
要解釋的,則全部收入。這也屬於是"專經音義"的特色。

第三節 類聚"梵語""漢語"
特色之考察
——以康曆本爲中心

根據築島裕先生的考證:類聚"梵語"和"漢語"的做法,"無窮會本

---

① 這是筆者根據 CBETA 電子佛典進行檢索的結果,不一定準確。
② 築島裕主編:《古辭書音義集成》第三卷《大般若經音義》,76 頁。
③ 徐時儀:《一切經音義三種校本合刊》(修訂版),955 頁。
④ CBETA 電子佛典 2016/T44/1851/0697。

系”中岡井本和康曆本中能見到這種特色。以上二本中,岡井本筆者至今尚未見,僅在大東急文庫中有幸見到康曆本①,故以下主要根據這一資料,并參考築島裕先生對岡井本的研究加以分析考察。

一、康曆本中類聚“梵語”和“漢語”之内容

（一）康曆本中“梵語”如下

001 末尼②：如意珠③
002 嗢鉢羅花：青蓮花
003 尼師檀：座具
004 婆羅門：外道
005 鉢特摩花：赤蓮花
006 毘鉢舍那：正知見
007 剎帝利：分田主、守田種
008 鄔波尼殺曇：近少
009 薩迦邪見：身見
010 設利羅：身骨。又躰
……
……

等共二十九條。
（二）康曆本中“梵語文”如下

011 曼殊室利：此言妙吉祥。旧云文殊師利

---

　①　大東急文庫不允許攝影和複印,祇能用鉛筆抄寫。丁鋒教授於2022年2月22日特意前往爲我抄寫這一材料,在此特表誠摯謝意。
　②　因是抄寫描摹所得,或無法準確表示原字字形,但我們會盡可能地貼近原本。如此類字形者,還有一些手寫簡體。不再特意另注。
　③　“如意珠”爲釋文,在原本的呈現形式,或爲位於右下脚的小字,或爲行間小注（雙行小字）。

012 翻意妙吉祥①艹廿②：又云那伽室利。③ 此云龍吉祥艹廿
名也。

013 僧伽胝：吉④僧利九条袈裟也。

014 淡泊路：寂静也。

015 霜封：厚也。固也。

016 勝軍王：梵云波斯匿王。

017 尋香城：旧言揵達婆云

018 補羯沙家：此云⑤惡。異惡。亦云煞。

019 摩揭陁國：古云拘薩羅國

020 劫比羅：古迦比羅能王種。吠舍。又縛梨國。

……

……

等共約八十六條。

（三）康曆本中的"漢語"如下

021 對面念：違背生死所念，亦名對面念⑥

022 傍生：傍故名之。

023 盡所有性：一切法中，所有品類邊際。

024 如所有性：一切法中，所有如真。

025 增語：第六意識相應觸名增語。增語⑦謂名。

026 然燈：定光。

---

① 字形難以辨認。根據文意，應爲"吉、祥"二字。
② 應爲"菩、薩"二字的略寫。下同。
③ 此後部分缺。
④ 疑此或爲"古"字。
⑤ 後有空白。
⑥ "念"字，在原本中用的是三小短橫來代替。
⑦ 原本用重複符號。

027 不動佛：阿閦。

028 石藏：琥珀也。

029 帝青：帝尺寶青葉。

030 太青：帝尺所具寶也。

……

……

等共二十八條。

二、康曆本中類聚“梵語”“漢語”特色之考察——以“梵語文”爲中心

如上所舉，康曆本中實際有三類語詞：

“梵語”部分，是將一部分音譯詞相類聚。從數量上看，并不多。築島裕先生統計岡井本，共有 120 條。相較而言，岡井本内容應更爲豐富。

“漢語”部分，是將一部分意譯詞或短語結構相類聚。數量也不多。築島裕先生統計岡井本，共有 169 條，[①]内容也應更豐富。

筆者認爲：值得思考的是“梵語文”部分。此類似未見他本，築島裕先生也未提及岡井本有此内容。但在康曆本，它却是是數量最多的一部分。其中的内容，既有音譯詞，如以上所舉“曼殊室利”“僧伽胝”等；也有意譯詞，如“淡泊路”“尋香城”等；還有一般漢語詞，如上舉的“霜封”；還有短語結構性辭目，如：

031 吉祥茅國身士王種：[②]并經云物申那城力士生地。

032 猛意海住工巧：以上龍王。

總體來看，這一類下，一般漢語詞和短語結構性辭目較少，音譯詞

① 參見築島裕《大般若經音義諸本小考》一文。

② 此後空。

和意譯詞居多。所以此部分或是"梵語"與"漢語"的混合。

從釋文形式上看,以上三類,少有對漢字的注音内容,僅"梵語文"中有一條標有音注:

033 鮮郁：於六反。傳云鮮潔。

從釋義來看,以上三類,皆不見用假名,全部用的是漢文。"梵語"和"漢語"部分,都是在辭目下直接寫出釋義,如上舉例,不贅。相對複雜的是"梵語文",有以下三種形式:

一是,於辭目下,直接寫出義釋。

同"梵語"和"漢語"部分,在辭目下直接寫出義釋的,有一般漢語詞,如例 014"淡泊路"、例 015"霜封"、例 033"鮮郁"等;短語結構,如上所舉例 031"吉祥茅國身士王種"和例 032"猛意海住工巧"等;一些音譯詞,如:

034 頗胝迦：西國寶。
035 半娜婆菓：形如冬瓜,其味甚耳。

《慧琳音義》卷四："菴没羅果、半娜娑果：並梵語西國果名也,此國並無。其半娜娑果形如冬瓜,其味甚美,或名麼那娑。"[1]

二是,大部分釋音譯詞用"此云""此言"或"此"等引出漢譯。如上舉例 011"曼殊室利"用"此言"、例 018"補羯沙家"用"此云"。又如:

036 尸利沙：此間合眼[2]樹也。

《玄應音義》卷三："尸利沙：即是此間合昏樹也。其樹種類有二,

---

① 徐時儀：《一切經音義三種校本合刊》(修訂版),567 頁。
② 疑爲"昏"字。

若名尸利沙者,葉果則大;若名尸利馱者,葉果則小。此樹時生人間,關東下里家誤名娑羅樹是也。"①

據筆者統計,此類有約28處。其中用"此云"等詮釋音譯詞的,多應參考的漢文佛典,尤其是漢傳佛經音義等。如例011"曼殊室利"條,玄應、慧苑與窺基等均有此說。又如:

037 羯利王:此云鬥諍王。

《玄應音義》卷一、卷三、卷十七、卷二十一,《慧琳音義》卷八,宋·法雲《翻譯名義集》卷三,和玄奘《大唐西域記》卷二皆詮釋過此詞,用"正云""唐言"和"此云"等放在詮釋内容前。

音譯詞部分有時也用"古云""古"等表示舊譯。如例019"摩揭陀國"、例020"劫比羅"。

三是,釋意譯詞時,多用"梵云"引出音譯詞,如例015"勝軍王"等,共有15處。用梵語音譯詞來詮釋漢語詞的這一現象更值得我們注意。以上,我們已經提到這一現象,指出其為日本中世佛經音義特色之一。而在康曆本"梵語文"中,這種特色也頗為明顯。以下筆者將這一部分專門摘出:

038 勝軍王:梵云波斯匿王。②

039 石藏:梵云:阿濕戶提婆或唐魄拉。音唐答反。

040 大青:梵云广訶广泥羅。此帝尺寶也。

041 妙翅:梵云洛茶。又云金翅鳥。

042 命命鳥:梵云奢婆鳥。

043 解憍陳那:梵云憍陳那。

---

① 徐時儀:《一切經音義三種校本合刊》(修訂版),74頁。
② 此條前已有,爲明晰,特重置於此。

044 无我：梵云訶□①律陁。

045 堅蘊：梵云迦羅騫。

046 雜威：梵云毘广質多羅。

047 暴執：梵云羅護。

048 天圓彩樹：又云圓(?)生彩樹，在帝尺宮。梵云波利質多羅樹。

049 靈廟：梵云窣馱都。

050 无能勝：梵云阿伐多。

051 无垢河：梵云尼連禪河或樵連河。

052 法涌卄卄：梵云果□□□

以上共 15 條。其中有的内容也見於天理本，如例 045"堅蘊"、例046"雜威"、例 047"暴執"等，見於天理本第五十七帙。也有的内容，如例 041"妙翅"、例 042"命命鳥"等，還見於無窮會本第四十帙，皆用漢文釋義，本書"鳥名考"一章有專門考察。作爲日本中世佛經音義特色之一，這一部分可結合其他佛經音義内容，再做進一步探討。

因筆者未見過岡井本，以下祇能以康曆本爲例并轉引築島裕先生的研究進行考察：類聚"梵語""梵語文"及"漢語"，被認爲是日僧撰《大般若經音義》的特色之一。前已指出，這種形式較早出現於《大般若經要集抄》。此書一般認爲是信行所撰《大般若經音義》之摘抄本，故亦可作爲信行確撰有《大般若經音義》之旁證。但實際上，應該説它并不是一個純粹的摘抄本，儘管石山寺"信行音義"祇有中卷，且爲殘卷，但我們仍可認爲《大般若經要集抄》有其自身特色。其卷上實際是對《大般若經》六百卷整體所作"科文"，中下卷的辭目，主要是詞或短語結構，且以梵語音譯詞與漢語詞爲多，而對漢字進行詮釋的條目却幾乎不見。但石山寺本《大般若經音義》"中卷"有很多詮釋漢字的條目。《要集抄》之作者祖本(或爲信行，或祇是踏襲祖本撰者之名)之意圖明

---

① 字形難以辨認。用此符號框出。

顯是將《大般若經音義》中的梵語譯詞和漢語詞作爲中心而摘出,且以
梵文譯詞爲主。如:

> 薄伽梵/鷲峯山/苾蒭/阿羅漢/大勝生主/俱胝/尋香城/不捨
> 軛尼師壇/住對面念/旃荼羅/欲生佛家入童真地/補特伽羅/儒
> 童①阿難陀/羅怙羅/尼摩訶鉢剌闍鉢底/佉摩訶耶/尼耶戍達羅/
> 女瞿夷鄔波離/賓頭盧/波羅墮/迦羅樓陀夷/周利槃陀迦/莎伽
> 陀/執大藏②

以上祇是中卷和下卷的部分詞例。中卷所收辭目應該是《大般若
經》的卷一至卷四百,而下卷所釋應該是從卷四百一至卷六百的内容。
可以看出其辭目特色是以收釋梵語爲中心。築島裕先生認爲,這與後
世《大般若經音義》諸本中,有將梵語和漢語總括而作爲辭目的現象,
方法是一樣的。③可見《要集抄》的編者應該是出於某種意圖而將梵
語、漢語作爲中心摘録出來的。後世的《大般若經音義》諸本,多有把
梵語和漢語之類一總揭示的現象,而由此定下規範。

築島裕先生以上提到的"後世《大般若經音義》諸本",實際就是指
"無窮會本系"諸本。因中世以降,日本《大般若經音義》實際就是以
"無窮會本系"爲代表的。

築島裕曾對"岡井本"這一内容進行過考察④,結論是此本梵語與
《大般若經字抄》的梵語之間,被認爲具有某種程度的關係。石山寺本
《大般若經字抄》中的 41 個梵語辭目,其中有 38 個被此本所收録,而
且詮釋部分也是大同小異,所以可以認爲是以石山寺本《經字抄》爲基
礎增補而成的。"漢語條目"也呈現此特色。故而可以認爲兩本之間

---

① 《改訂增補日本大藏經》第 19 册,6—8 頁。
② 《改訂增補日本大藏經》第 19 册,6—21 頁。
③ 築島裕:《大般若經音義諸本小考》。
④ 築島裕:《大般若經音義諸本小考》。又築島裕:《故岡井慎吾博士藏大
般若經音義管見》。

的關係具有某種規律性。① 我們從發展的眼光看,可以認爲岡井本是在石山寺本《經字抄》的基礎上增補了近三分之二的内容。而這些内容,包括大東急記念文庫本,其被認爲是後來附加的,本來并没有。② 但從這裏,我們可以看到日本人在爲《大般若經》音義時,已經很重視將"梵語"集中統一進行詮釋。筆者認爲,這對日本"習梵"類"雙語詞典"的發展有一定的影響。

而僅從康曆本來看,筆者也贊同築島裕的觀點。即這部分内容"無窮會本系"原本或許并没有,但受《大般若經字抄》的影響,後人在抄寫岡井本、康曆本時③,添加了這些内容。之所以如此做,有可能是覺得作爲《大般若經》的"專經音義",缺少這些内容,應該是不完善的,故而作爲補充,添加了這一部分。從某種意義上來說,這種形式打破了其字書的特性。而將"梵語"和"漢語"類聚,又增加了"無窮會本系"的豐富性。因受資料限制,筆者未能對這部分内容進行更全面的研究,有待今後深入。

---

① 以上參考築島裕《大般若經音義諸本小考》。
② 築島裕:《故岡井慎吾博士藏大般若経音義管見》。
③ 或許還有其他未發現的寫本。

第八章 "無窮會本系"鳥名考

——以無窮會本爲中心

漢語中,鳥名大多爲複音詞,本章即以"無窮會本系"中所收的"鳥名類"辭目爲主,擬從中發現新的問題,這對探討"無窮會本系"的特徵應有所幫助。

第一節 無窮會本第四十帙鳥名考

《大般若經》卷三百九十八有一段關於妙香城内諸苑池中衆鳥的描寫:

諸苑池中多有衆鳥,<u>孔雀、鸚鵡、鳬鷖、鴻鴈、黄鸝、鶺鶺、青鶯、白鵠、春鶯、鷺鷺、鴛鴦、鳵鶄、翡翠、精衛、鷗鷄、鷓瑪、鷄鵾、鴟鳳、妙翅、鵾鶄、羯羅頻迦、命命鳥</u>等,音聲相和游戲其中。是諸苑池的無所屬,彼有情類長夜修行甚深般若波羅蜜多,於深法門皆生信樂,宿世共造如是勝業故,於今時同受斯果。①

短短 112 字,出現了 22 種鳥名。大多爲漢語本有的,也有外來音譯類。以上 22 種鳥名,《慧琳音義》卷四收錄 21 種,《可洪音義》卷一收錄 17 種,就二書從作爲"一切經音義"和"藏經音義"的性質來說,對鳥名的這種收辭頻度算是相當高的。

而在日本僧人所撰的《大般若經音義》中,石山寺本因僅存中卷,且爲殘卷,所存内容是《大般若經》卷五十三卷至卷三百八十六的音義,故没有卷三百九十八的内容。《大般若字抄》則在第四十帙中有 12 個辭目與以上鳥名有關,占諸鳥名的 54%。從《大般若字抄》本身的篇

---

① CBETA 電子佛典 2016/T06/0220/1060。

幅來看,這 12 個辭目所占的比例也相對較高。而無窮會本雖僅存卷
上,且是殘本,所幸卷尾終於"第四十五帙",因此其第四十帙也收有
《大般若經》卷三百九十八的內容,且以上 22 種鳥名均被收錄。這是
頗爲令人驚訝的現象,説明撰者對這些鳥名非常重視。而我們發現撰
者在詮釋這些鳥名時還呈現出一些特色,這對我們瞭解"無窮會本系"
原本有一定的幫助。

　　本節以無窮會本爲中心,以《慧琳音義》《可洪音義》和藤原公任《大
般若經字抄》(以下簡稱《字抄》)爲參考,對第四十帙中出現的 22 種鳥名
進行考證。目的有二:其一,如前述及,中日學僧爲《大般若經》所撰音
義,無論是"衆經音義",還是"單經音義",對《大般若經》卷三百九十八中
出現的這 22 個鳥名的收錄度都相當高,尤其是無窮會本。因音義體式
有別,特別是《字抄》和無窮會本原本撰者爲日僧,且一般認爲此二本未
參考慧琳和可洪二人的音義,故釋義時有一定差異。通過對比考證,可
溯其源,證其因,正其名。另外,無窮會本爲鐮倉初期古寫本,從寫本用
字的角度也可考察當時日本漢字發展的一些特色。其二,無窮會本作爲
日本人所撰音義,已相當程度地"日本化"了,與慧琳、可洪的音義多有不
同。但因同收《大般若經》卷三百九十八出現的鳥名,故通過將其與《慧
琳音義》《可洪音義》進行比較考察,可進一步明瞭"無窮會本系"的某些
音義特徵,這對考察佛經音義在日本的發展也有一定的參考價值。

一、無窮會本第四十帙鳥名考

　　　　001 孔:供。[①]
　　　　　　雀:尺。[②]

　　"孔雀"一名,經中多見,文字不難。藤原公任《字抄》未見,《可洪

----

　　①　例文標注以經文中複音詞爲準,故"孔雀"祗算一個。下同。
　　②　築島裕:《大般若經音義の研究 本文編》,140 頁。以下舉例皆出自該書
第 140—144 頁,不另注。

音義》亦未收，慧琳却有收釋。然《慧琳音義》一百卷，"孔雀"作爲鳥名收録的也僅卷四這一處。無窮會本以兩條分釋，符合其"單字音義"的特性。撰者僅標音："孔"與"供"在日語漢字音中，吴音相同，讀"ク"[1]，而"雀"與"尺"，可讀"ジャク"。

002 **鸚**：阿有。

    鵡：夢。～～[2]者，青羽赤啄人舌能言鳥也。[3]

"鸚鵡"一詞，《字抄》未見，但慧琳和可洪皆收録。可洪僅標音注，慧琳在其《一切經音義》中，不僅五次收釋此名（《大般若經音義》中就有兩次，見卷四和卷八），且詮釋詳密，可見其重視。

無窮會本此條仍二字分釋。漢音"鸚"可讀"アウ"，即用漢字"阿有"表示。而"鵡"與"夢"，吴音都讀"ム"。

從考察寫本字形的角度看，"**鸚**"應爲訛俗字。其聲符"嬰"上半"二貝"訛略作"二目"，原本"二貝"下的四點與下"女"訛成"安"。在天理本中，此字作"**鸚**"，與無窮會本相似，衹是下部不是"安"，爲"女"之訛。有賀要延所編《難字·異體字典》中"嬰"有"嬰""嬰""嬰"等俗體。[4] 根據此書"凡例"："嬰"字，乃寫於平安時代的紺紙金銀泥《無量義經》十功德品中的字形，而"嬰"與"嬰"，是碑別字（出自羅振鋆、羅振玉《增訂碑別字》、羅振玉《碑別字拾遺》和羅福葆《碑別字續拾》三書）。可見這是中日多見的俗字寫法。

以上"鵡"字下標音後，還有詮釋"鸚鵡"的内容，雖很簡單，但很準確。從此也可看出此音義的又一體例：因是"單字音義"，雙音或多音節詞大多采用分字爲辭目之法，但一般會在下字（或者説末字）詮釋整

---

[1] 本章日語漢字的假名參考的是築島裕的《大般若經音義の研究 索引篇》。下同。

[2] 原本用短綫表示。下同，不另注。

[3] 原本無句讀，爲便於讀者閱讀，筆者添加了簡單句讀。

[4] 有賀要延：《難字·異體字典》，71頁。

個詞義。

對"鸚䳇"的描繪,慧琳在卷四與卷八都有相似詮釋,認爲當出《山海經》,但慧琳還指出"䳇"字"或作鵡"①。另外,平安時代僧人釋信瑞《净土三部經音義集》②卷四有"鸚鵡"條,引《翻譯名義集》、郭璞注《山海經》、《東宮切韻》等典籍,最後曰:"今案:禮記:鸚鵡能言,不離飛鳥是也。倭名曰:《山海經》曰:青羽赤喙,能言名曰鸚鵡。郭璞曰:今之鸚鵡也。脚指前後,各兩者也。"③出處亦可溯自《山海經》。查檢《山海經》卷二:"……又西百八十里,曰黄山。……有鳥焉,其狀如鴞,青羽赤喙,人舌能言,名曰鸚鵡。"袁珂案:即鸚鵡。④ 由此,筆者認爲無窮會本原音義撰者,應直接參考了《山海經》,當然也有可能間接參考了《翻譯名義集》、"信瑞音義"、《倭名類聚抄》等。

003 **鳧**:付。**鳬鳬**:同上亦作。

　　鷖:工伊。**鵱**:同上亦作。似鳳有五采文也。

以上二字正體爲"鳧"和"鷖"。"鳧"是野鴨的一種,而"鷖"則爲"鷗"之别名。《爾雅·釋鳥》:"舒鳧鶩。"郭注:"鴨也。"郝懿行疏:"鳧,野鴨名。鶩,家鴨名。"⑤《經典釋文》卷七"鳧鷖:……鷖音於雞反。鳧屬也。《蒼頡解詁》云:鷖,鷗也。一名水鴞。"⑥但典籍中二鳥名多相連,通常泛指水鳥。《詩·大雅·鳧鷖》:"鳧鷖在涇,公尸來燕來寧。"《毛傳》:"鳧,水鳥也。鷖;鳧屬。太平則萬物衆多。"⑦

此條《字抄》衹收了"鷖",用"穀"標音。"鷖"與"穀"漢音同,讀"工

---

① 徐時儀:《一切經音義三種校本合刊》(修訂版),574 頁。又以上鳥名之音義,見徐書第 574—576 頁,下不另注。

② 此音義有九州大學松濤文庫本,爲筆者參考資料之一。

③ 筆者用的九州大學松濤文庫本。句讀爲筆者所施。

④ 袁珂:《山海經校注》,31 頁。

⑤ 郝懿行:《爾雅義疏》"下之五",5 頁。

⑥ 陸德明:《經典釋文》,365 頁。

⑦ 參考《漢語大詞典》"鳧鷖"條。

イ",但公任又添加了反切:"正烏兮反"①。慧琳與可洪皆作爲雙音名詞收録。但可洪僅標注上下字音,下字音與《字抄》反切相同。我們主要將無窮會本與慧琳的内容進行比較。

先看字形"鳧":慧琳釋曰:"《字書》:從鳥從几。几音珠(殊)。几者,鳥之短羽飛几几(几几)然也。上形下聲字也。"但在漢字書寫中,作爲"上形"的"鳥",其下四點多被省略,如《集韻·虞韻》②收有"鳧",《龍龕手鑑·鳥部》亦見。此形多見,楷書行書皆有,但無論如何,其構成仍是"上形下聲"。但無窮會本的辭目字"鳥","几"因形近訛寫成"儿",且被包於"鳥"中,如此就失去了其構字理據。另外,釋文中還列出了兩個異體:"鳥"與"鳥"。《碑别字新編》"鳧"字下,收有"鳥"(齊司馬導《業墓誌》),與"鳥"同。另外《碑别字新編》"鳧"字下還有"鳥"(隋《元公姬氏墓誌》)、"鳥"(唐·張運《才墓誌》)等③與"鳥"同。由此可見,無窮會本列出的異體,是因訛變而成的俗字,漢文資料中并不少見。

再看"鷖"字:慧琳參考《説文》釋曰:"從鳥殹聲也。下形上聲字也。"無窮會本的字頭"鷖"并不難辨認。但在釋文中却出現了作爲異體被列出的"鶂",天理本中作"鶂",爲"鶃"字。"鷖"和"鶃"《説文·鳥部》皆收,本是兩種不同的鳥。"鷖"是"鷗",爲"鳧屬"。而"鶃"則是"鷉鶂",俗稱"魚鷹"。"鷖"有二讀:一爲平聲,一爲去聲。讀去聲時與"鶃"通。《集韻·霽韻》二字皆收,同爲"壹計切","鷖:青黑色也。《周禮》彤面鷖總"④。所謂"鷖總",指用青黑色的繒所作的車馬之飾。而"鶃"之釋則爲"鳥名。鷉鷖也"。⑤此二字義本不同,不是異體字關係,但因音同,日語漢字音二字皆可讀"エイ",無

① 本章所引《字抄》例,出自《古辭書音義集成》第三卷《大般若經字抄》,34頁,下同,不另注。
② 丁度:《集韻》(述古堂本),78頁。
③ 秦公:《碑别字新編》,274頁。
④ 丁度:《集韻》(述古堂本),508頁。
⑤ 同上。

窮會本用"エ伊①"標注,可見日本寫本中,可借用"鶄"字來表"鷖"鳥。

最後需要考察的是,無窮會本對此鳥的描繪("似鳳有五采文也"),與慧琳所釋的不同。慧琳釋云:"《考聲》云:鷖,鳳類也。青黑色水鳥也。《毛詩》云:鳧鷖,鳳類也。在經傳曰鷖,鳧屬也。"儘管慧琳也言及"鷖"屬"鳳類",與無窮會本的説法似也能相連,但筆者認爲無窮會本應是參考了《山海經》的説法,將"鷖"視爲傳説中五彩的鳳鳥。

《山海經·南山經》:"又東五百里,曰丹穴之山,其上多金玉。丹水出焉,而南流注于渤海。有鳥焉,其狀如雞,五采而文,名曰鳳皇,首文曰德,翼文曰義,背文曰禮,膺文曰仁,腹文曰信。是鳥也,飲食自然,自歌自舞,見則天下安寧。"②郭璞注:"漢時鳳鳥數出,高五六尺,五采。莊周説:鳳文字與此有異。"《爾雅·釋鳥》:"鳳,其雌皇。"郭璞注:"鳳,瑞應鳥。雞頭、蛇頸、燕頜、龜背、魚尾,五彩色,其高六尺許。"③這裏鳳鳥的"五采文"明顯帶有濃厚的神話色彩。

典籍中所記載的鳳凰種類繁多,因種類的不同,其象徵也不同。如傳説中的"五鳳"④,及"翳鳥""鶠""鵷""鸑"等。而"翳鳥"見於《山海經·海内經》:"北海之内,有蛇山者,蛇水出焉,東入于海。有五采之鳥,飛蔽一鄉,名曰翳鳥。"袁珂注"翳鳥"曰:"郭璞注:鳳屬也。《離騷》:馴玉虬而乘翳。郝懿行云:《廣雅》云:翳鳥,鷖鳥,鳳皇屬也。今《離騷》翳作鷖。王逸注云:鳳皇,別名也。《史記·司馬相如傳》張揖注及《文選·思玄賦》注、《後漢書·張衡傳》注引此經并作鷖鳥。《上林賦》注仍引作翳鳥也。"⑤

慧琳所釋"青黑色水鳥也"則説明其并未將"鷖"視爲有五彩羽毛的神鳥,而是釋作爲"鷗"。清·毛奇齡《續詩傳鳥名卷》卷三"鳧鷖在

---

① 前用假名,後用漢字。
② 袁珂:《山海經校注》,16頁。
③ 郝懿行:《爾雅義疏》"下之五",9頁。
④ 指鳳、鴻鶵、鸑鷟、青鸞、鴻鵠,可參考《太平御覽》卷九一六《羽族部》三。
⑤ 袁珂:《山海經校注》,461頁。

湮”條下,引《詩集傳》:“鳬,水鳥,如鴨。鷖,鷗也。”毛奇齡考證:“鷖與
鳬一類。一名水鴞。惟《蒼頡解詁》謂鷖即是鷗。鷖鷗聲轉。若《漢
書·相如傳》則又作鷃,鷃鷖同。”[①]

004 **鴻**:劫。

　　鴈:我ン。大云鴻。小云鴈也。

　　《字抄》與《可洪音義》皆未收。無窮會本“鴻”字用“劫”標注,據築
島裕《大般若經音義の研究 索引篇》“字音索引”,其標假名爲“コウ”、
藥師寺本乙本此字爲“故有”。[②]“鴈”字漢音讀“ガン”。“我”字的吳音
與漢音,皆讀“ガ”,故用“我ン”注音。

　　“鴻鴈”也作“鴻雁”,一般認爲就是俗稱的大雁,是一種人們喜愛
的候鳥。無窮會本的釋義“大云鴻,小云鴈”,則將其分作二鳥,此與慧
琳同。慧琳在卷四還指出其出典爲《毛詩傳》。毛奇齡《續詩傳鳥名
卷》卷二“鴻雁于飛”條下,引《詩集傳》“大曰鴻,小曰雁”,毛奇齡考證:
“皆水鳥,雖同族而自爲一類。《說文》:大曰鴻,小曰雁[③],謂鴻類較雁
大,雁類較鴻小耳。特是經傳所稱每連出二字。”“同族”指其具有相同
的習性,寒來暑往,秋去春回,慧琳稱其爲“隨陽鳥也”。實際上又不是
同一種鳥,但因“經傳所稱每連出二字”,故而人們也就習慣并稱了。

005 黃**鴨**:初。**鶑**:同上,先德非之。水鳥也。大如雞,
青赤色也。雌雄不相雜,亦不相隨也。

　　此條四種音義皆收。《字抄》祇收“鴨”字,且僅用“諸”字標音。
“諸”與無窮會本標音字“初”,漢音都讀“ショ”。《可洪音義》卷一此條

---

①　紀昀:《文淵閣四庫全書》,86 册,301 頁。
②　築島裕:《大般若經音義の研究 索引篇》,44 頁。
③　此處毛奇齡有訛,《說文》并無此語,應出自《毛詩傳》。

釋義較爲詳細："黄鵰：音歡,鳥名也。人面鳥喙也。正作鵬也。又丁聊反。非也。"①這裏可洪是將"鵬"誤認作了"鵰"字,故有"正作鵬"之説。"鵬"字見《玉篇》與《廣韻》。《玉篇·鳥部》："鵬：呼丸切。人面鳥喙。"②這是古代傳説中的一種怪鳥。"鵬"爲"鵬"異體字。

無窮會本在釋文中列出了異體"**鶪**"。"鶪"是另一種鳥名,即伯勞。這應是經中因字形相似抄寫時的錯誤,故"先德"否定其爲"鵰"之異體,是正確的。

慧琳釋下字"鵙"曰："七餘反。或作雎,同。一名鵙鳩。《毛詩》云關關鵙鳩是也。一名王鵙。《爾雅》云：鵙鳩,王鵙也。關東呼爲鶪,好在洲渚上也。"

案：慧琳引《爾雅》,認爲"黄鵰"即鵙鳩,也稱"王鵙"。《太平御覽》卷九百二十六《羽族部》十三："鶪"條下釋曰："《毛詩》曰：《關雎》后妃之德風之始也,所以風化天下而正夫婦焉。關關雎鳩,在河之洲。一名黄雎。一名鵙鵊。江東呼爲鶪,似鷟而有別。"③又《禽經》："王鵙、鵙鳩,魚鷹也。……江表人呼以爲魚鷹。雌雄相愛不同居。……"④故無窮會本釋爲"水鳥",有據可循。但"大如雞,青赤色",却難以有文獻可證。

因爲《詩經·關雎》的立意,有關"雎鳩"的探討很多,但實際上對於這種鳥至今尚無明確定義。僅就顏色與種類而言,《漢語大詞典》"雎鳩"條釋曰："上體暗褐,下體白色。趾具鋭爪,適於捕魚。"郭郛指出："鶪(Pandion haliaetus)又名魚鷹(《禽經》)、雎鳩(《詩經》)、雕雞、食魚鷹(《本草綱目》),鶪科。雄鳥體長約 50 厘米。顏色是：上體暗褐,各羽具棕色黑端;下體白色,胸褐……《本草綱目·鶪》總結爲：似

---

① 《可洪音義》,《大日本校訂大藏經音義部》爲一,5 頁。本節所考内容,皆在此頁,故不另注。
② 陳彭年：《大廣益會玉篇》,350 頁。
③ 紀昀：《文淵閣四庫全書》,926 册,17 頁。
④ 新文豐出版社編輯部：《叢書集成新編》,第 44 册,252 頁。

鷹而土黃色……"①時培建在《雎鳩可能是什麽鳥》一文中指出,雎鳩有可能是彩鷸(Rostratula benghalensis),雌鳥色彩艷麗,在前覓食,而雄鳥色彩黯淡,在後覓食,雌雄緊密相連,形影不離。……體型大小與鳩類似。這些詮釋與描述并不統一,故"大如雞,青赤色"還有待於再考。

　　至於"雌雄不相雜,亦不相隨",這符合古代人們心目中雎鳩的形象。因爲雎鳩對愛情極爲忠貞,一生配偶固定,每年求偶季節,已經結伴成定偶的雄鳥與雌鳥會如約聚首,絕不會相混雜。雌雄鳥兒之間感情極爲真摯,但又會注意保持一定的距離。正如元·許謙《詩集傳名物鈔》:"《語録》王雎,……雌雄常不相失,亦不曾相近,立處須隔丈來地,所謂摯而有别也。……摯與至同,言情意相與深至而未嘗狎,便是樂而不淫意。"②

　　006 鵗:相。
　　　鶊:向。似鳩,長頸黄色也。水鳥也。

　　《字抄》與《可洪音義》皆僅標字音,且與慧琳一樣用辭目各自的聲符字"倉"與"庚"標音。無窮會本用"相"注"鵗",根據築島裕《大般若經音義の研究 索引篇》,"鵗"讀"サウ","鶊"讀"カウ"③,皆與標音字"相""向"之吴音相同。慧琳在卷四解釋:"上音倉,下音庚。《爾雅》云:倉鶊鶊。鶊音古活反。郭璞云:今呼爲此鳥鵗鶊。又云鵗鶊。張衡《歸田賦》曰:王鵙鼓翼,鵗鶊哀鳴,交頸鶊鴰。鴰音胡浪反。關關 嚶嚶是也。"相比而言,無窮會本頗爲簡單却明瞭,形狀、顔色、包括種類,都很清楚。但是,其中除了顔色有據可循外,其他皆有待進一步考察。

　　《詩經·豳風·七月》"有鳴倉庚",毛奇齡《續詩傳鳥名卷》卷

---

　　①　郭郛:《山海經注証》,152頁。
　　②　紀昀:《文淵閣四庫全書》第76册,11頁。
　　③　築島裕:《大般若經音義の研究 索引篇》,44頁。

二:"有鳴倉庚"條先引《詩集傳》之"黃鳥也",并詳細辨釋:"此鳥有十餘名,而總以其色稱。……舊注倉爲穀藏,倉黃者穀熟之色,則倉本黃色,而又與蒼通。《月令》駕倉龍,漢陳勝傳倉頭軍蕭望之,傳:倉頭廬兒皆以蒼爲倉,而蒼即是黃,則鸎黃也。庚者,更時之鳥也。若其又作商庚。商倉音訛,亦作鶬鶊。此正以鳥部字增鳥傍者。"①《禽經》:"倉鶊、鸎黃,黃鳥也。今謂之黃鶯、黃鸝是也。野民曰:黃栗留語聲囀耳。其色鸎黃而黃故名鸎黃。詩云黃鳥以色呼也。"②

"鶬鶊"又名黃鸝、黃鶯。無窮會本說其"似鳩",尚可理解;又言其爲"水鳥",或有誤。筆者尚未見有典籍記錄"鶬鶊"或"黃鸝""黃鶯"爲水鳥的。就像"兩個黃鸝鳴翠柳,一行白鷺上青天"這樣的名句,也祗是指白鷺是水鳥。因其爲涉禽,常去沼澤地、湖泊和其他濕地環境,捕食淺水中的小魚、爬蟲類等。但黃鸝主要生活在溫帶和熱帶地區的闊葉林中,棲息於平原至低山的森林地帶或村落附近的高大喬木上,與水鳥似難以相連。

而"長頸(頸)"則應是明顯有誤。"頸"蓋爲"頸"字之訛。日語寫本中從"至"之字,有訛作"至"者。如被認爲寫於奈良末期的《新譯華嚴經音義私記》中就有:

生死俓:下舊經爲俓,二本可作俓字。古定反。行小道路也,耶也,過也。(經第十五卷)③

即使是"長頸",也難以形容"鶬鶊"(黃鸝、黃鶯)。筆者查看過黑枕黃鸝的圖片,并非"長頸"。

007 青鶩:北。似鴈鳥也。

《字抄》僅收"鶩"字,標音"木"。可洪收此雙音鳥名,標"鶩"之二

---

① 紀昀:《文淵閣四庫全書》:第 86 册,290 頁。
② 新文豐出版社編輯部:《叢書集成新編》,第 44 册,253 頁。
③ 築島裕:《古辭書音義集成》第一卷《新譯華嚴經音義私記》,50 頁。

音爲"務"和"木"，并釋"青鶩"爲"野鴨別名也"。《慧琳音義》卷四則未收此詞，這也是以上22種鳥名中，慧琳唯一未收者。無窮會本用"北"注音，因其二字漢音皆可讀爲"ボク"。《爾雅·釋鳥》："舒鳧鶩。"郭璞注："鴨也。"郝懿行疏："鳧，野鴨名。鶩，家鴨名。"①

008　白鵠：告。似鶴白色而口短也。

《字抄》未收。《可洪音義》卷一："白鵠：胡沃反。鳥似鶴。"此與無窮會本釋義有相同之處。《慧琳音義》則辭目字作"白鶴"："何各反。經文作鵠，誤也。鵠音胡木反。蒼黃色而觜短，所在皆有。《説文》：鴻，鵠也。《玉篇》：黃鵠形如鶴，色蒼黃，故知非是鶴也。鶴色白而長喙，壽滿千歲者頂皆朱色。《字書》：鶴似鵠而觜長，神仙鳥也。見則爲祥瑞也。《枹朴子》曰：鶴鳴九臯，聲聞于天。《淮南子》曰：雞知將曉，鶴知夜半是也。"故知慧琳認爲"白鶴"正確，蓋其所見經文或正作"白鶴"。但若是據無窮會本和《可洪音義》的辭目，則應理解經本文也多見"白鵠"。

"鶴"爲"鶴"俗字。"鵠"可讀"胡木反"（根據以上慧琳注），也可讀"曷各切"（根據《集韻》），毛奇齡認爲"鵠"與"鶴"可通。毛奇齡《續詩傳鳥名卷》卷三：

"鶴與鵠，通字。國策魏文侯使獻鵠于齊，一作獻鶴。漢時黃鵠下太液池。一作黃鶴。故別鶴操，亦名別鵠操。《樂府》飛來雙白鶴，亦稱雙白鵠。甚至劉孝標《辨命論》直稱龜鵠千秋，曹㒞《擣衣詩》亦云：開緼舒龜鵠。因有疑此鶴字是鵠字，以爲鶩鶴不倫，惟鴻鵠鶩鶴皆水鳥一類。不知鶴亦水鳥，生淮之海州。《淮南子》：鴻鵠、鶬鶴，《吳都賦》：鷫鵠、鶬鶴，未嘗不並稱也。鶴、鵠本兩鳥，但古字相通耳。今作字書者必彼此交訐，謂鶴即是鵠，謂鶴必不是鵠，皆拘墟眇通之言。"②

---

① 郝懿行：《爾雅義疏》"下之五"，5頁。
② 紀昀：《文淵閣四庫全書》，第86册，300頁。

所以經中作"白鶴"或"白鵠"，實際均可。但慧琳的考證很細緻，指出"胡木反"的"鵠，蒼黃色而觜短"，而"何各反"的"鶴，色白而長喙"。據此，慧琳所言之"白鵠"，應爲天鵝之一種，即黃嘴天鵝，嘴尖黑色，嘴基有大片黃色，嘴短。羽毛純白。而後者應是大型涉禽，爲鶴科鶴屬的白鶴，如著名的丹頂鶴即爲其中一種，羽毛純白，嘴尖長。當然，前提是二字不同音。無窮會本用"告"注"鵠"，二字漢音相同，皆讀"コク"，《漢和大字典》還注"入沃"，這正是"鵠"在《廣韻》中的音注。另外，加之"口短"這一特色，可知是將其視爲"鵠"，鴻鵠類，雁形目鴨科天鵝屬。信瑞《净土三部經音義集》卷四有"白鵠"條，最後爲："野王曰：鵠，胡篤反。《漢語抄》云：古布。《日本紀私記》云：久久比，大鳥也。"日語現稱"鵠"爲白鳥，古據其鳴聲稱"クグイ"，或"ククヒ"，正是《日本紀私記》中的"久久比"，翻譯爲現代漢語就是天鵝。

009 春鶯：阿有。文羽之鳥也。

《字抄》與《可洪音義》皆祇注音，前者"同鸎"，後者"烏耕反"。無窮會本"阿有"，用假名作"アウ"，日語"鶯"字漢音如此。

慧琳釋曰："春鶯：於耕反。《毛詩》云：交交桑扈音戶，有鶯其羽。《傳》曰：鶯，有文鳥也。《考聲》：鶯，鳥毛有斑文貌也。經作鷽，誤也。《埤蒼》云：鵣鷽也。鵣音妻，東夷鳥也。《廣雅》云：鷽，怪鳥屬也。非春鶯也。"

案："鶯"之鳥羽有文彩貌，出自《詩·小雅·桑扈》，特別是經《毛傳》之後，文獻多引之。無窮會本與《慧琳音義》基本相同，應皆參考了《毛詩》。

010 鵟：四憂。鴇鴞：同上亦作。～者背有紅毛，其羽鮮白也。是大鳥也。

鷺：路。白鳥也。頭翅背上皆有長毛也。

　　《字抄》祇收"鶖"字,并注音"秋"。可洪釋爲:"鶖鷺:上七由反,下洛故反,水鳥名。"無窮會本中"四憂"用假名"シウ",釋文列出了兩個異體字"𪁗"與"𪃑"。前者是"鶖"字,"鶖"與"鶖"皆見於《説文·鳥部》,但"鶖"才是本字,"鶖"則爲重文。《説文·鳥部》:"𪁗:禿鶖也。从鳥未聲。……𪃑:鶖或从秋。"①異體字"𪃑",則是從"鶖"的上下結構改成了左右結構,此乃漢字結構部件易位而形成的異體。但後來通行的却是本作爲異體的"鶖",也就是俗稱的"禿鶖"。《續詩傳鳥名卷》卷三:"鶖:水鳥,長頸赤目,身青黑色。《魯都賦》以葱鶖名之。但頭頸無毛,故又名禿鶖。若又名鶖,則舊字書凡鳥部單名概加以鳥傍,此無足怪者。"②

　　"鷺"是另一種水鳥。《玉篇·鳥部》:"鷺:來故切。白鷺。頭有長毛。"③《爾雅·釋鳥》:"鷺春鉏。"郭注:"白鳥也。頭翅背上皆有長翰毛……"④

　　《慧琳音義》卷四:"鶖鷺:上音秋,下音路。或作鶅鷺,皆古字也。顧野王曰:大鳥也,其羽鮮白,可以爲毳。《毛詩》云:有鶖在梁。《傳》曰:禿鶖也。又云:振鷺于飛。《爾雅》:鷺,春鋤也。郭璞云:即白鷺也。頭羽背上皆有長翰毛。今江東人取爲睫攦,名曰白鷺縗。縗者音蘇限反。今禿鶖、白鷺各是一鳥也。"

　　據以上所引,可知無窮會本參考了《玉篇》《爾雅》《毛詩》等,但在解釋"鶖"時,提到"背有紅毛",不知其據爲何? 有待再考。

　　011 𪇱:因。
　　　　 鴑:阿有。

　　《字抄》未收。《可洪音義》也祇用反切標注上下字音。以上辭目

<hr>

① 　許慎:《説文解字》,80頁。
② 　紀昀:《文淵閣四庫全書》,第 86 册,300 頁。
③ 　陳彭年:《大廣益會玉篇》,345 頁。
④ 　郝懿行:《爾雅義疏》"下之五",23—24 頁。

字是"鴛鴦"俗字,多見,不贅。"鴦"字讀音"阿有",假名作"エン、ア
ウ"。此條無窮會本僅標音,未釋義。

《慧琳音義》卷四:"鴛鴦:上於袁反,下於薑反。《毛詩》曰:鴛鴦
于飛。《傳》曰:鴛鴦,匹鳥也。言其止爲匹偶,飛則雙飛也。"

012 **鵁**:交。

鶄:青。高項短足鳥也。

《字抄》收此雙音詞,與無窮會本相同,僅用二字聲符標音。《可洪
音義》卷一:"鵁鶄:上音交,下音類。鳥名也。下又音青。鶄鶴,出南
海。"這是可洪較爲詳細的一次釋義。慧琳則在標音後,引出典爲《山
海經》。據《山海經·北山經》:"又北二百里,曰蔓聯之山,其上無草
木。……有鳥焉,群居而朋飛,其毛如雌雉,名曰鵁,其鳴自呼。"[1]與慧
琳的詮釋相比較,無窮會本雖短,却頗爲精練,指出了此鳥的特徵,但
却與一般所描繪不同。

《埤雅》卷六:"鵁鶄,一名鵁鸕,一名鴢,似鳬,脚高,毛冠,巢於高
木,生子穴中,子銜其母翅飛上下,《淮賦》所謂鷫鵊吐雛於八九,鵁鶄
銜翼而低昂者也。段氏云:鵝警鬼,鵁鶄厭火,孔雀辟惡。舊云:此鳥
長目,其睛交,故有鵁鶄之號,相如所賦交睛旋目者是也。《禽經》曰:
旋目,其名鸉;交目,其名鴢;方目,其名鴢。"[2]非常詳細,重點在"目"還
有"脚高"。《正字通·鳥部》:"鵁鶄,似鳬。脚高,觜丹,頂有紅毛如
冠。"[3]可見,"脚高"爲其特徵之一,這與無窮會本不符。郭郛考證"鵁"
字時,引《中國古代動物學史·山海經·鳥類》釋爲葦鵁,其特徵之一
也是"足較長"[4]。《漢語大詞典》釋"鵁鶄"爲池鷺,查看其圖,可發現與
無窮會本的"高項"相合,但"短足"應該有誤。其據爲何,亦尚不明。

① 郭郛:《山海經注証》,251 頁。
② 陸佃:《埤雅》,60 頁。
③ 張自烈編·廖文英補:《正字通》,1453 頁。
④ 郭郛:《山海經注証》,252 頁。

013 翡：非。

　　翠：水。青羽。其形甚小，以魚爲食。其色赤者云翡，青者云翠也。

　　《字抄》未收此詞。《可洪音義》卷一：“翡翠：上肥未反，下七醉反。青羽雀也。”慧琳釋曰：“上肥味反。《南洲志》曰：翡大於鷸，小於烏，赤色。洲民捕而食之，不知貴其毛羽也。《考聲》：羽赤雄曰翡。《説文》：赤羽雀也。從羽非聲也。下青遂反。《南洲記》曰：翠爲六翮，毛長寸餘，色青緑，出欝林山，青色嶋曰翠。《説文》：青雀也。從羽卒聲。”

　　關於“翡翠”，三家音義無大異。但祇有無窮會本指出“以魚爲食”。《埤雅》卷九“鷸”條有關於此鳥的描繪：“《異物志》曰：翠鳥……也亦自其毛羽，日浴澄瀾泗淵之間，鮮縟可愛，或謂之‘翡翠’，名前爲‘翡’，名後爲‘翠’。舊云雄赤曰‘翡’，雌青曰‘翠’，其小者謂之‘翠碧’。一名魚虎，一名魚師，性善捕魚，故曰魚師、魚虎也。”[①]由此看，無窮會本之“以魚爲食”，有據可證。

　　014 精衛：惠。～～者，鳥名也。形如烏，白首赤喙也。

　　《字抄》與《可洪音義》均未收此詞。無窮會本收雙音辭目，但僅標下字“衛”音。

　　精衛是古代神話中鳥名，“精衛填海”的傳説在中國流傳甚廣。《山海經·北山經》：“又北二百里，曰發鳩之山，其上多柘木，有鳥焉，其狀如烏，文首，白喙，赤足，名曰精衛。其名自詨，是炎帝之少女，名曰女娃。女娃游於東海，溺而不返，故爲精衛，常衛西山之木石，以堙於東海。”[②]但其中“文首、白喙、赤足”却與無窮會本不一致。而慧琳詮

---

① 陸佃：《埤雅》，90 頁。
② 袁珂：《山海經校注》，92 頁。

釋中所引《山海經》却衹有一句"炎帝之女名曰女娃",其後引《方言》，亦并未言及此鳥形狀。

案：查《廣韻·祭韻》"衛"字條釋："……精衛，鳥名。《山海經》云：狀如烏。白首赤喙……"①由此可見，無窮會本所引《山海經》與《廣韻》所引相同。而袁珂在注此條時也特意提及："郝懿行云：《廣韻》引此經作白首赤喙。"所以到底是我們現在所見《山海經》準，還是宋本《廣韻》所引《山海經》確，需要進一步考證。郭郛在注《山海經》此條時，引《中國古代動物學史·山海經·鳥類》指出這種神話中的鳥名："以海燕 Sterna，海鷗 Larus 爲原型鳥，均屬海鷗科鳥類……上體黑色或蒼灰色，下體白色，喙白色或黃色，粉紅色，足黃色或紅色。"②據此描繪，"白喙、赤足"似更爲接近。但其書中所舉插圖③又與《山海經》中"其狀如烏，文首"不符，倒與"白首赤喙"相吻合。因爲"精衛"是出自《山海經》的神鳥，故因以其原本記錄爲準。而《山海經》成書并非一時，作者亦非一人，版本又很複雜，故暫時難有結論，有待今後。

015 鶤：根。

鶤：詣。**雞**：同上亦作。～～者，長頸赤喙，白身黑翅，高三尺也。

《字抄》收"鶤"字，以聲符字注音。《可洪音義》卷一："鶤鷄：上古溫反。雞名，如鶴，長鷄赤觜，白身黑翅尾，亦鸛雀異名。"慧琳釋曰："上音昆。顧野王曰：鶤似鶴而大。字書或作鵾，同。《楚辭》云：鶤鷄嘲晢而悲鳴是也。下或作雞，亦通。"

《慧琳音義》卷八十六"翔鶤"條釋"鶤"爲："下骨門反。《爾雅》云：鶤，鷄高三尺爲鶤也。王逸注《楚辭》云：鶤，狀如鶴而大。《古今正

---

① 陳彭年：《宋本廣韻》，355 頁。
② 郭郛：《山海經注證》，311 頁。
③ 見郭郛《山海經注證》圖 3-36"精衛、海鷗"（Larus Canus）。

字》：從鳥軍聲。論從昆作鶤，並通，義同。"①《爾雅·釋獸》："雞三尺
爲鶤。"②

以上無窮會本的詮釋與《可洪音義》相似。但"長頸赤喙"中的
"頸"如前所述及，應爲"頸"之訛。《可洪音義》卷三十"翔鷗"條釋"鷗"
字時，即言"長頸如鸛，赤喙白身，黑翅尾"，可證。

016 **鸓**：屬。

　　瑪：拯。～～者，山烏也，似烏而小，亦云神異之鳥，六
足六首也。

《字抄》收録雙音詞，但僅以聲符標音注。《可洪音義》也祇注音。
慧琳釋曰："鸓瑪：上之欲反。下虐緑反。《山海經》云：大荒之中有
鳥，黄頭赤足，六首，名曰鸓瑪。《爾雅》云：鸓山烏。郭璞曰：似烏而
小，赤觜穴郭乳，出西方。郭璞曰：鸓瑪似鴨而大，長瑪赤目，觜皆紺
色。""鸓"字，在《玉篇·鳥部》和《廣韻·燭韻》中作"鶹"，異體亦可作
"觸"。《山海經·大荒西經》："有青鳥，身黄，赤足，六首，名曰鸀鳥。"③

無窮會本此條中，"六足六首"一語也值得注意，"六首"或較早出
自《山海經》，郭郛認爲：六首是由于鳥頭迅速轉動，使人産生錯覺，實
乃鳥對環境中異物的反應行爲，不是指鳥有六個頭。他還指出此鳥爲
樹鳥鴉科。④《山海經》本身富於神話色彩，有此記載不足爲奇。如果
説"六首"尚可自圓其説，"六足"目前却無據可證。筆者認爲"六足"或
爲"赤足"之訛。

017 **鶏**：日

---

① 徐時儀：《一切經音義三種校本合刊》(修訂版)，2012 頁。
② 郝懿行：《爾雅義疏》"下之七"，15 頁。
③ 袁珂：《山海經校注》，92 頁。
④ 郭郛：《山海經注証》，860 頁。

鶋：居。～～者，海中大鳥也。形似鳳，大如馬矣。頭高八尺也。

《字抄》收録雙音詞，但僅標字音。《可洪音義》："鶢鶋：上于无反，下九魚反，海中鳥名。"

"鶢鶋"，或作"爰居"，是一種海鳥。形似鳳凰，性好鳴，畏懼大風，"鶢鶋避風"，典籍中多有記載。《慧琳音義》："《國語》云：海鳥也。漢元帝時琊琊有大鳥如馬駒，時人謂之鶢鶋。《爾雅》云：鶢鶋雜縣。《莊子》：鶢鶋，海鳥，止於魯郊。《爾雅·釋鳥》："爰居，雜縣。"郝懿行疏："《魯語》云：海鳥曰爰居，止於魯東門之外三日。臧文仲使国人祭之。《莊子·至樂篇》説此事云：海鳥止於魯郊，魯侯御而觴之於廟。司馬彪注：爰居，舉頭高八尺。"[①]

018 鶋鳳：報。此鳥雄曰鳳，雌曰凰。非梧桐不棲，非竹實不食。是上鶋鷄，非別鳥矣。

《字抄》與《可洪音義》皆未收。慧琳此條實際祇釋下字"鳳"："下房諷反。《毛詩義疏》云：雄曰鳳，雌曰凰。非梧桐不棲。非竹實不食。"此後還有一段鳳有"五色文"的描述，如前述及的"鷖鳥"條。無窮會本以詞爲辭目，但實際也祇釋下字"鳳"。"鳳"與標音字"報"，漢音皆讀"ホウ"。釋義與慧琳相同。《毛詩》等古籍多有述，不難理解。

019 妙翅：此金翅鳥也。其形甚大，兩翅展時相去三百三十六萬里也。以龍爲食。

《字抄》不收。《可洪音義》卷一："音施。亦云金翅鳥，即鳳凰，食龍者也。"此爲佛經意譯詞。慧琳解釋得很清楚："即金翅鳥也。或名

---

① 郝懿行：《爾雅義疏》"下之五"，15頁。

迦婁羅，或名揭路荼，皆梵語訛也。正梵音云蘖嚕拏。經云妙翅者，就狀貌而名之，非敵對翻也。"無窮會本收釋雙音辭目，且進一步描繪其狀貌。經中多有述，不贅。

020 鸅：チイ。鵜：同上亦作。
　　鶘：居。～～者，水鳥也。食魚，水中游矣。

《字抄》收爲雙音詞，但僅標音。《可洪音義》卷一辭目字作"鵜鶘"，僅標音。《慧琳音義》辭目字也作"鵜鶘"，釋曰："上徒鷄反，下音胡。或作䴈、剃。《爾雅》云：今剃胡好群飛入水食魚，故曰洿澤，俗亦呼之爲淘河鳥也。《毛詩》云：惟鵜在梁。《穀梁傳》曰：洿澤鳥也。"而慧琳在卷七十四又一次收錄此詞，但"鵜"字寫作"鸅"，辭目爲"鸅鶘"。"鶘"，《正字通》：同"鶙"。鶙，也作鶙鳩，即子規，亦即杜鵑，非水鳥。

從慧琳與可洪的辭目取字，可知《大般若經》中多有借"鸅"用爲"鵜"者。《大正藏》中《大般若經》卷三百九十八此條也作"鵜鶘"，但"鵜"下注：【元】【明】本作"鸅"。

據《說文·鳥部》："鵜，鵜胡，污澤也。從鳥夷聲。杜兮切。鶙，鵜或從弟。"[1]其本字應爲"鶙"。段玉裁注："今字多作鵜。"如無窮會本所示，"鵜"反倒成了異體。

021 羯：迦。
　　羅頻：貧。
　　迦：亦云迦陵頻伽。此云好音鳥矣，本出雪山。

此爲音譯詞。《字抄》在"羯羅頻迦"之"羯"字旁用"迦"標音，又在辭目下注："迦陵頻伽也"。《可洪音義》卷一："羯羅頻伽：上居謁反，下巨迦反。亦云羯邏頻伽，亦云迦陵頻伽，此云好聲鳥也。亦云羯毗，亦

---

① 許慎：《說文解字》，81 頁。

云羯,隨訛略也。"慧琳釋曰:"羯羅頻迦:梵語鳥名也。亦云迦陵頻伽。此譯爲美妙聲。出大雪山卵轂之中,即能鳴其聲和雅,聽者樂聞。"

　　022 命命鳥:亦云共命鳥。或云比翼,其異形同名也。

　　《字抄》與可洪皆未收此條。慧琳釋爲:"命命鳥:梵音耆婆耆婆鳥,此云命命。據此即是從聲立名,鳴即自呼耆婆耆婆也。"此鳥名爲意譯詞。根據慧琳所釋,"耆婆耆婆鳥"是"從聲立名"。

　　《佛光大辭典》有"命命鳥"條:"梵語 Jivam-Jivaka。音譯耆婆耆婆、耆婆耆婆迦、時婆時婆迦。又稱共命鳥、生生鳥。屬於雉之一種,產於北印度,因鳴叫聲而得名。此鳥之鳴聲優美,迅翔輕飛,人面禽形;一身二首,生死相依,故稱共命。佛典中,多以命命鳥與迦陵頻伽等,同視爲好聲鳥。"[1]

　　清·鄭澄德、鄭澄源《阿彌陀經注》卷一:"共命鳥:一足一翼,相並則生,相分則死,《爾雅》謂之比翼。世俗號曰雙頭。恩愛苦纏,報成此鳥。彼土化現,若同此形也。"[2]因漢語多用"鴛鴦"比喻形影不離的好友或愛侶,唐·法照《净土五會念佛誦經觀行儀》卷中《出家樂讚》中有:"水鳥樹林念五會,哀婉慈聲讚法王(讚法王)。共命鳥對鴛鴦,鸚鵡頻伽説妙法,恒欵衆生住苦方(住苦方)"[3],正取此特點。將"共命鳥"與"鴛鴦"相對,是據其特性,而"鸚鵡"與"頻伽"并提,是從其音聲。無窮會本却指出此鳥的另一名"共命鳥",可謂"從形立名"。

二、從四十帙鳥名考察原本音義特色

　　如前述及,無窮會本作爲"無窮本會系"中的優秀寫本,在原本不

---

①　《佛光大辭典》,3127 頁。
②　CBETA 電子佛典 2016/X22/0432/0903。
③　CBETA 電子佛典 2016/T85/2827/1244-1248(因原未標明頁數)。

存的情況下，可將其作爲探討原本特色的代表。以上，筆者對無窮會本《大般若經音義》第四十帙中所收釋的 22 種鳥名，結合日中兩國僧人所撰《大般若經音義》中的相關内容進行了比較和考證。其中有的結論不一定準確，還有的尚無結果，有待進一步研究。

　　無窮會本作爲已經“日本化”的佛經音義，有三個明顯的特點：多收釋單字，可視爲《大般若經》的“單經字書”；多列出異體字，可視爲《大般若經》的“單經異體字字書”；多用假名釋義，可視爲《大般若經》的“漢和字書”。

　　然而，以上 22 種鳥名大多屬複音辭目，無窮會本在處理這些辭目時，在收辭立目及解釋字詞方面，與收釋單字時有所不同，而這些就是筆者以下要探討的。

　　（一）立目方面，或分録單字，或分録部分複音辭目。或分別注音，祇爲認字；或上字祇注音，下字或最後再進行詮釋，既爲認字也爲釋詞。

　　無窮會本作爲《大般若經》的“單經字書”，以釋單音節文字爲主，但也會收録一些多音節辭目，如連綿詞、音譯詞等；就名詞類而言，多音節辭目中，多包括某些專有名詞，如以上所舉鳥名類辭目。此時多采取以上方法。或分録單字，僅標音，不釋義，如 001“孔雀”、011“鴛鴦”。或上下字分別標音，於下字音注後再釋詞義，如 012“鳲鳩”、013“翡翠”。有的會在下字詮釋時，用兩條短綫，代表上下兩字組成的一詞，如 002“鸚鵡”、015“鵾雞”。音譯詞則多采取分録部分複音辭目之法，最後總釋詞義，如 021“羯羅頻迦”等。

　　當然也有完整收録經中複音辭目的情況，但實際上大多仍是祇釋其中一字。如 005“黃鸝”、007“青鷺”、018“鵾鳳”等，皆爲偏正結構合成詞，撰者所釋也都是其中的中心成分。也有個別解釋全詞的，如 019“妙翅”、022“命命鳥”等，爲譯經新造詞。

　　另外，還需指出的是：即使是詮釋這些多音節辭目，撰者仍未忘記列出異體字，如 003“梟鷲”、020“鶍鶘”等，故仍能體現其重視異體字的共性。

因此,從此音義收辭立目來看,無窮會本與《慧琳音義》《可洪音義》以複音詞爲辭目不同,與藤原公任《字抄》也有一定差異,總體來説,更多地仍是體現了"認字""釋字"的字書特性。

（二）釋義用漢字,簡短,多言鳥之狀貌,大多不注出典,但仍有所據。

佛經音義"日本化"標志之一,是漢文注釋大幅度減少,而以片假名和訓爲主體。如前述及,此以藤原公任《字抄》爲嚆矢,而到無窮會本,就已可謂成其主要特色了。

無窮會本多用假名釋義,此乃其"日本化"之特徵,也是作爲"和漢字書"的標志。但我們發現,詮釋22種鳥名時,無窮會本中除了標音出現個别假名外,釋義時基本都用漢字（漢文）。又呈現出以下特色。

1. 以上所舉四種中日僧人所撰《大般若經音義》詮釋22種鳥名的内容,藤原公任的《字抄》幾乎祇標音注,而《可洪音義》或僅注音,或有簡單釋義,詮釋較爲詳密的是《慧琳音義》,這也是其特色。

無窮會本釋義大多極爲簡短,且多描繪鳥之狀貌,如：005"黄鸝","大如雞,青赤色";006"鶬鶊","長頸黄色";008"白鵒","似鸖白色而口短";010"鵁鶄"之"鵁","背有紅毛,其羽鮮白",而"鵁鶄"之"鶄","頭翅背上皆有長毛";012"鳱鵲","高項短足鳥"等。這與慧琳和可洪釋義多有不同,特别是慧琳。慧琳作爲訓詁大家,其釋文部分,除了注音外,還有釋義、析字、辨體、正訛等内容,故而更多地體現於字與詞的訓詁學。

2. 慧琳的《一切經音義》除以上特徵外,釋義多以引證衆書的方式進行[1]。但無窮會本却大多不標出典,至少以上詮釋二十二種鳥名時,一次也未引,故難知其源。筆者在經過比較考察後認爲：其漢文釋義應是撰者在閱讀了中日典籍的基礎上,自己歸納并選擇出來的。因此,會有訛誤之處。故僅憑其釋義很難判定撰者到底是參考了哪部著作。另外,僅就以上第四十帙"釋鳥名"這一部分内容來看,《山海經》

---

① 　陳士强：《佛典精解》,1016頁。

《爾雅》《毛詩》《國語》《説文》《玉篇》以及《翻譯名義集》、信瑞的《净土三部經音義集》,當然還有藤原公任的《大般若經字抄》等應是其案頭必備之參考書。

不標出典,是一般日本佛經音義的共同特徵。但大多數即使不標,也基本參照漢文典籍,特别是字書、韻書、音義類的工具書,因此,找到其出處并不難。如被認爲是信行的《大般若經音義》石山寺本中卷,全卷之大部由與《玄應音義》非常相似的注文所構成,故而有其原書或爲玄應所著之説。但是無窮會本却很難找到與其對應的資料。筆者通過對這些鳥名的考察,認爲其釋義雖簡單,且并無出典,但大部分仍應有所據。儘管有幾處筆者調查尚未能有果,某種意義上,這倒也正是需要進一步考察,或者説其有價值之處。在漫長的歷史長河中,因各種原因散佚的漢文古籍不計其數,而無窮會原本應撰於平安末或鎌倉初,已有近千年之久,我們不能以現有文獻調查的結果來作結論,還有待於今後的再深入。

筆者也調查了無窮會本中除了鳥名外,其他複音詞的情況,基本可以認爲假名釋義較爲少見,幾乎皆用漢文。其原因有可能是,相對於詮釋單個漢字的一個義項,解釋複音詞要複雜得多,加之這些詞又都出自漢文藏經,如以上鳥名,大多是玄奘用中國古典中出現的名詞來對應翻譯的,故而用漢文詮釋最爲恰當。

第二節　無窮會本第六帙鳥名考

無窮會本中類似以上所舉第四十帙密集地收釋鳥名的現象,并不多見,但零散還有一些,其中第六帙也有一部分,筆者認爲也有其特色,故順便加以考釋。

《大般若經》卷五十三有如下描述:

若菩薩摩訶薩修行般若波羅蜜多時,以無所得而爲方便,往澹泊路觀所棄屍,死經一日或經二日乃至七日,爲諸鵰、鷲、烏、鵲、鵄、梟、虎、豹、狐、狼、野干、狗等種種禽獸或啄或攫,骨肉狼藉,齰掣食噉。見是事已,自念我身有如是性,具如是法,未得涅槃終歸如是,深生厭離。①

　　同樣的内容還出現於卷四百一十四和卷四百八十九。這表現的是佛門"不净觀",即指通過觀察自己和他人的身體皆污穢不净,以治貪欲。文中出現了一組禽獸之名:六種鳥名,六種獸名。與第一節《大般若經》卷三百八十九中所出現的妙香城内諸苑池中衆鳥多表祥瑞歡愉不同,這裏出現的鳥多具兇殘之性,因經中描繪它們與其他禽獸一起爭搶食噉棄屍的場景。

　　以上六種鳥名,《慧琳音義》卷二有三組雙音辭目:"鵰鷲""烏鵲""鴟梟",實際是全部收録。《可洪音義》卷一則收"鵰鷲"和"鴟梟"。由此可見,慧琳與可洪仍更重視收釋雙音辭目。

　　　023 ②**鵰**：調。クマタカ。③ 雕：同上,古作。（無/6-3/40）④

　　上條能體現無窮會本體式的標準特色:注音,標出和訓,并在釋文中舉出異體字。首先我們看撰者將"雕"視爲"古作"之理據。實際上,"鵰"與"雕"二形皆見於《説文・隹部》:"雕,鷻也。從隹周聲。都僚切。鵰,籀文雕從鳥。"⑤筆者在對無窮會本中之"先德"進行考察時,曾明確指出,尊《説文》是古代日本僧人漢字觀的體現之一。⑥"雕"的隸書和楷書承自《説文》篆文而定體,而"鵰"則本爲籀文,故《干禄字書》言其"並正"。但後來在表示大型鳥綱鷹科大型猛禽時通行用"鵰",故

① CBETA 電子佛典 2016/T05/0220/0298。
② 爲保持連貫性,筆者將編號與第一節相連。
③ 摹寫本此處有標注符號"＊",括號内(朱、平、平、平、濁、平)。
④ 此例起自"梟"皆出自無窮會本第六帙之三卷,40 頁,下不另注。
⑤ 許慎:《説文解字》,76 頁。
⑥ 詳見本書第六章。

同出自《説文》的"雕",就被視爲"古作"了。

　　假名"クマタカ"用漢字表示是"熊鷹"（學名爲"Spizaetus nipalensis"），屬鷲鷹科之鳥。根據《クマタカの現状について》[1]，"クマ（熊）"言其爲大型，日本古語中有大型、力强之義。《國語大辭典》"クマ（熊）"下有一個義項：加在動植物名前，可表型大力强。所以"クマタカ"有大型猛禽之義。

　　024 鷲：受。ワシ。

　　上條僅有音注與和訓。"鷲"與"受"漢音相同。"ワシ"用漢字表示就是"鷲"。這是屬於鷹科之大型鳥的總稱。鷹科中比較大型的是"鷲"，而較小一些的是鷹。"鵰"與"鷲"從大的分類上看同屬鷹科，但二者并不相同。儘管無窮會本的詮釋極爲簡單，但却簡潔明瞭。

　　慧琳和可洪將"鵰鷲"作爲雙音辭目收録，除了雙音化的意識較强外，實際也有"渾言"與"析言"之别。《慧琳音義》卷七十五"鵰鷲"曰："鳥寮反。考聲云：鵰似鶚也。穆天子傳云：鷲也。亦作鵰。下音就。山海經云：鷲，鳥名也。一名鵰，正作鷻。"[2] 又《玄應音義》卷六："鵰鷲：籀文作鷻，同。丁堯反。穆天子傳云：爰有白梟青雕，執犬羊，食豕鹿。郭璞曰：今之鵰亦能食麛鹿耳。鷲音就。梵言姑栗陀，或言揭利闍，此云鵰鷲。……西域多此鳥，蒼黄目赤，食死屍也。"[3] 可見從梵至漢，也多用"渾言"。李海霞指出："雕，……中古後漸成一個大的類名，包括各種顔色的雕和鷲，多爲今生物學上雕屬。鷲，偏指大雕。"[4]

　　025 烏：憂。カラス。

　　① 來自日本從事"猛禽類鷲"之調查研究和保護活動的非政府組織的網頁。
　　② 徐時儀：《一切經音義三種校本合刊》（修訂版），1830 頁。
　　③ 徐時儀：《一切經音義三種校本合刊》（修訂版），133 頁。
　　④ 黄金貴：《古代漢語文化百科詞典》，1106 頁。

"烏"與"憂"吳音相同,皆讀"ウ"。漢語"烏鴉"和名"カラス(烏・鴉)",根據《國語大辭典》是其鳴聲"カ—カ—(カ—ラ—)"之擬聲,而"ス"是像"うぐいす(鶯)""ほととぎす(杜鵑等)"表示鳥類的接續詞。

026 鵲:尺。先德云:似烏小,此國无也。

日語"鵲"與"尺"皆可讀爲"シャク"。以上注釋提到的"先德","無窮會系"中多次出現,筆者在本書第六章也對"先德"一詞進行過考證,但主要是爲了考察古代日本僧人的漢字觀。以上一條,指出"鵲"在形狀上像烏鴉,但比烏鴉小,還提到一個重要信息,就是日本古代沒有"鵲"這種鳥。有關日本"鵲"之來源,請看本章附文《法華經釋文》惠雲釋動物佚文考——以'鳩''鵲''鴿'爲例"。

儘管漢文佛經中"烏"與"鵲"常與"鵬鶖""鴟梟"等兇殘之鳥一起出現,但這兩種鳥在中國和日本實際上皆并非不祥之鳥。在中國,"鵲"有"喜鵲"報喜,"烏鵲填橋"等傳説和成語,自不待言,而即使"烏鴉",早在《説文・烏部》就釋其爲"孝鳥也"[1]。段玉裁注:"謂其反哺也。《小爾雅》曰:純黑而反哺者謂之烏。"[2]中國古代文學作品中多有表現。而在日本,烏鴉更是被作爲吉祥之鳥而供奉。傳説神武天皇一路東征而陷入苦戰時,就是靠太陽神派來的使者"八咫烏"——一隻三足烏鴉的指引而取得勝利。烏鴉由此成爲"國鳥"。現在日本足球協會還采用"八咫烏"圖案當作會徽,參加世界杯足球賽的日本隊員的球衣上就繡着八咫烏,可見烏鴉在日本的地位。

027 鵶:之。卜ヒ。鵶鴉:同上亦作。

以上除注音和訓外,還列出了兩個異體。辭目字,摹寫本作

---

[1] 許慎:《説文解字》,82 頁。
[2] 段玉裁:《説文解字注》,157 頁。

"𪃒"，築島裕先生《大般若經音義の研究 索引篇》用手寫的"鴟"表示。這是"鴟"字草書楷化而造成的譌俗字。"鴟"之聲旁"氏"的草書，書法家有作如"𫝫"者，此爲王羲之所寫。而日本古代書法家似乎更多見這種寫法。《日本名跡大字典》"氏"字下就收有"𫝫（《琴歌譜》）""𫝫（《元曆萬葉》十七）""𫝫（《日本紀·竟宴和歌》）""𫝫（《天治萬葉》十三）""𫝫（《金澤萬葉》二）"等字形①，"鴟"字下也收"𪃒（空海《聾瞽指歸》）""𪃒（傳空海《急就章》）"等②。

由此可見，以上辭目字"𪃒"與釋文中列出的"𪃒"實際都是"鴟"的俗體，不過前者是草書楷化而成的俗譌。後者則較爲常見，"氏"下少一點，爲減筆俗字。也就是説此乃由"鴟"分化出的兩個異體。

實際上，其本字爲"雎"，《説文·佳部》："雎，雖也。从佳氏聲。處脂切。𪅈，籀文雎，从鳥。"③段玉裁注："今江蘇俗呼鴟鷹。盤旋空中，攫雞子食之。《大雅》云：懿厥哲婦，爲梟爲鴟。莊周云：鴟得腐鼠是也。《爾雅》有鴟鴞、怪鴟、茅鴟，皆與單言鴟者各物。……今多从籀。"④可見，後來是"雎"字廢而"鴟"字行。而大正藏裏出現的"𪃒"，是個後起字，《玉篇》和《廣韻》中作爲"鴟"的異體出現。漢語中"鴟"，一指鴟鷹；一指貓頭鷹，即角鴟、鴟梟。⑤而以上假名和訓"トヒ"，漢字正可作"鳶·鴟·𪃒"，甚恰。

028 梟：交。フクロウ。

"梟"也作"鴞"，俗稱即貓頭鷹。《説文·木部》："梟：不孝鳥也。

---

① 北川博邦：《日本名跡大字典》，687 頁。
② 北川博邦：《日本名跡大字典》，1361 頁。
③ 許慎：《説文解字》，76 頁。
④ 段玉裁：《説文解字注》，142 頁。
⑤ 黃金貴：《古代漢語文化百科詞典》，1108 頁。

日至,捕梟磔之。从鳥頭在木上。古堯切。"①大徐本《説文》有"从鳥在木上"之注。段玉裁注:"漢儀,夏至賜百官梟羹。《漢書音義》:孟康曰:梟,鳥名,食母。破鏡,獸名,食父。黄帝欲絶其類,使百吏祠皆用之。如淳曰:漢使東郡送梟,五月五日作梟羹以賜百官,以其惡鳥故食之也。從鳥在木上。《五經文字》曰:從鳥在木上,隸省作梟。然則《説文》本作梟甚明。今各本云從鳥頭在木上,而改篆作梟,非也。此篆不入鳥部而入木者。重磔之於木也。倉頡在黄帝時,見黄帝磔此鳥。故製字如此。"②無窮會本與"交"漢字吴音相同。日語中,"フクロウ"可以表示鴟鵂、貓頭鷹等,也可作爲梟形目(Strigiformes)成員的統稱。

029 鴿:合。先德云:此鳥此國无矣。其色種種也。一者青色,如此經此文。二者白色,如正觀論。三者灰色,如涅槃經。(無/6-3/42)

此條同在第六帙第三卷,所釋經文仍是第五十三卷,但却與前不在一處。其經本文爲"往澹泊路觀所棄屍,餘骨散地經多百歲或多千年,其相變青,狀猶鴿色"③。慧琳與可洪皆收雙音詞"鴿色"。可洪僅標音,慧琳詮釋也很簡單:"鴿色:甘臘反。骨青碧色也。"④從取詞立目的角度看,慧琳與可洪較爲合適。但無窮會本以單字爲中心,祇取"鴿"字,故需先釋"鴿"字義。因古代日本無"鴿",故并無明確釋義。但其後解釋"鴿色",却頗爲詳細,不僅指出有三種,且標出出典。

日語"鴿"漢字音讀爲"コウ","合"字漢音同此。值得注意的是:以上"鵲"和此處"鴿"條,都有"此國无"的判斷。築島裕指出此乃"和式漢文",從而判斷其中"先德"是日本人。⑤

---

① 許慎:《説文解字》,125 頁。
② 段玉裁:《説文解字注》,271 頁。
③ CBETA 電子佛典 2016/T05/0220/0299。
④ 徐時儀:《一切經音義三種校本合刊》(修訂版),540 頁。
⑤ 築島裕:《大般若經音義諸本小考》,49 頁。

以上 023"鵰"、024"鷟"、025"烏"、027"鵐"、028"梟"五種鳥,日本古代也都有,自有其名,故無窮會本音義時采用其標準體式:漢字標音,和訓釋義,如有異體則在釋文中列出。但 026"鵲"與 029"鴿"兩種鳥,日本本無,由新羅傳到日本,故日本古無其名。而有關其記録,皆爲漢文典籍與漢文藏經,故早期音義,如《法華經釋文》當然需引用漢文典籍加以詮釋説明,即使發展到類似如無窮會本已多呈"日式"風格的音義,也仍需借用漢文加以簡單描述。

最後,還有一例待考:

030 白鷺:路。是西國鳥名也。(天/60－3/702)

案:因無窮會本祇有卷上,到第四十五帙,而此條在第六十帙,故我們以天理本爲資料。此條辭目爲雙音節,但實際仍祇釋"鷺"字。

《大般若經》卷五百九十三:

一時,薄伽梵住王舍城竹林園中白鷺池側,與大苾芻衆千二百五十人俱。菩薩摩訶薩無量無數,從種種佛土俱來集會,皆是一生所繫菩薩。①

"白鷺"一名,漢傳典籍中早見。《爾雅·釋鳥》:"鷺舂鉏。"郭璞注:"白鷺也。頭翅背上皆有長翰毛今,江東人取以爲睫攦名之曰白鷺縗。"郝懿行疏:"《詩·振鷺》……陸璣疏云:鷺,水鳥也。好而潔白,故謂之白鳥。齊魯之間謂之舂鉏,遼東樂浪吴楊人皆謂之白鷺。青脚,高尺七八寸,尾如鷹,尾喙長三寸,頭上有毛十數枚,長尺餘,毿毿然與衆毛異。好欲取魚時則弭。今吴人亦養焉。"②特別是因爲古代《詩經》中出現"鷺"名,各家解"詩"之著中自也對此鳥名多有疏解。

筆者認爲:以上之所以釋白鷺爲"西國鳥名",可能跟《大般若經》中的"白鷺池"有關。丁福保《佛學大辭典》有"白鷺池"條:"地名。大

① CBETA 電子佛典 2016/T07/0220/1065。
② 郝懿行:《爾雅郭注義疏》下之五,23 頁。

般若經四處十六會之一處也,在王舍城竹林園中。五百九十三卷至六百卷,説於此處,即十六會中之第十六會也。"《法苑珠林》卷一百:"第十六會在王舍城竹林園白鷺池側。說慧波羅蜜多。梵本二千五百頌。"[1]因此,"白鷺池經"就成爲"般若經之異名。以大般若經之第十六會,在白鷺池之側説之故也。"即以上筆者所援引經文。慧琳《一切經音義》卷八也收釋此條:"白鷺:音路。《毛詩傳》曰:白鳥也。……拂(佛)[2]於白鷺池側説經,池中多饒此鳥,故以爲名。此池在王舍城北羯蘭鐸迦竹林園内。"[3]

一般佛經音義中提到"西國鳥名",指的是不見於中土之鳥,根據玄奘"五不翻"原則,多用音譯。如《慧琳音義》卷十四:"俱繫羅:舊云俱枳羅,梵語。西國鳥名,此國無。""白鷺"中土多見,自古就有,以上"是西國鳥名"似并無根據。有待進一步考證。

附:《法華經釋文》惠雲釋動物佚文考
——以"鳩""鵲""鴿"爲例[4]

一、關於惠雲

《法華經釋文》是日本平安時代中期興福寺僧人仲算(或作"中算")專爲《妙法蓮華經》所撰音義。此音義之最大特色,或云最大價值,體現於其豐富的文獻資料上。爲詮釋《法華經》中字詞,仲算在《釋

---

① CBETA 電子佛典 2016/T53/2122/。
② 徐時儀先生校注曰"據文意似當作'佛'",筆者以爲甚確。
③ 徐時儀:《一切經音義三種校本合刊》(修訂版),645 頁。
④ 此文本爲參加 2014 年 9 月由浙江大學漢語史中心主辦的"第三屆漢語歷史詞彙與語義演變學術研討會"而撰寫的發言稿,後刊載於浙江大學漢語史中心《漢語史學報》第 15 輯,59—65 頁。此次以"附録"的形式置於此,本文内容無變,祇是有些脚注爲與全書格式統一而稍有改動。

文》中較爲忠實地引用了大約二百五十種具有較高學術價值的典籍，有不少已是佚書。其中不僅包括隋唐時代，或者更早之漢文典籍，也有古代日本和新羅僧人所撰文獻。

《法華經釋文》中共有 16 次出現惠雲一名，且皆爲詮釋《法華經》卷二《譬喻品》中之動物名。惠雲其人不詳，蓋有兩説：① 或爲古代日本赴唐的留學僧惠雲。泉敬史根據《日本書紀》，指出其作爲"學問僧"，639 年 9 月與惠隱一起經新羅自唐歸日，[①]至于何時赴唐及在唐其他信息皆并不詳。然惠雲返日六年後的大化元年（645）爲使佛教更爲興盛曾被新即位的孝德天皇選爲"教導衆僧"的"十師"之一。[②] ② 或爲日本平安前期"入唐八家"中之惠雲。惠雲（798—869）也寫作"惠運"，爲真言宗學僧。早年曾在東大寺學習法相教學，842 年與最澄等一起入唐，巡拜五台山和天台山等名刹，受灌頂禮。847 年攜儀軌、經論、佛菩薩祖師像等歸日，並呈獻"八家請來目録"。筆者認爲"入唐八家"中惠雲之説較爲穩妥。[③] 因爲從時間上來看，639 年返日的惠雲似乎過早，當時尚屬飛鳥時代，玄應所撰《衆經音義》尚未成書。[④] 當然我們並不能就如此輕易下結論，作爲"學問僧"的慧雲，早於玄應爲《法華經》作注，並非沒有可能。因爲早在玄應之前有不少漢籍，自然包括早期佛經音義已經傳入日本。若果真如此，則其資料價值就更高。

經統計，《釋文》中仲算共 16 次引用惠雲有關動物名之詮釋，頗爲集中。由此可見：一是，惠雲應對《法華經》中動物曾有過專門考釋，然惜亡佚不存。二是，惠雲對《法華經》中動物名之詮釋對其後日僧有一

---

① 參考泉敬史《"古代日本"の留学者たち① —"学生""学問僧"—》一文。

② 參考泉敬史《"古代日本"の留学者たち② —〈書紀〉に見る留学者—》一文。

③ 高松壽寿夫指出當爲天平勝寶五年（753）與鑒真結伴來日的揚州白塔寺僧人惠雲。（高松壽寿夫：《唐僧惠雲の生物学講義—〈妙法蓮華経釈文〉所引"惠雲云"の言説》，河野貴美子・王勇編《衝突と融合の東アジア文化史》，2016年，勉誠出版，34—45 頁。）關於惠雲到底是日僧還是唐僧，筆者認爲這是一個很有意思的課題，值得進一步再探討。

④ 儘管玄應所撰《衆經音義》二十五卷成書年代並無確論，但根據學者考察，蓋於 649 年—663 年之間。參考徐時儀《玄應〈衆經音義〉研究》一書第 27—28 頁。

定影響,因爲不僅仲算在其《釋文》中多次引用,而且在鎌倉時代的無窮會本《大般若經音義》中我們也發現有以"先德云"的形式而被引用。①

本文以"鳩""鵲"與"鴿"爲例,對《釋文》所引惠雲釋動物佚文加以考證,從一個極其微觀的角度(名物釋義),考察《法華經》中所出現"鳩""鵲"與"鴿"等鳥類在日本的蹤跡,并根據日語中這三種鳥名的表述,考察古代日本學者對"鳩""鵲"與"鴿"等的認識。

二、《法華經釋文》惠雲釋"鵲""鳩""鴿"考

《法華經》卷二《譬喻品》:"鵄梟雕鷲,烏鵲鳩鴿,蚖蛇蝮蠍,蜈蚣蚰蜒,守宫百足,狖貍鼷鼠,諸惡蟲輩,交橫馳走。"②其中的"諸惡蟲輩",即《譬喻品》中出現的各種動物,仲算幾乎皆作爲辭目加以音釋。而"鵄梟雕鷲,烏鵲鳩鴿"八種鳥名,《釋文》七次引惠雲語加以詮釋,其中又以"鵲""鳩""鴿"最爲詳細。查檢《慧琳音義》卷二十七,我們發現慧琳所引窺基《音訓》③並未收釋此三詞,這説明慈恩與慧琳二位唐代音義大家均認爲此三鳥名並非難詞,故不需音義。然而仲算却將其分爲三條,且廣引内典外典加以詮釋,説明作者對其頗爲重視。之所以如此,是因爲這三種鳥中"鵲"與"鴿",並不是日本本有鳥類,而屬"外來"者,故須詳細詮釋。

> 鵲:七雀反。《玉篇》云:䧿,居寒反。鵲也。《説文》云:知大歲所在也。郭知玄云:似烏而少白駁也。崔叔政云:一名神女。惠雲云:鵲,此国无④之。若具曰鵄鵲。亦云烏鵲。從頭至脊盡黑,從腹至尾盡白。尾黑長可一尺三四寸。兩翅黑白相間,兩脚純黑。其鵄鵲作巢之樹,老鵄諸鳥不敢近前。若見老鵄即向而啄之。老鵄墮地而竄走。又有山鵄鵲與烏鵲無異。喉色觜少别。

---

① 築島裕:《大般若經音義諸本小考》。
② CBETA 電子佛典 2016/T09/0262/0013。
③ 玄奘的大弟子、大慈恩寺的窺基法師撰有《法花(華)經音訓》一卷,後由慧琳詳定收入其《一切經音義》第二十七卷。
④ 此處我們遵原本用字。

從頭至胸青綠色。從腹至尾白色。其尾並兩脚青綠色。其觜赤
色。尾末有白斑點。又有**鶬**（鵲）即是大鳥也。今案：推古天皇六
年。新羅獻鵲二隻，乃俾養於難波社。因以巢枝而産鶬也。（卷中）

　鳩：居求反。《詩》云：惟鳩居之。《傳》云：鵲，古默反。鶬，
居六反也。《禮記》云：仲春鷹化爲鳩。鄭玄云：博，黍也。郭璞
云：尸鳩布穀。野王案：此鳥種類甚多，鳩其捴名也。崔叔政云：
一名牟无鵬鳩。信行《涅槃經音義》云：鳩，倭名山。未詳。惠雲
云：鳩者是佳之別名。佳中略有二別。一鵁鳩，即此方呼爲家鳩。
二班鳩，身毛青綠，尾下有班黑色。此方呼爲山鳩是也。今案：日
本紀以班鳩或替鶬也。（卷中）

　　鴿：古沓反。《説文》云：鳩屬也。王逸云：鴿似鶉也。《玉
篇》云：如鵁鳩而大也。《字略》云：似鳩，青色赤口脚也。孫愐
云：仁禽巢於寺宇也。信行云：鴿倭名家。未祥。惠雲云：白
鴿，鳥也。此方无之，本是天竺之物。波斯國人載舩舶將來於新
羅國。新羅使爲國信物貢上國家，令諸寺收養。大安寺今猶有其
種不絶。唐國唯有灰白色，无餘四色。今案：惠雲説能叶諸文。
《大般若經》：鴿青色。《止觀論》：白鴿色。《涅盤經》：灰鴿色。
若无衆色之類，諸文矛楯。國家令諸寺牧養，是孫愐巢寺宇之謂
也。信行之説，倭語之謬也。（卷中）

　　不難看出，對這三種慧琳和窺基都認爲不需詮釋的普通鳥名，
仲算却花了極大篇幅加以詳密考證，不僅引用傳統漢典，如《説文》
《玉篇》《詩經》《禮記》，以及鄭玄、郭璞、王逸、郭知玄等古代學人[①]的
解釋，值得注意的是，還引用了崔叔政[②]、信行、惠雲等韓日僧人的説
法。特別是"惠雲"説，不僅每條皆有，而且相對較爲詳盡。如果對

---

　　① 《法華經釋文》以及其一些日本人所撰古辭書音義，引用時常用人名代
替書名。
　　② 崔叔政應是古代高麗或新羅人，然筆者至今尚未獲得其他更爲詳細的
信息。

其展開探討,我們認爲至少可以得出以下結論或值得進一步思考的内容。

（一）從"和式漢文"可判定惠雲爲日僧

儘管我們前已言及"惠雲"可能是日本僧人,湯用彤先生早在上個世紀六十年代也曾經指出:"中算書中也講了一些動植物在中、日、高麗的情形,引了中國的《博物志》。又提到惠雲的話,應當是日本僧人。"[①]其中用了"應當"一詞,並未確定。我們從仲算所引"惠雲"語,可内證其確爲日本人。

以上"鵲"條有"此国无之","鴿"條有"此方无之"[②],皆乃"惠雲云"。而無窮會本《大般若經音義》[③]中釋"鵲"云:尺。[④] 先德云:"似烏小,此國无也。"[⑤]又釋"鴿"曰:"合。[⑥] 先德云:此鳥此國无矣。"[⑦]築島裕指出這兩處"此國无"爲"和式漢文",從而判斷所引"先德"是日本人。而惠雲所言"此国无之"和"此方无之",正與此同。故而,惠雲當然是日僧。只是無窮會本所引"先德"是否就是指惠雲,尚難以確定。築島裕認爲無窮會本所引"先德"有可能是真興,而真興正是《法華經釋文》作者仲算的學生。據其在《法華經釋文》末尾之跋,可知其師仲算撰著《釋文》,最後雖然完稿,然未及謄清,就奄然長逝,是弟子真興鼎力相助,才得以謄寫成書,從而流傳至今。仲算與真興皆爲平安中期時人,從時間上來看,自然晚於前所述及的兩位"惠雲"。故筆者認爲,若無窮會本此處所謂"先德"是真興,那麼真興之説極有可能還是源自"惠雲",因爲真興謄寫過仲算的《法華經釋文》,故而真興在編撰《大般若經音訓》時參考了惠雲的説法,應該順理成章。或者真興自己

---

① 湯用彤:《談一點佛書的"音義"——讀書札記》。
② 儘管"鳩"條無,但實際上"鳩""鴿"同屬一類,故言"鴿"亦可指"鳩"也。
③ 作者不詳,寫於鎌倉初期。
④ 此爲用漢字表示音讀。日語"鵲"與"尺"皆可讀爲"シャク"。
⑤ 築島裕:《大般若經音義の研究・本文篇》,40 頁。
⑥ 日語"鴿"漢字音讀爲"コウ","合"字漢音同此。
⑦ 築島裕:《大般若經音義の研究・本文篇》,42 頁。

也曾見過惠雲此書。① 當然,也不能排除無窮會本作者此處所謂"先德"就是指"惠雲",當時"惠雲"書或許還流傳於世,只是對於無窮會本作者來説,已屬古人,故可稱"先德"。因爲築島裕也指出無窮會本《大般若經音義》中的所謂"先德"不一定是單數,或許是先人與先師之義。②

（二）"鵲"與"鴿"是從"新羅"到日本

"鵲"與"鴿"日本本無,一般想當然會認爲是中國傳過去的。但若考其蹤迹,根據以上惠雲釋"鴿"條,可知此鳥是從波斯被帶到新羅,而後又由新羅使作爲信物送給日本,而且被飼養於諸寺,大安寺"今猶有其種不絶"③。大安寺位於奈良,屬高野山真言宗古刹,據傳爲聖德太子所建,爲奈良七大古寺之一。佛經中佛陀代鴿捨身喂鷹的故事,在《菩薩本生鬘論》卷一、《賢愚經》卷一、《大莊嚴經》卷十二、《大智度論》卷四等皆有記載,晉·法顯在《佛國記》、唐·玄奘在《大唐西域記》中也都述及此事,而有關此故事的各種雕刻繪畫之變相,至今在印度、敦煌石窟等處還有留存,可見影響深遠。仲算引孫愐《唐韻》"仁禽巢於寺宇也",故"鴿"到日本,先由諸寺飼養,也是有史可追其緣由。

關於"鵲",惠雲雖未言及其來源,然"此國無之"一句可確定日本本無,而仲算通過自己的案語"今案"道出,也來自新羅。此乃根據《日本書記》卷第二十二"推古天皇六年夏四月"條:"難波吉士磐金,至自新羅,而獻鵲二隻。乃俾養於難波杜。因以巢枝而産之。"④難波吉士磐金即難波⑤之吉士磐金。吉士磐金是日本飛鳥時代官吏,推古天皇五年(597)十一月出使新羅,推古六年四月返日。根據以上所引,知其

----

① 真興既與仲算是同一時代人,親自見過此書的可能性非常大。
② 築島裕:《大般若經音義諸本小考》,48—50頁。
③ 此"今"爲惠雲生活時代,故實際也屬飛鳥時代。
④ 舍人親王:《日本書記》(下),175頁。
⑤ 爲現大阪市上町台地以東地域之古稱,一般稱大阪。

此行帶回兩隻鵲，並將其飼養於難波森林①之中。而此"難波杜"就是現在位於大阪市中央區的森之宮神社。此神社還另有一名叫"鵲森宮"，即與以上《日本書記》所記直接相關。不過，"鵲"似乎並未在日本繁衍開去。日本現在除了九州北部②尚能見到"鵲"外，其他地方並無"鵲"之蹤影。而這裏的"鵲"一般被認爲是 1592 年豐臣秀吉出兵朝鮮，從朝鮮帶回而在"有明海周邊"定居下來的。1923 年 3 月 7 日，佐賀縣和福岡縣内有鵲生息的地域（市町村），被指定爲"天然記念物"。1965 年，佐賀縣經過公開徵集，"鵲"被指定爲"縣鳥"。據説，近年來"鵲"的生息地域稍有擴展，北海道的室蘭市和苫小牧市也見其蹤影，然來路不明，有認爲是進入苫小牧港的韓國貨物船帶入的。

（三）日語中的"鵲"與"鳩・鴿"

儘管"鵲"與"鴿"是從新羅傳到日本，然因當時朝鮮半島和日本都還處於有語言而無文字的時代，故祇能借用漢字作爲交流工具以及互相之間文通（往來的文書信件等）的媒介，所以"鵲"與"鳩・鴿"之書寫形式自然就與漢語一樣。但是，隨着歷史和日語的發展，其音與義等實際都有不同的表現。而這也可從"惠雲"説中找到一些研究的依據。

1. 日語中"鳩"與"鴿"皆可讀"はと"，即學名"Columbidae"的鳩鴿科鳥類。根據寺山宏的考證，其語源有："羽迅（はと）""速鳥（はやとり）"；はたはた（羽音）。③ 用漢字表示，頗爲恰意。而"鳩"與"鴿"作爲古鳥名，皆早見於《説文・鳥部》："鳩，鶻鵃也。從鳥九聲。居求切。"古有"五鳩"，如雎鳩、祝鳩、斑鳩、鳲鳩、爽鳩等。段玉裁注："鳩爲五鳩之總名。……經文皆單言鳩。傳注乃別爲某鳩。此可證鳩爲五鳩之總名。"又"鴿，鳩屬。從鳥合聲。古沓切。"段玉裁注："鳩之可畜於家

者。狀全與勃姑同。从鳥。合聲。"這就很清晰地闡明了它們的區別。然而,我們注意到仲算引信行《涅槃經音義》"鳩,倭名山","鴿,倭名家",並皆表示"未祥(詳)"。對此"未詳",仲算又引惠雲語加以進一步詮釋:"鳩者是佳之別名。佳中略有二別。一鵋鳩,即此方呼爲家鳩。二斑鳩,身毛青綠,尾下有斑黑色。此方呼爲山鳩是也。"所以,信行的"鳩,倭名山","鴿,倭名家",實際就是"山鳩"和"家鳩"的略寫。現日語各大辭書用"やまばと"(山鳩)、"いえばと"(家鳩)來區別二者,正與此同。《国語大辞典》"やま-ばと【山鳩】"引龍光院本《妙法蓮華經》平安後期點等書證資料,而惠雲之語可表示如此用法實際更早。

　　而對於被惠雲叫作"山鳩"的"斑鳩",仲算在引完惠雲釋後又以"今案"總結評論:"《日本紀》以斑鳩或替鵤鳩也"。"鵤"字不算漫漶,應爲"鵤"字。此字不爲中國漢字字書以及日本《漢和大字典》等收釋,但《新撰字鏡·鳥部》有:"鵤,止遥反乎? 鵤,伊加留加。"可見日本很早就有此字,應爲日本國字。《日本国語大辞典》收有"いかる"與"いかるが"兩條,漢字皆作"斑鳩·鵤","いかるが(斑鳩·鵤)"條下引十卷本《和名抄》七:"崔禹食經云:鵤,胡岳反,以加流賀。""以加流賀"與《新撰字鏡》中的"伊加留加",皆爲萬葉假名和訓,假名寫作"いかるが"。《東雅·禽鳥》①"鳩"條引《食經》釋曰:"イカルガ,貌似鴿而白喙也。兼名苑注云,斑鳩,觜大尾短者也。"有意思的是此詞在古代頗爲活躍,如奈良縣生駒郡有"斑鳩町",因古代此地斑鳩(いかる)群棲而命名;而"斑鳩寺"可作爲法隆寺之別稱(也稱"鵤寺"),還可稱位於兵庫縣揖保郡太子町的天台宗寺廟,據說本爲聖德太子所建;甚至還用"斑鳩宮"指601年聖德太子營造的離宮(也稱"鵤宮"),用"斑鳩尼寺"作爲"中宮寺"的別稱。"中宮寺"指位於法隆寺夢殿東側的聖德宗尼寺,據説最早是聖德太子爲其母而建。"斑鳩"在古代日本,與皇室關係如此密切,很有意思,值得進一步探討其文化深層的含義。而

①　新井君美:《東雅》。

根據惠雲説,可知古代曾用"斑鳩"代指"やまばと"(山鳩)。然寺山宏指出,實際上,直到奈良時代,"斑鳩"都被用錯了,與"いかるが"(古名爲"いかる")相合的正式漢名是桑扈,[①]即青雀。如此,惠雲將"斑鳩"認爲是"山鳩"亦爲誤也。

2. 惠雲釋"鵲",頗爲形象生動,從色彩到形狀,乃至動作狀態,種類區別等,皆活靈活現,類似《博物志》的描寫。[②]值得我們注意的是"亦云烏鵲。從頭至臆盡黑,從腹至尾盡白。尾黑長可一尺三四寸。兩翅黑白相間,兩脚純黑。"這與李時珍的解釋相吻合。《本草綱目・鵲》集解:"時珍曰:鵲,烏屬也。大如鴉而長尾,尖觜黑爪,綠背白腹,尾翹黑白駁雜。"以上仲算詮釋不僅表示顏色,也與日語語源有關。《国語大辞典》有"う‐じゃく【烏鵲】"條,其義項之一,即"かささぎ(鵲)"之別稱。而"かささぎ"之語源[③]其一是"からすさぎ",是因爲背黑腹白之故,"からす"漢字可作"烏・鴉","さぎ"可指"鷺"。而現在將"鵲"指定爲縣鳥的佐賀縣稱此鳥作"かちがらす","かち"即一般認爲是朝鮮語"鵲"鳴之象聲詞,日語漢字作"勝ち","がらす"即"からす",烏也,《広辞苑》收有"かち烏"。不難看出,古代日本稱"鵲",儘管來源不一,但稱"烏"却爲共同。故而,惠雲之"烏鵲",實乃古語也。漢語也有"烏鵲",可指喜鵲,古代日語之"烏鵲"應來自漢語。儘管此鳥來自朝鮮半島,然惠雲仍用漢語名表示,只是此後又有不同發展。

三、簡短的結論

以上筆者以"鳩""鵠"與"鴿"爲例,對《釋文》所引惠雲釋動物佚文做了一些考證,並提出了幾點看法。需要指出的是,關於惠雲,幾乎没有其他資料可參考,而《釋文》中所引其釋動物内容,也不容易找到相

---

①　寺山宏:《和漢古典動物考》,374頁。

②　出處暫且存疑,有待考證。

③　寺山宏在其《和漢古典動物考》第103頁指出"かささぎ"之語源有三:一是,"からすさぎ";二是,當時新羅方言稱"鵲"爲"かさ";三是,日本佐賀方言稱"鵲"爲"かちがらす",據説"かち"也是來自朝鮮語。

應資料,有些甚至可算是孤例,所以文中筆者的看法是否準確還有待進一步探討。

　　《法華經釋文》中有不少類似像“惠雲云”這樣的引用,且大多爲佚文,其中有一部分還是古代朝鮮、日本人的著作,這是過去古籍整理研究者很少關注的,應該引起重視。其理由主要有兩點:第一,這些古代新羅或古代日本學人的著作,時代都很早,其中所引文獻基本都是唐以前的。如本文前所述及,惠雲也有可能是被稱爲“學問僧”的那一位,那麽時代就應在初唐甚至更早。當時的寫本文獻,我們早已無緣相見,而通過對《法華經釋文》此類音義著作的梳理考證,所得結果,儘管或許只是片鱗只爪,亦爲彌足珍貴。第二,彼時的朝鮮半島或日本列島還都是有語言而無文字,用漢文書寫是其特徵。然而,這些古代新羅或古代日本學人的著作自然會涉及其本土、本語言的相關内容,這對探討中華文明的傳播,古代東亞文化的交流,乃至不同語言的接觸,都是較早,且極爲珍貴的文字資料。

主要參考文獻(以年代爲順)[1]

　　新井君美:《東雅》,東京:吉川半七,1903 年發行。

　　築島裕:《大般若經音義諸本小考》,東京大學教養學部人文科學科《紀要》第 21 輯,1960 年 3 月。

　　湯用彤:《談一點佛書的“音義”——讀書札記》,《光明日報》,1961 年 10 月 19 日。

　　築島裕:《大般若經音義の研究 本文篇》,東京:勉誠社,1977 年。

　　仲算:《法華經釋文》,《古辞書音義集成》第四卷《妙法蓮華經釋文》(原本收藏:醍醐寺),東京:汲古書院,1979 年。

　　寺山宏:《和漢古典動物考》,東京:八坂書房,2002 年。

---

　　① 此爲“附録”一文的參考文獻,其中除築島裕先生的論著外,皆未見於本書其他章節,故附於此。

泉敬史《"古代日本"の留学者たち① —"学生""学問僧"—》,《札幌大学総合論叢》第 32 号,2011 年 10 月。

泉敬史《"古代日本"の留学者たち② —〈書紀〉に見る留学者—》,《札幌大学総合論叢》第 33 号,2012 年 3 月。

總　　論

本書各章基本都有簡短結論，故書稿完成，筆者最後也簡單做一總括，作爲結論。分以下兩部分：

一、本書内容總括

本書共分八章，然起初多以單篇撰寫，故以下概括也未按章節爲順。

筆者最早關注的自然是異體字，因"無窮會本系"的這一特色實在太明顯。使用最多的資料是無窮會本，其次是天理本。天理本作爲全本，筆者的重點在卷下，此爲無窮會本所缺，可補其不足。本書第三章《無窮會本疑難異體字考》和第四章《天理本漢字研究》的第一節"天理本異體字研究"、第二節"天理本'篇立音義'與漢字研究"中的相關内容就是以無窮會本（卷上）和天理本（卷下）爲主要資料並參考其他寫本而完成的。

筆者做日本佛經音義與漢字研究已十有餘年，重點一直在俗字方面。儘管"無窮會本系"的重要特徵是異體字，但若從俗字的角度，筆者認爲也有很多内容值得研究。異體字與俗字的界定，學界尚不統一，日中兩國學者對這兩個概念的命名也不相同。鑒於"無窮會本系"這一資料的特殊性，筆者在第二章第二節中，從漢語漢字學的角度，從"静"與"動"兩方面對異體字與俗字進行了界定。俗字是在使用中呈現的，實際就是使用者的"急就章"；而異體字的概念則是在編撰字彙的時候顯示的。"異體字"與"俗字"的界定值得學術界進一步深入探討，但本書在現有材料和背景下，"動"與"静"的觀點，可以相互兼容。本書第五章就專門研究"無窮會本系"中的俗字，且以"訛俗字"和"日本俗字"爲中心，就是以動態的觀點，考察漢字在日本發展變化的一些現象。其中既有以"訛字""訛俗字"爲主對六地藏寺本、高野山大學本等後期寫本用字的考察，也有從漢字學的角度進行的專門討論，如對

"無窮會本系"中"弘"訛寫成"和"的過程以及四組"詹"聲俗字的考察研究,皆屬這一方面。

筆者還以辭書學、漢字學爲中心對"無窮會本系"的學術價值進行了考察和評價。這就是本書第二章的內容。作爲日本中世古辭書音義的重要資料,"無窮會本系"特色明顯,不僅是單經字書、日本早期"篇立音義"的代表,還對古代日本梵漢辭典的編纂具有一定影響。而它在漢字學方面的價值,筆者是在明確了異體字與俗字界定的基礎上,從兩大方面進行了論述:第一,它是日本中世異體字研究的寶庫。第二,它記錄保存了大批不同字形,是考察日本中世漢字使用的重要材料。

在資料閱讀中,筆者發現"先德"一詞頻頻出現,儼然已成特色,有必要加以探討。因筆者主要研究漢字,所以就將着重點放在探討古代日僧漢字觀方面,撰寫了《從無窮會本〈大般若經音義〉"先德非之"考察古代日僧的漢字觀》一文[1]。本書第六章的內容就是以此爲基礎,并充實了資料,對"先德"進行了更進一步的考探,指出"先德"大部分應指日中研治《大般若經》的先輩學者,是一個群體。

應該説,筆者對"無窮會本系"展開的研究,主要是根據其單經單字"字書"的特性而展開的。但是在研究進程中,筆者仔細研讀資料,發現其中複音詞(包括複音節短語)收錄得也不少,而且音注與義釋也有其特色,與慧琳、可洪的《大般若經音義》多有不同,與早期日僧所撰《大般若經音義》,如石山寺本(中卷)、藤原公任《大般若經字抄》也有一些差異。筆者特別注意到的是無窮會本第四十帙和第六帙中的鳥名。鳥名皆爲名詞,又基本是複音詞,無窮會本中對鳥名的注音、釋義與單字明顯不同。筆者將其與慧琳、可洪《大般若經音義》中相同的內容進行了比較和考釋。這就是第八章《"無窮會本系"鳥名考》。而通過這種"個案"性的考察,筆者還注意到了無窮會本原本音義的某些尚

---

① 　筆者曾撰寫並發表該論文於《漢語歷史語言學的傳承與發展——張永言先生從教六十五周年紀念文集》(2016:586—610)。

不爲人注意的特色。這也促使筆者將注意力擴展至"無窮會本系"的複音詞方面。

　　漢譯佛經中有大量的複音詞,這當然是佛經音義重點收釋的對象,從而也構成傳統佛經音義的特色。日本佛經音義同樣如此,即使是已大幅度日本化,以收釋漢字爲主的"無窮會本系",也難以避免這一點,無窮會本和天理本等"詳本"就收録了一定數量的複音詞。爲此,筆者特意撰寫了第七章《無窮會本系〈大般若經音義〉複音詞研究》。經過考察,筆者認爲有兩個特點:其一,無窮會本和天理本中收録全詞,多不標字音,釋義不用假名而用漢文,基本爲音譯或意譯詞。其二,使用最多的是分拆辭目法,分別爲單字注音,釋義多在下條或末條,且以漢文釋義居多。總體来说,分拆辭目法在注音釋義時,大多仍呈現了字書的特性。在梳理複音節内容時,筆者注意到其中還有類聚"漢文""梵文"等内容,堪爲一大特色,因此也進行了初步考察。

　　"無窮會本系"寫本實際共有近二十種,筆者從最初的"無窮會本三種(無窮會本、天理本、藥師寺本①)"到現在已收集閲覽十餘種。從資料上來看,雖尚不全,但從中已經能明瞭"無窮會本系"的基本内容和體例。特別是築島裕等日本學者已有一些研究成果,本書的第一章《"無窮會本系"〈大般若經音義〉綜述》就是在此基礎上撰寫而成。當然,若能收集到更多,内容可以更豐富。但本書已是筆者現階段所能做到的。

　　以上諸内容,各章皆已述及。作爲總論,簡而概之,雖與本書章節順序不一致,但却是筆者研究過程的一個真實呈現。

二、從"無窮會本系"看漢字在日本發展變化的特徵

　　古代漢字文化圈,現在的中日朝韓越五國,除了漢字的故鄉中國外,朝韓及越南都在二戰後停止使用漢字,轉而使用本民族文字或拼音文字,唯有日本還在繼續使用。與其他漢字文化圈國家不同,雖經

---

①　實際有"甲乙丙丁"四種。

約一千六百年以上的風雨歷程，歷數度改革與變遷，然結果却是漢字
在東瀛這片土地上深深植根，並與日本歷史、文化渾然一體，成爲日本
文化的象徵之一。考察漢字在日本的傳播演變過程，一直爲中日漢字
學界所矚目。從資料來看，"無窮會本系"的原本應出現於平安末或鎌
倉初，而現存諸寫本，時間則跨越鎌倉和室町兩個時代。這一時間段，
正是漢字在日本發展的重要時期。所以，從"無窮會本系"中我們能看
出漢字發展變化的一些特徵。

（一）漢字書寫趨向簡易便利，日式簡體略字出現并流行

日本平安中期以降，假名已經産生並急速普及，日語表記亦應之
趨向自由且簡單，而漢字在東瀛的流播過程中也出現了一些變異或創
新，並有了不同程度的發展。反應在漢字書寫上，寫經生們不再拘泥
於早期完全尊崇底本（唐寫本）的心態和做法，而是根據實際需要來書
寫經典。因此，爲書寫便利，爲能加快抄寫速度而采用漢魏六朝略體
字，甚至根據"同音代替"之法而創造日式"簡體略字"等的現象就出現
了。"無窮會本系"中最突出的例子就是"釋"因與"尺"同音而被"同音
代替"，不僅"注釋"一詞全部寫作"注尺"，就連"帝釋"也作"帝尺"。筆
者曾對此做過考察，認爲"尺"作"釋"用，平安、鎌倉時期常見。而從
"無窮會本系"來看，因爲"注釋"二字是音義撰者在釋文中使用最爲頻
繁的術語，除了撰者和書寫者外，讀者也應完全明白其義。特別是由
於寫本的傳承，這種習用在時代較晚的大須文庫本中也得以保留，因
而可以説貫穿了中世很長一段時間。儘管現在我們從一般工具書中
查不到"釋"之異體，或者説日語漢字簡體有作"尺"者，但"無窮會本
系"却完整保存并反映了這一用字史貌。這對研究日本漢字的從"尺"
字族，如"澤（沢）、釋（釈）、駅（澤）、沢（澤）、擇（択）"等具有一定的參考
價值。

另外，筆者在第五章第四節以"無窮會本系三種"爲資料，對"無窮
會本系"中的四組"詹"聲俗字，列舉了21例進行了考釋。筆者將其歸
之爲"訛俗字"。通過分析考察，筆者認爲：作爲本身結構就較爲複雜
的"詹"字，當再次作爲漢字構件與其他意符相組合構成形聲字時，書

寫中的訛誤現象頻頻多見,所以漢傳俗字中"詹"聲俗字并不少見。而在日本寫經生的筆下,"詹"聲俗字又有了發展變化,但明顯的特徵就是朝着易寫而變。無論是"詹"之"广"的角字頭"ク",訛寫成"ソ"或反轉成"八",還是"广"下的諸種訛寫,都呈現此特點。即使尚無其他文獻可證的"橳"字,僅從漢字書寫這一點來看,也明顯要比其本字"擔(檐)"更容易。

(二)因訛寫而成的"訛字""訛俗字"成爲日本中世異體字主流

"異體字"這一術語雖然出現較晚,但異體字研究却歷史悠久,日本漢字學界也同樣如此。"無窮會本系"中出現的大量異體字可説明兩點:其一,這些不同的異體在當時流傳的寫本《大般若經》或者説在當時的寫經中都曾出現。其二,此音義原本撰者已經充分注意到當時漢字多異體的特色,不僅將其在釋文中歸納列出,用"亦作""或作""俗作"等術語表示,還特別用"先德非之"來表明前輩先賢,實際上也應該代表撰者本身的漢字觀。

需要指出的是:日本中世出現的大量異體字,除了承自漢傳文獻典籍,還有不少出自日本寫經生之筆。其筆因多樣,但訛寫誤用是其中重要的一方面。如當時寫經生的漢字釋讀能力比奈良平安時代有所降低,常會出現不識俗字而致訛的情況。還有如,至此之時,寫經生書寫更爲自由,因對漢字的認知不同,各種訛寫誤用也層出不窮。筆者在第三章、第四章以及第五章都對異體字做過專門探討。不難發現,很多所謂"别體異字",從漢字俗字研究的角度來看,有不少屬於"訛字""訛俗字"。筆者在第五章第一節對天理本與六地藏寺本這兩種不同時期寫本中的訛誤現象,進行了比較分析和考察,發現比天理本晚約一百五十餘年的六地藏寺本中的"訛字"與"訛俗字"明顯多於前者。另外,筆者於第五章第二節還對高野山大學本中的"訛字"與"訛俗字"進行了專門考察,列舉了四十例,以此説明除了與書寫者的漢字水平有關外,還有可能與轉寫本底本有關。筆者還在第五章第三節,對"無窮會本系"中"弘"訛變至"和"的過程,進行了專門考察。筆者自認爲這是一個很好的"個例",因其能説明:在寫本時代,特別是像日本這樣漢字作爲他源文字,在書寫時不會全盤照搬原文字,即不必説明字形的有理性,更多爲了書寫方便,講究實用。儘管結果是錯的,但其理據值得探討。

　　還有一點要注意的是：不少"別體異字"是受書法的影響而産生的。隨着中國書法的傳入,尤其是草書和行書的流行,"和樣書道"出現并盛行,有些漢傳俗字又一次因"草書楷定"而發生變化。如以上從"弘"訛變至"和",其中有很關鍵的兩步：第一,受書法的影響,"弘"之意符"弓"訛寫成"**弓**"。第二,進一步將"**弓**"訛變成"方"。而第二步是在日本書法家的筆下完成的。另外,筆者曾考察過"勢"系"倭俗字",這種文字就是在"和樣書道"的文化背景下,因"書寫變異"而産生的[①]。"勢"字系倭俗字,在無窮會本和天理本中隨處可見。既有作爲辭目字的"**勢**峯""**艺**(藝)""無**勢**"等,也有的出現於詮釋文字中,如"掣"和"賣"的注音字都用"勢"表示。這就説明當時的讀者人皆共識。"勢"系"倭俗字"中,"勢"字甚至已進入漢字字庫,日本至今也偶還見用,已不必將其劃入"訛誤"的範圍。但必須指出的是：此類倭俗字,早期確實是因受行草書的影響而出現書寫訛變的結果。我們若從漢字在日本和發展的角度來看,這就是日本俗字的産生。紅林幸子指出：因爲草體化而導致點畫連續以及有時大膽的筆畫省略,於是與端正工整的楷書體印象相異的字形就産生了。因書法相違而變化的字形,作爲新字體流傳并固定,不久就被當作異體字,有時還被視爲不同書體。[②]

　　以上兩點,或許并不能很完整地表述漢字在日本發展變化過程中的特徵,但即使是個别的發現,也應該是有價值的。域外漢字的歷史,就是由很多這樣的"個别"而組成的。

─────────────

　　①　見梁曉虹《日本俗字"勢""燉"再考──以兼意"四抄"爲主要資料》一文。
　　②　紅林幸子：《書体と書法》,75頁。

附録：無窮會本、天理本異體字字表

一、本字表參考的是築島裕先生的《大般若經音義の研究 本文篇》，該書依據的是無窮會本與天理本的影印本。"出處"所標與該書正文一致："無"表示無窮會本，"天"指天理本。其後數字表示帙、卷以及《大般若經音義の研究 本文篇》的頁數。"卷上"用無窮會本，"卷下"用天理本。因無窮會本第四十五帙有約兩卷殘缺，故用天理本補。

二、影印本字形若有殘脱或墨迹不清之處，則用摹寫本字形。

三、若字形與詮釋文字完全相同，則於重複次數中標出。但字形若稍有異，或標示術語有别，會另行表示。

四、此二本的異體標示，一般爲"同上，亦作/或作"①，表中省略"同上"。

五、字表按漢語拼音順序排。

六、最初辭目字并不一定是正體，主要根據寫本圖像文字而定。

七、因影印原文字形有大小，本表摘出後雖作過統一處理，但無法完全大小一致，因而有損於劃一美觀，望能見諒。

辭目字 / 重複次數			異體一	異體二	異體三	異體四	異體標示	出　處
傲	傲	無 2	傲				亦作	無/6－4/46
	傲		懊				亦作	天/46－2/484
懊	懊		傲				亦作	無/37－6/116
	懊		傲				亦作	天/60－7/706

①　如："同上，亦作""同上，或作"等。

續　表

辭目字 / 重複次數	異體一	異體二	異體三	異體四	異體標示	出　處
翺	翺 天/1	翶			正作	無/34－2/96
板	极	版			亦作	無/32－2/82
胞	脃	疤			亦作	天/58－5/670
暴	暴 無/2	瀑			亦作	無/11－1/56
瀑	瀑	暴			或作	無/4－6/24
軰	軰 無/1	軰			亦作	無/9－1/52
軰	軰 無/1	軰			亦作	無/10－9/54
摔	摔	椑			或本	天/57－10/650
閉	閉	閇			亦作	無/1－8/18
閇	閇	閉			亦作	天/篇/732
臂	臂 無/1	臂			亦作	無/1－1/10
	辟 無/3	臂			亦作	無/2－1/22
躄	躄 無/3	癖			亦作	無/19－1/72
	躄 天/2	癖			亦作	天/46－5/488
胜	胜	髀	髁		亦作	無/1－1/10
	胫 無/4	髀	髀		亦作	無/2－1/22
	胜	髀			亦作	天/49－2/518
幖	幖 無/2	標			亦作	無/6－2/34
標	標	幖			亦作	無/44－6/196
濱	濱	瀕			亦作	無/40－8/144

續　表

辭目字		重複次數	異體一	異體二	異體三	異體四	異體標示	出　處
稟	稟		稟				亦作	天/篇/752
撥	撥		撥				亦作	天/篇/722
怕	怕	無 3	泊				先德非之	無/6-3/38
	怕	天 1	泊				先德非之	天/48-2/506
髆	髆	無 5；天 3	膊				先德非之	無/1-1/10
曺	曹		曹				亦作	無/10-9/54
策	筞	無 2	筞				亦作	無/6-3/44
	策	無 2；天 1	筞				亦作	無/38-10/124
	策		筞				亦作	天/49-9/528
犲	犲		豺				亦作	天/49-9/526
鄽	鄽		廛				亦作	無/40-8/138
諂	諂		諂				或作	天/篇/728
膓	膓	無 1	腸				正作	無/6-3/36
	膓		腸				正作	天/49-9/524
巢	巢	無 2	巢				古作	無/5-1/28
				窠	摷		同上①	

① 此下注：但巢者鳥在木也，窠者鳥在穴也。

續　表

辭目字 / 重複次數	異體一	異體二	異體三	異體四	異體標示	出　處
巢	巢	巢			古作	無/42－4/166
	巢	窠			同上	天/49－5/520
嘲	謿	謿			亦作	無/37－6/116
掣 無1	掣	掜			亦作	無/6－3/40
		瘈			先德非之	
承	丞	羕			俗作	天/篇/740
鷗 無1	鴟	鴟	鷗		亦作	無/6－2/40
	鴟	鷄			亦作	天/49－9/526
睡 無1 天1	睡	脽			先德非之	無/6－3/38
嘶	嘶	嶽①			亦作	天/55－6/600
	嘶	崮			亦作	天/56－6/624
褫	褫	裼			亦作	無/39－1/130
		阤	陊		或本	
		墒	掃		先德非之	
	褫	裼			亦作	天/54－1/586
		阤	陊			
		墒	掃		先德非之	
	褫	墒			先德非之	天/58－3/668
橦	橦	劃			亦作	天/57－6/640

① 此應爲兩個字。因豎行書寫而誤作爲一字。詳見本書第四章第一節下的例009。

續　表

辭目字 / 重複次數		異體一	異體二	異體三	異體四	異體標示	出　處
膢	膢	偏				亦作	無/39-1/126
	膢	傄				亦作	天/54-1/582
誷	誷 天/11	誷				經文作～先德非之	無/6-4/48
	誷 無/6	誷				經文作～先德非之	無/8-5/50
	誷	誷				經文作～先德非之	天/55-10/608
嗅	嗅① 無/1	羿				亦作	無/6-3/38
			羿	羿		先德非之	
	嗅	羿				亦作	無/34-1/96
			羿	羿		先德非之	
	嗅	羿	羿			先德非之	無/33-6/90
臭	臭	臭				亦作	無/38-7/120
			臭			先德非之	
	臭 天/1	臭				亦作	天/52-4/560
撅	撅	撝				或作	無/6-3/46
	捸	捬				或本	無/42-5/178
	捬	揩				或本	天/49-10/530
掬	掬	棟				亦作	無/33-4/88
	掬	捸				亦作	無/45-8/206
	掬	捸				亦作	天/52-4/560
穿	穿 無/3	穿				亦作	無/6-3/40

---

①　根據音和義，此"嗅"用爲"臭"，故置此。下同。

續　表

辭目字＼重複次數			異體一	異體二	異體三	異體四	異體標示	出　處
瘡	瘡	無 2 / 天 1	劊				亦作	無/8－7/50
	瘡		劊				或作	無/40－9/148
牀	牀	無 1	床				亦作	無/1－3/14
	牀	無 1	床				亦作	無/32－2/82
歠	歠		歠				或作	無/6－3/34
				醫			先德非之	
辤	辤		辭	辭	辤		亦作	無/1－1/14
辭	辤		辭	辤	辭			天/篇/722
剌	剌	無 3	剌				亦作	無/6－4/48
聰	聰		聰				或作	天/篇/726
叢	叢	無 1	叢	叢			亦作	無/10－10/56
卒	卒	無 8 / 天 4	卆				亦作	無/6－3/44
	卒		卆	卆			亦作	無/31－3/76
	卒		卆	寧			亦作	天/52－3/558
卆	卆		卒				亦作	天/47－9/498
穎	穎	無 1	怲				亦作	無/19－1/72
	穎	天 2	怲				亦作	無/33－10/92
脆	脆		臑				亦作	無/35－9/108

續　表

辭目字 ＼ 重複次數	異體一	異體二	異體三	異體四	異體標示	出　　處
厝	厝	楷			先德非之	無/43-10/188
逮	逮	逮			先德非之	天/篇/732
尣	尣	尣			亦作	無/6-3/38
	尣〔無1〕	尣			亦作	無/33-9/92
檐	檐	擔	橣	棳	亦作	無/1-1/8
				儋	先德非之	
膽	瞻	膽			亦作	無/6-3/36
	膽	膽			亦作	無/42-4/168
憺	憺〔無2〕	淡	惔		先德非之	無/6-3/38
	憺	淡			先德非之	無/40-6/136
	憺〔天1〕	淡			先德非之	天/48-2/506
噉	噉	啖①			亦作	天/篇/722
憚	憚	愠			亦作	無/32-1/82
擣	擣	擣			亦作	無/6-4/48
稻	稻	稻			亦作	無/6-3/38
	稻	稻			亦作	無/42-4/170
隥②	隥②	凳	橙		亦作	無/40-8/144
				蹬	先德非之	

①　此字有殘脱,但看得出來爲"啖"字。
②　此條無窮會本與天理本有脱漏,故根據藥師寺乙本、大須文庫本補出。此字形采用的大須文庫本。

續　表

辭目字 / 重複次數	異體一	異體二	異體三	異體四	異體標示	出　　處
陞	橙				亦作	天/60-7/706
	燈				先德非之	
滴	滴	漓			亦作	天/46-6/488
的	的	豹			或作	無/40-8/144
癲（無3／天1）	癲	瘨			亦作	無/19-1/70
鵰（無1）	鵰	雕			古作	無/6-3/40
凋	凋	敺			先德非之	天/47-1/492
垛	垛	堞			亦作	無/40-8/140
甂	甂	疊			先德非之	無/40-8/144
炯	炯	洞			先德非之	天/48-9/510
堵	堵	觀	兜		或本	無/32-1/82
（天1）	堵	觀	兜		或作	無/39-1/124
	堵	觀	兜		或本	天/52-1/556
堆	堆	坥			或作	無/33-10/94
	堆	坥			亦作	天/46-1/478
	堆	坥			亦作	天/52-7/564
棄	棄	棄	變		亦作	天/篇/746
埵	埵	瑭	瓏		先德非之	無/39-1/130

辭目字＼重複次數	異體一	異體二	異體三	異體四	異體標示	出　處
衰	衰	婀			或作	無/6-3/44
	衰	婀			或本	無/42-5/176
	裒	裵			或本	天/49-10/528
軋	軋（無2／天1）	柷			亦作	無/1-1/8-10
伐	伐（無1／天2）	罰			或作	無/11-5/60
		爵			先德非之	
	伐（天1）	罰			或作	天/54-10/594
		爵			先德非之	
罰	罰	爵			先德非之	天/57-6/640
筏	筏（天1）	栰			先德非之	天/55-9/608
範	範	範			亦作	無/5-4/28
泛	氾	氾	氾		亦作	無/32-2/82
氾	氾①	氾	氾		亦作	無/40-8/140
飯	飯	飰	餅		亦作	無/31-3/78
肺	肺（無1）	肺	晽		亦作	無/6-3/36
	肺	肺	胇		亦作	天/49-9/522
坌	坌	坋			先德非之	無/40-10/152

---

①　漢字"氾"，讀"guǐ"，但根據音義內容，則知當爲"泛"之訛。

續　表

辭目字 ＼ 重複次數	異體一	異體二	異體三	異體四	異體標示	出　處
糞　[無/1]	櫜				亦作	無/19－1/72
膚	膚	肤			亦作	無/39－1/130
	膚	肤			亦作	天/47－10/502
	膚	肤			亦作	天/54－1/584
跌　[無/1]	跌	趴			亦作	無/1－1/10
鳧	鳥	鳥	鳥		亦作	無/40－8/140
阜　[天/1]	阜	身			亦作	無/33－10/94
勾	勾	丂			亦作	無/38－10/122
溝	溝	圳	圳（天）	圳（真）①	或作	無/33－10/94
搆	構	擘			亦作	天/57－10/650
鼓　[無/1]	鼓	鼓			先德非之	無/35－1/104
鼓	鼓	聲			上字或作②	無/35－6/106
穀　[無/2]	穀	穀			亦作	無/1－3/14
顧　[無/6][天/2]	顧	顧			亦作	無/1－1/8
顧	顧	顧			亦作	無/6－3/46
罜	罜	罜				天/篇/750

　　① "真"表示真福寺大須文庫本。此字形因不見他處，故特將天理本、真福寺大須文庫本的兩個字形也列於此，有助堪比。

　　② 此條的詮釋方法有別。其辭目為雙音詞"盲鼓"，"上字或作"即指此"鼓"字。

辭目字　　　　重複次數	異體一	異體二	異體三	異體四	異體標示	出　　處
關	關	関			同上①	無/1‒8/18
			闗		先德非之	
	閗	闗			亦作	天/46‒6/490
慣	慣	串			亦作	無/19‒1/72
串	串	慣			亦作	無/44‒5/196
	串	慣			亦作	天/51‒6/550
捍	桿	悍			亦作	天/55‒10/610
弘	弘	和			先德非之②	無/39‒1/128
	弘	加			先德非之	天/47‒9/500
	弘	和			先德非之	天/54‒1/582
斛	觕	斛	酙		亦作	無/40‒10/152
虎	虎	肅			先德非之	無/6‒3/40
	虎　無/1	肅			先德非之	無/34‒2/98
	虎	肅			先德非之	天/49‒9/526
	虎	琥			亦作	無/40‒8/148
	肅	琥			亦作	無/45‒1/202
寰	寰	圜			今作	無/40‒8/140
攓	攓　無/3	攢			亦作	無/6‒1/32

①　此條祇有"同上"，其後未標"亦作"等解釋性術語。
②　此句前有"或本"二字。

續　表

辭目字 ╲ 重複次數	異體一	異體二	異體三	異體四	異體標示	出　處
暉	暉	煇	煇		亦作	無/1－1/12
輝	煇	煇			亦作	無/40－8/140
鷄	鷄 （無1）	雞			亦作	無/39－6/134
跡	跡	迹	迹	蹟	亦作	無/5－5/28
迹	迹	遺			亦作	天/篇/730
艱	艱	囏			亦作	無/31－4/78
艱	艱	囏			亦作	無/45－1/202
艱	艱	囏			亦作	天/51－9/554
儌	僥	儌	塞		先德非之	天/60－10/710
澗	澗	礀	礀	磵	亦作	無/1－3/14
劒	劍 （無1）	釼			先德非之	無/1－4/16
踐	踐	踐			亦作	無/34－7/102
賤	賤	賎			亦作	天/篇/746
鑒	鑒	鑑			俗作	天/60－4/704
壃	壃	疆			亦作	天/60－10/710
蕉	蕉 （無1）	茱			亦作	無/35－10/110
燋	燋	焦			亦作	無/33－10/92
			藋		正作①	
	燋 （天1）	焦			亦作	無/44－5/194

---

　　①　無窮會本此字標注"同上，亦作"，天理本與大須文庫本作"同上，正作"。前"焦"字已有"同上，亦作"，應没有必要重複，故據天理本改。另外，第四十三帙第五卷此字形下亦爲"正作"。

續　表

辭目字／重複次數	異體一	異體二	異體三	異體四	異體標示	出　處
矯	橋	橋			古作	無/1－1/8
		憍			先德非之	
嗟（無/1）	嗟	跮	磋	瑳	或作	無/6－3/46
	嗟	蹉	磋	瑳	或本	無/49－10/530
捷	捷	擑	建		亦作	無/1－3/14
睫	睫	睞	睞		亦作	無/39－1/128
筋（無/2）	筋	萠			亦作	無/6－3/36
		筋			或作	
	蒴	蒴			亦作	天/49－9/522
盡	爐	责			亦作	無/6－2/34
脛（無/2）	胚	踁			亦作	無/1－1/10
頸	頸	頸			亦作	無/40－10/150
逗	逗	迕			先德非之	天/60－9/708
竟	覓	競			亦作	天/篇/754
鵙	鵙	鵙			先德非之	無/40－18/142
沮	渥	俎			先德非之	天/57－5/636
劇	劇	劇			亦作	天/篇/738
羂	羂	胃			亦作	無/1－3/16
倦（無/1）	倦	勌			或作	無/1－3/16
		倦			先德非之	

辭目字＼重複次數	異體一	異體二	異體三	異體四	異體標示	出　處
甌	甌		攪		正作	無/42‐4/172
睧	看		看 看		亦作	無/31‐3/78
楝	𣗥 無/1		𣗥		亦作	無/1‐3/16
抗	杭		仉		亦作	天/46‐7/490
塊	塊		凷		古作	無/5‐9/32
穭	穭 無/1		糖		亦作	無/1‐3/16
髋	髋 無/1		腕		亦作	無/6‐3/42
	髋		腕		亦作	天/49‐9/526
獷	獷		礦		先德非之	無/33‐10/92‐94
虉	虉 無/1	虉	虉	虉	亦作	無/6‐2/34
	虉	虉	虉	虉	亦作	天/45‐9/464
	虉		虉		亦作	天/52‐5/562
殯	殯 無/1 天/1		殯		古作	無/6‐3/40
筶	筶 天/1		桔		古作	無/34‐2/98
癲	瘨 無/2		痶	疢	亦作	無/13‐8/64
欄	欄		懒		亦作	無/40‐8/138
嬾	嬾 無/1 天/1		懶		亦作	無/33‐10/94
懶	懶		嬾		亦作	天/48‐7/508

續　表

辭目字 / 重複次數	異體一	異體二	異體三	異體四	異體標示	出　處
淚　淩 無2	淚				亦作	無/6-3/36-38
褧　褧	梨				正作	無/44-5/196
褧	梨				亦作	天/46-5/488
俚　俚	野				同上	無/33-10/94
隸　隸	隸				亦作	無/44-10/200
隸 天1	隸				亦作	天/51-9/552
鍊　鍊	練				或作	天/58-5/670
糧　糧	粮				亦作	天/篇/738
魖　魖	蛹				亦作	無/11-2/58
魖	蛹				亦作	無/43-8/186
僚　僚 無1 天1	寮				亦作	無/10-10/54
獵　獵 無3 天1	猧				俗作	無/11-5/60
獵	猧				俗作	無/31-4/78
獵 無1	猧				亦作	無/44-5/194
陵　陵 無1	勆	淩			或作	無/1-9/18
陵	淩	勆			亦作	無/8-5/50
陵 天1	淩				或作	無/34-2/100
陵 無3 天1	淩				亦作	無/37-6/116

續　表

辭目字 ／ 重複次數	異體一	異體二	異體三	異體四	異體標示	出　處
凌	淩	陵	趐			亦作	無/11-1/56
凌（無2／天3）	淩	陵				亦作	無/35-9/108
鹵	鹵	滷				亦作	無/56-3/616
癧（無1）	癧	摩	瘄			亦作	無/19-1/70
癧	癧	瘄	瘄			亦作	無/34-5/88
癧（無1／天2）	癧	摩				亦作	無/44-5/106
癧	癧	瘄				亦作	天/46-5/488
癧	癧	瘄				亦作	天/51-6/548
卵	卵	夘				亦作	天/篇/734
螺	蠡	蠡				先德非之	天/篇/746
鋒	鋒	鏻	犸			亦作	天/46-1/478
鋒	鋒	鋒	犸			亦作	天/52-6/564
鋒	杵	鋒				正作	天/59-9/696
貊（無1）	貊	貇	臼			亦作	無/1-1/8
貊（無1）	貇	貇				亦作	無/40-9/148
貊（無4）	貇	臼				亦作	無/19-1/72
狼	貇	貊				亦作	無/45-1/202

辭目字 ＼ 重複次數		異體一	異體二	異體三	異體四	異體標示	出　處
茂	茂	懋				古作	無/30-10/76
魅	魅　無1	魖	魍	魒		亦作	無/11-2/58
捫	捫　無3／天1	扻				先德并用之①	無/1-9/20
	㧖	挍				先德并用之	天/47-7/496
蝨	螽	蚟				或作	無/31-5/80
			蝐			先德非之	
	螽	蚭				或作	無/45-1/202/204
			蝐			先德非之	
	螽	蚭				或作	天/59-10/554
			蛸			先德非之	
糜	麋　無1	糜				古作	無/6-3/42
	麋	麋				古作	天/49-9/526
糜	㩌	麕				亦作	天/57-10/650
綿	綿　無1	緜				亦作	無/32-1/82
蔑	蔑　無3	懱				或作	無/18-2/68
懜	懜	懜				亦作	天/篇/726
冥	寅	寳	頁			亦作	天/篇/746

----

①　此上有"經文或捫或扻"一句。

續　表

辭目字／重複次數	異體一	異體二	異體三	異體四	異體標示	出　處
默	黙	嘿				天/篇/742
歿	歿 [無/1]	没			亦作	無/1-9/20
	殁	没			亦作	無/43-9/188
	歿	没			亦作	天/51-2/540
鬧	鬧	肉	肉		亦作	無/34-3/100
	鬨	肉			亦作	無/37-6/118
	鬮 [天/2]	肉			亦作	天/46-2/484
膩	膩	屍			或本	無/39-1/128
溺	溺 [無/1]	休			亦作	無/11-2/58
	溺	㳈			亦作	天/篇/740
尿	尿 [無/1]	㽲	屍	溺	亦作	無/6-3/36
聤	聤 [無/1]	聤			先德非之	無/6-3/38
	聤	聤			先德非之	天/49-9/524
暖	暖	煖	煐		亦作	無/13-8/64
	暖	煖	煐		亦作	無/43-10/190
煖	煖	煖			亦作	天/51-3/544
歐	歐	嘔			亦作	天/56-9/624
盤	盤	槃			古作	無/39-1/128
脬	脬 [無/4]	胖			亦作	無/1-3/14
			膛		先德非之	
	脬 [天/1]	膛			先德非之	天/49-6/520

續　表

辭目字 ／ 重複次數		異體一	異體二	異體三	異體四	異體標示	出　處
脬	無 1	肶				先德非之	無/6－3/36
朘		胉				先德非之	天/49－9/524
疱	疕　無 1	肶	庀			亦作	無/13－8/64
脾	髀　無 1 ／ 天 1	髀				先德非之	無/6－3/36
飄	飆　無 6	飃				亦作	無/1－3/14
慓	慓	標				亦作	無/5－1/28
頻	頻	頸				亦作	無/1－1/8
	頻	顰				亦作	無/4－6/24
魄	魄　無 1	珀				亦作	無/40－8/148
璞	璞	璞				亦作	天/58－5/670
暴	暴　無 2	瀑				或作	無/5－9/32
曝	曝　無 1	暴				亦作	無/6－3/42
瀑	瀑　無 1	暴				或作	無/34－6/88
瀑	瀑①	暴				亦作	無/35－9/108
戚	戚	戲				亦作	天/57－6/638
慼	慼　無 1	戲				亦作	無/6－4/46
啓	啓	䁈	啓			亦作	天/57－6/640

---

①　此條與上條的"瀑"，和訓不同。

續　表

辭目字 / 重複次數	異體一	異體二	異體三	異體四	異體標示	出　處
憋	憋	憋			亦作	無/40-9/148
遷	遷	遷			亦作	無/42-7/180
	遷	遷			亦作	天/50-3/534
遷	遷	遷			亦作	天/58-5/672
錢	錢	錢			亦作	天/篇/752
欠	欠 無/4	伏			亦作	無/4-6/24
慊	慊	爐			亦作	無/45-1/202
	慊 天/1	爐			亦作	天/50-1/534
	慊	爐			亦作	天/57-6/640
牆	牆 無/2	牆	廧		亦作	無/1-9/18
	牆	廧	牆		亦作	無/40-8/138
橋	橋	橋			亦作	無/5-7/30
顦	顦	憔			亦作	無/33-10/92
	顦	燋			亦作	天/46-1/478
	顦	燋			亦作	天/52-6/562
誚	誚 無/1	誚			亦作	無/37-6/116
寢	寢 無/1	寢			亦作	無/6-3/34
			寢		先德非之	
	寢	寢			亦作	無/43-10/190
			寢		先德非之	

續　表

辭目字　重複次數	異體一	異體二	異體三	異體四	異體標示	出　處
寢	寢				先德非之	天/51－3/544
	寢				先德非之	天/55－1/596
	寢				先德非之	天/56－7/620
	寢				先德非之	天/57－2/628
擒 檎	摧				同上	天/58－10/686
鶩 鶩	鶋	鵝			亦作	無/40－8/142
蛆 蛆 無/1	腒				亦作	無/6－3/40
驅 驅 無/3 天/1	駈				亦作	無/5－9/30
	馬區	駁			亦作	天/52－8566
呋 呋 無/4	欽				亦作	無/4－7/26
拳 拳	捲				或作	無/33－10/94
攖 攖	橈				或作	天/篇/722
叡 叡	睿				亦作	無/32－1/82
褥 褥	蓐				亦作	無/40－8/144
喪 喪	㗊					天/篇/728
掃 掃 無/1	埽				亦作	無/13－7/62
	掃	埽			亦作	無/40－10/150
	掃	掃			亦作	天/51－3/544
澀 澀	澁				亦作	天/57－7/644

續　表

辭目字 / 重複次數		異體一	異體二	異體三	異體四	異體標示	出　　處
膳	膳 天2	饍				正作	無/13－7/62
紹	紹 無1	紹				亦作	無/1－1/10
射	射 無1 天1	躲				亦作	無/34－2/98
申	申	伸				亦作	無/4－6/24
申	申	伸				先德非之	天/篇/734
腎	腎 無1	腎				亦作	無/6－3/36
腎	腎	腎				亦作	天/49－9/522
昇	昇 無1 天1	外	陞			亦作	無/1－9/20
蝨	蝨 天1	蝨				亦作	無/33－6/90
蝨	蝨	蝨				亦作	天/52－4/560
屎	屎	屟	屎			亦作	無/6－3/36
屎	屎	屟	屎			亦作	無/42－4/168
市	市	巿				亦作	無/40－8/138
螫	螫 無1 天1	蝨	螫			亦作	無/11－1/56
螫	螫	蝨	螫			亦作	天/51－1/538
收	牧	收				俗作	天/58－2/662
隻	隻	隻				亦作	無/40－8/146

續　表

辭目字 / 重複次數	異體一	異體二	異體三	異體四	異體標示	出　處
儵	儵	條			亦作	天/57-6/642
竪①	竪	豎			亦作	天/60-9/708
帥	帥	帥			亦作	無/32-4/84
腨（無 5／天 1）	腨	踹			亦作	無/1-1/10
		端	膊		先德非之	
膊	䏞				亦作	天/54-1/580
瞬（無 1）	眴	瞚			亦作	無/5-1/26
			瞗		或作	
				瞬	先德非之	
瞬（無 1）	眴	瞚			亦作	無/41-9/162
眴	眴	瞬			亦作	天/49-5/518
嘶	嘶	嘶			亦作	天/57-7/644
肆	肆	隸			亦作	無/40-8/146
	肆	隸			正作	天/55-9/608
碎（無 4／天 3）	碎	砕			亦作	無/1-3/14
鎖（無 1／天 1）	鎖	鏁			亦作	無/6-3/40
		瑣	璅		先德非之	

① 此非單字辭目，爲雙音辭目"童竪"的下字"竪"。

續　表

辭目字　　　重複次數	異體一	異體二	異體三	異體四	異體標示	出　處
榻 榻〔無/2〕	榆				亦作	無/1-3/14
泰 泰	太				古作	無/1-1/8
淡 淡〔無/5〕	痰				正作	無/6-3/38
淡 淡	疾				亦作	天/46-1/480
淡 淡〔天/1〕	疾				正作	天/51-3/544
騰 騰	登				或作	無/34-2/96
騰 騰	登				或本	天/46-2/482
鵜 鵜	鵜				亦作	無/40-8/144
剃 剃〔無/1〕	鬀				亦作	無/6-4/48
溰 溰〔無/1〕〔天/1〕	涕				先德非之	無/6-3/36
涕 涕	溰				先德非之	無/40-8/146
挑 挑	挑				亦作	天/46-5/486
挑 朓	桃				亦作	天/52-10/570
筲 筲〔無/1〕	筒				先德非之	無/11-3/58
筲 筲〔天/1〕	筒				先德非之	天/51-1/540
焗 焗	洞				先德非之	天/48-9/510
統 統	統				俗作	無/6-2/34
統 統	統				俗作	無/34-1/94
統 統	統				亦作	天/46-1/480

續　表

辭目字 / 重複次數	異體一	異體二	異體三	異體四	異體標示	出　處
抟	抟	拖			或作	無/6-3/44
	抟	拖			或本	無/42-5/176
	抟	杷			或本	天/49/10/530
馳	馳	駝			亦作	無/39-6/134
唾	𡂿 （無 1）	濤			亦作	無/6-3/36
宨	宨 （天 2）	窐			亦作	無/39-1/130
嘔	嘔	殟			亦作	無/1-10/20
玩	玩①	翫			或作	無/6-3/38
腕	腕 （無 1）	捥			亦作	無/1-1/10
詷	詷	同			古作	無/37-6/116
魁	魀	蚼			亦作	無/11-2/58
	魀	蚼			亦作	無/43-8/186
胃	胃 （無 1 / 天 1）	腗			亦作	無/6-3/36
扠	扠	捫			或本先德非之	天/58-7/676
瓫	瓿	甕			亦作	天/58-10/686
沃	沃	浇			亦作	天/60-10/710

---

　　① “同上，或作”下有漢文注如下：“若讀弄時必作玩，讀習時必作翫，若讀余訓時通作。”

續　表

辭目字　／　重複次數	異體一	異體二	異體三	異體四	異體標示	出　　處
誤	忯 [無/1]				亦作	無/6-3/44
誤	忯				亦作	天/49-10/528
窬	窬	窬			正作	無/6-3/34
		窬			先德非之	
窬	窬	窬			正作	無/42-4/168
		窬			先德非之	
	窬	窬			先德非之	天/58-6/674
窬	窬	窬			先德非之	天/49-9/522
析	析 [無/1]	析			亦作	無/1-3/14
析	析 [無/2]	析			亦作	無/6-3/36
		析			先德非之	
析	析	析			亦作	無/35-1/104
	析 [天/2]	析			亦作	天/46-6/488
	析	析			或本	天/59-2/688
磽	硗	溪	溪	谿	亦作	天/57-6/638
熙	熙 [無/1]	熙			亦作	無/1-1/8
	熙	熙			亦作	無/39-1/132
縢	縢 [無/7, 天/1]	縢			亦作	無/1-1/10
爔	爔	爔			亦作	無/8-7/50

續　表

辭目字 / 重複次數	異體一	異體二	異體三	異體四	異體標示	出　處
隰	隰①	隰				亦作	天/60-10/710
喜	憙	憘	喜		俗作	無/19-1/72
隙	隟（無/1）	隟			亦作	無/5-1/26
	隟	隟			正作	無/11-1/56
涎	涎	㳄	㳄	次	亦作	無/6-3/36
	泜	㳄	㳄	次	亦作	無/42-4/170
醎	醎	鹹			亦作	無/36-1/112
鹹	鹹	諴			亦作	無/56-3/616
痌	痌（無/2）	瘤			亦作	無/19-1/70
險	嶮（無/1）	嶮			亦作	無/1-1/12
	險（無/9　天/2）	嶮			亦作	無/4-8/26
	陰（無/1）	嶮			亦作	無/51-3/544
	陰	嶮			亦作	無/55-5/600
尠	尠	鮮			或作	無/33-10/92
憶	憶（無/1）	忊			古作	無/13-7/62
	憶	忊			古作	天/51-3/544
陷	陷	陥			亦作	無/19-1/72

----

　① 此非單字辭目，爲雙音辭目"原隰"的下字"隰"。

續　表

辭目字　　　重複次數	異體一	異體二	異體三	異體四	異體標示	出　　處
像	像	儶			亦作	天/篇/718
消	消〔無 6〕	銷	鑠		或本	無/1－9/20
	消	銷			或作	無/43－3/192
	消	銷			或本	天/55－1/594
	消〔天 2〕	銷			或作	天/49－2/516
噗	噗	吷			亦作	天/篇/722
蝎	蝎〔無 4〕	蠍			亦作	無/13－8/64
脇	脇〔無 5〕	脅			亦作	無/1－1/10
屑	屑	撋			先德非之	無/40－9/150
忻	忻	欣			或作	無/37－6/116
	忻	欣			亦作	無/41－10/164
	忻	欣			或本	天/57－7/642
	忻	欣			或作	天/59－9/696
欣	欣	忻			亦作	天/60－9/708
疉	疉	疊	疂		亦作	無/1－9/20
	疉	疊	疂		亦作	無/41－4/160
腥	腥	胜			亦作	天/57－8/646
醒	醒	惺			正作	無/1－1/12
	醒	惺			正作	無/41－1/156
幸	幸	幸			亦作	無/34－2/96

續　表

辭目字	重複次數	異體一	異體二	異體三	異體四	異體標示	出　　處
兜	無/3　天/5	西				先德非之	無/1-4/16
胸		胷				亦作	無/1-1/10
胸		胷	匈			亦作	無/2-1/22
胸	無/1	胷				亦作	無/39-1/132
匈	無/1	匂				亦作	無/6-3/42
匈		胸				亦作	無/41-1/154
朽		朽				先德非之	天/篇/734
齅	無/1	齅				亦作	無/1-9/20
			喫	嗅		先德非之	
齅		齅				亦作	無/37-6/116
			喫			先德非之	
齅	天/2	齅				亦作	無/41-5/160
嗅		嗅	嗅			亦作	天/46-1/480
秀		秀	莠			先德非之	天/57-9/648
鬚		鬚				亦作	無/6-4/48
鬚		鬚				亦作	無/42-6/178
恤		恤	邮			或作	天/49-7/520
誼	無/6	誼	堂			亦作	無/1-1/12

續　表

辭目字 ／ 重複次數		異體一	異體二	異體三	異體四	異體標示	出　　處
循	循	伵				古文	無/6－2/34
	循	伵				古作	無/38－10/124
	循	伵				古文	無/42－4/166
徇	徇（無/1）	徇				古作	無/33－6/90
			殉			先德非之	
	徇（天/2）	徇				古作	無/42－5/178
遜	遜	愻				或本	天/46－9/490
	遜	愻				或作	天/53－3/574
瘂	瘂（無/4）	啞				亦作	無/1－1/12
瘂	瘂（天/1）	啞				或作	無/41－1/154
煙	煙	烟				亦作	無/1－9/18
	煙	烟				亦作	無/41－4/160
	煙	烟				亦作	無/35－10/110
剡	剡	閻				或作	天/46－5/486
	剡	閻				或作	天/52－10/570
掩	掩	揜				亦作	無/10－9/54
厭	厭	猒				亦作	無/11－2/58
猒	猒（天/2）	厭				先德非之	無/43－8/186
焰	焰	燄	㷿	㷔		或作	天/篇/742

續　表

辭目字 重複次數	異體一	異體二	異體三	異體四	異體標示	出　　處
殃	殃 無/1	秧			亦作	無/11-1/56
	殃	袂			亦作	天/54-9/592
漾	潒	瀁			亦作	無/40-8/140
臂	臂	膘			亦作	無/34-7/102
殀	殀 無/2 天/1	烄			亦作	無/11-5/60
掖	㡱	腋			亦作	無/32-2/84
腋	腋 無/3 天/2	㡱			亦作	無/1-1/10
醫	醫	毉			亦作	無/39-1/126
	瑿	翳			亦作	天/54-1/580
頤	頤 無/1	頣			亦作	無/1-1/10
翳	翳 無/3	瑿	瞖	悘	先德非之	無/5-1/26
	翳 無/1	醫	瞖	悘	先德非之	無/6-2/32
瞖	瞖 無/4 天/3	翳			先德非之	無/13-8/64
瞖	瞖	瞖			亦作	天/57-6/640
鷖	鷖	鷖			亦作	無/40-8/140
奕	奭	弈			先德非之	無/43-5/182
瑩	瑩 無/1	鎣			亦作	無/33-6/90

續 表

辭目字		重複次數	異體一	異體二	異體三	異體四	異體標示	出處
映	眏	無 1	暎				亦作	無/1－1/12
暎	暎		眏				亦作	無/41－1/156
	瞨		眣				亦作	天/50－8/534
癰	𤺊	無 4	癰				亦作	無/8－7/50
疣	疣	天 1	肬				亦作	無/39－1/130
瘀	瘀	無 5	淤				亦作	無/1－3/14
漁	漁		魰	敂			亦作	無/11－5/60
					[illegible]		正作	
	漁		魰	敂			亦作	無/19－1/70
					[illegible]		正作	
	漁		魰	敂			亦作	無/43－9/188
					[illegible]		正作	
	漁		魰				亦作	無/44－5/194
				[illegible]			正作	
苑	菀		菀				先德非之	無/40－8/140
	菀		菀				先德非之	天/58－1/656
灾	灾		災	烖			亦作	無/10－10/54
	灾		災	烖			亦作	天/篇/742
載	載		烖				同上	天/57－4/634

辭目字＼重複次數	異體一	異體二	異體三	異體四	異體標示	出　　處
遭 遭	遭				亦作	無/11 - 1/56
遭 無/2	遭				亦作	無/19 - 1/70
礫 礫	礫	傑	傑		亦作	天/57 - 9/648
躁 躁	躁	趭			亦作	無/44 - 10/200
蹂 蹂	躁	趭			亦作	天/51 - 9/552
蹂 天/1	躁				亦作	天/55 - 6/602
鹺 鹺 無/1	鹺	樝	鹹		亦作	無/6 - 3/40
沾 沾	霑				亦作	無/35 - 1/104
沾 沾	霑				亦作	天/46 - 6/488
霑 霑	沾				亦作	天/57 - 7/644
沼 沼 無/2	沼				亦作	無/1 - 3/14
罩 罩	罾	罩			亦作	天/57 - 6/640
蔗 蔗 無/3 天/1	柘				亦作	無/1 - 4/18
蔗 無/1	柘				或作	無/10 - 10/54
蔗	柘				亦作	無/41 - 2/158
震 震	振				亦作	天/篇/752
拯 抾 無/1	抾	揯	枡	橙	亦作	無/5 - 8/30
整 憼 無/1	整				亦作	無/39 - 1/128
秩 秩	袟				先德非之	無/43 - 4/180

續　表

辭目字　　重複次數	異體一	異體二	異體三	異體四	異體標示	出　　處
鐘	鍾				先德非之	無/35-1/104
鐘（天1）	鍾				先德非之	天/46-6/488
鐘	鍾				先德非之	天/52-10/570
塚	冢				亦作	無/34-2/100
塚	冢				亦作	天/46-3/484
胄　胄	胄				亦作	無/32-6/84
渚　渚（無4）	陼				亦作	無/5-7/30
佇　佇	竚				亦作	無/40-8/148
壯　牡	壯				俗作	無/34-2/96
壯　杜	牡				亦作	天/57-3/632
啄　啄（無3）	喙				亦作	無/1-3/14
訾　訾	訾				亦作	天/篇/728
阻　阻（無3）	沮				或本	無/31-2/76
		俎			先德非之	
阻	沮				或本	天/46-8/490
		俎			先德非之	
阻	沮				或本	天/51-6/548
		俎			先德非之	
阻（天1）	沮				或作	天/53-2/572
阻	沮				或作	天/55-6/600
		俎			先德非之	

續　表

辭目字　＼　重複次數		異體一	異體二	異體三	異體四	異體標示	出　　處
沮	沮①	阻				或本	無/36-1/112
			俎			先德非之	
	泹	俎				先德非之	天/57-5/636
欑	欑	鑹				亦作	天/46-1/478
	欑	鑹				亦作	天/52-6/564

①　"沮"在漢語中雖應讀"jǔ",但在無窮會本中,其音讀與訓讀皆與"阻"同,故置於此。

參 考 文 獻

古籍與辭書：

班固，《漢書》，北京：中華書局，1962 年。

北川博邦，《日本名跡大字典》，東京：角川書店，1981 年。

昌住，《新撰字鏡》(天治本影印版)，大阪：全國書房，1944 年。

陳斌，《行楷書法字典》，西安：三秦出版社，2013 年。

陳彭年，《大廣益會玉篇》(附：玉篇廣韻指南)，臺北：新興書店，1968 年。

陳彭年，《宋本廣韻》(根據張氏澤存堂本影印)，北京：中國書店，1982 年。

沖森卓也、倉島節尚、加藤知己、牧野武則，《日本辞書辞典》，東京：おうふう，1996 年。

川澄勳，《佛教古文書字典》，東京：山喜房仏書林，1982 年。

《大般若經音義》，高野山大學圖書館藏本。

《大般若經音義》，名古屋真福寺大須文庫本。

《大般若經音義》，築島裕主編：《古辭書音義集成》第三卷，(原本收藏：石山寺、來迎院)，東京：汲古書院，1978 年。

《大般若經字抄》，築島裕主編：《古辭書音義集成》第三卷，(原本收藏：石山寺本)，東京：汲古書院，1978 年。

《大日本校訂大藏經 音義部》，爲一至爲五《新集藏經音義隨函録》(可洪)三十卷，東京：縮刷大藏經刊行會，1938 年。

《大日本校訂大藏經 音義部》，爲十《紹興重雕大藏經音》(處觀)三卷，東京：縮刷大藏經刊行會，1938 年。

《大日本校訂大藏經 音義部》，爲十《新譯大方廣佛華嚴經音義》(慧苑)二卷本、四卷本，東京：縮刷大藏經刊行會，1938 年。

《大正新修大藏經》（影印版），臺北：新文豐出版公司，1975 年。

丁度，《集韻》（述古堂本），上海：上海古籍出版社，1985 年。

丁福保，《佛學大辭典》，文物出版社，1984 年。

丁福保，《説文解字詁林》，北京：中華書局，2009 年。

段玉裁，《説文解字注》，上海：上海古籍出版社，1981 年。

《法華經音訓》，貴重圖書影本刊行會複製刊行，1931 年。

《法華經音義》，岡田希雄影寫“天文十一年本”，日本國立國會圖書館藏。

《法華經音義 付仁王經音義 室町中期寫》（原裝影印版 增補古辭書叢刊），東京：雄松堂書店，1978 年。

《佛光大辭典》（據佛光山第五版影印），北京：書目文獻出版社，1989 年。

伏見沖敬，《書道大字典》，東京：角川書店，1974 年。

《改訂增補日本大藏經》第 19 册，東京：講談社，1974 年。

古辭書叢刊刊行會，《原裝影印版古辭書叢刊 別卷 法華經單字》，東京：雄松堂書店，1973 年。

古辭書叢刊刊行會，《原裝影印版增補古辭書叢刊·法華經音義》，東京：雄松堂書店，1978 年。

顧藹吉，《隸辨》（據康熙五十七年項氏玉淵堂刻版影印），北京：中國書店，1982 年。

顧野王，《原本玉篇殘卷》，北京：中華書局，1984 年。

漢語大字典編輯委員會，《漢語大字典》（縮印本），武漢：湖北辭書出版社、成都：四川辭書出版社，1992 年。

郝懿行，《爾雅義疏》（據咸豐六年刻本影印），北京：中國書店，1982 年。

黄征，《敦煌俗字典》，上海：上海教育出版社，2005 年。

吉田金彦，《古辞書と国語》，京都：臨川書店，2013 年。

紀昀，《文淵閣四庫全書》（第 76 册），臺北：臺灣商務印書館，1983 年。

紀昀,《文淵閣四庫全書》(第 86 册),臺北：臺灣商務印書館,1983 年。

紀昀,《文淵閣四庫全書》(第 225 册),臺北：臺灣商務印書館,1983 年。

紀昀,《文淵閣四庫全書》(第 228 册),臺北：臺灣商務印書館,1983 年。

紀昀,《文淵閣四庫全書》(第 235 册),臺北：臺灣商務印書館,1983 年。

紀昀,《文淵閣四庫全書》(第 926 册),臺北：臺灣商務印書館,1983 年。

《金光明最勝王經音義》,築島裕主編：《古辭書音義集成》第十二卷,(原本收藏：大東急記念文庫),東京：汲古書院,1981 年。

《經字引》(岡田希雄影寫京都大學言語文學研究室本),1929 年。

《孔雀經單字》,築島裕主編：《古辭書音義集成》第十七卷,(原本收藏：上卷,小川廣巳氏·中下卷大東急記念文庫),東京：汲古書院,1983 年。

《孔雀經音義(上)》,築島裕主編：《古辭書音義集成》第十卷,(原本收藏：醍醐寺),東京：汲古書院,1981 年。

《孔雀經音義(下)》,築島裕主編：《古辭書音義集成》第十一卷,(原本收藏：醍醐寺),東京：汲古書院,1983 年。

李奎甲,《高麗大藏經異體字字典》,首爾：高麗大藏經研究所,2000 年。

李學勤主編,《字源》,天津：天津古籍出版社,2013 年。

亮阿闍梨兼意,《香要抄·藥種抄》(天理圖書館善本叢書和書之部),東京：八木書店,1977 年。

亮阿闍梨兼意,《寶要抄》,大阪：武田科學振興財團、杏雨書屋編集並發行,2002 年。

陸德明,《經典釋文》,上海：上海古籍出版社影印本,1984 年。

陸佃,《埤雅》(王敏紅校點),杭州：浙江大學出版社,2008 年。

樂傳益、樂建勳,《中國書法異體字大字典·附考辨》,杭州:西泠印社,2018 年。

羅氏原著,北川博邦編,《偏類碑別字》,東京:雄山閣,1975 年。

羅竹風主編,《漢語大詞典》,上海:漢語大詞典出版社,2001 年。

毛遠明,《漢魏六朝碑刻異體字字典》,北京:中華書局,2014 年。

梅膺祚、吳任臣,《字彙·字彙補》,上海:上海辭書出版社,1991 年。

《妙法蓮華經釋文》,築島裕主編:《古辭書音義集成》第四卷,(原本收藏:醍醐寺),東京:汲古書院,1979 年。

任繼愈主編,《佛教大詞典》,南京:江蘇古籍出版社,2002 年。

日本仏教人名辭典編纂委員會,《日本仏教人名辞典》,京都:法藏館,1992 年。

杉本つとむ,《異體字研究資料集成》(第一期、第二期,全 20 卷),東京:雄山閣,第一期 1974 年初版;第二期 1995 年初版。

舍人親王,《日本書記》(下),收入《日本古典文學大系 68》,東京:岩波書院,1965 年。

神田喜一郎,《大乘理趣六波羅蜜經釋文》("優鉢羅室叢書"之四),1972 年。

釋慧琳、釋希麟,《正續一切經音義》(據獅谷白蓮社本影印),上海:上海古籍出版社,1986 年。

釋空海,《篆隸萬象名義》(高山寺本影印本),臺北:臺聯國風出版社印行,1975 年;北京:中華書局,1995 年。

書學會,《行草大字典》,北京:北京出版社,1992 年。

司馬遷,《史記》(點校本二十四史修訂本),北京:中華書局,2014 年。

松本隆信、築島裕、小林芳規編纂,《六地藏寺善本叢刊》第六卷,東京:汲古書院,1985 年。

孫隽,《中國書法大字典·草書卷》,南昌:江西美術出版社,2012 年。

臺湾《中文大辭典》編纂委員会編纂,《中文大辭典》,臺北:"中國文化研究所",1976 年。

王力,《古漢語字典》,北京:中華書局,2000 年。

王念孫,《廣雅疏證》(高郵王氏四種之一),南京:江蘇古籍出版社,1984 年。

王先謙,《釋名疏證補》,上海:上海古籍出版社,1984 年。

吳澄淵,《新編中國書法大字典》,北京:世界圖書出版公司,2001 年。

《新華嚴經音義》,築島裕主編:《古辭書音義集成》第七卷,(原本收藏:宮內廳書陵部),東京:汲古書院,1980 年。

新文豐出版社編輯部,《叢書集成新編》,第 44 冊,臺北:臺灣新文豐出版公司,1985 年。

《新譯華嚴經音義私記》,築島裕主編:《古辭書音義集成》第一卷,(原本收藏:小川廣巳氏),東京:汲古書院,1988 年第二版。

信瑞,《净土三部經音義集》,九州大學松濤文庫本。

許慎,《説文解字》(附檢字),北京:中華書局,1963 年。

續修四庫全書編委會,《續修四庫全書》(240 冊),上海:上海古籍出版社,2002 年。

續真言宗全書刊行會校訂,《真言宗全書》第三十六卷(復刊),京都:同朋舍出版,1977 年。

玄應,黃仁瑄校注,《大唐衆經音義校注》,北京:中華書局,2018 年。

《一切經音義》(上),築島裕主編:《古辭書音義集成》第七卷,(原本收藏:宮內廳書陵部),東京:汲古書院,1980 年。

《一切經音義》(中),築島裕主編:《古辭書音義集成》第八卷,(原本收藏:宮內廳書陵部),東京:汲古書院,1980 年。

《一切經音義》(下),築島裕主編:《古辭書音義集成》第九卷,(原本收藏:廣島大學、天理圖書館、高麗),東京:汲古書院,1981 年。

有賀要延,《難字・異體字典》,東京:國書刊行會,2000 年。

源順編纂、正宗敦夫校訂,《倭名類聚抄》,東京：風間書房,1970年。

張玉書,《康熙字典》(標點整理本),上海：漢語大詞典出版社,2005年。

張自烈編、廖文英補,《正字通》,東京：東豐書店,1996年影印。

中村元,《佛教語大辭典》,東京書籍,1996年第九版。

《中國語言學大辭典》編委会,《中國語言學大辭典》,江西教育出版社,1991年。

珠光編,《浄土三部経音義》(中田祝夫解説、土屋博映索引),東京：勉誠社,1978年。

築島裕主編,《古辭書音義集成》第十二卷別册,東京：汲古書院,1981年。

祖芳,《大般若経校異(並附録)》,日本寛政四年(1792)刊。

佐藤喜代治編,《漢字百科大事典》,東京：明治書院,1996年。

近人著作：

蔡忠霖,《敦煌漢文寫卷俗字及其現象》,臺北：臺灣文津出版社,2002年。

陳炳迢,《辭書概要》,福州：福建人民出版社,1985年。

陳士强,《佛典精解》,上海：上海古籍出版社,1992年。

陳五雲,《從新視角看漢字：俗文字學》,鄭州：河南人民出版社,2000年。

陳五雲、徐時儀、梁曉虹,《佛經音義與漢字研究》,南京：鳳凰出版社,2010年。

川瀬一馬,《大東急記念文庫貴重書解題》第二卷《佛書之部》,大東急記念文庫,1956年。

川瀬一馬,《增訂古辭書の研究》,東京：雄松堂,1986年再版。

方廣錩,《佛教典籍概論》,中國邏輯與語言函授大學宗教系教材,1993年。

郭郛,《山海經注證》,北京：中國社會科學出版社,2004 年。

郭在貽,《郭在貽語言文學論稿》,杭州：浙江古籍出版社,
1992 年。

韓小荊,《〈可洪音義〉研究——以文字爲中心》,成都：巴蜀書社,
2009 年。

何華珍,《日本漢字和漢字詞研究》,北京：中國社會科學出版社,
2004 年。

黄金貴,《古代漢語文化百科詞典》,上海：上海辭書出版社,
2016 年。

黄仁瑄,《大唐衆經音義校注》,北京：中華書局,2018 年。

梁曉虹,《佛教詞語的構造與漢語詞彙的發展》,北京：北京語言學
院出版社,1994 年。

——《佛教與漢語史研究——以日本資料爲中心》,上海：上海古
籍出版社,2008 年。

——《日本古寫本單經音義與漢字研究》,北京：中華書局,
2015 年。

——《日本漢字資料研究——日本佛經音義》,北京：中國社會科
學出版社,2018 年。

梁曉虹、陳五雲、苗昱,《〈新譯華嚴經音義私記〉俗字研究》,臺北：
花木蘭文化出版社,2014 年。

梁曉虹、徐時儀、陳五雲,《佛經音義與漢語詞彙研究》,北京：商務
印書館,2005 年。

劉複、李家瑞編,《宋元以來俗字譜》,臺北：臺灣商務印書館（"中
研院"歷史語言研究所單刊之三）,1992 年。

劉衡如、劉山永,《新校注本〈本草綱目〉》,北京：華夏出版社,
2013 年。

陸明君,《魏晉南北朝碑別字研究》,北京：文化藝術出版社,
2009 年。

毛遠明,《漢魏六朝碑刻異體字研究》,北京：商務印書館,

2012 年。

潘鈞,《日本漢字的確立及其歷史演變》,北京：商務印書館,
2013 年。

秦公,《碑別字新編》,北京：文物出版社,1985 年。

秦公、劉大新,《廣碑別字》,北京：國際文化出版公司,1995 年。

任繼坊,《釋名匯校》,濟南：齊魯書社,2006 年。

山田孝雄,《國語學史》,東京：寶文館,1943 年初版,1971 年複刻
版(寶文館藏版)。

山田忠雄編,《山田孝雄追憶：本邦辭書史論叢》,東京：三省堂,
1967 年。

石山寺文化財綜合調査団編,《石山寺の研究・一切經篇》,京都：
法藏館,1978 年。

石塚晴通,《漢字字體史研究》,東京：勉誠出版,2012 年。

松本文三郎,《先德の芳躅》,東京：創元社,1944 年。

小林芳規,《図説日本の漢字》,東京：大修館書店,1998 年。

徐時儀,《慧琳音義研究》,上海：上海社會科學院出版社,
1997 年。

——《玄應〈衆經音義〉研究》,北京：中華書局,2005 年。

——《一切經音義三種校本合刊》(修訂版),上海：上海古籍出版
社,2012 年。

徐時儀、梁曉虹、陳五雲,《佛經音義研究通論》,南京：鳳凰出版
社,2009 年。

徐時儀、陳五雲、梁曉虹編,《佛經音義研究——首屆佛經音義研
究國際學術研討會論文集》,上海：上海古籍出版社,2006 年。

——《佛經音義研究——第二屆佛經音義研究國際學術研討會論
文集》,南京：鳳凰出版社,2011 年。

徐時儀、梁曉虹、松江崇編,《佛經音義研究——第三屆佛經音義
研究國際學術研討會論文集》,上海：上海辭書出版社,2015 年。

袁珂,《山海經校注》,上海：上海古籍出版社,1980 年。

臧克和主編,《漢魏六朝隋唐五代字形表》,收入臧克和主編《中國石刻叢書》,廣州：南方日報出版社,2011 年。

臧克和、海村惟一主編,《日藏唐代漢字鈔本字形表》(第七、第八、第九册),上海：華東師範大學出版社,2017 年。

張涌泉,《漢語俗字研究》,長沙：嶽麓書社,1995 年。

——《敦煌俗字研究》,上海：上海教育出版社,1996 年。

沼本克明：《日本漢字音の歷史的研究——體系と表記をめぐって一》,東京：汲古書院,1997 年。

築島裕,《大般若經音義の研究 本文篇》,东京：勉誠社,1977 年。

——《大般若經音義の研究 索引篇》,東京：勉誠社,1983 年。

——《築島裕著作集》第三卷《古辭書と音義》,東京：汲古書院,2016 年。

佐藤喜代治編,《漢字講座——3・漢字と日本語》,東京：明治書院,1987 年。

——《漢字講座—6・中世の漢字とことば》,東京：明治書院,1988 年。

論文：

安居香山,《浄土三部經音義集における緯書》,佐藤密雄博士古稀記念論文集刊行會編：《佐藤博士古稀記念仏教思想論叢》,東京：山喜房仏書林,1972 年。

白藤禮幸,《上代文獻に見える字音注二ついて(三)——信行〈大般若經音義〉の場合》,《茨城大學人文學部紀要》第 4 號,1970 年12 月。

蔡忠霖,《寫本與版刻之俗字比較研究》,《南華大學文學系學報・文學新鑰》第 3 期,2005 年 7 月。

常媛媛,《“聞”與“嗅(臭、齅)”的歷時替換研究》,《南陽師範學院學報》(社會科學版)第 8 卷第 8 期,2009 年 8 月。

陳定民,《慧琳一切經音義中之異體字》(上・中・下),《中法大學月刊》1933 年 3 卷 1 期、2—3 期合刊、4—5 期合刊，1934 年 4 卷 4 期。

　　池田証寿，《上代佛典音義と玄應一切經音義——大治本新華嚴經音義と信行大般若經音義の場合》，《國語國文研究》六四號，1980 年9 月。

　　——《図書寮本類聚名義抄出典略注》，《古辞書と JIS 漢字》第 3号，2000 年 3 月。

　　川瀬一馬，《保延二年寫法華經單字 解説》，古辭書刊行會：《原裝影印版古辭書叢刊 別卷 法華經單字》，雄松堂書店，1973 年。

　　丁鋒，《殘存最早佛經音義考——隋釋曇捷及其所著〈法華經字釋〉》，徐時儀、陳五雲、梁曉虹編：《佛經音義研究——首屆佛經音義研究國際學術研討會論文集》，2006 年。

　　杜朝暉，《從敦煌吐魯番文書看漢語音譯外來詞的漢化歷程》，《敦煌研究》，2007 年第 3 期（總第 103 期）。

　　渡辺修，《図書寮藏本類聚名義抄石山寺藏本大般若経とについて》，國語學會編：《國語學》第十三、第十四輯，東京：武藏野書院刊行，1953 年 10 月。

　　——《類聚名義抄の吳音の体系》，東京大学国語国文学会編：《国語と国文学》第 47 卷第 10 号。1970 年 10 月。

　　方國平，《汉语俗字在日本的传播》，《汉字文化》2007 年第 5 期。

　　福田襄之介整理，《家藏大般若経音義について》（岡井慎吾遺稿），岡山大学法文学部：《学術紀要》第 11 号，1969 年。

　　岡井慎吾，《大般若經字抄について》，京都帝國大學國文學會：《國语・国文》第七卷第二号，1937 年。

　　岡田希雄，《至德三年版心空〈法華經音訓〉解説》，貴重圖書影本刊行會，1931 年 5 月。

　　——《净土三經音義攷》，《龍谷學報》第 324 號，1939 年。

　　——《新譯華嚴經音義私記倭訓考》，《國語國文》第十一卷三號，1941 年 3 月，1962 年 8 月再刊。

　　高松政雄，《公任卿云"吳音"》，京都大學國文學會：《國語國文》，

第 42 卷 3 號,1973 年。

高田時雄,《可洪隨函録と行瑫隨函音疏》,高田時雄編:《中國語史の資料と方法》,京都大學人文科學研究所,1994 年。

——《中国の漢字の伝統と現在》,戶川芳郎編:《漢字の潮流》,山川出版社,2000 年。

何華珍,《俗字在日本的傳播研究》,《寧波大學學報》(人文科學版)第 24 卷第 6 期,2011 年 11 月。

何華珍、林香娥,《日本漢字研究的歷史與現狀》,"第七次漢字書同文學術研討會",2004 年。

紅林幸子,《書林と書法》,石塚晴通編:《漢字字體史研究》,東京:勉誠出版,2012 年。

吉田金彦,《図書寮本類聚名義抄出典攷(中)》,訓点語学会:《訓点語と訓点資料》(3),1954 年。

——《国語学における古辞書研究の立場》,國語學會編:《國語學》第 23 號。1955 年 9 月。

——《妙法蓮華經釋文解題》(醍醐寺藏),築島裕主編:《古辭書音義集成》第四卷,東京:汲古書院,1987 年第二版。

蔣禮鴻,《中國俗文字學研究導言》,《杭州大學學報》,1959 年第 3 期。

金燁,《新井白石〈同文字考〉俗字研究》,浙江財經大學碩士學位論文,2014 年。

鳩野惠介,《無窮会図書館蔵本〈大般若経音義〉における異体字表示の術語について》,收入国語文字史研究会編:《国語文字史の研究十一》,大阪:和泉書院,2009 年 5 月。

李奎甲,《根據日本金剛寺本〈玄應音義〉的字形分析考察誤字與異體字的界限》,"第七屆漢文佛典語言學會國際學術研討會"論文,2013 年。

梁曉虹,《日僧所撰〈大般若經〉音義綜述》,韓國交通大學東亞研究所、上海師範大學人文與傳播學院主編:《東亞文獻》第 12 期,2013

年12月。

——《日本中世“篇立音義”研究》,徐時儀、梁曉虹、松江崇編:《佛經音義研究——第三屆佛經音義研究國際學術研討會論文集》,上海:上海辭書出版社,2015年。

——《從無窮會本〈大般若經音義〉“先德非之”考察古代日僧的漢字觀》,朱慶之、汪維輝、董志翹、何毓玲主編:《漢語歷史語言學的傳承與發展——張永言先生從教六十五周年紀念文集》,上海:復旦大學出版社,2016年。

——《無窮會圖書館藏本〈大般若經音義〉與異體字研究》,丁邦新,張洪年,鄧思穎主編:《漢語研究的新貌:方言、語法與文獻》,香港中文大學中國文化研究吳多泰中國語文研究中心,2016年。

——《日本訛俗字例考——以〈香要抄〉爲資料》,浙江大學漢語史研究中心:《漢語史學報》第十八輯,上海:上海教育出版社,2017年12月。

——《日本俗字“势”“𤓶”再考——以兼意“四抄”爲主要資料》,《第29屆中國文字學國際學術研討會論文集》,2018年5月。

——《日本早期佛經音義特色考察——以醍醐寺藏〈孔雀經音義〉二古寫本爲例》,中國社會科學院語言所:《歷史語言學研究》總第十三輯,北京:商務印書館,2019年10月。

——《日本保延本〈法華經單字〉漢字研究》,李運富主編:《跨文化視野與漢字研究》(第二輯),北京:社會科學文獻出版社,2020年。

——《天理本、六地藏寺本〈大般若經音義〉之比較研究——以訛俗字爲中心》,中國社會科學院語言所:《歷史語言學研究》總第十四輯,北京:商務印書館,2020年10月。

平井秀文,《大般若經音義古鈔本解説稿》,《九大國文學會誌》第12號,1937年。

橋本進吉,《信瑞の净土三部經音義集に就いて》,《佛書研究》第十二號,1915年8月。

——《石山寺藏古抄本〈大般若經音義〉中卷解説》,《大般若經音義》(中卷),古典保存會發行,1940 年。

三保忠夫,《元興寺信行撰述の音義》,東京大學國語國文學會:《國語と國文学》第 6 期,1974 年。

山本秀人,《図書寮本類聚名義抄における真興大般若経音訓の引用法について—叡山文庫蔵息心抄所引の真興大般若経音訓との比較より—》,《訓点語と訓点資料》85 号,訓点語学会,1990 年。

——《高野山大学蔵〈大般若経音義〉(室町後期写本)について》,高知大學國語國文學會:《高知大國文》39 號,2008 年。

山田健三,《木曽定勝寺蔵大般若経音義にういて》,信州大學人文學部:《内陸文化研究》(4),2005 年 2 月。

上垣外憲一,《仏典のレトリックと和歌の自然観》,國際日本文化研究センター:《日本研究:国際日本文化研究センター紀要》,第 7 卷,1992 年 3 月。

施安昌,《唐代正字学考》,《故宮博物院院刊》1982 年第 3 期。

時培建,《雎鳩可能是什麼鳥》,《辭書研究》,2011 年第 2 期。

水谷真成,《佛典音義書目》,《大谷學報》第二十八卷第二號,1949 年 3 月。

湯用彤《談一點佛書的〈音義〉——讀書札記》,《光明日報》,1961 年 10 月 19 日。

西崎亨,《西大寺蔵本〈大般若経音義〉について—研究と訓纂—》,武庫川女子大學國文學會編:《武庫川國文》,37 號,1991 年 3 月。

——《古梓堂文庫蔵本大般若経音義の声点》,武庫川女子大學大學院文學研究科日本語日本文學專攻編:《日本語日本文學論叢》(2):203—211,2007 年 3 月。

小林芳規,《〈一切經音義〉解題》(宮内廳書陵部廣島大学藏天理圖書館),築島裕主編:《古辭書音義集成》第九卷《一切經音義》(下),1981 年。

小林明美,《醍醐寺三寶院にわたる小冊子本〈孔雀經音義の周辺〉—五十音図史研究の準備のために—》,《密教文化》144 號,高野山大學出版社,1983 年。

小松英雄,《大東急記念文庫藏 大般若経音義にみえる和訓の声点》,大東急記念文庫編《かがみ》(5),1961 年 3 月。

徐時儀,《説"痰"》,《中醫藥文化傳承與發展學術研討會論文集》,2005 年。

——《"錦筵""舞筵""綩綖"考》,《文學遺産》,2006 年第 3 期。

櫻井茂治,《大東急文庫藏〈大般若經音義〉所載のアクセント》,國學院大學國語研究會:《國語研究》第十號,1960 年 8 月。

章瓊,《漢字異體字論》,張書岩主編:《異體字研究》,北京:商務印書館,2004 年。

沼本克明,《石山寺藏の辞書・音義について》,《石山寺の研究——一切經篇》,法藏館,1978 年。

——《大般若經字抄解題》(石山寺一切經藏本),築島裕主編:《古辭書音義集成》第三卷《大般若經字抄》,東京:汲古書院,1978 年。

——《無窮會本大般若經音義の音注について》,《築島裕博士傘壽記念 國語學論集》,東京:汲古書院,2005 年。

周晨曄,《〈倭楷正訛〉俗字研究》,上海師範大學碩士論文,2012 年。

周祖謨,《日本的一種古字書〈新撰字鏡〉》,《文獻》(中國國家圖書館),1990 年第 2 期。

築島裕,《故岡井慎吾博士藏大般若経音義管見》,此文附於福田襄之《家蔵本大般若経音義について》之後,岡山大學法文學部:《學術紀要》第十一號,1958 年。

——《大般若經音義諸本小考》,東京大學教養部:《人文科學科紀要》第 21 輯,1960 年 3 月。

——《法華經音義について》,山田忠雄編:《山田孝雄追憶:本邦辭書史論叢》,三省堂,1967 年。

——《真興撰大般若經音義について》,長澤先生古稀記念圖書學

論集刊行会編：《圖書學論集：長澤先生古稀記念》，東京：三省堂，
1973 年。

——《無窮會本系大般若經音義附載の篇立音義について》，村松
明教授還曆記念會編：《松村明教授還曆記念・国语学と国语史》，東
京：明治书院，1977 年。

——《大般若經音義の研究・本文篇・解説》，东京：勉誠社，
1977 年。

——《大般若經音義解題》（來迎院如來藏本），築島裕主編：《古辭
書音義集成》第三卷《大般若經音義》，1978 年第二版。

——《大般若經音義解題》（石山寺一切經藏本），築島裕主編：《古
辭書音義集成》第三卷《大般若經音義》，1978 年第二版。

——《孔雀經音義 二種 解題》（醍醐寺藏），築島裕主編：《古辭書
音義集成》第十一卷《孔雀經音義》（下），1983 年。

——《大般若經音義卷中 一帖 解題》，《六地藏寺善本叢刊 第六
卷 中世國語資料》，汲古書院，1985 年。

佐賀東周，《松室釋文と信瑞音義》，佛教研究會編《佛教研究》第
一卷第叁號，1920 年 10 月。

Liang Xiaohong, "An Exploratory Survey of the Graphic
Variants Used in Japan: Part One," *JOURNAL OF CHINESE
WRITING SYSTEMS* (JCWS), Vol. 3, 2019.

Liang Xiaohong, "An Exploratory Survey of the Graphic
Variants Used in Japan: Part Two," *JOURNAL OF CHINESE
WRITING SYSTEMS* (JCWS), Vol. 5, 2021.

網絡資源

CBETA 電子佛典

"國文學研究資料"網站

臺灣省國語推行委員會，《異體字字典》（學術網絡十三版，正式六
版），2017 年

主要字、詞、語索引

説明：

　　一、本索引所收録的字、詞、語指筆者於書稿中作爲例證舉出，并加以考釋説明者。

　　二、漢字讀音依據漢語。

D

E

無窮會本、天理本等書影

書影一：無窮會本第一帙、第十三帙②

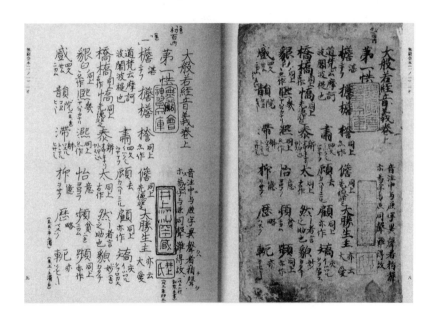

　所摘五種書影，皆已正式出版或於網站公開。
②　摘自築島裕《大般若經音義の研究　本文篇》，8—9、62—63 頁。

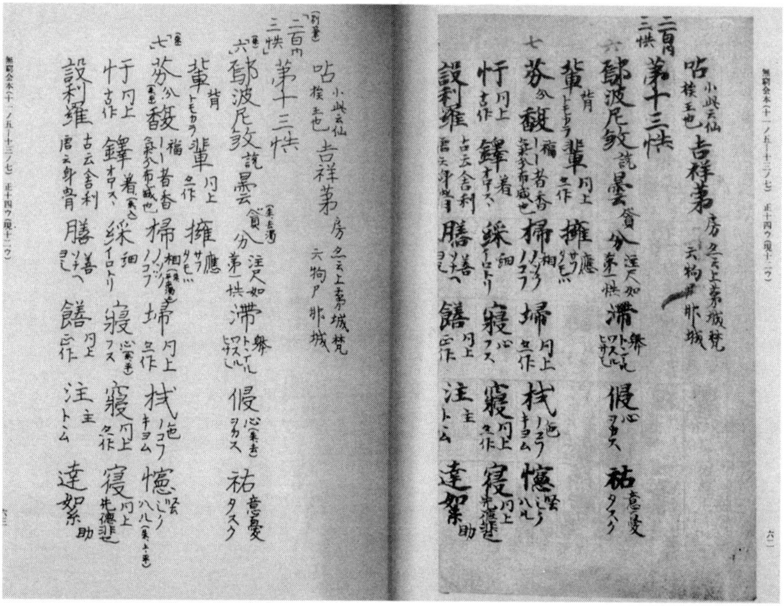

書影二：天理本第卷上四十五帙、卷下篇立音義①

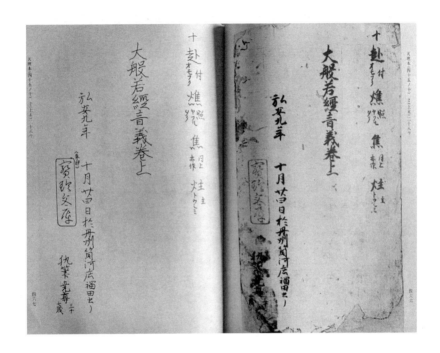

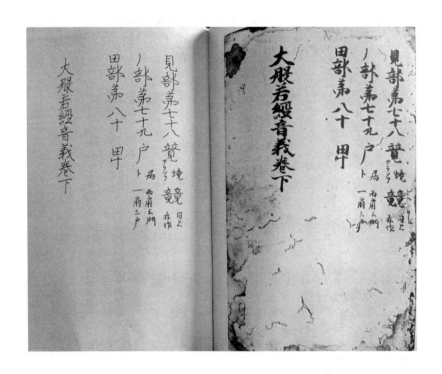

大般若經音義卷下

田部第八十　甲

ノ部第七十九　戸　　居　兩甬云門
　　　　　　　　ト　　一甬二戸

見部第七十八　覺　　境
　　　　　　　　覺ァ　ラ　ン　ク
　　　　　　　　竟　日上
　　　　　　　　　　亦作

大般若經音義卷下

書影三：藥師寺甲本第一帙、乙本第四十二帙[①]

書影四：六地藏寺本卷中第四十一帙①

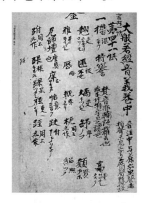

書影五：真福寺大須文庫本卷上、卷下②

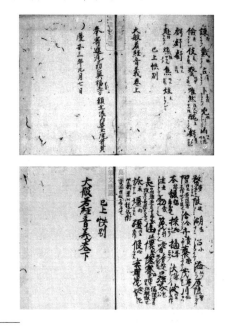

後　　記

　　這是我出版的有關日本佛經音義與漢字研究的第三本書。第一本《日本古寫本單經音義與漢字研究》(中華書局，2015)以十部日本古寫本佛經音義爲資料，在對各音義資料本身，包括時代、作者、體例、内容、研究價值和研究成果等進行介紹的基礎上，主要從漢字研究的某一角度，如俗字、異體字、則天文字等進行考察，目的是希望將這些珍貴的古寫本佛經音義資料介紹給學界，同時又能較爲全面地描述漢字在日本發展變化過程中的一些實際狀態。第二本《日本漢字資料研究——日本佛經音義》(中國社會科學出版社，2018)則是從日本漢字研究資料的角度第一次較爲全面地對日本佛經音義加以梳理分析，并在此基礎上進行考證論述，旨在向漢學界，特別是漢字學界較爲全面地介紹這批重要資料。另外，我還曾與陳五雲和苗昱兩位教授合作撰著并出版了《〈新譯華嚴經音義私記〉與俗字研究》(花木蘭文化出版社，2014)。而本書作爲對"無窮會本系"《大般若經音義》的研究，也仍是以漢字爲中心。相關内容，書中已有呈現，無需贅言。

　　筆者來日本三十年了，從研究來看，有一半的時間都在做日本佛經音義與漢字研究這個大課題。然而，隨着研究的深入，資料的擴展，發現還有很多相關課題值得探討，很多問題尚未解決。就如"無窮會本系"，僅從資料收集來説，也祇能説大概收集了一半。因是古寫本，諸種原因，有一些不用説"入手"，即使"目睹"也很難。另外，自己是從漢語史漢字學的角度展開的，而"無窮會本系"作爲古代日本學僧撰寫的已經一定程度"日本化"的佛經音義，很多内容與日本國語史研究相關，限於能力，筆者并未涉及。而且，即使是漢字研究，也不能説是全面，因爲其中還牽涉到相關字音等問題，本書涉略亦不多。因此，本書不能算是"無窮會本系"的全面研究，祇能説是將這一日本資料用於漢語史的漢字研究而進行的一些嘗試。而將日本佛教資料與漢語史研究相結合，這是筆者在日本三十年所從事的主要工作，自覺是有意義的，也得到了學界的肯定。本書是其中一部分，而且從資料上，從選題上來看，比之以前，自認是更深入了一些。

　　本書共分八章。因爲內容的關係，各章之間有些不平衡。例如第三章因主要考釋“無窮會本”中的疑難異體字，故章下未分節，而祇是以辭目編號爲順。另外，開始祇考慮漢字研究，并未將複音詞納入書稿範圍，但隨着資料研讀，筆者覺得複音詞也頗有特色，值得探討，因而有了第七章《無窮會本系〈大般若經音義〉複音詞研究》。當然，這一章還有不少內容值得進一步深入挖掘。需要提及的是書稿最後所附的無窮會本和天理本的異體字字表，是以漢語拼音爲序排列的。因“無窮會本系”乃日僧所撰音義，異體字字表本應以日本漢字讀音爲順，或者在漢語拼音異體字表外，再添加日本漢字音字表。有日本學者就曾指出這一點，我覺得非常準確。但因時間與篇幅等關係，最後未能呈現。不過，筆者仍擬嘗試製作日語讀音的異體字字表，或許采取網絡在綫的形式。總之，書稿雖已完成，但仍覺得有很多遺憾，這些或許就成了今後要做的事。

　　從 2019 年到 2021 年，我申請獲得了日本學術振興會（JSPS）“基盤研究（C，課題號碼爲 19K00635）”的科研費，課題是“日本中世における異体字の研究——無窮会系本‘大般若経音義’三種を中心として”。[①] 因受疫情的影響，課題尚未結項，但“無窮會本系”三種（無窮會本、天理本、藥師寺本）是本書的重要資料，異體字研究也是本書的重要內容，所以我要向日本學術振興會（JSPS）表示由衷的感謝。另外，也要感謝 2019 年度、2020 年度、2021 年度和 2022 年南山大學パッへ研究獎勵金。儘管受新冠疫情影響，自 2020 年起筆者再未曾有機會

---

　　①　故本書也應是日本學術振興會（JSPS）科學研究費基盤研究（C）“日本中世における異体字の研究—無窮会系本『大般若経音義』三種を中心として”（2022 年度；課題號：19K00635）的成果之一。

到海外參加學術會議和學術交流,但我得以在日本分別到東北大學圖書館、高野山大學圖書館、東大急記念文庫、和歌山縣立博物館、長野縣木曾定勝寺以及宇治黃檗山萬壽山寶藏院等多處調查資料,見到或複印了"無窮會本系"中的幾種寫本,也見到了不少日本不同時代的《大般若經》寫本和刊本,當然還有其他相關的日本佛教和漢字資料。這些對本書的撰寫,乃至對我今後的研究都有極大幫助。

本書的出版要特別感謝日本南山大學南山學會。本書獲得了南山學會設立的南山大學學術叢書(2022 年度)的贊助才得以順利出版。同時我還要特別感謝浙江大學張涌泉教授和上海師範大學徐時儀教授欣然應允爲本書作序。

涌泉教授是我的師兄。我 1988 年考到郭在貽先生門下讀博士的時候,他已經在郭師身邊當助手。我還能記得他當年勤奮努力的樣子。郭師英年早逝後,師兄又前往川大、北大,拜名師深造。師兄很努力,經過多年奮鬥,在敦煌語言研究、敦煌文獻研究、漢字俗字研究等諸領域,新意迭出,碩果纍纍,已爲一代名家。本書有俗字、異體字等内容,儘管是日本資料,但其源仍在中國。涌泉教授能爲本書寫序,是我的榮幸。

時儀教授是我多年的好友。我多次提及,我研究日本佛經音義,實際是受時儀的影響和提示。我們還合作了很長時間,非常愉快。因爲疫情關係,雖已許久未見面,但綫上聯係從未斷過。時儀總是説"等疫情結束了,來上海吧"。這是一句很暖心的話。時儀教授研究成果豐碩,真可謂"著作等身",特別是在佛經音義研究方面,更是一代大家。本書引用最多的參考文獻就是他的《一切經音義三種校本合刊》(修訂版)。

還需要感謝大東文化大學丁鋒教授。2021 年 8 月我利用暑假到大東急記念文庫進行資料調查,見到了康曆本。但因文庫規定不能攝影和複印,所以當時祇用鉛筆摘録了部分。其後,爲了進一步瞭解相關内容,又拜托丁鋒教授幫忙。丁鋒教授於 2022 年 2 月 22 日特意專程前往,幫我抄寫了關於"梵語""梵語文""漢語"内容的資料。這對完成本書以及今後的進一步研究有很大的幫助。

　　最後還要特別感謝上海教育出版社廖宏艷編輯。小廖很認真，很專業，對本書的校正修訂提出了不少很好的建議。有如此負責、認真的編輯把關，我很放心。

　　最後還想說的是：日本佛經音義值得研究的内容實在太豐富了！這本小書的出版，若能對國内音義學、漢字學界的研究有一點參考價值的話，作爲作者，深感欣慰。而我也會盡己所能，繼續努力。

梁曉虹

2022 年夏日寫於日進五色園